刀尖上的中國

透視中國的五十道窗

余杰
YU JIE

各方好評

平　路（知名小說家、專欄作家）
朱建陵（台灣資深媒體人）
李筱峰（國立臺北教育大學台灣文化研究所教授）
吳介民（中研院社會學研究所副研究員）
胡忠信（歷史學者、政治評論者）
陳俐甫（台灣教授協會執行委員、眞理大學校史館研究中心主任）
管仁健（文史工作者）
戴耀廷（香港大學法學院副教授、佔中運動發起人）

台灣人普遍由政治語彙理解中國，不免武斷、粗疏、非理性。余杰爲讀者開的書單，當作一把鑰匙，有助於窺見中國複雜的紋理。同時，也讓讀者懍然於必然與偶然之間……災難深刻的成因。

——平路

余杰的黑白分明，經常會讓他周遭的朋友不得不尷尬地保持一段距離，因爲俗人如吾等，總會諒解一些黑白之間的不得不然。但在這本書中，余杰的黑白分明讓人讚嘆，看他點評所知好人、好書的不足之處，尤其過癮。

——朱建陵

在中國飛彈威脅下的台灣，何去何從？想獨立自主嗎？不能不了解中國。想和他「統一」嗎？更不能不認識中國。請看余杰的《刀尖上的中國》！

——李筱峰

余杰可能是當今流亡世界中最用功的讀書者，跟隨他獨特的閱讀眼光，讓你更了解「中國崛起」背後的惡與淚，以及堅定不移的自由追求。

——吳介民

余杰兄以其豐富的人生體驗，重新解讀、反思、前瞻台灣民主化進程，見解深刻。如同鏡子般，足爲大家關照之用。

——胡忠信

透過與重要中國當代研究作品之對話，作家余杰發出只有知識分子才有的批判之聲！身雖放逐，心未流亡。

——陳俐甫

言論自由是公民參政權與其他一切權利的基礎，台灣在經過先烈們多年的抗爭與犧牲下，終於有了些微成果：但中國何時才能有呢？我不知道，但我永遠期待。

——管仁健

余杰用他一貫高度透視力的視野及筆觸，點評了五十本能更深認識當前中國面對的處境的書。不單是這五十本書，還有余杰就每書寫的評論，都能讓我們可更深刻明白中國所面對的當前挑戰是何等巨大。

——戴耀廷

目錄

第一卷　淚下成河，心如火燒

第二卷　隱藏的惡，必將顯露

第三卷　**尋找有時，失落有時**

第五卷 眼看不飽，耳聽不足

推薦序一

言論自由是社會進步的標誌

政治大學國家發展研究所教授
兼社會科學院副院長
李酉潭

剛過去的二〇一四年，一開始許多人用很浪漫的諧音來稱呼「愛你一世」，但對於兩岸四地的華人來說，卻是公民社會運動與民主發展驚心動魄的一年。在台灣，三月的太陽花學運開啟了公民社會運動的新篇章，直接影響到年底九合一選舉藍綠政治版圖的大翻轉；五月則在澳門發生了反對政府肆意要增加官員福利制度的大遊行，規模之大前所未見（澳門人口不足五十六萬，參加人數卻約兩萬）；而在香港，九月發生了長達接近三個月的爭取「真普選」運動，舉世矚目。然而在中國大陸，卻一方面發生抓捕新四人幫的反貪腐政治鬥爭，另方面對任何維權與公民社會運動，採取強力打壓的做法。而無論台灣的民主化進程、香港的爭取民主化運動，或澳門公民意識的抬頭，都是中共政權無法完全掌控也不樂意見到的。這個時候，來看看余杰最新的力作《刀尖上的中國》，別有一番滋味在心頭。

本書收錄了作者所精挑細選的了解中國五十本書，其實筆者大部分都從未看過，根本沒有資格來寫這個序。但也因爲有機會津津有味地仔細拜讀大作，而獲益匪淺。自二〇〇七年開始全方位地接觸了解中國大陸開始，筆者就常引述《幽夢影》中的觀點——天下「無才子佳人則已，有則必當愛慕憐惜」，開始大量認識交往中國大陸的朋友，不管是官員、體制內學者、自由派人士、公民社會領袖、支持民主運動的學者，或者是海外民主運動的人士。其中，余杰不僅親口告訴筆者，說他自己曾經在大學時期是一個過目不忘的人，其實也的確是筆者所認識的朋友中非常具有才華的才子。他是一位四十歲即擁有四十本著作的作家，其文學的筆調不僅流暢且深入淺出，任何一本著作讀起來都覺得是一種享受。本書也不例外，尤其是看他所寫的每一篇評論，就覺得好像是自己已經閱讀了每一本書。

至於如何來看待這本書的出版，筆者想引述英國維多利亞時期自由主義的代言人約翰彌勒（John Stuart Mill，1806-73）在《自由論》中的觀點：「如果全人類除去一個人只有一種意見，而那一個人另有相反的意見，前者不應禁止後者發表其意見，也和後者在權力能及時不應禁止前者發表其意見一樣。」這是因爲「禁止一種意見發表的特殊罪惡，是它形成了對人類的劫奪行爲；它所損害的不限於這一代，還及於後世；而它對於不同那種意見的人的損害，還要多於它對持有那種意見的人的損害」。的確，基於人類易犯錯誤（fallibility）的觀點可以發現，「人類並不是不會犯錯，他們的眞理大都是半眞理（half-truths）」，歷史上已經處決了蘇格拉底與耶穌基督，而第一個發現地球繞太陽轉的人也受到迫害，換言之，「不管那種言論如何眞實，如果不經過充分、反覆和大膽的討論，它就會被視爲一種死的教條，不是活的眞理」，這意味著多數不一定是對的，少數不一定是錯的——眞理是質的問題，而不是量的問題。

而當代對於言論自由的保障，勢必要維護新聞自由與出版自由。雖然這本書的出版對於各界的意義可能有所不同，但正如約翰彌勒對於言論自由的探討所描述的那般，「除非對相反的意見有過最充分與最自由的比較，意見的一致並不可取；且在人類能夠比現在更認識眞理的全貌以前，意見的分歧也不是一件壞事，而是一件好事」。透過本書的介紹，將使得讀者可從一種和過去不同的途徑來認識中國，開拓對中國的新印象，這對於一個想更深入了解中國各種面貌的人而言，想必能夠帶來相當豐富的啟發與收穫。

本書的特色之一，在於作者以夾評夾敘的方式，不僅對於每一本書提綱挈領地做出介紹與評論，更重要的是提出自己的獨特觀點。仔細閱讀本書，可以使讀者快速有效地掌握兩百多年來中國發展的梗概，並思考中國未來何去何從。本書雖是書評性質，但其可讀性很高，反而是比五十本書評中的任何一本更加值得參閱。而對於台灣來說，由於中國是台灣躲也躲不掉的「存在」，因此筆者樂於撰寫推薦序，將本書分享給所有關心中國發展前景的讀者。

最後順便一提，約翰彌勒乃是爲了社會進步而提倡維護言論自由，他推舉標新立異（eccentricity）的必要性，強調創造力與天才乃是社會進步之所需，進而認爲習俗輿論的專制與一致性乃是東方社會進步的障礙，他甚至於特別舉中國爲何停滯爲例，指出「中國對我們就是一個值得警惕的例子——一個很有才能，並在某些方面，甚至也有智慧的民族，由於罕有的幸運，它在很早時期就有了很多非常優良的習俗」，然而中國卻一直用同樣的格言和規則去支配全體人民的思想和行爲，因而「變得停滯不前，並且一直保持這樣已有幾千年之久」。從這個角度來說，中國崛起的富強夢，約翰彌勒的思想是否能夠振聾發聵呢？而我所認識的余杰，就是一個思想不受任何拘束、個性自由奔放，文筆相當流暢的天才型作家，他和筆鋒犀利、兼具深厚學理與現實關懷的紐約城市大學夏明教授，以及獲得哈佛大學與加州柏克萊大學雙學位又相當具有行動力的楊建利博士，在我心目中乃是海外中國民主運動的三劍客。這些特立獨行的人物與思想，從宏觀的歷史角度來說，他們是否也應屬於中國社會進步的資產呢？

推薦序二

遠路不須愁日暮

國安會前副祕書長、政論家
杭之

我不認識余杰，但我知道他是一位創作力很強的流亡作家。我沒有讀過他很多作品（因為實在很多），但從我看過的一些作品來看，我感到他是用生命的感受在寫作。所以，當出版社的鄭先生問我能不能為這本書寫篇序，我說原則上願意，但要先看過。於是我花了一些時間，在電腦上一個字一個字看完大約二十萬字的稿子。看完後，我告訴鄭先生，我願意寫。是的，這是一本值得關心中國未來的人認眞看、認眞想一想的一本書。

余杰在〈自序〉說，這本《刀尖上的中國》是之前出版的《流亡者的書架：認識中國的五十本書》（香港版名為《解毒國民教育：通往心靈自由的五十本書》）的續篇，他說，在後一本書出版後，「中國繼續發生翻天覆地的蛻變，觀察、評論和研究中國的著作亦在新鮮出爐」。於是，在一年多裡，他陸續寫新的篇章，完成了這本《刀尖上的中國》。從他的文字中，我可以感受到，余杰通過閱讀、通過寫作書評（書介），把他的心靈、他的思緒、他的關懷，焦切地投注在他所來自的那片土地。

余杰評介的書，很大一部分我自己也看過，那些書裡關切的問題我也很關切，因而我可以感受到他為什麼會選這些書。薩伊德（Edward Wadie Said）曾說，流亡是強行在人與其故鄉之間、在自我與其眞實家園之間撕開的一道難以癒合的傷口，是一種無家。所以他評論法蘭克福學派知名的德裔猶太哲學家阿多諾（Theodor Adorno）在流亡中寫作的省思，是源於一個信念，現在只有在寫作中才能眞正得到家，即便這是脆弱的、容易受傷的家。我不知道流亡的余杰是否也在寫作中找家，心靈的家；但是，從他充滿感情的文字，我相信，他魂繫夢牽的就是那個家。

照我看來，這一百本書、這一百篇書評的寫作，應該不是像學術研究一般，經過刻板、嚴謹計畫的安排，而是經過作者通過他的關懷，精心去挑選的關於他故鄉的書寫。所以他在前一本書的序裡說，「我們所保留和所丟棄、我們所閱讀和決定不去閱讀的書籍，都約略透露出我們是誰，是自由人、還是奴隸，是嚮往光明、還是安於黑暗」。這些書有不同的寫作型態，小說、詩歌、傳記、回憶錄、學術研究、演講集、人物訪談、隨筆、政治評論、報導文學等，涵蓋了文學、歷史、社會學、政治學、法學、經濟學、哲學、神學等諸多學科，所涉及的題材涵攝之廣，時間縱軸之深，幾乎是二十世紀中國、以至於當前中國的方方面面，而且每一本所涉及的題材，都是那麼熱騰騰的，扣人心弦的現實。正因如此，它確實像前後兩書副題所說的，可以很好的引領一般讀者去認識中國、去思考中國的種種。

跟《流亡者的書架》一樣，這本《刀尖上的中國》也分成五卷，各評介十本書，大致圍繞在一個相近的主題，分別是：中國當前的現狀、一九八九年的天安門事件、前三十年毛澤東統治下的中國、近代中國的歷史與文化、第三隻眼看中國。跟前一本書合起來看，有一個連貫的主題貫串著余杰的關懷，那就是中國共產黨統治下的中國的種種。確確實實，「中國共產黨統治」正是理解二十世紀大部分時間以迄今天之中國的一個「眼」。不能把握這個「眼」的本質及內裡，中國的一切，看起來可能就不是那麼對焦。在余杰眼裡，這個現實上的中國不是很正面，這從書的名字就看得出來。一本原來叫「解毒國民教育」，副題是「通往心靈自由的五十本書」，一本叫「刀尖上的中國」。這說明了，在他看來，現實的中國，中國共產黨統治下的中國，是桎梏心靈的、是毒害心靈的，是「『最壞的社會主義』與『最壞的資本主義』的結合」，是崇尚人相食的叢林之地。

這樣的形象，跟新世紀以來，北京極力營造的、許許多多中外論客盡心塑造的「大國崛起」形象，真是大異其趣！

沒錯，中國近三、四十年來的發展，確實是歷史上一個很重大、很獨特的發展現象。由於它還是一個現在進行式的發展，到現在還沒有人能較周全地解釋這個發展。不同的視角、不同的關懷，會各有不同的解讀，這不奇怪。但大約從十年前開始，正面強調中國這一發展趨勢之獨特性與優越性的論調慢慢瀰漫，從「北京共識」的提出開始，「中國模式」、「中國特色發展模式」、「中國道路」、「大國崛起」、「當中國統治世界」、「中國撼動世界」……。這樣的頌揚之聲不絕於耳，而且，不只出現在官方媒體的論調中，在中外學者、論客間也所在皆有，甚至將高度升高到歷史哲學層次的「世界歷史的中國時刻」。這一趨勢的高峰是紅二代主政下，習近平提出的「偉大民族復興」的「中國夢」。

在這一大趨勢下，當前的中國，瀰漫著「強國論」、「六十年前後貫通」、「通三統」等等充滿強烈國家主義意味的意識型態論調，而其內核則是毛澤東主義。毛屍已寒，毛主義的幽靈則重新飄蕩在中國的上空！

然而，歷史的另外其他面，終究沒法永久遮蔽，在「盛世：中國二〇一三」（借作家陳冠中一本小說書名）的圖像被官方主流塑造的同時，盛世的眞實，經過許許多多人的努力，通過回憶、反思、研究、報導、訪問、文獻挖掘耙梳……，霧霾慢慢散開，圖像逐漸清晰，拼圖一個一個拼湊起來……，那是一個完全不同的圖像，一滴淚、一曲哀歌、「逝將去女，適彼樂土」的流離、傳統皇權專制主義登峰造極的現代轉化……，現實的中國是「脆弱的強權」，是「跛腳的巨人」，是「刀尖上的中國」，「自認爲可以將刀尖當馬騎，奔向彩虹橋」。余杰的書更多的是暴露這一面的中國，在余杰的故鄉，這一面的中國，不是被遮蔽，就是被壓制。

近代中國開始從傳統社會向現代社會轉身的歷程，迄今將近二百年，曲折蹉跌。多少仁人志士獻身於追求富強、尋求現代性的志業，多少黎民百姓流離於這歷史轉身的動盪中。至今，這還是一個未完成的旅程，對照當今處處飄蕩著毛幽靈的中國，誰也說不準這旅程還要走多久。

不過，不曉得是不是有意的安排，這本書第一篇是評介許志永《堂堂正正做公民：我的自由中國》這本書，最後一篇則是評介香港佔中三子戴耀廷等的《公民抗命與佔領中環》。

正在中共牢中的許志永倡導新公民運動，其宗旨是『倡導大家做真公民。……倡導以理性、建設性的方式推動國家民主法治的進步。並在共同的公民身分下團結起來，成長為公民健康的政治反對力量，促進中國的憲政文明轉型。」這本書就是記載了許志永參與公民運動的足跡。

而在「回歸」後，發現自由逐漸流失、法治步步惡化、民主遙遙無期的港人，終於走上街頭、發出吶喊、激烈抗爭。「佔中運動」就這樣應運而生，成為香港民主運動新的里程碑。《公民抗命與佔領中環》一書，收錄了多位牧師、神學院教師、基督徒公共知識分子支持「佔領中環」運動的文章。也收錄多篇對「佔領中環」持懷疑乃至否定立場的文章。顯現這一運動的錯綜。

余杰評述說，「方興未艾的佔領中環運動，與中國的零八憲章運動、新公民運動等交相輝映，一同標誌著中國的民主轉型『箭在弦上、不得不發』，非任何政黨、既得利益集團以及強勢領袖的力量所能阻擋。」這樣的篇章安排、這樣的信念，應該也是余杰書寫的中心關懷吧！

對「佔中運動」，余杰說他「有一些期許和建議：不低估共產黨的邪惡，也不低估愛與公義的力量。」對他的中心關懷而言，又何嘗不是這樣？中國的民主轉型之路，也許還有一段漫漫遠路。只是，「遠路不須愁日暮，老年終自望河清」（顧炎武〈五十初度〉）。

推薦序三

透視中國的五十道窗

中央研究院法律學研究所研究員；
島國前進發起人
黃國昌

無論你喜不喜歡，二十一世紀的中國，已是全球社會的經濟巨人與人權侏儒。如何面對這樣的中國，不僅是世界各國共通的課題，更已成爲學術研究及新聞輿論的熱門焦點。不待言者，對於作爲中國和平統戰與武力威脅首要對象的台灣而言，這個課題尤其敏感而尖銳。如何界定與中國的關係、如何與中國互動，一直是台灣過去二十年來政治的主旋律，也對台灣在社會上、經濟上、生活上、文化上等各個層面造成深刻衝擊。

面對這個高度困難卻又極度重要的課題，要能產出有智慧的解決之道，必須由對當代中國的認識出發，一個兼具歷史縱深又能涵括社經發展的認識，其中，尤其重要者，是對中國共產黨的本質、統治與策略的認識。這樣的認識，在長期由中國國民黨掌控的台灣思想教育體系中，存在嚴重的扭曲與錯亂。過去，「打倒萬惡共匪、解救大陸同胞」是至高無上的國家總目標，在外觀上，所有的資源配置與政策決定，都必須臣服在此目標之下，在實質上，這個目標也成為中國國民黨在台灣遂行威權統治的藉口；現在，「兩岸一家親、共築中國夢」則成為中國國民黨配合中共和平統戰的最佳口號，共匪非但不再萬惡，更是台灣政商權貴急欲巴結奉承的對象。所幸，在歷史的照妖鏡中，這些從「反共」到「媚共」的可鄙行徑，逐漸一一現形；透過台灣人民的犧牲與奮鬥，以台灣為主體的國家意識，也日益鞏固而茁壯。

對於台灣的知識分子而言，要能夠不為個人私利而媚共，其實只需要基本的堅持；但是，對於中國的知識分子而言，要能夠為捍衛人權而反共，則需要過人的勇氣。余杰先生正是一位這樣令人敬佩的知識分子。為了在中國倡議自由民主與人權法治的價值，儘管遭受中共迫害而流亡海外，余杰不改其志，持續透過自己的寫作與言說，剖析中國共產黨的腐敗邪惡、揭露中共殘害人權的惡行。尤其引人注目的是，許多令人敬佩的中國維權人士，固然高舉著自由、民主與人權的大旗，力圖改變中國仍陷病態的政治體制與社會結構，但卻無法擺脫大中國民族遺緒的枷鎖，未能眞誠面對台灣早已成為與中國截然不同的國家的現實。余杰先生則能眞正貫徹自己所倡議的民主與人權價值，不僅強烈批判國民黨與共產黨所組成的政商集團，也能洞悉所謂「一個中國」的九二共識，不過是國共聯手編造的政治謊言，更能尊重台灣人民自決前途的基本人權。

《刀尖上的中國》是余杰先生繼二〇一三年出版《流亡者的書架》後，另一本介紹「了解中國的五十本書」的力作。這本書並非止於記述余杰先生在閱讀每一本書後的個人感想，

《刀尖上的中國》更是爲讀者進一步認識中國隱藏在經濟發展光鮮外衣下的政治腐敗、社會剝削與崩潰危機，提供了一扇能夠迅速透視的窗口。全書將余杰先生所精心選取的五十本書，分爲五卷，有系統地引領讀者從「揭露當代中國的眞實現狀」出發，回顧「一九八九年六四天安門大屠殺的血腥歷史」與「毛澤東時代各種倒行逆施的殘酷作爲」，再由「歷史文化的思想向度反省傳統與文明的互動」，最終以「外國作家對中國的剖析與批判」作結。無論是選材還是編排，處處可見余杰先生深厚的功力與細微的用心。面對書中所介紹的當代中國知識分子，即使是自己的好友，余杰先生也能堅持核心價値，理性針砭，點出了許志永「未能徹底貫通人權高於主權」的思想侷限，也率直地剖析了許知遠對太陽花學運的負面評述，乃肇因於成長於北京的許知遠，「長期受帝都文化之耳熏目染，而未能刮骨療傷般地剔除潛意識中根深蒂固的大中華情結」。在讚美聲中不忘檢討，在批判聲中不失期許。正是如此在字裏行間中所展現的自省態度與經世精神，讓余杰先生的文字讀來格外發人省思。

當然，《刀尖上的中國》無法成爲書中所介紹那五十本認識中國的書的充足替代品。我相信，余杰先生亦無此意圖。不過，《刀尖上的中國》也絕非僅是一本導讀，更是一張理解當前中國的現狀與困境的藍圖。這樣的理解，帶給我在思考如何面對中國的問題時，極大的啟發，我相信，閱讀此書之後，也能帶給各位讀者相同、甚至更爲深遠的啟發與影響。

自序

我是我的書房的國王

每個人最終都必須自己判定哪些是重要的書，但一個好的開始應該是看看吸引自己的思想者是從另外哪些人那裡汲取了東西。這樣很快就能到達最高處。沒幾個人站在最高處，他們互相認可對方。那裡密謀的，只有求知的欲望。如果我們讓自己被今天一些似乎正確的東西引誘，背棄偉大的對話，我們的損失將不可彌補。

布魯姆（B. Bloom）

英國作家蕾切爾・波隆斯基（Rachel Polonsky）曾經深情地回憶她的俄語老師，這位老師具有高超的學術水準和淵博的學識，卻一輩子都只是一名普通講師。因為他除了一本對屠格涅夫（Ivan Turgenev）《父與子》（*Fathers and sons*）的批註之外，沒有發表過其它著作。這位學者心中的真實想法是：「如果能用同樣的時間閱讀過更多的東西，為什麼要浪費精力撰寫那些沒有什麼價值的學術文章呢？」這是一位真正熱愛書籍的讀書人，他看似寂寞，卻並不寂寞，因爲他的書房中有那麼多書籍，每一位作者都是他心心相印的朋友。

少年世代，我的夢想是成爲一名圖書館員，每天都跟汗牛充棟的書籍爲伴。像身爲阿根廷布宜諾斯艾利斯圖書館館長波赫士（Jorge Luis Borges）那樣，雖然雙目日漸失明，卻能在周遭棉絮一樣沉重的黑暗中，準確地指出哪本書放在哪一格書架上。即便他被軍政權從圖書館貶到養雞場，他仍然相信，殘暴的軍政權無法燒毀所有的書，只要還有一本書存留下來，人們就能把它當作一把打開自由之門的鑰匙。

還有那位俄羅斯國家圖書館館長、被稱爲「俄羅斯的蘇格拉底」的費奧多羅夫（Viktor Fedorov），他幾乎對圖書館中所有圖書的內容都瞭如指掌，他堅信書籍都是有生命的，因爲它們傳承了作者的思想和靈魂。在他看來，人類在地球上的任務就是使逝者在肉體上復活。而那些智慧都被分門別類地塵封在圖書館中，期冀後人重新賦予它們生命。書籍是歷史長河中最高尚的遺產，以最具人性的方式傳承著前人的思想和成就。

詩人曼德爾施塔姆（Nadezhda Mandelstam）說過：「如果要我寫一本自傳的話，我會告訴你我讀過哪些書。」哲學家班雅明（Walter Benjamin）也說過：「書籍是折射人們自身命運的舞台。每次看書的時候，我們總能超越其內容，領悟到更多的東西。」中國先賢說，知人論世，知人的第一步就是透過書籍，因爲書籍之中隱藏著人命運的密碼。

「讀什麼樣的書，就成爲什麼樣的人」，我對共產黨最初的懷疑，是從在上個世紀八〇年代後期「清除精神污染」、「反對資產階級自由化」運動中的禁書政策開始的。上面宣布查禁的書，作爲中學生的我偏偏要找來如飢似渴地閱讀。讀多了，心中有了是非善惡的判斷，並希望自己成為說真話的群體中的一員。後來，我果然成了寫作禁書的作者，由此命運多舛。

專制政權以愚民為第一要務，所以說真話的作家是第一批必須除去的雜草。當我經歷了長達數年的跟蹤、監聽、軟禁乃至差點奪走我生命的酷刑，最終決定離開喪失了百分之百的寫作自由和思想自由的中國之後，如何處理藏書便成為一個心疼的問題。部分送給親友，部分送給教會，而那一兩千本常常要放在手邊、枕邊閱讀的書籍，則打包通過海運先行運到美國友人的家中。海運要花費一個月時間，那段時間，我每天晚上都夢見在太平洋的波濤上漂流的那四十箱書籍。直到美國友人從港口取回它們，穩妥地放入車庫，我才大大地鬆了一口氣。人還沒有獲得自由，書已經先獲得自由了。

記得我被祕密警察綁架和幽禁時，在北京郊區一個與世隔絕的小賓館，沒有書讀，只有一張用來包裹早點的、骯髒不堪的《北京日報》。那是我此前沒有讀過的、乏味至極的黨報。那一刻，我看到報紙上布滿密密麻麻的文字，頓時如獲至寶地拿過來閱讀。負責看守我的那些國保警察，並未禁止我虔誠地「學習」這張黨報。就這麼一張報紙，我反反覆覆讀了三天。

剛好是劉曉波的諾貝爾和平獎頒獎典禮過後的第二天，報紙上有一篇批判劉曉波是「賣國賊」的社論。百無聊賴之下，我把那篇文章從頭到尾背誦下來——不過，我的心中有一台特殊的「翻譯機器」，把每一個字都轉換成原文的反義詞。這樣，那篇文章就變成我為劉曉波寫的賀詞。

我是一個軟弱的人，那樣一種不能讀書、不能寫作、不能思考的日子，我無法長久地堅持下去。於我而言，只要有書讀，他鄉會比故鄉更親切，地獄也能變成天堂。抵達美國之後第二個月，我開始在維吉尼亞鄉間重建書房，有了更大的房間，有了更漂亮的書桌，更可以從美國、台灣和香港的網路書店自由地訂購好書。我再也不必像在國內時，擔心海外朋友郵寄來的書籍被海關查扣和沒收。我的藏書數量迅速攀升，我用書籍這味靈丹妙藥消滅了許多背井離鄉之人揮之不去的「流亡者的鄉愁」。我的書房是我的王國，我是我的書房的國王。

與一本好書的迎面相遇，如同一段溫馨的友情的開端。

在我的藏書中，有不少是作者或出版社的贈書，這是作爲寫書人得天獨厚的優勢。比如，作爲「非賣品」的線裝詩集《我們都是李旺陽》，就是從香港到台灣，再輾轉到我手上，並被我帶回書房。二〇一三年春，我第一次到台南，由國際特赦組織台南小組爲我舉辦了一場演講會。會後，王興中和王昭文兩位學者陪我去一家咖啡館，我看到牆上掛了一幅署名「智海」的李旺陽吊死在坦克上的漫畫，不禁感到好奇：發生在遙遠的中國湖南的這樁人權案件，爲何能引起台南民眾的高度關切？

回到美國之後，我在臉書上聯絡到這家咖啡館的老闆、同時也是台南最雅致的舊書店草祭書店老闆的蔡漢忠。蔡先生說，這張漫畫取自詩集《我們都是李旺陽》一書，書中的詩歌和漫畫大都出自香港年輕一代社運人士之手。有一小部分書曾在草祭書店展示，現在還剩最後一本，可以留下來送給我。等到二〇一四年春，我再次來到台南，特意趕到草祭書店與蔡先生見面，並得到了這本寶貴的書。

本書收錄的這五十本著作中，有兩位作者——許志永和徐曉——是在我逃離中國之後失去自由、成爲良心犯的，而且他們都是「二進宮」。這就是習近平時代中國人權狀況和言論自由狀況的眞相，無需再說多餘的廢話了。在這五十本書的作者中，有過牢獄之災經歷的還有巫寧坤、柏楊（坐過國民黨的綠島監獄）、楊曦光（楊小凱）、趙紫陽（被軟禁至死）、吳偉、廖亦武、冉雲飛等人；被迫走上流亡道路的有方勵之、蘇曉康、廖亦武、達賴喇嘛等人，而著作遭到中共宣傳部明令查禁的則有余英時、許知遠、哈金以及書中幾乎所有的外國作者。我並不是有意要將這麼多具有異端色彩的作家和作品聚集在一起，直到整理成書的時候，我才驚嘆說：原來眞的是「物以類聚，人以群分」啊。

二〇一三年，我在水牛出版社出版了《流亡者的書架：認識中國的五十本書》（香港版名爲《解毒國民教育：通往心靈自由的五十本書》）。書已出版，但中國繼續發生翻天覆地的蛻變，觀察、評論和研究中國的著作亦在新鮮出爐。這讓我有了寫作續集的想法。於是，一年多裡，完成了這本《刀尖上的中國：透視中國的五十道窗》。

在資訊爆炸的時代，如何認識眞實的中國？比如，有人爲「舌尖上的中國」而感到自豪和幸福，但對於中國只保有舌尖上的感覺就足夠了嗎？「舌尖上的中國」是中國中央電視台拍攝的一部家喻戶曉的系列紀錄片，介紹中國飲食文化的博大精深。它未必有李安《飲食男女》的雋永和溫馨，卻採集了大江南北、長城內外的山珍海味並娓娓道來，讓人不禁食指大動。到了第二季，原本單純的飲食文化，卻滲入若干政治宣傳的毒素。比如，該片以很大篇幅介紹富士康廠區內巨大的中央廚房，以及數十萬工人的「豐衣足食」——然而，與此同時，工廠內連續發生數十起工人跳樓自殺的慘劇。可見，給員工提供美食，未必表示資本家有良心。聖經說得很清楚，人活著，不是單靠食物。

不久，就傳出「舌尖上的中國」的製片人因涉嫌腐敗被捕入獄、自殺未果的消息。我不知道他在監獄中能吃到什麼樣的食物。但我可以確認的一個事實是，與「舌尖上的中國」所呈現的富士康工廠裡的祥和景象相反，賈樟柯在電影《天注定》中講述的那個跳樓的民工的故事，才是富士康工人以及更多中國人「死去何足道」的眞實境況。

「最壞的社會主義」與「最壞的資本主義」的結合，讓中國成爲一處崇尚叢林法則的「人相食」之地。中國不在舌尖上，而在刀尖上。習近平滿身橫肉，自認爲可以將刀尖當馬騎，奔向彩虹橋。但這種「刀尖上的維穩」還能持續多久？英國作家拉爾夫・英格（William Ralph Inge）早就給出了答案：「一個人可以在刺刀上造一個王位，但卻不能坐在上面。」

《刀尖上的中國》分爲五卷，呈現出認識中國的五個環環相扣的面向。第一卷「淚下成河，心如火燒」，收錄十本描述當代中國現狀的書。作者們揭開「大國崛起」的面具，帶我們進入「帶著血的蒸氣的、活的中國」。第二卷「隱藏的惡，必將顯露」，收錄十本以一九八九的天安門屠殺以及八〇年代中國失敗的改革爲主題的著作。「八九」慘案如此深切地影響了中國此後的走向，沒有「八九」慘案就沒有今天的中國，所以八九是一把開門的鑰匙。第三卷「尋找有時，失落有時」，收錄十本關於毛澤東時代的中國的書。尤其是對反右、大饑荒、文革等被中共劃爲禁區的題材的研究，可以讓讀者從中窺見中共嗜血之本性。第四卷「日光之下，並無新事」，收錄十本反省近代中國歷史以及中國文化傳統的書。看似遙遠的歷史，仍在左右著今天人們的生活，不洞察歷史，就無法突破現實的困境。第五卷「眼看不飽，耳聽不足」，收錄十本中國之外的學者、記者評述中國的著述。「不識廬山眞面目，只緣身在此山中」，或許外來者的觀察與研究更能切中肯綮。

這些著述，有少部分獲准在中國公開出版（有的在出版後不久即遭查禁），大部分在香港、台灣等擁有出版自由的地方問世。就內容而言，它們涵蓋了文學、歷史、社會學、政治學、法學、經濟學、哲學、神學等諸多學科；其題材則包括小說、詩歌、傳記、回憶錄、演講集、人物訪談、隨筆、政治評論、報導文學等不同種類。無論是虛構或非虛構之作，都是尋求眞相之作；它們的作者，除了居住在中國的良心知識分子（有的已身陷黑獄）和流亡海外的華人作家之外，還有西方研究中國問題的頂尖學者、外交官和記者，以及台灣、西藏、香港的學者、記者、人權活動人士、政治家和宗教領袖。這五十本書，每一本都是一塊小小的馬賽克，當它們組合起來的時候，就構成了一幅「刀尖上的中國」的栩栩如生的「清明上河圖」。

我選擇書當然有自己的標準：文字的優美、思想的敏銳、觀點的深刻、主題的獨特。每年的出版物汗牛充棟，大部分都是暴殄天物、浪費紙張的垃圾，甚至還有些是鴉片或見血封喉的劇毒。美國康乃爾大學圖書館館長肯妮（Anne R. Kenney）指出：「我感興趣的是除掉我不需要的六百萬冊書，從而找到我需要的十本書。你翻開書本閱讀文字的時候，也必須作出類似的選擇。」我不敢說我的選擇準確無誤，但我盡可能地不收錄一本劣質的書或充滿謊言的書。我希望通過這本《刀尖上的中國》，與讀者分享我的閱讀之旅；我也希望它成爲一本「書中之書」，成爲一張關於書房或圖書館的「地圖」。

「堅忍」和「剛毅」是紐約公共圖書館門前兩座石獅的名字，也是我選擇書籍和作者的標尺。願這些「堅忍」和「剛毅」的書，伴你度過那些不眠的漫漫長夜。

第一卷

淚下成河，心如火燒

他像薛西弗斯那樣推石頭上山

許志永《堂堂正正做公民：我的自由中國》

智慧使他的臉發光，並使他臉上的暴氣改變。

聖經〈傳道書〉

我是在台灣得到許志永的《堂堂正正做公民》這本書的。那天，我與滕彪一起去台北義光教會探望正在爲反對核四絕食的林義雄先生，路上滕彪把這本書送給我，並在扉頁題寫了「幸福來自自由，自由來自勇氣」這句話。我不禁想起十六年前，我還在北大唸研究生的時候，我剛剛出版處女作《火與冰》，當時也在北大唸研究生的滕彪來到我的宿舍，向我買書的場景。而此刻，我與滕彪都是有國不能歸的流亡者，本書的作者許志永則已經被判刑四年。我們似乎離理想越來越遠，但這絕對不是放棄的理由。滕彪和華澤爲許志永編輯了這本文集，希望更多讀者由此了解許志永的事跡與思想。

一九六八年，蘇聯軍隊入侵捷克，鎭壓了「布拉格之春」民主運動。小說家瓦西里・阿克肖諾夫（Vassily Aksyonov）描述這場入侵「讓整個世代精神崩潰」。有良知的人們感到憤怒，而在捷克人、匈牙利人與波蘭人面前又感到羞愧——甚至在全世界面前，都以身爲蘇聯人爲恥。他們覺得自己根本不是「公民」（citizens），而是「屬民」（subjects）。「屬民」這個概念比「順民」更形象地描述出今天中國人的生存現狀。而中國漫長的歷史始終就在「屬民」與「暴民」之間惡性循環。公民的遠景尙未出現在地平線上，劉曉波和許志永們不得不付出失去自由的慘痛代價，正如學者徐友漁所說：「本書作者爲了自己成爲眞正的公民，爲了億萬中國人成爲眞正的公民，心甘情願地背負苦難的十字架。而支撐他承受一切打壓和迫害的，是無止境的愛。」

公民抗爭，無役不與

這本書記載了許志永參與公民運動的足跡。我最早聽說許志永的名字，是二〇〇三年孫志剛事件之後，許志永等「北大三博士」上書全國人大，呼籲廢除收容遣送制度。剛剛上台的胡溫當局爲了維護「新政」的氣象，給予正面回應。人們爲此歡欣鼓舞，甚至作出了當年是中國「憲政元年」的樂觀判斷。但我更關注許志永參與的另一個案件的結局：稍晚一年，北京家庭教會的蔡卓華牧師因印刷聖經等書籍，以「非法經營罪」被判刑，作爲辯護律師之一的許志永無力回天。那時，我從後一案例中看到，中共政權的本質仍然是：敵視包括宗教信仰自由在內的一切自由。果然，此後十年，雖然收容遣送制度不復存在，但比之更加殘酷的截訪、黑監獄、學習班等，如癌細胞般遍佈中國大地——促成取消收容遣送制度的英雄許志永，卻因曝光黑監獄而遭到毆打和死亡威脅。

二〇〇三年之後的公民抗爭，許志永可以說是無役不與、屢敗屢戰。在司法領域，他介入民營企業家孫大午案、《南方都市報》喻華峰案等標誌性冤案，雖然他和同行未能讓當事人獲得自由，但本書收錄的數篇擲地有聲的辯護詞，堪稱中國當代法治進步史上不可多得的文獻；在人大競選方面，他以北京郵電大學教師的身分參選，在官方的重重打壓之下，高票當選北京市海淀區第十三屆、十四屆人大代表；當體制內改革的希望破滅之後，他先後組織和推動公盟和新公民運動，爲訪民、被剝奪教育權的農民工子弟等弱勢群體發聲。

在我的同齡人中，許志永是少有的一位飽含理想和激情的人權捍衛者。他像薛西弗斯（Sisyphus）那樣推石頭上山，也像中國古代神話中追日的夸父和填海的精衛，以小擊大、百折不撓。這種理性與激情從八十年代的文學界，悄悄地轉移到當下的律師群體之中，我曾開玩笑說，當中文系的學生爭先恐後地給領導當祕書的時候，「憤青」都跑到法學院裡面去了。今天的中國，作家鴉雀無聲，律師群體成爲民主運動的中流砥柱，就如同台灣「美麗島事件」前後的社會生態。難怪害怕失去權力的中共政權會對律師群體辣手打壓。

那些跟許志永辯論的國保警察，始終無法理解這位從農家子弟奮鬥成爲博士、律師、大學教師的城市中產階級，爲什麼要拋棄唾手可得的榮華富貴，非得將自己弄進監獄不可。他們拿著放大鏡蒐尋許志永的「動機」何在，除了莫須有地認爲他有「政治野心」之外，一無所得。其實，許志永早已坦誠地說出他爲何寧願成爲囚徒，甚至見不到剛出生的女兒的原因所在：「我們不是專制王朝的臣民，不是任人奴役的順民，不是國事、天下事，事不關己的草民，不是憤怒到失去理性的暴民，我們是擁有法治理念的公民。」他的終極目標正是新公民運動的宗旨：「新公民運動倡導大家做眞公民。倡導永不言敗的精神，倡導以理性、建設性的方式推動國家民主法治的進步。並在共同的公民身分下團結起來，成長爲公民健康的政治反對力量，促進中國的憲政文明轉型。」

可惜，如同對牛彈琴，如同夏蟲不足以語冰，這樣的理想無法被從習近平到大學黨委書記、國保警察所組成的共產黨獨裁集團所理解，他們只迷信利益、權力和暴力。

沒有發生的「謝本師」與中國知識界的「共識破裂」

這本書中有一篇名爲〈生日快樂〉的短文，與其他文章的文風迥然不同，講述的是許志永和滕彪試圖給昔日的博士導師朱蘇力送生日禮物不果的故事。作爲北大法學院院長的朱蘇力，是法學界有名的「毛左」，是一個自以爲「眞誠」的御用法學家。朱蘇力對許志永和滕彪這兩個叛道離經的弟子不以爲然，曾直截了當地對許志永說：「我們道不同，以後還是少見面吧。……我們走的路不一樣，我對你們也感到失望。」許志永則回憶說：「讀博士期間，每一次的師門聚會，我和蘇力常常爭論得不可開交，以至於後來我們都不得不小心翼翼避開談論毛澤東和文革等歷史問題。」所以，後來的師門聚會，朱蘇力特意叮囑其他弟子說，不要叫上許志永和滕彪。

繼承朱蘇力之「衣缽」的，當然不是許志永和滕彪這兩個「刺頭」，而是其心目中的得意弟子強世功。與許志永下獄、滕彪流亡的命運迥異，強世功在朱蘇力的扶持下，成爲中國法學界一顆冉冉升起的新星。日前，強世功接受官方主流媒體訪問，評論中共十八屆四中全會「依法治國」的主題，以北大法學教授之尊說出「黨章也是憲法」的驚人之語，讓人懷疑這個法學教授難道是法盲嗎？而在更早的時候，強世功曾任職於香港中聯辦研究部，撰寫《「一國兩制」在香港特別行政區的實踐》白皮書，成爲中共香港政策的護法。面對當下香港的佔中運動，強世功更是撕破學者的面具，急不可待地以黨國發言人的口吻百般辱罵。

二十世紀的中國，曾發生過兩起震驚學界的「謝本師」事件：世紀之初，國學大師俞樾竭力維護滿清王朝的統治，積極參與反清革命的弟子章太炎遂發表〈謝本師〉與老師決裂；而在二十年代，當章太炎支持魚肉百姓的軍閥張宗昌的時候，信奉人文主義和人道主義的弟子周作人也發表〈謝本師〉與老師決裂。「謝本師」中的「謝」，不是「感謝」，而是「謝絕」、「辭謝」的意思，其實就是要跟老師決裂，不再承認自己是某人的門生。善良溫和的許志永不會作出「謝本師」的舉動，但在精神上，他早已邁出了「謝本師」的關鍵一步。

朱蘇力、強世功與許志永、滕彪的分裂，不是孤立的個案。其實，在朱蘇力家中，這樣的分裂早已出現。「天安門母親」丁子霖曾經告訴我，朱蘇力的哥哥、同樣也是大學教授的朱蘇人，與一位六四遇難者的遺孀結婚，含辛茹苦地養大了兩個失去父親的養子。當《零八憲章》破土而出之時，朱蘇人也冒著巨大的風險毅然簽署上自己的名字。這一對親兄弟走上了南轅北轍的道路。

八十年代中國知識界的「改革共識」已然破裂，在一個多元化的時代，任何「重建共識」的企圖都將是勞而無功的。有的人奮不顧身地奔向自由，有的人心安理得地參與人肉筵席，未來有一天，站在法官席上的會是許志永和滕彪，站在被告席上的會是朱蘇力和強世功。

「自由」與「大一統的中國」是否相容？

許志永是一位動若脫兔的行動者，但未必是一位深思熟慮的思想者和理論家。坦而言之，許志永在這本書中提倡的某些理念，存在著相當的侷限和欠缺。

歷史學家余英時在推薦這本書的時候，特別注意到本書的副題是「我的自由中國」，他指出：「在這部文集中，許志永不但指出了怎樣才能從古代的『臣民』一變而爲現代公民，而且更生動地展示了他關於『自由中國』的構想。我特別欣賞『自由中國』這一概念，因爲胡適在一九四九年倡導的『自由中國』運動，便是今天台灣民主法治化的最早源頭。」余英時將「自由中國」這一理念的淵源追溯到胡適那裡，自由之夢，晚近半個多世紀以來幾代知識分子一以貫之。此岸的中國由威權跌入極權，自由仍然是水月鏡花；彼岸的台灣則由威權走向民主，逐漸邁入「自由台灣」之佳境。

然而，「自由」與「中國」之間，其實存在著一條越來越大的裂痕。許志永批判網路上流行的極端民族主義，卻仍以一個民族主義者自居。在《致習近平先生的公開信》中，他再度彰顯此一立場：「汲取蘇聯的教訓，當變革的時刻到來，維護國家統一應當堅持……非暴力和國家統一是堅定的底線。」他又強調：「堅決維護國家統一，憲法和法律、外交、國防、司法、市場、貨幣統一屬於國家。」我贊同他的非暴力抗爭的立場，因為「過於溫和」，他曾受到激進派的攻擊。但是，我也發現，他使用的「堅決維護」之類的詞語，屬於共產黨創造的「新語」系統。這種將「統一」作為一種最高價值來無限美化、無限神聖化的做法，吊詭地與中共的官方立場如出一轍。此種立場，顯然是台灣、西藏、新疆、香港的許多民眾無法接受的，也是作為四川人、主張四川獨立的我無法接受的。

在許志永的思想脈絡中，未能徹底貫通人權高於主權的觀念，也未能梳理統一與專制之關係。美國漢學家白魯恂（Lucian Pye）說過：「中國是一個偽裝成民族國家的文明。」在共產黨的統治下，中國依舊以皇恩浩蕩的態度對待人民。以此而論，中國是一個以高壓統治和偽造歷史來維繫的帝國，而不是一個開放性的、由公民的意志來決定國家的走向的現代民主國家。美國學者譚若思（Ross Terrill）也指出：「中共將兩千五百年的專制舊瓶裝新酒，控制人民，也侵擾異族。」他認為，漢族共產黨領導的大一統註定會失敗，因為越來越多的中國人，在實際生活與想法上，都不再支持這種令人窒息、中央集權的大一統，看出這是帝國的上發令下服從，是教條和權力的交融。

所以，大一統的「中國」這個概念，未必與自由、憲政、共和等普世價值相容。而與民主化、自由化相伴的，必然是本土化甚至是分離主義的傾向，我們不必爲之大驚小怪。而且，分離不一定是一件壞事：比如，在民主化之後，捷克斯洛伐克分裂爲捷克和斯洛伐克兩個國家，兩國的國民並不覺得這是失敗或苦痛，兩個兄弟之邦反倒更能和諧共存。

作爲一個百分之百的自由人，必定認同住民自決的價值高於國家統一的價值。我相信，許志永的思想是開放的，他一定會不斷地超越和突破自我。作家許知遠評論說：「許志永是我們這一代的精神座標，他的道德勇氣對此刻的中國至關重要，其長遠的影響力剛剛開始。」期盼在獄中的許志永像曼德拉（Nelson Mandela）那樣百煉成鋼，早日歸來與妻子和女兒團聚，與無數願意與之同行的公民同胞相聚。

作一顆釘穩的釘子

許知遠《抗爭者》

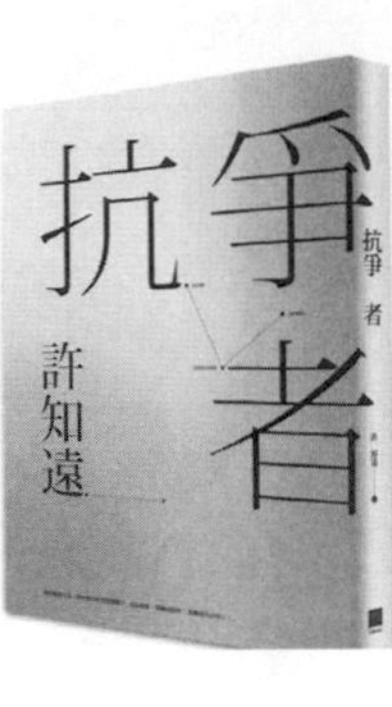

希望人類能夠結束威脅我們的危險，並在持續進步中保有人性的光芒。

沙卡洛夫（Andrei Sakharov）

許知遠的《抗爭者》是一本讓我備感親切的書，不僅因爲我本人是書中所描述的抗爭者之一，更因爲我與作者的生命在青春時代有過一段奇異的交集——在許知遠精神成長的歷程中，羞怯內向的我一度充當了熱情奔放的他在思想啟蒙意義上的兄長。許知遠在書中描述了當年我帶他去北大勺園一位韓國留學生的宿舍偷偷地看紀錄片〈天安門〉的細節，對他來說「那是血脈噴張的一刻」。多年以後，許知遠寫《抗爭者》這本書，宣告他是這群抗爭者的同路人，隨即他的著作被中共當局查禁了——我相信，這一切，與那個滴水成冰的寒夜多少有些關聯。

書中的十幾位「抗爭者」，分別來自台灣、香港和中國，有些人的聲名如雷貫耳，有些則藏身幕後；有的人努力對抗時代流轉的巨輪，煥發出新的活力，有的則經過權力的洗禮，轉換生活軌跡。他們不僅是行動者，也是思考者，知道倘若沒有一套新的語言與價值，抗爭可能淪爲權力爭奪；沒有一個充沛的內在世界，外在的行動註定難以持久；沒有個人的孤獨堅持，集體行動則容易消散。他們有著各自的侷限，常常與新時代格格不入，甚至成爲自己信念的背叛者，但他們都曾在某一個具體的時刻與情境下，成爲了漢娜·鄂蘭（Hannah Arendt）所說的「黑暗時代中的人」。

雞蛋與牆，或者釘子與牆？

在那篇寫劉曉波這匹「受困的黑馬」的文章中，許知遠引述了日本作家村上春樹有名的高牆與雞蛋的比喻，他認爲劉曉波也是那些無所畏懼的雞蛋中的一員。村上春樹說：「假如這裡有堅固的高牆和撞牆破碎的雞蛋，我總是站在雞蛋一邊。……假如小說家站在高牆一邊寫作——不管出於何種理由——那個作家又有多大價值呢？」村上春樹又說：「我們都是超越國籍、種族和宗教的一個一個的人，都是面對體制這堵高牆的一個一個的蛋。看上去我們毫無獲勝的希望。牆是那麼高那麼硬，那麼冰冷。假如我們有類似獲勝希望那樣的東西，那只能來自我們相信自己和他人的靈魂的無可替代性並將其溫煦聚攏在一起。」就憑著這一段話，村上春樹就比莫言更有資格贏得諾貝爾文學獎。

雞蛋與牆是一對讓人印象深刻的比喻。不過，我認爲，用一扔就碎的雞蛋來比喻抗爭者，未必能彰顯出抗爭者身上堅韌不拔、持之以恆的那個面向。所以，我更願意用釘子來比喻抗爭者，他們就那樣咬牙切齒地釘在牆上，縱然不能讓高牆立即轟然倒下，至少也能讓高牆不那麼理直氣壯、趾高氣揚地站立著。或者用魯迅的話來說，即便不能驅除黑暗，也要跟黑暗搗蛋，讓黑暗不能那麼肆無忌憚地黑暗下去。

許知遠筆下的身處兩岸三地的抗爭者們，就是這樣一群寒光閃閃的釘子。在與每一位「抗爭者」的採訪相處過程中，許知遠透過深入觀察，從他們的歷史與歲月裡展現出各自的個性和熱情。這些抗爭者以行動、言論和思想改寫了時代、社會、國家、政治，甚至自己。換言之，既然釘子釘在牆上，釘子就不再是此前的自己。釘在牆上的這種選擇，賦予此前處在盒子中的釘子嶄新的生命價值。

如果細讀《抗爭者》一書，你會發現，釘子與釘子之間，其實也大不相同。有的釘子，一直就那麼鍥而不捨地釘穩在牆上，讓牆壁痛徹肺腑；有的釘子，在牆上待久了，自覺不自覺地，居然「與牆共舞」地成了牆的一部分；還有的釘子，一開始釘的時候沒有釘穩，不久就鬆動了，掉在了地上。如果要讓我來寫釘子們的故事，我一定只選擇第一類釘子，寫那些用我個人的道德標準來衡量，配得上「眞正的英雄」稱號的人物，如劉曉波、丁子霖和鮑彤，而不會耗時費力地去寫第二類、第三類釘子。跟我不一樣，許知遠對異質的世界更有好奇心，除了第一類釘子之外，他還留了很多篇幅給第二類、第三類釘子。比如，他津津有味地寫施明德、許信良；而我只願意寫林義雄、高俊明和彭明敏。

他們不是我們的鏡子，他們就是他們自己

《抗爭者》一書的迷人之處在於，書中的人物涵蓋了台灣、香港和中國三地，很少有中國青年知識分子像他那樣密集地穿梭於三地，作出那麼多獨具隻眼的比較與分析。崩潰的中華帝國造就了百年來這三地的現代命運，當習近平的「中華帝國夢」冉冉上升之際，北京政權在中國的統治模式急遽地走向法西斯化，而且也在迅速、有力地改變香港與台北的政治生態。所以，這三個當代地方敘事的最核心特徵都是「抗爭」。許知遠像是穿越不同的時空，進入這些抗爭者的內心，試圖探索出具有普遍意義的華人的抗爭精神。書中的人物與故事，既平行前進，又彼此交叉。他們所處的時代與情境不同，但他們在許多時刻裡，幾乎是精神上的同代人。

然而，我也發現，即便在講述香港和台灣的故事時，許知遠仍然不由自主地預設了一個強烈的「中國視角」：他們只是我們的鏡子。在寫台灣的抗爭者時，他將施明德和許信良排在第一位和第二位——還好，不是更加不堪的陳映眞、王曉波和李敖——是不是因爲他們歸屬於從綠營中背叛出來的統派？儘管緊接著寫到的江春男（司馬文武）、羅文嘉、馬永成、吳叡人、周奕成等人，無一例外都是獨派人物，但許知遠無意探究他們台獨思想的來龍去脈，

台獨在他的筆下始終是一個略帶貶義的價值。對於半個多世紀以來台灣遭受國民黨「再殖民」式的暴力和意識形態的荼毒，以及如今台灣遭遇吳介民所說的「兩岸跨海政商聯盟」的宰制，書中也缺乏細緻入微的梳理。

基於同樣的原因，在描寫香港的抗爭者群體時，許知遠的視角也處在遊移與波動之中：他用尊崇的情感寫老一輩民主派的代表人物、優雅而有貴族氣的李柱銘，甚至從李柱銘的國民黨將軍的父親寫起；他用童心未泯的心態寫頑童一般的「長毛」梁國雄，無論「長毛」標榜的「眞正的馬列主義者」這一身分在香港這座最資本主義化的城市顯得多麼不合時宜；但是，他卻用嚴峻而刻薄的方式批判陳雲是一個「極端的仇恨者」、「以惑眾的妖言獲取暫時的榮耀」——我猜想，不是陳雲偏執的、語不驚人死不休的個人品性讓許知遠產生了相當的惡感，如果從道德的角度來衡量，如果拿哈維爾（Vaclav Havel）和翁山蘇姬（Aung San Suu Kyi）的標準來衡量，陳雲固然是一個言行不一的「小人」，而施明德更是一個自戀到極點的、沒有被監獄摧毀卻被權力摧毀的「壞人」，許知遠偏偏能給予施明德以「同情的理解」。所以，陳雲身上讓許知遠難以接納的東西，或許更多來自於陳雲倡導的港獨和城邦論的觀念。

還是基於同樣的原因，許知遠對台灣的太陽花學運作出了讓他的很多台灣朋友無法認同的負面評述。偏差是怎樣發生的？在面對「在地的台灣」和「在地的香港」的時候，如果要更完整地呈現「在地的抗爭者」的心靈世界，就必須認識到：他們不是我們的鏡子，他們就是他們自己。或許，身爲北京人的許知遠，長期受帝都文化之耳熏目染，而未能刮骨療傷般地剔除潛意識中根深蒂固的大中華情結。作爲一個四川人，在帝國邊緣長大的我，理所當然地認爲四川獨立是一個美好的選擇；而作爲一個北京人，在帝國中心長大的許知遠，從小形成了從北京居高臨下地看中國的觀察和思維方式。因此，他要從這一套意識形態和文化慣性中破繭而出，比我更加困難。「鏡子論」及其背後的大一統傳統，或許是日後許知遠繼續寫抗爭者或流亡者故事的時候，需要克服或超越的「觀念之魅」。

願我們的道路漫長，願我們的理想高揚

《抗爭者》中最動人的一篇，是寫到了許志永、郭玉閃和我的〈我們這一代〉。在許知遠完成這篇文章和這本書的時候，這三個人的故事和許知遠自己的故事，仍然在演繹和發展之中：許志永二度入獄，以自身的受難戳破了習近平建設法治社會和全力清除腐敗的甜言蜜語。是許志永而不是習近平指示了未來中國的方向，如許志永所說：「任何時候我們都秉承理性的原則，建設性地推動民主法治的進程。我們勇敢堅定、溫和從容。我們一起作快樂公民，建設美好中國。」更年輕的郭玉閃，自成功解救陳光誠後就成爲當局的眼中釘，他領導的「傳知行研究所」被關閉，他自己很清楚早晚會遭到當局的報復，他曾對許知遠說：「他們想要撚死我們眞是太容易了。」一語成讖，郭玉閃被冠以「尋釁滋事」的新罪名，成了「習近平新政」的又一個祭品。而我在飽受中共祕密警察的酷刑折磨之後，攜全家遠走美國，然後在華盛頓郊區重建書房，並在新家裡接待爲寫新書《流亡者》再次上路的許知遠——

我們在維吉尼亞繁花似錦、牛羊成群的鄉間的重逢，讓許知遠產生了如夢如幻的感覺。然後，是許知遠的那些更溫和的、在中國公開出版的著作被查禁、被下架的消息傳來。看來，無論是書中的人物，還是作者本人，都在以不同的方式「風雨如晦，雞鳴不已」地往前走。

作爲反抗者，除了需要勇氣、耐心、對人性中「平庸之惡」的深切體察之外，更需要能夠實現自我反省、自我修正、自我超越的廣闊而豐富的心靈世界。許知遠在那篇描寫王丹的文章中，肯定了王丹是「八九」那一代抗爭者中少數沒有退場的人物，並敏銳地發現了「詩人王丹」對「政治人」王丹的擴充與支撐，但他也不無遺憾地論及王丹的侷限：「他的高度戲劇性的經歷似乎沒有賦予他一種觀察、理解世界的獨特角度。他有高度的歷史意識，正是這歷史意識把他推向舞台中央；但他似乎又逃離了常與這歷史意識伴隨的深刻與沉重，他對於中國歷史、對於民主看法，往往是常識的重複、缺乏必要的獨特性。他高度敏感於個人感受，但他的個人感受卻又少一層眞正的自我追問。」實際上，這不僅是王丹個人的侷限，也是華人世界中的反對者們共同的侷限。

抗爭者的命運，也就是推石頭上山而石頭總是落下來的薛西弗斯的命運。抗爭者不一定能夠迎來勝利的那一天，但這無礙於他們矢志不渝地反抗那巨大的「無物之陣」。上個世紀五十年代被捕入獄並死於獄中的中國基督徒領袖倪柝聲，寫過一首動人的詩歌：「你若不壓橄欖成渣，它就不能成油；你若不煉哪㨪成膏，它就不流芬芳；你若不投葡萄入酢，它就不能變成酒；主，我這人是否也要受你許可的創傷？」比我們年長一代的劉曉波，在苦難、破碎、幻滅和絕望中重新奮起，如同磐石出水，如同鳳凰涅槃。而我們這一代的抗爭之路，才剛剛開始起步。與郭玉閃等人一起在最新一輪的大逮捕中失去自由的民間公益行動者寇延丁說過：「在這個世界上，總會有這樣一些人，他們對自由的渴望超過了對安全的期待，會在迷惘、探索、徬徨之後走上一條眞正屬於自己的路。」是的，這是一條漫長而曲折的道路，許知遠將希臘詩人卡瓦菲斯（Constantine Cavafy）的那首〈伊薩卡島〉（Ithaka）送給王丹。我們每一個正在抗爭之中的人，以及每一個有志於成爲抗爭者的人，都應當彼此共勉——願我們的道路漫長，願我們的理想永遠高揚。

農民的身分是恥辱的印記

梁鴻《出梁莊記》

> 把農民當成公民，把農民的土地當成公民財產，把「農民工」當成工人，「城鄉對立」也就化解了。
>
> 秦暉

「六四」屠殺之後，在中共的胡蘿蔔加大棒的知識分子政策之下，知識菁英階層全面潰敗，尤其是學院和文壇，基本淪爲幫閒、幫忙乃至幫凶。一個沒有言論自由、學術自由、思想自由的社會，能生產出什麼樣的學術和文藝呢？

農村、農民、農民工，被中國學術界有意忘卻和遮罩。學者梁鴻的《中國在梁莊》和

《出梁莊記》兩本以農民和農民工爲主人公的「非虛構文學」，宛如稀有動物、讓人耳目一新。前者寫留守在梁莊的梁莊人的故事，後者寫離開梁莊的梁莊人的故事——離開的目的，僅僅是爲了能卑微地生存下去。作家閻連科評論說：「一個村莊遍布在一個國家，其足跡是一個民族命運的當代畫影，其訴說的眼淚，是今日中國澎湃的濁浪。」

作爲極少數依靠讀書改變命運、定居北京並成爲大學教授的梁莊人，梁鴻沒有像其他知識菁英那樣刻意撇清與農村和農民的關係，她念念不忘的主題是：「中國有兩億五千萬農民和梁莊打工者一樣，他們是中國特色的農民，長期遠離土地，長期寄居城市，他們對故鄉已經陌生，對城市尚未熟悉。然而，他們構成完整的農村與城市，構成完整的中國。」梁鴻走出書齋，風塵僕僕地上路：她從生於斯、長於斯的梁莊出發，足跡遍布西安、南陽、內蒙古、北京、鄭州、廣東、青島等地，與五十一位背井離鄉、命運迥異的鄉親相遇，並忠實地記錄下他們的悲歡離合。

爲什麼傳統道德倫理隨風而逝？

如果說河南是中國的縮影，那麼梁莊就是河南的縮影。作爲歷史文化沉澱最深厚、地理上又處於中原地帶的第一人口大省，河南昔日擁有過的繁華與榮耀，並不足以掩蓋今日的頹敗與衰微。與今天河南的千千萬萬個村莊一樣，梁莊如同母親乾癟的乳房，已不能爲孩子提供充足的乳汁了。

既然務農無法維持最基本的生存，背井離鄉就成了唯一的選擇，即便在中國遷徙自由並不受憲法保障。河南有超過一億的人口基數，其外出打工的農民不少於三千萬，這差不多是一個歐洲中等國家的人口總數。河南人成群結隊地「出河南」，梁莊人爭先恐後地「出梁莊」：在將近三十年中，足跡幾乎遍布大江南北。西邊最遠到新疆的阿克蘇、阿勒泰，西南到西藏的日喀則、雲南曲靖、臨越南邊境的一些城市，南邊到廣州、深圳等地，北邊到內蒙古呼和浩特。他們在城市待的時間最長有將近三十年，最短的才剛剛踏上漂泊之旅。

在梁鴻訪問的這群鄉親中，多半從事最髒、最累、最苦的工作，比如三輪車夫、菜販子、保姆、建築工人、保安以及服裝廠、鍍金廠、玻璃廠等各種勞動密集型工廠的工人。有些所謂的幸運者，進了富士康之類的跨國公司。然而，等待他們的是怎樣的生存環境呢？「一個年輕的工人，必須每天在廠裡待十個小時以上，才能夠離開車間，回到宿舍。工作是沉默的、枯燥的、機械的、沒有任何生機的。」還不到法定工作年齡的梁平發現：「富士康走的就是軍事化管理。保安隊就相當於特務連，要是逮住工人違規或偷東西，可以隨時打工人。一般是拉到沒有視頻監視的地兒，狠揍一頓，拍拍屁股就走了。」黑心的台灣資本家與以鐵腕控制社會的共產黨政權攜手奴役無法組織起來反抗的農民工，這是號稱「全世界無產者聯合起來」的馬克思作夢也想不到的奇觀。然而，在央視風靡全國的紀錄片《舌尖上的中國》當中，富士康工人享受著營養豐富的美食，他們的生活被描述得像天堂一樣美好。

更有一些讓人不齒的、違背倫常且違反法律的職業。比如，販賣造假的食品，梁正容揭露說，很多老鄉都做黑心食品賣，他不願這樣做，生意反倒維持不下去。「假牛肉你知道啥做的？買來死老母豬肉，一煮，一上色，就變成牛肉了。熟肉那花樣可多了。都是工業用鹽，火硝、火堿，這是發的，發大、注水，可以加大重量。用的化學原料是石紅，做肉都總有福馬林。像腸子一類的，買來的時候是黑的，用硫酸、雙氧水一泡，就變白了。」還有已成爲河南人標誌的「校油泵」行業，即清洗、修理汽車的油泵。這是一個暴利領域，梁恒文說：「有的上車摸一下，再換個零件，說這壞那壞，就三千多。」梁恒武也說：「校油泵是利潤大，也是背良心錢。人啊，不背良心不發財，光靠出死力不行。但是，也不算是背良心。」在殘酷的現實生活面前，傳統的倫理道德一步步收縮、退卻，乃至煙消雲散。

還有一種特殊的職業是傳銷。作家慕容雪村曾混進傳銷集團，在其中生活了一段時間，發現傳銷集團幾乎就是中國社會的縮影。一位中國學者對此做過精準的論述，把這種社會稱爲「前現代社會」，主要由三種人構成：騙子、傻子和啞巴。慕容雪村感嘆說：「不過令人高興的是，中國已經發展到了後現代社會，情況發生了深刻的變化，那就是：騙子越來越多，傻子和啞巴都快不夠用了。」

梁鴻採訪到幾位深陷傳銷中難以自拔的鄉親。爲什麼最重視血緣、地緣和親情和鄉情的河南農民，會奮不顧身地投入傳銷之中，不惜誘騙家人和同鄉，不怕在家鄉失去面子、聲名狼藉？梁鴻發現，傳銷吸引人的內在邏輯是：成功、實現價值、家的感覺、平等。這四點恰是普通民眾，尤其是農民在日常生活中匱乏的。它們讓農民窺到了一個不可觸摸的空間：成功、富裕、高雅、平等，可以擁有除了存活外更高的價值和意義。於是，純淨與邪惡、簡單與欺騙沒有隔牆，他們面前展開的是無邊無際的金錢夢，不只是愚昧和無知，不只是貪婪和妄想。它承載著貧苦人的發財夢，而這個發財夢是這個時代最大的夢想。梁鴻得出結論：「傳銷在中國的生機勃勃，恰恰顯示出我們生活內部一種驚人的發育不全：過於豐盈的肢體和不斷萎縮的內心。」

在這個國家，他們不是公民，而是賤民

流氓是這個國家最大的族群。孫文和蔣介石是城市流氓無產者，國民黨是一個由城市流氓無產者組成的政黨；毛澤東和鄧小平是農村流氓無產者，共產黨是一個由農村流氓無產者組成的政黨。兩黨都是現代文明的反面與負數。

具有諷刺意義的是，建立中共王朝的這群農民，一旦佔據中南海，坐了金鑾殿，對農民的殘酷卻超過任何一個王朝。朱元璋和毛澤東都是流民，他們建立的王朝偏偏對農民最爲殘暴。毛澤東從秦始皇、朱元璋、希特勒（Adolf Hitler）、史達林（Iosif Stalin）那裡汲取智慧，打造出舉世無雙的城鄉二元對立結構，讓數億農民淪爲比種族隔離時代的南非黑人更悲慘的賤民。

梁鴻的哥哥梁毅志曾想在北京討生活。當他抵達北京的第一天，看到馬路兩邊隨處可見「北京歡迎你」的巨幅標語。可是，第二天，他就因爲沒有暫住證，「讓派出所的先生們給請到了公安局，旋於下午送至昌平收容所。四周全是高牆，高牆之上更有電網橫於其上……」

在這個國家，農民的身分是恥辱的標誌，農民是劣等人種，農民並不享有充分的公民權。梁鴻寫到了河南矽肺工人張海超的故事：張海超不得不開胸驗肺，雖然現代醫學早已能夠通過化驗來證明矽肺。可是一而再、再而三的投訴失敗，使他明白，爲了得到自己的權利，他必須選擇羞恥的方式，必須如此羞辱、破壞、貶損自己的身體。否則，他得不到公正。而梁鴻兒時的玩伴小杜的命運，比張海超還要悲慘：小杜在青島電鍍廠工作了將近六年，有一天去工廠的路上忽然倒地，重病，送回南陽。短短一個月就已經到了後期，「咳嗽一下，血都噴得很高」。與張海超不同的是，他至死，也沒能討回屬於自己的權益。他死後，類似的故事仍然在繼續。

無論是已經成爲大老闆的成功人士，還是重點大學畢業後在外資企業工作的白領，當然更不用說那些在最底層爲一日三餐打拚的人們，梁鴻採訪過的每一個從梁莊來到城市的老鄉，都沒有獲得最基本的安全感和幸福感，而是被恥辱感所折磨、所籠罩。今天中國的社會不是契約社會，而是身分主導型社會。

慕容雪村指出：「到今天，中國社會已經成了一個以身分爲主導的板結型社會，每一種權力、每一門生意、每一項資源都被徹底壟斷，平民子弟幾乎沒有希望，他絕對沒機會能成爲歐巴馬（Barack Obama），更不可能成爲比爾．蓋茲（Bill Gates）或賈伯斯（Steve Jobs），即使他只想過正常的生活，那也將無比艱難。」除了極少數的例外，農民這個身分是三分之二的中國人無法擺脫的宿命：官員的兒子、孫子依然作官，農民工二代、農民工三代依然是農民工。

在憂傷與憤怒之上，還有救贖

這是一本通篇充滿憂傷情感的書，如作者所說：「憂傷，當奔波於大地上各個城市和城市的陰暗角落時，當看到那一個個人時，我的心充滿憂傷，不是因爲個體孤獨或疲憊而產生的憂傷，而是因爲那數千萬人共同的命運、共同的場景和共同的凝視而產生的憂傷。」有良知的知識分子，才有憂傷。面對悲劇，面對死亡，面對恥辱者和無恥者以及兩者之間的犬牙交錯，作者和讀者無法不憂傷。

但是，僅有憂傷是不夠的。作者記載了鄉親們的焦慮、憤怒乃至絕望，比如那些在城鄉接壤地帶討生活的三輪車夫們對「黑狗子」的痛恨。所謂「黑狗子」，就是不是警察、卻被警察僱來行使警察職責的人，協警、城管、治安員、拆遷隊員，都是類似身分和職能的人。「搶劫，這是三輪車夫對抓他們的警察行爲的總結。」豈止是黑狗子在搶劫三輪車夫，上層的中國不正在搶劫下層中國、城市中國不正在搶劫鄉村中國嗎？搶劫，是這個社會的本質。

於是，梁鴻忍不住發出最爲激憤的批判：「在當代敘述中，我們聽得最多的也是『盛世』、『大國崛起』之類的詞，看到的多是鑼鼓喧天的升平歌舞。但是，經濟的發展、貿易的繁榮、城市的大規模建設並不意味著一個普通老百姓就可以致富；同時，即使致富，也並不意味著他就可以更幸福、更安全，也不意味著他的生存空間更大，反而可能面臨著環境更爲惡劣、生存壓力更大和安全感喪失的境況。而整個社會道德水準的低下更是折射出社會結構的不穩定和精神意識的不健全。」不過，也許囿於作者溫柔的女性特質、體制內的身分以及出版的審查與禁忌，她只能以憂傷取代憤怒，在那些本該怒髮衝冠之處點到爲止。「這一切的始作俑者，就是共產黨這個綁匪集團」，這個事實和這個常識，不可能出現在任何一本中國的公開出版物之中。

憂傷與憤怒之後，還應當有救贖。「出梁莊」的人們，在中國這個大洪水之前的國度，驚懼萬分地等待大洪水從天而降。「出梁莊」絕不意味著「出埃及」。梁鴻寫到一個名叫賢義的遠親，一個算命者，不惜給他以若干的讚譽：「他在試圖對自己的生活、精神和存在進行解釋，這使得他能夠保持一種與現代精神並行的獨立姿態，並擁有某種尊嚴。」但在我看來，這顯然是一種知識分子對民間社會的「過度闡釋」和一廂情願的想像。這個算命者堂屋的正中間，掛著巨大的、四周散發著金光的毛澤東像，旁邊才是小得多的釋迦牟尼、觀音、財神爺和關公的畫像和塑像。他的心靈沒有獨立於權力結構之外。而偶像崇拜更是帶不來眞正平安，拜偶像的算命先生的精神境界，實際上並不比拜金主義的芸芸眾生高。

在本書結尾處的一個細節引起了我的注意：在青島，梁鴻遇到遠房舅媽等幾位中年婦女，她們都是基督徒，相約在勞碌了一天之後一起唱讚美詩。「這應該是中國人自己譜的曲子，旋律熟悉，有點民歌的味道，充滿對苦難的傾訴和某種世俗的喜悅。……這幾位中年農村婦女拍著手，在暗淡的燈光下，專注地看著歌詞，唱著歌，向上帝祈求安慰和體貼，希望憂愁變喜樂，患難得安寧。」比起自欺欺人的算命先生來，這幾位農村婦女的信仰才是一道通往幸福的窄門。可惜，這一場景在《出梁莊記》中只是驚鴻一瞥。或許，作者以後會寫一本關於基督信仰在河南傳播的書，那將是一段光如何照在黑暗中的曲折而美好的歷程。

沒有自由的發展是倒退

陳志武《沒有中國模式這回事》

有些人甚至進而提倡那種更嚴厲的政治體制——否定基本的公民權利和政治權利——因為據說那樣能促進經濟發展（即「李光耀命題」）。事實上，全面的國際比較從來沒有證明這一命題，也幾乎找不到證據表明權威主義政治確實有利於經濟的增長。大量的實證證據表明，經濟增長更多地與友善的經濟環境而不是嚴厲的政治體制相容。

阿瑪蒂亞・森（Amartya Kumar Sen）

近年來，中國模式、大國崛起、北京共識等說法，不僅在中國官方媒體和網路上甚囂塵上，而且在西方媒體、學界和政界成為熱門話題。據追蹤傳統媒體與網路媒體新聞報導的美國「全球語言監測機構」調查，中國是過去十年最被廣泛閱讀的題材。但是，在黃禍論與崩潰論，在張牙舞爪的大紅龍與笑容可掬的貓熊之外，關於中國議題的清醒、敏銳、理性的觀察和分析並不多。長期執教於耶魯大學金融系的華裔經濟學家陳志武，將關於中國的評論結集爲《沒有中國模式這回事》一書，書中部分單篇文章曾在中國的媒體上發表，但集合成一本時，卻無法在中國正式出版。這個怪異現象本身就是對中國模式這個概念的否定性的註腳。

陳志武在中國中部湖南省的農村長大，在少年時代就親眼看到農民在自留地上拚命苦幹，在集體地上盡量偷懶的場景，這是暴風驟雨式的政治運動無法改變的人性本質。那個時期，他也看到政治力量如何摧毀自然、行政管制如何閹割人的本能。一九八六年赴美留學之後，他又看到一個嶄新的世界，由此重新梳理此前的信念和認識。在屈指可數的幾位受到西方學界承認的華裔經濟學家中，陳志武是更少數掙脫民族主義和中國傳統文化束縛，敢於說出中國眞相的人。

是「中國模式」，還是「西方模式」？

中國政府對鄧小平執政以來持續三十年的經濟高速增長而洋洋得意，並將中國模式作爲「軟實力」對外輸出和行銷。陳志武卻用最爲通俗易懂的語言，解釋了所謂的「改革開放」並沒有多麼了不起：「簡單地把老百姓手腳放開，釋放人要生存、要過更好日子的本性，這就是中國過去三十年來各方面新政策的主要原則，也恰恰因為這一『釋放自由』的政策主旋律，等在中國門口數十年的全球化力量也能進入中國，讓中國社會最終能盡情分享發展了兩個世紀的工業革命和全球貿易秩序的好處。」也就是說，「改革開放」並不能證明中國政府多麼聰明睿智、英明神武，它只是表明在毛時代末期百廢待興的情形之下，鄧小平選擇了一種少幹壞事的政策而已。對於一個幹太多壞事的政權而言，不能因為它少幹一些壞事就對它感恩戴德。換言之，綁匪解開人質被捆綁的手腳，並不意味著綁匪就不再是綁匪了。

與冷戰時代被隔絕在鐵幕背後的蘇聯及東歐共產集團不同，中國一邊實行一黨獨裁的政治制度，一邊卻巧妙地嵌入經濟全球化體系之中，也就是搭上資本主義的便車。與亞洲四小龍所依賴的「外生型的增長模式」一樣，中國的發展並非「例外」，陳志武指出：「中國改革開放的成就，驗證了『自由促進發展』的道理，中國的經歷沒有偏離其他國家的實踐所證明的規律。適合其他國家發展的制度同樣也適合於中國，人性是沒有東西方之分，也沒有中國人和外國人之分。」

作為中國政府的辯護士及利益共同體的經濟學家林毅夫，認為中國擁有得天獨厚的「後發優勢」，也就是透過模仿、透過引進非常成熟的技術，讓中國比原來更加充分地利用廉價勞動力，變成世界工廠。對此，中國學者秦暉諷刺性地概括為「低人權優勢」。而在陳志武眼中，「中國通過忽視人權狀況和勞工條件、不計環境污染所造成的成本來發展經濟」，其實是「後發劣勢」——這也是英年早逝的經濟學家楊小凱最早提出來的一個概念。

表面上看，中國成功地挑戰了普世價值，走出了一條沒有民主、憲政、法治，經濟反倒發展得更好的路子，甚至試圖讓北京共識取代華盛頓共識；但是，沒有民主、憲政、法治，或許對初級階段的製造業、加工業不會造成致命危害，卻無法促成服務業、特別是金融服務業等「契約性經濟」的發展，並建立知識產權體系。美國學者、商人譚寶信（Timothy Beardson）在《跛腳的巨人》（*Stumbling Giant: The Threats to China's Future*）一書中，以中國汽車工業爲例指出，中國超過美國成了世界第一的汽車消費市場，但中國的汽車工業由於缺乏創新能力，沒有一個汽車品牌有全球性的競爭能力，沒有一輛中國汽車取得在美國的銷售許可證。美國諮詢業者博斯公司二〇一四年說：「嘗試建立一個高競爭力、世界級中國汽車產業的工業政策已經存在數十年，基本上它已失敗。」

中國的汽車產業和其他產業的危機，不能用「頭痛醫頭、腳痛醫腳」的方法來治療，所有問題最終都指向共產黨的專制體制。如今不能繼續沉溺在「後發優勢」的幻想中，而必須承認「後發劣勢」的事實。然而，當政者寧願重用林毅夫這樣毫無良知的「害蟲」，也不願傾聽來自陳志武的良藥苦口的忠告：「二十世紀九十年代中國錯過了好幾次根本性的政治改革、制度改革的機會，中國經濟要持續增長的話，在二十世紀八、九十年代錯過的改革機會現在要補回來，在中國盡早完成那些必要的憲政民主制度改革，以糾正『後發劣勢』。」

中國傳統文化爲什麼不支持資本主義精神？

陳志武在本書第二編中，用三篇長文〈對儒家文化的金融學反思〉、〈古代王朝的週期性興衰〉和〈中國人爲什麼勤勞而不富有？〉來探尋「中國傳統文化不支持資本主義精神」的原因。這是一個韋伯式的命題，並非中國問題專家的韋伯（Max Weber）專門寫過一本名爲《中國的宗教：儒教與道教》（*The Religion of China: Confucianism and Taoism*）來驗證自己的結論。或許在史料的細節上存在若干疏誤，但韋伯的結論——儒家與道教中並不具備新教倫理中支持資本主義的因素——是可靠的。

陳志武的專長在於金融領域，他卻不單單是一名數學家式的、客觀中立的經濟學家，而更像是一名思想家式的經濟學家——在這一點上，他所師法的對象是被譽爲「經濟學良心的肩負者」的阿瑪蒂亞・森（Amartya Kumar Sen），他的這本文集也沿著阿瑪蒂亞・森的名著《以自由看待發展》的思路展開。

陳志武認爲，未來決定一個國家經濟模式成敗的關鍵因素，不再是傳統的農業和工業，而是以金融業爲核心的服務業。但中國傳統文化卻不支持以金融業爲核心的服務業的發展。中國沒有像西方那樣有組織系統的宗教，中國人的生命觀是非理性的，大眾的精神世界受迷信支配。而且，中國人的精神世界侷限在家庭和血緣關係之中，中國的等級結構不以個人權利但以名分界定。陳志武得出的結論是：如果一個國家的金融市場不夠發達，它想鼓勵個人主義也不可能實現；反之，一個缺乏個人主義的、盛行集體主義的國家，金融市場也不可能發達。

陳志武所否定的某些新儒家人士「用中華文明整合世界」的奇思妙想，習近平卻如獲至寶地當作救命稻草。習近平上台後，看到「後發劣勢」帶來的危機日漸發酵，不得不尋找解決此一危機的方法。不過，他找到的方法不是陳志武的建議——如果那樣做，他和他的黨將喪失對權力的絕對壟斷；他選擇了一條看似安全的「回頭路」，就是把孔夫子和毛澤東整合在一起。《紐約時報》（*The New York Times*）記者儲百亮（Chris Buckley）在題爲〈習近平治國論政兼用中國諸子百家〉的評論文章中指出，與幾位前任相比，習近平挖掘了古代治國術的豐富寶藏，以獲得支持和指導。習近平稱，自己的政策根植於中國傳統的秩序和美德。教育部下發指導綱要，宣稱要加強中國「優秀傳統文化」教育；共產黨的宣傳部門聲稱，傳統文化是「社會主義核心價值觀」的一部分。然而，中國的傳統文化已經失去了農業社會的經濟基礎，也缺少實現「現代轉化」的可能性。

重走「大政府主義」的老路，是一條窮途末路

從胡溫到習近平這十多年來，中國的經濟政策有了一些重要的變化和調整：所有的政策和資源都向國有企業尤其是央企傾斜，竭盡全力讓國企特別是央企「做大做強」。若干航空母艦式的央企，依靠其絕對的壟斷地位，進入世界五百強行列。而從八十年代初期一直到江澤民時代，蓬勃發展的民營企業或私有企業，則受到越來越大的限制和擠壓，比如活力四射的「溫州模式」如今已然風光不再。在這一經濟政策背後，是一種「大政府主義」的迷思，是一種變形的、升級版的鳥籠式計畫經濟，它比拖累歐洲經濟長期不振的凱因斯主義（Keynesian）更糟糕一百倍。

近年來，中國的民主、自由、法治和人權保障等領域，不僅沒有隨著經濟發展得到改善，反倒一步步地走向惡化。中國走入了一條「沒有自由的發展就是倒退」的死胡同。在中國，經濟從來不是一個獨立的部門，經濟必須爲政治服務——在官方的馬列主義意識形態破產的背景下，經濟的強勁增長爲中共政權提供了唯一的統治合法性。執政黨出於恐懼，拚命地掌控所有的權力，也包括在經濟層面加劇壟斷格局。幾乎所有國民經濟的命脈，包括電力、煤炭、石油、電信、軍工等領域，都被數十個太子黨家族瓜分殆盡。這些利益集團不願出讓已握在囊中的巨額財富，還要繼續鯨吞。中國的經濟被這些利益集團綁架。大型國有企業以及太子黨控制的半私有的企業，如同一群貪婪的吸血蟲，逐漸耗盡中國所剩無幾的資源。

對此，陳志武再次發出忠告，他呼喚說，人們不能忘記，此前三十年中國經濟的活力所在，包括提供最多就業機會的，不是那些門面光鮮的國有企業，而是那些民營的經濟部門：「簡單地釋放自由就能帶來經濟繁榮，如此之快地提高生活水準，這當然是奇蹟，但這是『自由』的奇蹟，不是『大政府主義』的奇蹟。」但是，當國有企業「貪天功爲己有」、而民營企業在體制內部找不到代言人時，誰也沒有膽量推動新的經濟政策，新一輪經濟危機的苗頭已經出現。

若沒有民主和法治的制度保障，不鼓勵個人主義和自由思想，中國很難完成從勞動密集型經濟向知識經濟的轉化和提升。譚寶信指出，從很多國家得到的數據都顯示，最好的創新來自私人部門的研究與發展，而非來自政府。官僚最終無法猜透製造商和消費者之間無數的互動關係。因而，中國要建立創新的經濟、建立品質和富於想像力的信譽，以及培養知識的全球領導地位，就必須改革政治體制，容忍具有批判性的思考。但是，從目前的情形來看，習近平政權並不打算這樣做。

誰為中國唱一曲哀歌？

蘇小和《小雅歌》

我既是園丁，也是花朵。
在世界的牢獄中不止我一個。

曼德爾施塔姆（Nadezhda Mandelstam）

幾年前，我為蘇小和寫過一篇長篇訪談，談他的成長與信仰、文學和詩歌以及對經濟學的思考。我跟普通讀者認識蘇小和的過程剛好相反：大部分讀者知道他，是從新聞或財經類的大眾媒體上他撰寫的財經評論開始的，這些文字堅守人文精神和古典自由主義立場，讓人耳目一新；而我最早接觸蘇小和這個名字，是來自他的詩歌，我與王怡合作編輯《橄欖枝》雜誌，王怡做過一個蘇小和的詩歌專輯，我立即被這些清水出芙蓉的短歌所吸引。有童謠一樣的淺白，又有箴言般的深邃；有時是側耳傾聽的喃喃低語，有時卻是穿雲裂帛的引吭高歌。

在相當長的時間內，蘇小和的詩歌都是經驗的、當下的、抒情的和絕望的，其中既有對家國沉痛的批判，也有個人身體與夢想的虛空、徬徨。二〇〇六年，是蘇小和的私人紀元，接受洗禮後，他從一名憤怒的、肉體的、沉重的詩人，轉型爲一名哀歌詩人、讚美詩詩人。誠如他自己所說：「緩慢地寫了大概八年，感覺自己才摸到詩歌的門檻。關於漢語詩歌的一種可能性寫作，從《吉檀迦利》（*Gitanjali*）到《小吉丁》（*Little Gidding*），從埃利蒂斯（Odysseas Elytis）到米沃什（Czes aw Mi osz），從耶利米哀歌到雅歌，我對詩歌志存高遠，但力有不逮。給我一些時間，我會繼續緩慢地寫作，直到我有能力把所有的句子獻給上帝，我說的是我將手心捧起，舉過頭頂，等待上帝從我的門楣越過的能力。」

《小雅歌》是蘇小和公開出版的第一本詩集，其中大部分詩歌都與基督信仰有關，一方面直指人性的幽暗，一方面仰望上帝之光。在當代漢語詩歌中，從北島到海子都缺少對罪痛徹肺腑的體認和對真理的謙卑信靠，蘇小和的詩歌正可以看作是「神性詩歌」的一個新開端。

黑暗中的人們：小丑、流氓與劊子手

「這座城市不認識我」，跟在北京生活過十八年的我相似，蘇小和也是這座城市的「異鄉客」。他有自己的公寓，有世俗意義上光鮮的身分，卻始終不能「與北京共舞」。因爲，北京的主人是一群不把無恥當無恥的小丑、流氓和劊子手。在〈無標題的夢〉一詩中，蘇小和夢見這樣的場景：有人大搖大擺地走進他的家，「轉眼之間，我從主人／變成了看客／而他們，從流氓／變成了君王。」這不正是對北京以及整個中國的活生生、赤裸裸的寫照嗎？有時，夢境比現實生活更加逼近眞實。

中國的歷史就是從流氓到君王的嬗變史。在〈小丑〉一詩中，蘇小和寫道：「爲了我被投入監獄的我的朋友／爲了我被軟禁的我的兄弟／你們是勇敢的，正義的／你們是被愛充滿的。//在你們面前／那些肥頭大耳的謊言／那些麻木不仁的利益／是歷史的小丑。//他們的鼻樑塗了白粉／嘴唇抹了口紅／他們是一群／被人笑話的戲子。」在〈夜深沉〉一詩中，他寫道：「每個有愛心的人／在這個世界上／都被看成罪犯。//休息吧／瞎子和婦人／還有皮膚粗糙的乞丐。//夜色深沉／魔鬼自我加冕／暫時作了世界的主人。」詩歌固然是文字之美的極致，但詩歌其實與政論一樣，不能以潔癖的名義迴避每天都散發著惡臭的邪惡。否則，詩歌就淪爲自我把玩的小擺設，宛如古代皇帝的百寶箱中的工藝品，雖然巧奪天工，卻毫無生命氣息。

在中國的詩歌和文學當中，並不缺少對小丑、流氓與劊子手的描摹，在王朔、陳忠實和廖亦武的作品中，讀者可以看到更加鮮明的小丑、流氓和劊子手的形象。但是，更爲關鍵之處在於：你該如何對待小丑、流氓和劊子手？有信仰的蘇小和作出了截然不同的回答。在〈劊子手〉一詩中，蘇小和寫道：「他們殺的是孩子／是伸手要飲食的乞丐／我想殺了劊子手／殺了他們，就可以救活孩子們。」這不就是從古代的農民起義到現代的共產革命的邏輯方式嗎？蘇小和斷然否定了這種「以殺止殺」的惡性循環：「我的臉變成了一把刀／我的淚變成了一灘血／你告訴我，我舉刀殺敵／會不會首先殺了自己？」

當官府以七千億巨額經費實施「暴力維穩」的鎭壓之時，當習近平宣稱「架起銅牆鐵壁，構建天羅地網」之時，以暴易暴是不是唯一的反抗方式？民間輿論中「與汝偕亡」、「哀兵必勝」的極端言論和暴戾之氣日漸升溫，在這種「比狠」的潮流中，蘇小和堅持發出「政治不正確」的呼聲，他在〈論暴力〉一詩中寫道：「凡動刀的／必死在刀下。／暴力不可能收穫自由／暴力只能收穫暴力。」另一方面，他更相信，那些有信仰的同胞可以戰勝暴力、戰勝恐懼，並帶領中國走入迦南美地：「只要你不恐懼／魔鬼就一錢不值／我們的自由，在我們心裡。//我們的自由與愛有關／在愛裡沒有懼怕／所以別怕他們。//大聲說出你的詞語／高舉你的鮮花／我們是自由的人。」（〈別怕他們〉）

被光照的人們：孩子、母親與「最小的弟兄」

與戲子、流氓與劊子手針鋒相對的，是孩子、母親與最小的弟兄。基督徒當像孩子那樣單純，像母親那樣內心充滿愛，像「最小的弟兄」那樣爲義受逼迫。

這是一個殺人如草不聞聲的國度，這是一個殺孩子都不手軟的國度，「殺掉孩子／捂住母親的嘴巴／不讓她哭。//這是人間的方法論／求你看一看／求你毀滅那雙骯髒的手。」（〈小哀歌〉）儘管如此，蘇小和的禱告，不是求上帝毀滅這個國家和這座城市，而僅僅是毀滅那雙骯髒的手，因爲「即使這座城市到處都是罪惡／我也能在胡同深處找到一個好人。／所以，爲了這一個好人的平安／你就寬恕這座城市吧。」（〈城市〉）這是何等誠摯的悲憫之心。

蘇小和爲文革受難者林昭寫了一首題爲〈林昭姐姐〉的詩，「姐姐」這個親密的稱呼，讓我想起張楚那首有名的歌曲〈姐姐〉：「姐姐，我看見／你眼裡的淚水／你想忘掉那污辱。」據說，張楚的〈姐姐〉創作於一九八九年的那場屠殺之後，也是唱歌林昭的。而蘇小和這樣寫道：「想像林昭是我的姐姐／她與我的母親同年。／上星期我看見母親穿過田埂去採摘青菜／她的背影已經沒有林昭年輕。//有時我覺得林昭是代替我的母親才死的／有時我覺得林昭還像母親一樣活著。／這就是我熱愛的林昭啊／她一閃而過，得盡風流。//她活著是我的姐姐／死後是我的母親。／活著是我的母親／死了才成爲我的姐姐。」透過「母親」

與「姐姐」兩個身分的轉換，林昭與天安門母親的苦難，被壓縮到同一個時間平面上。

蘇小和爲劉曉波寫了好幾首詩歌。收錄《小雅歌》的，是一首普通讀者或許不能破解其眞意的短詩〈夜晚〉：「願你今夜越過高牆／去遠方／這個夜晚註定是你的／你讓他們愚蠢／讓我們有希望。」我更喜歡的、更直白的那首〈十月八日之夜，大家都高興得哭了〉，則無法瞞過出版檢查官的金睛火眼，不能選入這本詩集，只能在網路上悄悄流傳：「上半夜喝酒／下半夜做愛／不捨晝夜／直到天明。//中途一哥們對著夜色豎起了中指／一個哥們被警察請到了派出所。／丫的顯然喝多了／他說，難道我高興也犯法嗎？」這首詩歌中，出現了不優雅的粗俗的動作和言語，而這一細節偏偏鮮活地描繪出當時人們的激動與憤怒。還有另一首內斂而沉靜的詩歌，也是我所喜歡的，也無法收錄書中：「不要怕他們／那遮擋我們眼睛的／遮不住我們的夢。／那殺我們身體的／殺不了我們的靈魂。」（〈爲那個有些口吃的讀書人晨禱〉）

關於我們的友情，蘇小和也留下好幾首詩。每當我在大洋彼岸讀到這些詩，便感受到即使在風沙蔽日、冰雪交加的北京，也有心心相印的溫暖。當我被祕密警察軟禁在家時，蘇小和寫了〈爲每個人的禱告〉：「城頭變了大王的旗幟／我的弟兄還在囚禁之中／他的家成了牢房／我的家成了劇場。//路過的人／爲每個人禱告吧！／這紛亂的日子獻給塵土／這悲傷的淚水／獻給神。」在我去國前夕，只與寥寥可數的幾位老友聚餐告別。那時，我宛如痲瘋病人，人人避之唯恐不及。蘇小和在〈我們的晚餐〉中，生動地描繪了當時的場景：「後來我和島子說起你／夜色忽然變成了一幅畫。／白髮的島子，隨意塗下一筆／他說，這是我們的宣紙。//我想念我們的晚餐/堆在北京的東四環。/那天我忘記了餐前禱告/不小心吃到一枚有毒的豆腐。//弟兄，這一夜註定成爲歷史/我先是和你深深擁抱/接著又看見島子/站在東直門的大風裡。//到深夜，我開始腹痛/豆大的汗珠滾落在地上。/我當時就想啊，他們打你/你是不是比我更痛。」而當我踏上飛機之時，他像唐朝的詩人們那樣，用一首〈麗人行〉爲我送行：「爲你流淚，且歡呼/經上說，「流淚播種的，必歡呼收割/那帶種流淚出去的/必要歡歡樂樂地帶禾捆回來」。//如今我手搭涼棚/送你去國。/如今我虛位以待/等你回來。」

最美的詩歌其實是我們掩耳不聽的哀歌

詩歌是一種與心靈關係最爲密切的文學體裁。詩人蔣立波如此形容蘇小和的詩歌：「與其說是蘇小和的詩歌爲中國當代詩歌注入了一種陌生的氣息，毋寧說是創造萬有的神爲僵死、堅硬的漢語吹進了一口氣。一種將祝福、祈禱、憐憫、盼望、讚美等元素融合在一起的嶄新的語調，使他的詩歌散發出異質的光輝，並讓我們的心變得柔軟。」那種形而上的哀痛，那種對與上帝和眞理隔絕的哀痛，那種對與生俱來的原罪的哀痛，賦予蘇小和的詩歌以鑽石般的密度與硬度。

今天的中國，沒有幾個詩人能寫哀歌，因爲詩人們已經墮落爲酒肉之徒。所謂哀歌，不是顧影自憐、不是悲悲戚戚，而是「感時花濺淚，恨別鳥驚心」，而是「我的眼，使我的心傷痛」，而是與撒但統治的世界格格不入，即便粉身碎骨，也要飛蛾撲火。在聖經中，先知的哀歌，無不是如匕首和投槍般刺向自我偶像化的統治者，並且將滅亡的資訊告訴蠅營狗苟的、如同行屍走肉的百姓。

蘇小和的短詩〈愛國主義〉，比長篇論文更有力地戳破了習近平「中國夢」的肥皂泡：「一個不愛鄰居／不愛陌生人／不愛敵人的人／卻大談愛國／那不是愛／那是暴力／是野蠻。」對於中共宣傳機構打造的黨國主義價值體系，蘇小和直接戳穿其畫皮：「黨派是為了侍奉國家／國家是為了侍奉人／人是為了侍奉上帝／上帝讓每個人得自由。//誰顛倒了這個秩序／誰就會遭報應／這是我的體會／謹記之。」（〈詩言志〉）詩人認為，一切的暴政都源自人的背謬和自義，獨裁的根源就是唯物主義的意識形態：「所有的唯物主義／最後都會／走向異化／走向偶像崇拜。//昨天你是／領袖的奴隸。／今天你是／金錢的囚徒。//昨天你看自己／是一頭豬。／今天你看自己／是一條狗。//你永遠都不會／把自己／看成一個／具體的人。」（〈唯物主義〉）

在對二十世紀以來的種種蠱惑人心的價值、主義作出清理之後，詩人又將鋒芒轉向人內在的黑暗，這種自省精神在當代中國文化中是極為罕見的，中國的詩人，要嘛是孔雀，要嘛是鬥雞。蘇小和則坦承：「我內心的黑暗／比周遭的黑暗更黑／如果你不來照亮我／我將死無葬身之地。」（〈黑暗〉）在深切地洞見自己內在的黑暗之後，對光明的渴望和尋求就變得無比強烈，「在一片黑暗中／尋找如豆的燈火」。（〈方法〉）在深切地洞見自己內在的罪孽之後，哀傷也就油然而生。而哀傷乃是詩歌最充沛的靈感。正是在無邊無際的哀傷中，世間萬物——工作、休息、禱告、少女、鳥兒、城市、花朵和麥子——都可以用詩歌來進行表述。

哀歌的傳統，當然始於聖經。在蘇小和梳理的那些先知式的詩人的名單之外，其實還有三位效仿的對象。第一位是俄國詩人曼德爾施塔姆，在西伯利亞的冰天雪地中，他吃掉最後一點口糧，用泛青的手指將黑麵包送進滲血的嘴裡，其獄友勸他留點麵包以後再吃，詩人最後的回答卻是：「以後又是何時？」

第二位是德國詩人保羅・策蘭（Paul Celan），這位奧斯維辛集中營的倖存者，無法回答「誰來爲證人作見證」的問題，於是縱身跳進塞納河，他的最後一句詩是「終點以爲我們就是／起點」。

第三位是從蘇俄流亡到美國的詩人布羅茨基（Joseph Brodsky），雖然被以「寄生蟲」的名義趕出祖國，卻用詩歌戰勝黑暗，在充滿陽光的組詩〈羅馬哀歌〉中，自信地宣稱，「我的視網膜上有個金色的斑點／足夠應付黑暗的整個長度」。

我相信，假以時日，在生命經歷更加嚴厲的淬鍊之後，蘇小和的詩歌也能與這些詩人的聲音一樣，在遠方破壁而出。

人質愛上綁匪的「武林外史」

冉雲飛《通往比傻帝國》

世界之外是什麼呢？人們爲何不能跨越侷限看到一個相反的世界呢？

利哈喬夫（Dmitri Likhachev）

我很喜歡冉雲飛的文章，不僅因爲我們是老鄉和老友，更因爲我欣賞他「鐵肩擔道義，妙手著文章」的使命感。在這個幽暗的時代和國度，讓人眼睛爲之一亮的人物和文字並不多見。網路評論家「十年砍柴」對冉雲飛的《通往比傻帝國》一書有如此評論：「冉雲飛的氣質是草莽氣、遊俠氣和書卷氣的混合。冉雲飛這些年的激揚文字，亦是理性、激情和憤怒糅在一起，鋒芒直指大大小小的焚書者。」這也是我最喜歡自稱「匪話連篇」的冉氏博客的原因，很少有人能像他那樣將理性與激情、尖銳的批判與深切的同情完美融合在一起。

這幾年來，由於文網漸密，冉雲飛的名字逐漸從傳統媒體上消失，他移師互聯網，讓自己的博客成為「一代猛博」。他那意氣飛揚而又考據札實的文字，結集成書者不多，《通往比傻帝國》就是其中的精華部分。全書分為四輯，分別為：「追捕生病的制度」、「不穿褲子的書生」、「可憐的中國教育」和「散布可能的風景」，從章節的名字可以聞到「冉氏大餐」的麻辣滋味。冉雲飛喜歡吃火鍋，他的文章像火鍋一樣紅油鼎沸，讓讀者大汗淋漓。書中的四十八篇文章，每一篇都堪稱「溫柔的板斧」，砍向的是讓人們不得自由的邪惡力量。

二〇一一年初，冉雲飛因為在網路上轉發茉莉花革命的消息，而失去自由長達半年之久。在中國的網路書店，《通往比傻帝國》是唯一一本仍可買到的冉雲飛的著作。在卓越亞馬遜網上，我看到一位讀者留言說：「冉雲飛是獨立的……要獨立就不要依附，雲飛靠的就是著書立說，這需要大家的支援。買一本書，完我一個心願。」無論讀者買了一本書，冉雲飛是否真能拿到版稅，但這份情誼宛如「一片冰心在玉壺」。一個作家得到讀者真心實意的愛戴，是他一生中最大的幸福。

坐上「載滿鵝的火車」通往「比傻帝國」

一名網友在書評中說，冉雲飛的《通往比傻帝國》與王怡的《載滿鵝的火車》兩本書是「一對兒」。而冉雲飛書內同題為《通往比傻帝國》的那篇文章，恰好是談王怡的。

「載滿鵝的火車」這句話，源於俄國電影〈烈日灼身〉（Utomlyonnye solntsem）。電影講述的是史達林（Iosif Stalin）時代的故事，獨裁者喜歡自比太陽，對民眾來說，這太陽卻灼熱而毒辣。音樂老師波里臨終前沮喪地說：「眞晦氣！我度過了如此多姿多彩的一生，但臨死前看見了什麼？載滿鵝的火車！」後來，那個被克格勃逮捕和折磨的戰鬥英雄，在汽車裡也重複了這句話。王怡將這句話用作書名，在他看來，「載滿鵝的火車」意味著沒有詩意，意味著集體的愚蠢；而冉雲飛的書名，卻徑直挑明並接續了「載滿鵝的火車」背後隱而未發的譏諷——「通往比傻帝國」。

所以，兩本書的主題是一樣的，都是揭示中國人眞實的生存狀態：千百年來，中國人坐的是同一列「載滿鵝的火車」，通向的是同一個目的地——「比傻帝國」。不過，不同的書名顯示出兩人寫作風格的差異：王怡喜歡使用隱喻，文字如七傷拳，讓對手似乎表面毫髮無傷，實際上卻傷及肺腑；冉雲飛則喜歡直抒胸臆，文字如降龍十八掌，招招都虎虎生風，讓宵小望風披靡。

在這本書中，冉雲飛有幾篇文章集中討論中國的肥皂劇。作者與那些故作清高的文人學士不一樣，對市井文化興趣盎然，而成都正是中國市井文化最發達的地方。最能體現中國人基本價值觀的文藝作品，在古代是戲曲，在今天是電視劇。在收視率很高的電視劇《鐵齒銅牙紀曉嵐》中，乾隆的寵臣和珅說過一句經典的話：「你再聰明，也不可能比皇帝聰明啊！」冉雲飛作出如此解讀：「這一點再清楚不過地說明，誰比誰更聰明，不是聰明本身就能夠定奪的，而是因著無上的權力，才能夠變得『更聰明』。推而廣之，大臣不可能比皇帝聰明，各級官員隨著等級的不同，下級始終比上級更愚蠢一些，直到最愚蠢的底層亦即廣大的民眾。」這一解釋道出了這部電視連續劇廣受歡迎的眞相：觀眾看了以後，不是變得更加聰明，而是變得更傻。一個人越傻，就越有本事在這個畸形的社會遊刃有餘地生活下去。

魯迅對中國歷史的發現是「吃人」，柏楊對中國人特性的概括是「醜陋」，我的朋友、詩人徐晉如則以「卑賤」一詞形容國人的精神狀態。冉雲飛挑選「比傻」這個動詞，作爲打開中國歷史與現實之門的鑰匙。中國每個王朝的興衰規律都驚人地相似：首先是統治者智力和品格的直線退化，然後是民間社會想像力和創造力的衰微。在「普天之下，莫非王土；率土之濱，莫非王臣」的權力格局之下，即便老百姓中眞有聰明人，爲了能在「優敗劣勝」的體制下生存，不得不假裝成傻瓜，至少顯得比統治者傻一些，統治者的屠刀才不會架到脖子上。阮籍縱酒狂歡，才得以倖存；嵇康偏要在《與山巨源絕交書》中說出「皇帝的顧問什麼也沒有穿」（還不是「皇帝什麼都沒有穿」）的眞相，廣陵散就成了絕唱。

在這個帝國，傻瓜們是最幸福的人，自古如此，於今爲甚。作家傅國湧指出：「今天，這個古老國度的權力運作，本質上已陷入一種弱智化的比傻遊戲困境中。……大家玩的就是比傻遊戲，以自甘弱智換取苟且的日子。在這個角度看來，統治者和民眾結合得眞是天衣無縫。」中國人的才智都用到「比傻」上，中國就成了「比傻帝國」。「比傻帝國」必然是「停滯帝國」。統治者不管國家是停滯還是發展，只要權力掌握在手中，就是最大的勝利；而被統治者只要能「活著」，即便被像鵝一樣圈養在「動物莊園」，亦認爲這是可以忍受的命運。

老鼠的悲劇是愛上了貓，中國人的悲劇是選擇了共產黨

一個龐大的帝國，有多少順服而忠誠的臣民？密密麻麻的順服而忠誠的臣民，會充滿多長的列車？冉雲飛是少數不甘心於像鵝那樣被運到「比傻帝國」去的人，他毅然從飛馳的火車上跳下去。

自己跳下去，能多帶幾個人跳下去嗎？自己奔向自由，能多帶幾個人奔向自由嗎？冉雲飛對同胞有悲憫之心，但那些在列車中茫然無措的人們敢於像他這樣冒險嗎？正如魯迅那個最爲人熟悉的比喻：中國是一間密不透風的鐵屋子，鐵屋子裡全是熟睡的人們，你把他們都叫醒，這些人不會感激你，反而因爲你驚醒他們的美夢，對你群起而毆之。

即便如此，冉雲飛「知其不可爲而爲之」，他榮辱不驚、筆耕不輟，以傳播常識、推動自由爲己任。他要打破統治者與被統治者之間「比傻」的惡性循環，打破「人質愛上綁匪」的荒誕戲劇。「綁匪集團的勢力過於強大，使得所有人質儘量向綁匪獻媚，形成人質愛上綁匪的奇特景觀，這便是有名的『斯德哥爾摩症候群』（Stockholm syndrome）。」所謂「斯德哥爾摩症候群」，不如叫「中國症候群」。在斯德哥爾摩，是罕見的個案；在中國，卻是普遍的生活方式。

魯迅解釋過「奴隸」和「奴才」兩個概念，奴隸是被迫的，奴才是主動的。冉雲飛沿著魯迅的思路向深處剖析：所謂「人質愛上綁匪」，就是把自己變成搖尾乞憐的奴才，處處替

綁匪著想，連綁匪都未曾想到的絕招，連綁匪都沒有想到的管理人質的殘忍手段，都是人質想出來的。綁匪發現，有的人質具備「發展前途」，便挑選出來作爲獄卒。由人質提升爲獄卒，如鯉魚跳龍門，會激發那些還沒有效忠的人質想盡一切手段接近綁匪，委身投靠，交心告密。於是，人質們爭相效仿，遍地都是人質給綁匪早請示、晚彙報的場景。榜樣的力量是無窮的，偌大的中國，成了孕育「愛上綁匪的人質」的豐厚土壤。兩個日本兵就可以統治人口數萬的縣城；毛澤東的一本紅寶書就能讓六億民眾如醉如癡、殺人放火。

最狠毒的貓，不是飢不擇食地吞噬老鼠的貓，而是對老鼠施加迷幻藥、讓老鼠愛上它並忠心耿耿地爲它服務的貓。在老鼠愛上貓、人質愛上綁匪的國度裡，不愛綁匪的人質被看成狂人和瘋子。很多人說冉雲飛是狂人，在一團和氣的作協和文聯大院內，他是一個不可救藥的異端。說眞話本來是道德的底線，在中國卻成了可貴的品質。冉雲飛在一次接受訪談時說：「你如果稍微說了點眞話、實話，說了些常識，就會被別人認爲是狂。甚至因爲你愛說幾句別人不太敢說的大白話，而被目爲故意狂傲。……我從小就是個相當自信的人。從小到大的學生通知書，老師說到我的缺點，總是說『該生驕傲自滿』，我說只有死了，才不驕傲了。」可見，與其說冉雲飛「狂」，不如說他「眞」。不是冉雲飛有病，而是這個社會有病——在這個國度，「病」與「非病」的定義被徹底顛倒了。

不幸的是，從大戰風車的唐吉訶德，到《國王的新衣》（*The Emperor's New Clothes*）裡那個童言無忌的孩子；從魯迅《狂人日記》主人公，再到揭穿「比傻帝國」眞相的冉雲飛；他們的遭遇無一例外都是被敵視、被羞辱、被隔絕，這就驗證了聖經中的預言——先知在故鄉是不受待見的。

愛國的第一要務，就是讓祖國成爲自由之國

將祖國比喻爲「比傻帝國」，將同胞比喻爲「火車上的鵝」，這樣的言論比起劉曉波「三百年殖民地」之說，有異曲同工之妙。難道眞像官方媒體辱罵的那樣，劉曉波和冉雲飛們都是「賣國賊」嗎？

不，再沒有人比他們更愛國了。如果不愛這個國家、不愛這片土地和這群同胞，冉雲飛爲何每天都起早貪黑、奮筆疾書呢？他以「每日一博」的方式撰文吶喊，還編輯「冉氏新聞評論週刊」這樣一份「一個人的網路報紙」。這些工作沒有稿費和報酬。他堪稱漢語網路上的「第一義工」。

冉雲飛的言論，表面上看像魯迅，骨子裡更接近胡適，即便作怒目金剛狀之時，亦遵循「有一分材料，說一分話」的原則。他以實踐「積極自由」的方式捍衛更多人的「消極自由」，他的文字清晰、堅定、簡潔。在《通往比傻帝國》一書中，他著力批判的對象是官方的愚民宣傳、教育以及對歷史的僞造。他對史料的搜集竭澤而漁，其結論如鐵板上釘釘，讓官方教科書中的造假之處昭然若揭。

僞造歷史是獨裁者取得統治合法性的首要任務。希特勒如此，史達林如此，毛澤東也如此。英國作家和神學家魯益師（C.S. Lewis）對權力者的弄虛作假深惡痛絕，他寫道：「在

我看來，向年輕人一板一眼地灌輸明知是虛假或偏頗的歷史，是十分有害的。這些所謂的歷史，不過是英雄傳奇，經過粗劣的僞裝後被拿來充當教科書上的史實。」冉雲飛深感學生時代接受「僞歷史教育」的害處，用歷史學家袁偉時的話來說就是「喝狼奶」。他決心獻身於「去僞存眞」的事業。他雖然是學文學出身，但這些年來研究重點已轉向史學，比如對民國教育史的研究、對以吳虞爲代表的民國知識分子的研究、對成都地方歷史的研究等，其論據之豐富、論證之嚴密與思想穿透力之強，無不讓學院裡的那些「烏煙瘴氣鳥教授」爲之汗顏。

對歷史的研究越深入，冉雲飛對愛國主義的定義也就越準確。他指出：「愛國也是有條件的，我不能愛一個罪惡之邦。我的祖國沒有自由，我要努力使它獲得自由。我們是因爲自由才尊重法律，同理我們也要眞正成爲一個大寫的人，才愛國。我不是『我愛大清，可誰愛咱』的常四爺。」《茶館》中的人物常四爺，差不多就是老舍的自況，老舍晚年投湖自盡的悲慘結局，是否讓那些狹隘的愛國者有所警醒呢？

爲了讓祖國變成自由國度，冉雲飛付出了一度失去自由的代價，這一事實足以說明：今天的中國是一個多麼缺乏自由和眞相的國度。從老舍到冉雲飛，從罪惡之邦到自由之邦，還有多遠的路要走？還有多少的橋要架？

豆瓣醬裡的紅樓夢，或金瓶梅

顏歌《我們家》

桑格格

我買了一張世界地圖，在家裡打開它的時候，我發現自己就看不見地板了。有人問我你們家有多大？我就說，有世界那麼大。

旅居美國幾年來，我形成了一個小小的生活習慣：儘量不買中國製造的產品。中國加入世貿組織之後，中國製造的廉價商品堆在美國的大小商場，琳瑯滿目，令人目不暇給。有一個美國記者寫了一本名為《離開中國製造一年》（*A Year Without "Made in China"*）的書，描述離開中國製造的生活有多麼不容易，尤其是孩子的玩具和聖誕節的裝飾品，不買中國生產的，幾乎就沒有其他選項。我不買中國製造，因爲這些產品往往是勞改營的奴隸勞工或珠三角命運等同於奴隸勞工的農民工生產出來的。我這個沒有多大消費能力的人，不買中國製造，無損於中國的「大國崛起」，但我必須以此表明自己的立場。然而，有一樣東西卻非買不可，那就是我從出生以來從未離開過的郫縣豆瓣。

八〇後女作家顏歌的小說《我們家》，就從平樂鎮的豆瓣廠說起。如果說魯迅有魯鎮、沈從文有鳳凰，福克納（William Cuthbert Faulkner）有約克納帕塔法鎮，馬奎斯（Gabriel García Márquez）有馬孔多鎮，那麼顏歌就有平樂鎮。在這部長篇小說中，作者把來自西方的魔幻現實主義與妙趣橫生的四川方言糅在一起，在插敘、倒敘、蒙太奇中數過了一個豆瓣廠和一個家族三十多年間的悲歡離合。雖然故事侷限在一個充滿草莽氣的「豆瓣世家」中，但每個讀者都能從「我們家」的家庭成員身上，找到自己或者熟悉的人的影子。顏歌說過：「就像我的祕密並不能打動你，打動我們的是共同的那些祕密，那些不可言說的沉默之美。這就是我一直寫小說的原因。……每一個小說家用來表達的，都是他自己的人生而已，至少我是如此，聲嘶力竭地，歇斯底里，終於會達到最後的靜默。」是的，作爲郫縣人的顏歌，寫出來的是一部豆瓣醬裡的愛與恨、笑與淚、欲望與謊言。

豆瓣廠的變遷，就是中國的變遷

在外人看來，豆瓣醬是一種不登大雅之堂的調味品，但在四川人的生活中，一天都離不開它。「我們鎮的人吶，怎麼說呢，可能從小把舌頭打了洞，生出來就吃著海椒麵，喝口稀飯都少不了麻辣兩味，花椒不麻，海椒不辣，那是天要塌了。」四川人可以沒肉吃，卻不能沒有豆瓣下飯。郫縣豆瓣被譽爲川菜之魂，在山清水秀的川西平原上，不僅郫縣人做豆瓣，幾乎每個鄉村、每條街道的居民都會做豆瓣，不會做豆瓣的媳婦必定不是好媳婦，而每家做的豆瓣味道都略有不同。

在成都平原上，豆瓣是一門大生意，薛家做了恐怕也是四五代了。顏歌如此描述平樂鎮曬豆瓣的氣勢：「橫豎一垻子的土陶缸子，大半人高，兩人合抱，裡面汩汩地泡著四月裡才發了毛的蠶豆和五月剛剛打碎的紅海椒，以及八角、香葉那些香料和大把大把的鹽巴，那辣椒味道一天變兩天地，慢慢在太陽下蒸得出了花發了亮。」那個季節，整個鎮子的空氣中都充滿豆瓣醬的香味。有人說，當飛機飛臨成都上空，就能聞到豆瓣的味道。飛行員不用看航行地圖，一聞到這個味道，就知道到成都了。

如果把豆瓣廠的變遷看成是中國經濟興衰的縮影，那麼《我們家》這部小說也可以被視爲中國的「另類經濟史」。中共建政之後，殺富不濟貧，地主和工商業者遭遇滅頂之災。小說寫道，「薛家早些年被弄得倒腸爛渣，祖上的基業充了公，薛老廠長七十多八十歲了也被拉出來剃了陰陽頭，女婿發配到磚窯去，女兒薛英娟硬是從一廠之長被貶成了廠工，每天翻麴是她，守曬場是她，洗茅房餵豬食還是她。」豆瓣廠倒是「回到了人民手中」，由於國營模式的無能低效，由生機勃勃變得奄奄一息，走到了瀕臨倒閉的邊緣。

文革結束，萬物復甦。薛英娟撥雲見日、王者歸來，在縣委領導的支援下做回豆瓣廠一把手的位置。雖然豆瓣廠屬於國營企業，但在市場經濟的大環境下，廠長成了說一不二的「準獨立經營者」。在書中以「奶奶」的身分出現的薛英娟，安排小兒子勝強到豆瓣廠作學徒工。小兒子認爲老媽虧待了他——哥哥到大城市讀大學、當教授，姐姐嫁到省城、進了官家大院，爲什麼自己要來當一名攪動豆瓣醬的奴隸？還是師傅一句話點醒了這個心比天高的少年人：「你現在肯定看不起這個營生，你覺得你媽虧待你啊？我給你說，你媽那是維護你！現在你跟我學，學好了味道，生意就穩當了；生意穩當了，以後就都交給你管，你懂不懂？」

果然，在書中以「爸爸」的身分出現的段勝強，很快熬成了廠長，豆瓣廠宛如半個家族企業。如今，全廠上下都是他一個人說了算，還有司機爲他開奧迪轎車。陳忠實在小說《白鹿原》中描寫二十世紀以來中國一次次血雨腥風的革命，每一次革命都如同烙餠一般，徹底翻個面。豆瓣廠的故事也是如此：所謂「改革開放」，無非是「一覺醒來回到解放前」而已。

大家庭好比一隻貓

在日新月異的中國，城市化進程將數億人裹挾其中。在車水馬龍的城市裡，人人都是陌生人，卡繆（Albert Camus）的「異鄉人」的疏離感像霧霾一樣蔓延。於是，很多人對傳統倫理和似乎其樂融融的大家庭模式充滿懷念——即便那些沒有經歷過那種生活的人，也將四世同堂的生活高度浪漫化。而趕上中國傳統社會的尾巴，又經歷過二十世紀種種戰亂與動盪的前輩作家王鼎鈞，如此形容大家庭的生活：「在大家庭好比一隻貓，努力扭曲身體以各種姿勢去舔掉身上的骯髒，吞進肚裡，有些事是要隱瞞的，有些話是不外傳的。」他又說：「家庭眞是個奇怪的組織，如果不能互相增加幸福，那就要互相增加災難。」很不幸，顏歌的故事驗證了後者。

《我們家》的人物關係有點像《紅樓夢》，奶奶如同《紅樓夢》裡慈祥而威嚴的賈母，操縱一切、發號施令，卻又無法抹平子女間的裂痕，眼睜睜地看著自己親自爲子女們安排的繁花似錦的人生一個接一個地發生意想不到的頓挫與斷裂。而下一代個個有自己的小算盤，瞞著老祖宗爲所欲爲，所謂的「孝心」，不過是狐假虎威的私心。

《我們家》的故事又更像《金瓶梅》，作爲女作家的顏歌不避葷腥，寫盡了時代變遷的過程中宰制人心的「眼目的情慾、肉體的情慾和今生的驕傲」。在欲望號街車上，男人都像西門慶，女人都像潘金蓮。作爲主人公的「爸爸」是這個世界的桶箍，一塊鐵皮，不好不壞，不鬆不緊，剛剛箍住幾塊木片，讓它們不散架。「爸爸」又好像這個世界裡的孫悟空，騰雲駕霧，在豆瓣廠指點江山，翻轉挪移，在老婆和二奶之間睡來睡去。他是中國無數或大或小的老闆中再平凡不過的一員，壞當然壞，卻又沒有壞到十惡不赦的地步。

中國人大都很重視節日，尤其重視長輩的壽辰。節日營造出一種和諧而甜蜜的氛圍，但隱藏在其背後的，卻是劍拔弩張、勾心鬥角，恨不得把最親的親人當作最大的敵人。所以，節日總是最具戲劇衝突的時刻，《紅樓夢》和《金瓶梅》中的很多故事都是在節日上演的，李安的電影《喜宴》、《飲食男女》也都是在節日和酒席間出現起承轉合。在小說《我們家》當中，在爲奶奶操辦八十大壽的背景下，大伯的迂腐、大姑的倔強以及爸爸的世故，再一次撞擊、周旋與融合。每個人都懷揣心事，想告訴別人又怕別人知道：大姑忍辱負重多年後終於離婚，大伯念念不忘初戀情人，媽媽婚外情，爸爸包二奶，奶奶隱藏巨額遺產……這個家庭在平樂鎮上呼風喚雨，好不讓外人羨慕，內部卻宛如一觸即發的火藥桶。

這一家人，個個都是風風光光的成功人士，但每個人的現實生活都與理想存在著嚴重的錯位，每個人都感到極不幸福。貧窮的時代已經遠去，他們什麼都不缺，卻又無比空虛。這就是今天的中國人普遍的心理狀態。他們或者心胸狹窄，或許貪圖享樂，或許口是心非，是生活的重負讓他們或多或少地想著法子對抗生活，或傷害別人或自我傷害。還好，有豆瓣醬調味，再失敗的一盤菜，豆瓣醬都能讓它起死回生；還好，有四川人特有的幽默療傷，再深的傷口，幽默感都能像罌粟一樣將疼痛麻醉——即便不能治癒，至少可以暫時不痛。故事的結局是「爸爸」眼看種種矛盾遮掩不住，萬箭穿心之下，突發心臟病。莎士比亞（William Shakespeare）說：「結局好的事就是好事。」王鼎鈞附會了一句：「結局好的人才是好人。」那麼，《我們家》裡面，誰也算不上是好人。

用四川方言在泥土裡唱歌

讀完《我們家》，我不禁感嘆，顏歌寫出了自上個世紀初李劼人的《死水微瀾》以來最具市井氣和煙火色的「川味小說」。

四川人沒有北京人的傲慢，也沒有上海人的刻薄，世世代代盡享帝國邊緣的自由自在、自給自足。所以，四川方言是最具幽默感和表現力的方言，它時而綿裡藏針，時而穿雲裂帛，時而讓人開懷大笑，時而讓人笑中含淚。

中國的大一統意識形態，不僅要求政治上高度統一，也要求文化和語言統一。方言一直處於受歧視、受打壓的地位。中央下令廣東的媒體不得使用廣東話播新聞，以防止「文化分離主義」，卻激發出年輕世代的強烈反彈，人們捍衛「粵語」的豪情壯志，宛如捍衛被侵占的土地和被強迫拆遷的祖屋。四川人也是如此，有老子所說的「小國寡民」、「小富即安」的心態，既然「帝力於我何加焉」，那麼奧運會與航空母艦又跟我們有什麼關係呢？

四川人熱愛的是美食和麻將，四川人最不愛聽的是用北京話講述的大道理。顏歌在小說中描述了四川人最快樂的時刻，是結伴去吃路邊攤的時刻：「幾個小夥子，青天白日走在街上就忽然想起來要吃涼拌兔丁，衝起去了鄧大爺的攤子上——必須是上午啊，下午就沒了——鄧大爺呢，斜著嘴叼著一支紙煙，上面的煙灰已經吊了有半指長，慢悠悠地，他就站起來給他們拌兔丁，而爸爸他們幾個就圍著他的小推車，口水滴答地看著他叼著這根煙，空出手來把花生，大頭菜，芹菜顆顆，芝麻，紅油海椒，花椒麵，白糖，醋，還有那抓心腦肺的兔丁都丟到那個大鋁瓢裡面去，哐哐……」這不僅是美食，更是生活方式：在每一個小攤背後，都隱藏著人們對經濟獨立和精神自由的渴求。

可惜，九十年代以來，連平樂這樣的小鎮也不能倖免於全國上下大興土木的「破壞性建設」的浪潮。轎車越來越多，城管越來越多，路邊攤越來越少，不知不覺間，「上頭的人不知發什麼瘋，說要整治鎮容鎮貌了……幾杆子趕走了這些擺攤攤的：涼拌兔丁的，賣紅油大頭菜和春捲的，烤蛋烘糕的，製醬米酥的，打黃糖鍋盔的，甚至修剪刀磨菜刀的——呼啦啦地從街面上散了個風捲殘雲。那些爸爸從小看到大的老臉們啊，走的走，逃的逃，剩下了幾個也就是縮頭烏龜般坐到了牙縫大的門面裡，隔著玻璃，戴著口罩，用塑膠手套遞出些殘羹冷炙——那還吃個錘子吃！爸爸罵道。」於是，很多美味的四川小吃，只有到台灣的夜市上才能找到——因爲那裡沒有城管，攤販也不用繳納沉重的苛捐雜稅。

離開了故鄉，我並沒有太強烈的鄉愁——正如我的四川朋友王怡和、冉雲飛所說，每個人的故鄉都在淪陷，既然故鄉已經淪陷，離開或許是個「眼不見心不煩」的選擇。離開了故鄉，我唯一的遺憾是離開母語的環境，久而久之，就只能說那些「書面語的四川話」了。所以，讀《我們家》，讓我最感動的是那些土得掉渣的四川話，那些怪頭怪腦的詞彙，與逝去的童年有關，與日漸老去的父老鄉親有關，正如有評論家所說：「方言的好處，是提醒我們自己跟最親的那些人，是怎麼講話的，語言是怎麼開始的。」閱讀這本處處是鮮活如泥鰍的方言的小說，我如同一舉收復了淪陷於敵手的故鄉。

人生如若初相見

七堇年《平生歡》

枝椏擁擠著枝椏，沒有一枝是自由的……

里爾克（Rainer Maria Rilke）

我喜歡閱讀以青春爲主題的小說，歌德（Johann Wolfgang von Goethe）的《少年維特的煩惱》（*Die Leiden des jungen Werther*）、赫塞（Hermann Hesse）的《納爾齊斯與歌爾德蒙》（*Narcissus and Goldmund*）、凱魯亞克（Jack Kerouac）的《旅途上》（*On the Road*）、塞林格（J. D. Salinger）的《麥田捕手》（*The Catcher in the Rye*）、白先勇的《寂寞的十七歲》……都是我少年多夢時代的枕邊書。然而，在中國這個未老先衰的國度，卻少

有單純而熾熱的青春文學。八〇後作家七堇年的《平生歡》是其中少有的一本，它深深地打動了我：這本小說描述了小城霧江一群青年的成長歷程，他們來自於平凡若塵埃的家庭，是八十年代國有工礦企業尚未全面潰敗前夕的「工人子弟」。他們富於草根氣息的生命，充盈而堅韌。故鄉的風物消失在跨越式發展的狂潮之中，他們則輾轉千山萬水，歷盡世態炎涼。

「平生歡」的意思，就是一輩子的朋友。這群平民子弟，有的暗戀「同桌的你」，有的忠誠於「睡在上鋪的兄弟」，有的聞雞起舞，有的卻自暴自棄，有的如旭日上升，有的如磨盤滾落，有的「心比天高，命比紙薄」，有的「無心插柳，柳樹成蔭」，正像作者感嘆的那樣：「我們的生活在江邊，日子卻如止水。那是獨屬於二十世紀八十年代的簡陋、寂靜，時間彷彿比現在走得更慢，天光更長。長大後都成了遊子，在有大江大河的城市，總是想起故鄉，想起兒時的天青白，霧雨淡，四季不明，終年灰綠……但也僅僅是想起而已，遊子誰都不泊岸，誰都不回去。」這一群少年人成長的軌跡，正折射出上個世紀九十年代以來中國翻天覆地的城市化進程，以及由此帶來的人際關係、倫理價值和生命形態的劇變。

一個工廠，就是一個世界

故事起源一個未名工廠拆遷現場群眾麻木不仁的圍觀。開篇看似平靜如水，卻又暗潮洶湧：「聽母親說，拆廠子的時候，廠裡的遺老遺少們都聚在對面的土方和樓頂上圍觀，怎麼驅趕也不散去。年輕人有的雙手插兜兒站著，有的蹲著，老人拄著拐，婦人抱著孩子。他們像一大群正在靜靜反芻的食草動物那樣，默默站立著，望著漸漸消失的廠區，眼神發愣，看不出喜怒。」這一段話可以作爲賈樟柯的電影《二十四城記》的旁白。那些爲廠子奉獻一生的工人們，眼睜睜地看著廠子在怪手的揮舞下變成廢墟，廢墟上如雨後春筍般出現了一眼望不到盡頭的高樓和社區，但作爲原來主人的「神聖的工人階級」卻只能望「房」興嘆、無福消受。

一個工廠的死亡，跟一個戰士的陣亡一樣悲壯。工廠也有春夏秋冬、少青壯老之輪替。這幕工人們默默旁觀工廠拆除的景象，讓我不由自主地聯想到魯迅小說《藥》中萬人空巷圍觀反清烈士夏瑜被押赴刑場斬首的情節。《南方週末》發表過一篇極爲煽情的社論，所謂「圍觀改變中國」。然而，事實的眞相是：中國從未被圍觀所改變。拆遷的繼續拆遷，殺人的繼續殺人，圍觀的繼續圍觀，而中國依舊是中國。

廠子消失了，但有滋有味的童年記憶不會消失。那是怎樣的一間工廠呢？只有代號沒有名字的軍工廠，是毛澤東時代「三線建設」的後遺症——爲了躲避有可能來自蘇聯的軍事打擊，毛澤東下令將沿海的大型工廠遷移到西南的窮鄉僻壤之間。在計畫經濟的時代，「它是一個社會，一個城中城：四世同堂比比皆是，從爺爺到曾孫都在這裡生根發芽，在廠醫院出生，進廠幼兒園，上廠子弟校，畢業了進廠裡頂替父親工作」。直到九十年代初，工廠都是鐵飯碗、香餑餑：「這兒的子弟個個一臉蠻傲，恨不得將廠名刻在腦門兒上，外出都穿工服，成群結隊騎著大橫杠的鳳凰車，招搖過市。」

電影《陽光燦爛的日子》講述的是軍隊大院子弟好勇鬥狠的青春，小說《平生歡》中工廠子弟的生活則是平民化、世俗化的，柴米油鹽、分數名次，樣樣關心。與七堇年一樣，我也是在工廠院子裡長大的孩子，我們對工廠的回憶如此相似：「我一直好奇，所謂的廠子，到底還有沒有工人。因爲我身邊熟悉的人們，有電影放映員、游泳館售票員、食堂廚師、司機、商店售貨員、看門人、學校老師、會計、領導……就是沒有技術工人。」這個小小的社會，宛如一座三教九流、良莠不齊的山寨，每個人、每個家庭，在別人眼中都是透明的，沒有隱私和祕密可言。父母的榮耀就是孩子的榮耀，子女的恥辱也是父母的恥辱，在這種犬牙交錯的環境下，少年人發現的第一個眞理就是：離開，是獲得自由的第一步。

青春，如動物凶猛，如傷花怒放

好像一部時光穿梭機，七堇年的筆帶著讀者回到主人公的幼年、中學、大學以及職場生涯，故事的主角不單是主人公自己，更包括身邊一個個的朋友。作者感嘆說：「中國人的價值觀和人生道路如此整齊劃一，實在叫人匪夷所思。考好大學，找好工作，買房買車，結婚生子。再叫孩子考好大學，找好工作，買房買車，結婚生子。」這就是中國社會在表面的多元之上那僵硬無比的一元。實用主義和功利主義是長盛不衰的民間宗教。儘管如此，作者筆下的好朋友們，生長在計畫經濟窮途末路的八十年代末、九十年代初，當他們於二十一世紀初步入社會的時候，外面的世界已然足夠精彩。比起上一代來，他們有了些許選擇的自由，卻又迷失在進退失據、黑白混淆的中間地帶。他們的人生跌宕起伏、悲欣交加，無論怎樣平靜的河流，都有飛流直下三千尺的一瞬間。

廠子的經營狀況每下愈況，子弟校卻保持著培育小城裡最多大學生的紀錄。廠子在最窮的時候，關閉了電影院、游泳池、食堂，卻從牙縫裡摳出錢來給子弟校，大概就是因爲它關係著下一代的命運。小城市窮人家的孩子，不靠讀書，如何出頭？《紐約時報》（*The New York Times*）在一篇題爲《毛坦廠中學，中國應試教育工廠》的報導中，描寫了安徽鄉下一所擁有兩萬人的「記憶強化工廠」的故事，文章指出：「和古代的科舉考試一樣，高考是爲了在菁英主義體系中引入一種英才教育的衡量方式，爲出身卑微的學生創造一種向上流動的通道。」無論高考體制多麼千瘡百孔，對於社會底層的年輕人來說，「高考爲他們提供了一個機會，讓他們不被農田和工廠生活所侷限，能靠努力學習和高分來改變家庭的命運」。在《平生歡》中，工廠子弟校的孩子們，也處於類似的兩極：一群人高考中榜，離開小城；一群人高考失敗，只能留下。

遠走高飛者，即便加入省城乃至一線城市新移民的洪流，難道幸福就近在咫尺？來自小城的年輕人，如同白紙一張，任由都市的筆墨來塗抹。那筆墨，可能遒勁剛直，可能卑劣粗陋。可是，父母師長都沒有過這樣的經歷，不能給孩子以任何的忠告和指點，這一代人需要自己去嘗試，流汗、流淚甚至流血。那麼，如何定義成功與失敗？小說中兩個彼此襯映的、瑜亮式的人物，是陳臣和平義。陳臣的父親是子弟校的老師，當婚姻失敗、事業困頓之際，遂刻苦己身、望子成龍。兒子卻陷入早戀、成績下降，父親精神崩潰，用鐵榔頭猛砸陳臣的競爭對手平義的頭顱，然後跳樓自殺。那是怎樣的一種怨恨與狹隘的力量呢？這種力量不僅毀滅了陳臣的父親，也讓陳臣一輩子活在其陰影之下。與之相反，平義大難不死，脫穎而出。進入職場，縱橫馳騁，腰纏萬貫。但他卻始終被虛無感所折磨、所噬咬。有一天，他讀到無國界醫生的故事，如同被一道光照亮。然後，他遠赴非洲，到那些戰禍、饑荒和瘟疫綿延不絕的地方，爲垂死掙扎的陌生人服務。由此，他獲得了內心的寧靜與強大，並找回了失落的眞愛。

誰的青春一帆風順，誰的青春如皎潔的滿月？誰在成年後能完全實現少年時的夢想？誰又能如願以償地與初戀的對象廝守終生？七堇年寫道：「我原以爲生命會有幾多壯麗，至少不輸給山川湖海，繁星滿天。但回過頭去看，三十年，竟然就如白駒過隙，伸手抓去，不過一把空風。」人生如若初相見，自然最美。但，逝者如斯，時光怎麼可能像冰一般凝固？

沒有救贖，仇恨如何化爲寬恕？

全書以「歡」爲名，寫的卻盡是「悲」的滋味。李商隱說：「世界微塵裡，吾寧愛與憎。」王鼎鈞說：「我們振翅時，空中多少羅網；我們奔馳時，路標上多少錯字；我們睡眠時，棉絮裡多少蒺藜；我們受表揚時，玫瑰裡多少假花。」七堇年則說：「如果早一點知道我們後來將要面對的世界不過如此，那麼年少的時候是否會少一些因爲過度期待而產生的怨懟。……世間萬物，熬不過去的，歲月磨滅它；熬過去了的，歲月反倒裝飾了它。」所以，成長的故事裡，悲哀總是多於歡欣，失望總是多於希望，匱乏總是多於滿足。

在成長的過程中，每個人都會有一段光陰，不由自主地成爲憎恨的抵押品。那傷害我們的人，能不被憎恨嗎？憎恨的力量之巨大，超乎我們自己的想像。然而，愛的力量之巨大，又讓憎恨望塵莫及。但問題在於，從怒目少年到熱血青年，再到摸爬滾打之後的傷痕累累、老僧入定，人如何才能找回「愛人如己」的眞義？

《平生歡》中主人公的好友游冬的故事，宛如中國版的基度山伯爵。出身高官家庭、從小養尊處優的游冬，由於父母被人誣陷下獄，一夜之間被拋出原有的生命軌道。他孤身赴美國求學、療傷、籌畫復仇大計。在國外受了洗、成了基督徒，「心裡預備了很多原諒，遇到一件事，就像貼紙一樣貼上去」，但還是不能放棄報仇雪恨的願望。仇恨驅使游冬來到仇人的婚禮現場，千載難逢的機會出現在眼前，演練過無數次的方案成竹在胸，他卻沒有下手，反倒是滿懷仇恨地來，滿心空空地去。

是啊，如同武俠小說中以復仇爲人生唯一目標的俠客，當他們學成絕世武功，手刃仇敵，完成復仇的願望之後，卻發現自己不知不覺間變得跟仇人一模一樣。因此，唯有救贖，能讓仇恨轉化爲寬恕；唯有寬恕，能讓被綑綁的心靈得以自由。七堇年說：「光明的力量在於，即使你閉上眼，眼前還是那麼刺亮。」光明和美善不需要你來播種，不需要你來澆灌，甚至不需要你來收割，光明和美善只需要你相信它們的存在。

七堇年筆下的小城，大概是一座跟我的故鄉風貌近似的、成都平原上青山隱隱、綠水悠悠的小城。少年的主人公常常跑到山中那座廢棄的教堂和修道院旁邊，安靜地遐想。我想，我應該去過那裡。在二〇〇八年的四川大地震中，這群飽經風霜的西洋建築被夷爲平地，可謂來自塵土，亦歸於塵土。從今而後，誰還記得平義與身體殘疾的邱天曾在此舉行過婚禮？

在婚禮上，神父以本地口音帶領這對新人誦讀誓言：「你愛的人將成為我愛的人，你的主也會成為我的主。你在哪裡死去，我也將如你一起在那裡被埋葬。也許主要求我做更多，但是不論發生任何事情，都會有你在身邊生死相許。」這是在傳統的結婚誓言之後，額外添加的一個段落，第一句顯然來自聖經之〈路得記〉。至此，全書畫龍點睛、由悲而歡、苦盡甘來。在這個日漸寒荒的時代，在這個荊棘叢生的國家，太需要這種相濡以沫的溫暖。所以，必須感謝七堇年，為我們留下這本溫暖的小說。

共產黨才是最大的黑社會

孔二狗《東北往事：黑道風雲二十年》

勇敢分子也要利用一下嘛，我們開始打仗，靠那些流氓分子，他們不怕死。有一個時期軍隊要清洗流氓分子，我就不贊成！

毛澤東

韓非子說「儒以文亂法，俠以武犯禁」，武俠卻是中國人永遠的童話。二〇〇七年，籍籍無名年輕作者孔二狗，在文青聚集的「天涯社區」貼出其處女作《東北往事：黑道風雲二十年》。普通讀者的眼睛比官方文學獎評委們更亮，這部題材獨特、構思詭譎、情節跌宕、文字幽默的作品，被網友譽爲「天涯社區創立十年來當仁不讓的第一轟動長篇」。該系列作品迅速成為出版界的香餑餑，先後出版五集，備受年輕讀者之追捧。在一個全民被迫自我閹割、忍氣吞聲的時代，黑幫老大成了人生理想的投射，黑幫小說亦成為一枝獨秀的「亞文化」。

孔二狗出生於東北某工業城市，自小成長在充滿血腥與殺戮的環境中。他的家族與當地黑道有著非同尋常的親密關係，他本人猶如來自黑道社會內部的深喉，耳聞目睹了家鄉黑道的生生死死、悲歡離合。成年以後，他離開家鄉遠赴上海，在十里洋場的燈紅酒綠之間，卻驀然回首，埋頭撰寫一九八六年至今二十餘年來家鄉黑道組織血跡斑斑的歷程。從八十年代古典流氓的街頭火拚，到九十年代拜金流氓的金錢戰爭，再到如今官商勾結的黑白一體，眞個是如蘋果手機升級換代般讓人眼花繚亂。

在中國官方轟轟烈烈地為「改革開放三十年」樹碑立傳的同時，《黑道風雲》堪稱中國「黑暗之心」的眞實寫照。《黑道風雲》二〇〇九年由重慶出版社出版，那時，薄熙來和王立軍掀起「唱紅打黑」，權力熏天，不可一世，《黑道風雲》似乎在為他們背書，孔二狗也在鳳凰衛視侃侃而談——「打黑就得像薄熙來」。三年之後，薄王如泥胎木偶般傾覆，再重讀《黑道風雲》，薄王儼然就是書中心腸最黑、臉皮最厚的幕後老大。可見，文學作品可以超越新聞報導的翻覆顚倒，甚至超越作家本人的思想意識，而成為時代的一面照妖鏡。

除了暴力之外，底層人一無所有

從《水滸傳》中的梁山好漢到英國的羅賓漢傳奇，從佐羅的故事到西部牛仔的電影，在不同的歷史文化傳統中，或多或少都存在著對超越庸常生活和反抗等級制度的俠客精神的嚮往。而在法治和公正缺失的時代，人們對自行執法的「暴力團」又愛又恨。沒有人願意自己淪爲暴力的犧牲品，卻又希望擁有暴力並依靠暴力制訂新的遊戲規則。

殘酷的青春是文學藝術永遠不衰的主題，就好像香港「古惑仔」電影系列以及「後新浪潮」的台灣電影《艋舺》，暴力形成獨特的美學。與香港、台灣青年人的「殘酷青春」相比，東北青年的青春更加剽悍、幽暗和血腥，如孔二狗所說：「東北年輕人的世界觀多少都有些扭曲，多數人都動過混黑社會的念頭，彷彿在黑社會上混得好那才是眞的好。」

書中給我留下最深印象的人物，不是諸多神采飛揚的黑社會老大，而是一個名叫大志的「小弟的小弟」。大志是土得掉渣的農村人，上數一百代都是農村人。九十年代，中國城市化進程加快，許多羨慕城市生活的農村人，以爲進城就能成爲城裡人，紛紛往城裡跑。結果，他們發現城裡的生活比農村更艱難。但他們在農村已沒了土地，想回也回不去了。

大志的父母在城裡辛苦打工，將兒子送進一所財經中專，希望他脫胎換骨成爲有文化、有臉面的城裡人。大志卻發現，「書中自有黃金屋」的道路早已走不通，好的位置都被「官二代」和「富二代」佔據。對於出身卑微的鄉下人，只剩下混黑社會這條路——「照亮大志的，不是城裡的月光，而是城裡的流氓」。爲了買一部諾基亞新款手機討女朋友歡心，他失手殺了人，並在逃亡路上繼續殺人。大志被捕並被處死。大志死後，他媽媽瘋了，每天在馬路上抓到一個人就像魯迅小說《祝福》裡的祥林嫂那樣嘮叨：「城裡的人都是壞蛋，是城裡的人害死了我的兒子。」

不是城裡人害死了大志，而是不公正的社會結構和制度害死了大志。大志是《紅與黑》主人公于連的黑幫版本，不是說他比于連更壞，而是說他生活在一個比于連的時代更壞的時代。大志的毀滅不是孤立的個案，當下的中國不就有揮刀殺人的馬家爵和楊佳嗎？除了暴力之外，千千萬萬底層人一無所有。如果馬家爵、楊佳和大志成爲絕望的人們心中的英雄，社會的傾覆就近在眼前。

在《黑道風雲》中，許多血腥暴力的描寫是「兒童不宜」，卻是小說最大的賣點：有兩名大哥的單打獨鬥，有以一當十的英勇，有兩個幫派的群毆，甚至還有闖入醫院給受傷的仇家「補刀」。遺憾的是，作者在描述這些打鬥場景時，常常沉迷其中，缺乏反省與批判的視角，以及對生命的尊重與悲憫，故而限制了作品的精神高度。

越南戰爭的「戰廢品」與流氓的「愛國主義」

《黑道風雲》裡幾名大哥大級的人物——趙紅兵、沈公子、張岳、李四，無一例外都是越南戰場上的戰鬥英雄。他們以出生入死的戰友關係爲紐帶，構建起極具向心力和凝聚力的黑幫。這種經過生死考驗的戰友關係，比同學和同鄉甚至血緣關係都更牢固。這一情節從側面展示出一個社會現實：退伍軍人常常淪爲社會邊緣群體，並進而成爲犯罪團夥的中堅力量。

親歷中越戰爭的作家倪創輝，在香港出版了七十萬字的巨著《十年中越戰爭》。倪創輝在書中批評說，越南戰爭沒經全國人大討論和常委會批准，是草率的霸權主義，是違憲的歷史性錯誤。然而，中共拒絕反省這場並非「保家衛國」的戰爭。鄧小平發動對越戰爭並非一時興起，而是爲轉移「文革」後的國內矛盾，讓高壓鍋有一個出氣孔。

數十萬基層官兵就這樣被送上遙遠的戰場。書中有一段描述趙紅兵和沈公子的經歷：他們兩人半夜摸到前線去尋找戰友的屍體。越南人把只要他們不走的地方全埋上地雷，懸崖也不例外。他們只能全裸上陣，靠身體觸覺。找到屍體後，發現已經腐爛，一拉就散架，手裡多了一層沒有骨頭的皮和肉。趙紅兵卸下頭顱，將頭顱夾在胳膊下走了一夜。雖不能帶回全屍，總算帶回頭顱。多年之後，跟著趙紅兵穿越雷區的沈公子回憶說，在回到營地之後，「我再也按捺不住，拿起衝鋒槍朝天掃射了好久，大家都認爲我要瘋了。只有我知道，我還沒有瘋，而且，這一輩子再也不會瘋。這一夜過後，我也成了男人。」他們不是成了男人，而是看透了生死，不再有普通人的憐憫和愛。戰爭給士兵造成的心靈創傷，反倒成爲日後混黑社會的優勢，這大概是輕率發動戰爭的政客們始料不及的後果之一吧。

作家哈金有一本以韓戰爲主題的小說，名爲《戰廢品》。「戰廢品」這個名字深刻地揭示出被毛澤東當作炮灰的中國官兵的悲慘命運。韓戰是如此，越戰也是如此：在一九七九年開始的「對越自衛反擊戰」中，正式開戰兩個多星期，從二月十七日到三月五日，中國損失兩三萬士兵，平均一天死兩三千人。這樣的傷亡代價，在現代戰爭裡是天文數字。與之相比，在第一次波斯灣戰爭中，盟軍死亡人數僅三百七十八人。在不同國家，生命的價值天壤之別。

對越戰爭造就了千千萬萬「戰廢品」。戰爭的硝煙早已退去，「戰廢品」們的「愛國主義」熱情絲毫不減。中國民眾對主流意識形態中的「愛國主義毒素」缺乏免疫力。包括孔二狗在內，對扭曲的「愛國主義」不乏讚美之詞——書中有這樣的細節：一九九九年夏天，中國駐南斯拉夫聯盟使館被炸，學生和市民上街遊行，黑社會大哥們帶著兩百多名小弟走在最前面，「走了大半天，水都沒有喝一口。紅兵還跟學生說，他們都當過兵，都打過仗，現在國家有難，只要需要他們，他們還去當兵，他們不怕死」。作家當然應當眞實地呈現現實生活，但還要有反省和批判的視角。流氓固然有權愛國，但用流氓的方式愛國，必定將國家拖入萬劫不復的深淵。當年，在德意志第三帝國內部，加入納粹黨、投票給希特勒、標榜最愛國的，不正是退伍軍人、地痞無賴和流氓無產者群體嗎？

原來黑道與白道殊途同歸

黑社會史是當代史不可或缺的組成部分。在缺乏言論自由和學術自由的大背景下，人們無法對這一課題作社會學、政治學、經濟學和心理學的深入研究，只能退而求其次，以小說替代歷史，正如財經作家吳曉波評論的那樣：「《東北往事：黑道風雲二十年》是對過去三十年的一次另類追憶。它以一個灰色、陌生但可感觸的群體爲視角，將富有時代氣息的社會變遷融於其中，寫的是往事，卻又讓人不得不想到當下與未來。」

那些表面上不可一世的黑幫老大，沒有一個人幸福。有一次，趙紅兵和李四在包間裡抱頭痛哭，「他們是爲自己而哭：表面上是風光的眾人敬仰的大哥，但實際上卻是惶惶不可終日，每日都提心吊膽。黑道有仇家，白道有司法，都想要他們的命。他們是在懸崖上走鋼絲。而且，他們都不只是自己在走。四十歲的男人，妻兒老小卻都在陪他們走鋼絲。」

書中披露了黑幫誕生、發展、壯大的「第一定律」：黑道永遠依附於白道。在中國，最大的黑社會就是官場，官場是一個專業犯罪集團。除了官場之外，沒有哪個犯罪團夥有資格自稱黑社會。雖然黑道不能完全漂白，卻能爲白道所用，這就是鱷魚潭中的生態系統。官府有許多不便直接出面處理的事情，需要黑道效力。比如暴力拆遷，比如專業截訪，比如非法監禁，都是黑道施展拳腳的領域。

書中有一段精彩的「黑道哲學」的討論：省城的黑道老大九哥教導趙紅兵說：「多結交一些官場上的朋友，隨便簽個字，說句話，就夠你和你的這些弟兄吃上三年的。這比你怎麼混都有用。」趙紅兵本人是高幹子弟，他父親曾是市委常委和組織部長。當他父親去世而他本人淪爲「社會大哥」之後，他就與官場脫節了。他回答說，他們不願搭理我。九哥說：「對，他們是不願搭理你，但是他們願意搭理錢嗎？你見過幾個不願意搭理錢的人？好，就算是他不願意搭理錢，那他願意搭理女人嗎？當官的也是人，只要是人，就會有弱點。既不喜歡錢又不喜歡女人的人或許這世界上有，但我不認識，從沒見過。」最後，九哥意味深長地說：「如果你不和一些官員搞好關係，那你永遠都是下三爛。」

「聽君一席話，勝讀十年書」，從此，趙紅兵們的「事業」進入一個嶄新的階段。孔二狗畫龍點睛地說：「黑社會性質的團夥和黑社會，眞的只隔了一層窗戶紙。小癟三和成功人士的區別，或許也只是刹那間思想的轉變。」是的，一味逞強使氣，再狠也只是個人英雄主義；而有了「黑道是藤，白道是樹，以藤纏樹，黑白共榮」的觀念，黑社會方能修成正果。而當黑白兩道都非正道的時候，這樣的社會豈有和諧與公正呢？

既然黑白一家，共產黨利用黑社會就是如臂使指。二〇一三年五月四日，維權人士陳雲飛從外地參加街頭維權活動返回四川郫縣古城鎭，剛下車便被警察扣押，失蹤多日。獲釋後，他在租房中不斷遭當地警方騷擾，當地派出所的警察竟威脅說：「我們管不了你，找黑社會管你。」一個星期之後，陳雲飛在古城鎭被四個古惑仔跟蹤、毆打。陳雲飛跑到派出所報案。値班的黃教導員拒不出警。而在佔中運動興起的香港，共產黨也煽動黑幫分子辱罵和毆打佔中的學生和市民，從潑糞到捅刀，甚至圍堵《蘋果日報》總部。而一向以「專業精神」爲標榜的香港警察，卻在一邊袖手旁觀。看來，《東北往事》不足以呈現中國以黑道治國的全貌，有心人可以續寫《四川新事》和《香港新事》了。

他們的金牛犢，你們的高速路

張贊波《大路：高速中國裡的低速人生》

快跑的未必能贏，力戰的未必得勝。

聖經〈傳道書〉

與公路有關的文學和電影，在西方早已是一個不可忽視的門類。凱魯亞克（Jack Kerouac）的《旅途上》（*On the Road*）記載了美國「垮掉的一代」的夢想與失落，沒有公路，哪有「旅途上」的精彩人生呢？而晚近二十年以來的「中國崛起」，更是以高速公路如雨後春筍般出現爲標誌。儘管中國的經濟總量尚落後於美國，但中國的高速公路里程已達十萬公里，超過了美國的九萬公里。所以，公路文學和公路電影也在中國應運而生，如美國作家何偉

（Peter Hessler）的報導文學《尋路中國》（*Country Driving*）、韓寒的小說《一九八八》以及電影《後會無期》。

獨立紀錄片導演張贊波的《大路：高速中國裡的低速人生》一書，是他拍攝紀錄片《大路朝天》過程中的「副產品」。這不是一部經典意義上的公路文學，雖然公路是這本書的核心意象，但作者所拍攝和描寫的，是那些被大多數人忽視的修路的人，而不是那些在路上開車的人。在湖南懷化市一個偏遠村落旁邊的工地上，張贊波與數百名修築高速公路的人員一起生活了三年之久。由此，他發現在官方宣揚的高速公路締造的經濟奇蹟背後，是一小部分人先富起來，而更多底層民眾被拋棄、被踐踏、被凌辱的事實。公路越多，速度越快，中國離一個公平正義的國度反倒越遠。

修路的人和開車的人生活在兩個世界

既然農民是中國的劣等公民，那麼農民工就不屬於受尊重的「工人階級」。中國崛起的「國家機密」，無關乎制度創新和科技發明，歸根結底在於對數億農民工的無情壓榨與掠奪。

正如那些在城市裡修房子的農民工，縱然修建廣廈千萬間，也買不起一間城裡的天價房，當他們年老了、白了頭、幹不動了，只能回到凋敝的農村或者龜縮在雜亂無章的城鄉結合部的貧民窟；在荒郊野嶺間餐風露宿地修路的農民工，縱然修築過多條高速公路，也買不起寶馬香車，不可能在高速公路上風馳電掣地駕馭著，奔向無比美好的明天。他們都是「爲他人作嫁衣裳」，在那些富麗堂皇的通車典禮上，從來不會有他們衣衫襤褸的身影。

在張牙舞爪的龍的陰影下，這些農民工如螞蟻般聽天由命地生存著。韓寒筆下那些帶著文藝青年范兒的主人公，當然不會跟這個階層的人們相遇。張贊波卻願意耗費三年時間，與這群如野草般既堅韌又懦弱、既憤怒又順從、既善良又冷漠的農民工朝夕相處，建立起相濡以沫的友情。如此，「中國模式」的眞相，如同經過火烤之後一點點浮現出來的密碼本，終於大白於天下。

張贊波描寫了農民工老何、老姜、老曾、老朱等數十人的故事。他們當中，有作爲「共和國同齡人」、雖已年老卻不得不幹「打樁」這種充滿危險的強體力活的老人，有參加過七十年代初「抗美援越」戰爭、如同哈金筆下的「戰廢品」的「被遺忘的老兵」，也有憧憬著以修路掙來的錢蓋房子、娶老婆的年輕人。修完這條路之後，作者與其中一些人仍然保持著聯繫，有的人開始修築下一條路，有的人回到偏遠的家鄉繼續土裡刨食的「祖業」，有的人則「轉戰」到沿海地區的「血汗工廠」。他們的命運依然卑微，絕無可能翻轉成爲「既得利益階層」。

作者本人也出身底層，但畢竟接受過高等教育，受過民主自由等現代理念的洗禮，他在混跡於築路工人之間時，仍然保持了獨立的思考力和判斷力。他同情底層民眾的遭遇，卻並不美化他們，更不願製造出一個「凡底層人必善良、正直、無私」的道德烏托邦。社會學家孫立平所說的「底層淪陷」、「比賽邪惡」的趨勢，也出現在張贊波筆下：他描述了人們殘忍地虐待小狗的場景，被凌虐者偏偏用同樣的方式對待比之更弱小的對象，他感嘆說：「對暴力的無動於衷，在我所生活的這個底層集體表現得十分突出，事實上，這也是當代中國人的特質，這是一個在革命、戰爭、政治運動中生活了太久的群體，以致冷漠變成了基因。」

作者還寫到一場有趣的爭論：在討論利比亞格達費（Muammar Gaddafi）垮台的國際新聞的時候，人們眉飛色舞、群情激昂地發表反美言論——儘管傷害他們的切身利益的不是美國，而是共產黨政權。張贊波聽不下去，剛回應一句「格達費出動直升機衛隊掃射平民是不應該的」，人們卻七嘴八舌地反駁說——「哪有政權不殺人，這完全可以理解。」「要是你當了皇帝，你的手下要反對你、推翻你，我敢肯定你也會殺人。」在這種思維模式之下，共產黨政權犯下的滔天罪行——從大饑荒到「六四」屠殺——都被遺忘、都被容忍，這就是魯迅所說的「奴在心者」。於是，奴隸和奴隸主各安其位、各得其所。

通往黑暗地帶的不歸路

聖經中記載了猶太人出埃及的時候，在曠野中塑造金牛犢作爲偶像崇拜的故事。今天中國的金牛犢是什麼呢？是高速公路、高速鐵路、房地產、股票、航空母艦、航太飛機以及習近平編造的美不勝收的「中國夢」。

高鐵的執行者之一，是曾貴爲鐵道部長、掌控千億預算、如今卻只能在獄中度過餘生的劉志軍；高速公路的執行者之一，是讓湖南省走入「彎道超車」時代、並在調任到新疆這個更大的轄區之後複製此一經驗的封疆大吏張春賢——然而，新疆高速公路里程倍增，新疆原住民的分離主義趨勢卻愈演愈烈。

其實，從中央部會到地方省市，哪一個官員不是如此迷信政績工程呢？張贊波在書中涉及了諸多修築高速公路過程中的既得利益群體，從巨無霸式的路橋建築公司以及項目部、監理公司、大小包工頭，到利益均霑的各政府機關、執法部門，其錯綜複雜的關係編織成一張「一榮俱榮、一損俱損」的大網。作者發現：「在中國特色的現實裡，『關係』這兩個字是決定一條高速公路修建與否的核心指標，從項目的招投標到正式的建設，再到考核和結算，方方面面，都離不開它。」對於局外人來說，這足以構成一門名為「工程關係學」的高速公路建設必需的專業知識。

作者並沒有單單基於道德的義憤而譴責那些權貴人物都是卑鄙無恥的「吸血鬼」，而是抽絲剝繭般地梳理出一條千絲萬縷的利益交換鏈條。在龐大的築路經費當中，真正用到築路上的只有很小的一個百分比，大部分用在官商的層層剝皮和打點各項關係上面。比如，施工方要使用炸藥，而當局出於「維穩」考量，對炸藥的使用嚴加控制。於是，由一名科長專職負責申請炸藥的事項，張贊波跟隨這位科長將此流程整整走了一遍。從派出所長到公安局長，再到公安局指定的、壟斷性質的保安公司、運輸公司，一直到倉庫儲存，每個環節無不雁過拔毛。簽一個字、蓋一個章，便可坐收漁利、撈足油水——如果將這部分利益加入到官方公布的「維穩」費用當中，那麼實際的「維穩」費用大概要膨脹一倍以上。

書中還詳細記述了當地方政府與高速公路修建方發生衝突時，地方政府僱用黑幫前來打殺工地上的農民工的「十月九日事件」。血肉橫飛的是那些命薄如紙的農民工，大人物們永遠在幕後討價還價。雙方從劍拔弩張到握手言和，整個過程充滿戲劇效果，正如張贊波感嘆的那樣，該事件的發生誘因，較量方式和處理結果彰顯了一條典型的中國式博弈路徑：利益——暴力——宣傳——私了。矛盾始於「利益」，經過「暴力」和「宣傳」的激勵較量，最後出於「維穩」的考量終於「私了」，「這樣的路徑，某種程度暗合了這個國家的傳統和現實」。

在這些如同晚清譴責小說《二十年目睹之怪現狀》和《官場現形記》的故事中，還有一個讓張贊波和讀者們備感沮喪的細節：有一次，省上來了一名年輕的、擁有博士學位的官員檢查工程質量。此人對施工方擺設的標語和招貼不屑一顧，冒著烈日親自測量，對未達標準之處發出雷霆之怒。施工方領導個個面如土色，張贊波以爲終於出現了一個包青天。誰知，次日施工方老總驅車前往省城，專門約該官員會面，用一個碩大的紅包就化險爲夷。「他們總是習慣用人民幣去擦屁股。」一位老於世故的工作人員雲淡風輕地對大吃一驚的張贊波說。既然連溫家寶都是如假包換的影帝，共產黨政權內還能有值得信賴的包青天嗎？

二〇一四年六月二十七日，湖南省交通廳黨組成員、省高速公路管理局原局長馮偉林被判無期徒刑，馮在法庭上痛哭流涕說，「我給自己修了一條不歸路」。「工程上馬、廳長落馬」已經成爲一種普遍現象，僅湖南一省的交通系統，一兩年間就有從廳長以下的二十七名官員落馬，甚至出現「夫妻、父子、父女、兄妹」同堂受審的「盛況」。不過，張贊波人微言輕，不可能拍攝到這些高層腐敗的內幕。

是冷靜的觀察者，還是嚴峻的批判者？

在前往重慶探望那幾位農民工朋友的路上，張贊波偶遇一個名義上的同行——爲官方拍攝大型紀錄片《三峽》的、躊躇滿志的導演。兩人都拿攝影機，卻「大路朝天，各走一邊」。

作爲御用製片人，有充足的資金支持，有電視台的播出管道，所拍攝的全都是光鮮體面的畫面；而作爲獨立紀錄片工作者，不僅資金捉襟見肘，作品也無法在電視台播出，比如張贊波此前的幾部作品，在豆瓣網上只有數百人點擊觀看。那麼，爲什麼還要堅持拍攝那些不被待見的小人物呢？張贊波說：「我所拍攝的對象，只能是和我呼吸相通、患難與共、悲喜相連的人：我的朋友、親人、同學或者父老鄉親，他們都是像我一樣卑微而無力的人群。他們就眞實地生活在我面前，我可以感受他們的溫度、質感和形狀——甚至，他們說話時迸發的唾沫星子。」不爲帝王唱贊歌，只爲蒼生留側影，這就是張贊波的理想。

所以，在拍攝過程中，張贊波無法充當一名冷靜、客觀、置身事外的旁觀者，而不知不覺地成了一名嚴峻、熱切、「路見不平一聲吼」的思考者和批判者。近年來，中國有多名獨立紀錄片導演不由自主地成了人權活動人士——面對那無邊的苦難和不公不義的現實，他們無法保持長久的沉默。就在張贊波隱姓埋名地扎根在工地上拍攝的時候，「老大哥」並沒有放過他：懷化市國保大隊的三名警察專門赴辰溪縣調查他的情況。雖然國保只是請張贊波採訪過的對象「喝茶」，而沒有直接去騷擾他，但黨國維穩機器無所不在、無所不知的事實，仍然讓他吃驚不已。黨國對於任何暴露「社會陰暗面」的企圖都深懷警惕，張贊波則自我辯護說：「所謂的陰暗面，也只是世間眞相的一部分。而陽光和陰暗，本來就是事物的一體兩面。既然你們成天用『大機器』展現光明，那麼爲什麼我就不可以用『小機器』勾勒出光明背面的影子呢？這些影子正是我的生活，我不斷親眼看見它壓在和我一樣的底層人們身上，留下了難以磨滅的深重印記。」

中國的高速公路四通八達，中國卻失去了方向和遠景。如果高速公路上行駛的汽車沒有煞車裝置，再順暢的高速公路也不能避免車毀人亡的慘劇，這就是中國的現狀。張贊波的影片和文字，驗證了經濟學家陳志武語重心長的告誡：「中國表面上看來到處都是高樓大廈，地方官員和高層官員都把大量精力放在形象工程上，但中國不能只陶醉於這種表面的東西。中國如果繼續把錢投入這種看得見摸得著的東西，而忽略看不見摸不著的制度建設等軟體，是很危險的。」然而，像陳志武和張贊波這樣「不說吉言」的先知，在故鄉是不受歡迎的。

第二卷

隱藏的惡，必將顯露

「我絕不作鎮壓學生的總書記」

趙紫陽《國家的囚徒：趙紫陽的祕密錄音》

坦克車不僅邪惡，也不再是無所不能的東西。更重要的是，如果事態真的演變至此，那麼蘇聯將陷入最落後的極權國家的泥沼中。

戈巴契夫（Mikhail Sergeyevich Gorbachev）

一九八九年五月，蘇共總書記戈巴契夫訪華，這是自六十年代中蘇關係惡化之後，第一位蘇聯最高領導人訪問中國。那時，天安門廣場被抗議的學生佔據，歡迎儀式被迫取消——不過，中國的大學生們並不是抗議戈巴契夫，而是把他看作改革的英雄，他們倒是盼望戈巴契夫到廣場上來與大家會面。訪華期間，戈巴契夫與趙紫陽有過一場輕鬆的交談。然而，兩人都不曾想到，此後他們個人及各自國家的命運都發生了翻天覆地的逆轉。那場會面半個多月後，北京發生天安門屠殺，趙紫陽拒絕執行鄧小平調動軍隊鎮壓學生的命令，被非法罷黜乃至軟禁至死；以後二十多年間，中國走向極權政治與趙紫陽所說的「裙帶資本主義」混搭的不歸路。而那場會面之後兩年多，戈巴契夫的改革遭遇頓挫，保守派發動的「八一九」政變雖然失敗，但戈巴契夫很快失去權力，被迫辭職，隨即蘇聯解體，蘇共淪為非法組織。

趙紫陽去世前幾年，他的老部下、原新聞出版署署長杜導正冒著風險，使用京劇和兒歌的錄音帶，錄製了趙紫陽長達三十多個小時的談話，並偷運到海外。趙紫陽祕書鮑彤之子鮑樸用兩年時間將這批錄音帶整理出版，比當年被罷黜的蘇共領袖赫魯雪夫（Nikita Khrushchev）的回憶錄更轟動世界。晚年的趙紫陽雖然失去了人身自由，卻擁有了思想和精神的自由。他如飢似渴地閱讀，反思歷史、批判現實、展望未來。他的歷史地位早已確立，晚年的思想突破更是錦上添花，誠如美國漢學家馬若德（Roderick MacFarquhar）所論：「如今的中國，趙紫陽是一個不被承認的人。當未來一切事過境遷，也許他將進入華夏先烈之列——他們為國效力，功勛卓著，但不見容於最高統治者。這些人的名字將萬古流芳，唯亂臣賊子終將遺佚。」

八十年代的改革究竟走了多遠？

戈巴契夫在回憶錄裡寫道，當年他與趙會談時，趙說中國要搞多黨制，搞議會政治。對此，趙澄清說：「我沒有這樣的意思，也不可能有這樣的意思。」當時，趙只是陳述了兩個概念：一個是執政黨地位不改變，但要改變執政的方式；另一個概念是，社會主義國家不能搞人治，也應該是法治國家。趙紫陽說：「我有意用了『治』而不是『制』，也就是以法治理。」從這個細節中看出，趙紫陽是中共領袖中少有的坦誠之人，他不願用他人傳播的錯誤資訊來拔高自己，而是竭力還原歷史的眞相。

貫穿整個八十年代，以鄧小平爲首的包括陳雲、李先念、楊尙昆、鄧穎超、彭眞、薄一波、王震等八位中共元老始終擁有最高決策權，凌駕於總書記胡耀邦、趙紫陽之上，並先後將胡趙廢黜，史稱「八老治國」。學者徐慶全在〈中共「八老」與八十年代政局〉一文中指出，顧問委員會「是中央委員會的政治上的助手和參謀」，爲「八老議政」或「八老治國」提供了制度上的依據。

當胡耀邦被迫辭職之後，趙紫陽勉強同意接替胡耀邦遺留的總書記職位，若保守派佔據此職位，則經濟改革的成果亦將不保。但是，趙紫陽的根基比胡耀邦還要不穩。他長期在地方上任職，擔任總理期間主要處理經濟事務，一旦掌管黨務、意識形態等領域，立即感到力有不逮。他名爲總書記，實爲祕書長，必須取得鄧小平的信任和支持，還要平衡與各個元老的關係。一個巧媳婦，伺候八個婆婆，能不難嗎？

是鄧小平本人對新理念的接受度，而不是趙紫陽的心胸和思路，決定了八十年代政治體制改革到底能走多遠。趙回憶說，在起草十三大報告時，鄧再三提醒和告誡趙及其領導的寫作班子，無論如何不能有三權分立的意思，甚至說連一點痕跡也不能有。鄧在接見外賓時說，三權分立，互相制衡，這種體制沒有效率，辦不成事。表面上是以效率為重，其實是害怕失去獨斷專行的權力。所以，趙紫陽推動的改革，只能在此緊箍咒下展開。

十三大之後，趙已經感到政治體制改革舉步維艱。比如，他希望擴大人大和政協的實權，使之往國會上院和下院的方向發展，元老們卻要將人大和政協限制在橡皮圖章的範疇內；他主張黨政分開、黨企分開，在工廠實行廠長負責制，但地方黨委強烈反對，他們習慣於黨委總攬一切，壟斷權力，黨政一把抓，書記說了算。他提出「改革政治思想工作」，遭致工廠裡搞思想政治工作的人反對，全國一批靠政治思想工作吃飯的人認爲是革了他們的命。這些改革隨著趙紫陽的下台而被取消，甚至大幅倒退。比如，趙紫陽一度取消了中央政法委，但九十年代以後政法委權力擴張、氣焰囂張，周永康時代的政法委踐踏法治、無惡不作。習近平上台後，雖然整肅了周永康，卻仍然保留政法委並將其收歸總書記直接控制。誰是眞正的改革者，從處理政法委的方式上就可以看得一清二楚。

小朝廷何足道哉，大丈夫無所謂了

與戈巴契夫一樣，趙紫陽也是「半截子的英雄」。由於時勢的限制，他們的改革事業半途而廢。不過，葉爾欽（Boris Yeltsin）掌權後，大大加快戈巴契夫沒有完成的改革，甚至將改革升格爲革命，迅速終結了共產黨的極權統治。而趙紫陽遭到老人幫罷黜，中國走上回頭路，十三億人民至今仍然飽受共產黨之蹂躪。如此看來，在「立功」層面，趙紫陽不如戈巴契夫；但是，在「立德」層面，趙紫陽卻超過了戈巴契夫——趙紫陽實現了他的諾言，「絕不作鎮壓學生的總書記」，維護了自我人格的完整和完美；而戈巴契夫在其政治生涯的最後一年，半推半就地向保守派低頭，默許了蘇聯軍隊對立陶宛獨立運動的鎮壓，釀成了流血慘劇。

當莫斯科鎮壓波羅的海三國獨立運動的風聲越來越緊張的時候，民主派人士、作家阿達莫維奇（Ales Adamovich）在一次演講中說：「戈巴契夫是蘇聯歷史上，唯一一位雙手沒有沾鮮血的領導人，但願我們能記住他在此時此刻的模樣。」他同時向戈巴契夫喊話說：「但是，只要軍方開始進行流血攻擊，那些鮮血就會濺到你的西裝上。」

果然，一九九一年一月十三日，蘇聯坦克輾過立陶宛國土，克格勃精銳部隊攻擊立陶宛首都維爾紐斯電視大樓，士兵射殺十四人，數百人受傷。維爾紐斯的鮮血，瓦解了改革派人士對戈巴契夫的信任。人們如夢初醒地說：「一切都結束了！我們再也不支持戈巴契夫了。人眞得被騙幾次，才會明白一些道理。」還有人乾脆宣告說：「就在維爾紐斯的血腥星期天之後，所謂『充滿人道精神的社會主義』、『新思維』與『歐洲世界的共同家園』到底還剩下什麼？什麼都沒有了！」鎮壓的開始之際，就是改革的終結之時。

與戈巴契夫「一失足成千古恨」相反，趙紫陽拂袖而去，做到了「粉身碎骨渾不怕，要留清白在人間」。一九八九年五月十七日，鄧小平在家中召集會議，決定戒嚴、對學生鎮壓。趙紫陽描述當時的場景說，在位的五名常委的立場是：兩票對兩票，一票中立。但最後的決策是鄧小平獨自作出的，並未經過一個常委投票表決的正式程序。那麼，多年來在鄧面前委曲求全的趙紫陽，這一次為何不惜與之決裂呢？趙紫陽明明白白地指出：「我之所以拒不接受鄧對學潮的方針，原因在於對學潮的性質和鎮壓會引起的後果在認識上有所不同。我要對歷史負責，絕不作鎮壓學生的總書記。」他寧可失去權力，成為囚徒，也不參與這件骯髒而殘暴的事情。

並不是所有人都贊同趙紫陽的這一決定。有人說，若當時趙紫陽不與鄧小平作最後攤牌，服從鄧小平的決定，維持自己的地位，等風頭一過，仍可繼續推動改革大業。而趙一旦失去權力，改革派必然滿盤皆輸。所以，不妨「大丈夫能屈能伸」，「留得青山在，不怕沒柴燒」。但是，此種馬基亞維利式的思維方式，乃是「讓策略壓倒價值」。若是趙紫陽參與殺人的決策，像戈巴契夫那樣「將鮮血濺到西裝上」，那麼他即便日後能推動改革，改革也毫無政治正當性可言。若是如此，趙紫陽就不再是趙紫陽了，趙紫陽就跟李鵬沒有根本的區別了。

議會民主制才是中國未來的出路

趙紫陽的祕書及作為「替罪羊」被下獄的鮑彤，在為本書所寫的序言中評論說：「『六四』開創了全民鴉雀無聲的新局面。鄧小平南巡後，中國在鴉雀無聲中重提經濟改革，重新分配財富。誰是鴉雀無聲下再分配的受益者？我不知道。我只知道，全體被迫鴉雀無聲的人，統統都是『六四』屠城的受害者。即使當時尚未出生的人，既然出生之後必須鴉雀無聲，並且必須在不知不覺之中，畢恭畢敬，禮拜權力，聆聽謊言，當然更是無辜的受害者。」當江澤民、溫家寶和馬雲之流，爲「六四」屠殺尋找合理性和合法性的時候，鮑彤的這段話戳穿了這張華美的畫皮。

對於政治家來說，失去權力無疑是一種錐心之痛。有的政治家在失去權力之後，像一頭受傷的獅子，躲在角落裡舔傷口，沉溺於自憐自艾之中，被選民拋棄的二戰英雄邱吉爾就是如此；有的政治家則有一種臥薪嘗膽的堅毅，即便在情勢最不利的情況下，仍然伺機而動，文革中被毛澤東流放到江西的鄧小平就是如此。而趙紫陽在長達十六年的幽居歲月中，不絕望，不後悔，不怨天尤人，不自我美化，而是手不釋卷讀禁書，沒有禁區思無邪，完成了向個人主義者和自由主義者的飛躍。與胡啟立屈辱地由罷職常委轉任部長，從此卑躬屈膝、謹言慎行的人生軌跡截然相反，趙紫陽在九十年代初甚至拒絕鄧小平主動邀請他復出的「善意」，他絕不認錯，心懷坦蕩，質本潔來還潔去。

在全盤認同世界民主大潮這一點上，趙紫陽比任何一個在位或卸任的中共領導人都走得更遠。趙紫陽在談話中明確指出：「西方的議會民主制顯示了它的生命力，是現在能夠找到的比較好的、能夠體現民主、符合現代要求而又比較成熟的制度。現在還找不到比它更好的制度。……只有這種制度比較符合現代文明，比較符合民意，有利於體現民主，並且是比較穩定的一種形式。」他高屋建瓴地觀察和總結了世界發展的趨勢：「幾乎所有的發達國家實行的都是這樣一種議會民主制。幾十年來發展比較快的新興國家，逐步轉向議會民主制的趨向也越來越鮮明。我想這絕不是偶然的。」趙紫陽已經不僅是一個自我設限的、「黨主民主」式的「黨內開明派」，而與劉曉波一樣堪稱「百分之百的民主派」。

對於趙紫陽晚年思想飛躍這一現象，馬若德認爲，這從反面表明中共體制本身的不相容性。他反問說：「一個熱愛國家的官員，如果只有在多年賦閒全力反思的條件下，才得出中國需要民主的結論，那麼對於日理萬機的官員來說，又有什麼餘力，或者安全感，使他能夠在當朝當政的條件下，得出同樣的結論呢？」這個疑問，恐怕到中國像蘇共那樣覆滅的時候，也沒有人能夠回答。

趙紫陽去世時，有民間人士爲其撰寫了一幅輓聯：「明修正史，暗修祕史，誰曾秉筆修青史；你說朝陽，他說夕陽，我且憑心說紫陽。」這一輓聯恰好可以概括趙紫陽來自三十六卷錄音帶的歷史告白。

中國的沙卡洛夫還在路上

方勵之《方勵之自傳》

既然中國人的理性思考和道德判斷都被情感化，因此，又會把「持不同政見者」視爲「離心分子」，亦即是說：你在意見上與我不同，就是一種傷感情的「不友好」行爲。

孫隆基

一九八七年秋天，剛剛被鄧小平下令開除中共黨籍的科學家和民主倡導者方勵之，認識了美國國家廣播電台夜線新聞主播布羅考，布氏剛採訪過新任總書記趙紫陽。布羅考建議，請方勵之觀看一份中國中央電視台不會播放趙紫陽的採訪錄影，因爲趙紫陽談到了方勵之。於是，戲劇性的一幕發生了：方勵之置身於這家美國電台在北京的工作室，觀看自己國家領袖的談話，而談論的對象是方勵之本人。趙紫陽和藹地對布羅考說著，不時拿起身旁桌上的青島啤酒豪飲：「在美國有些人可能認爲這是在鎮壓、整肅知識分子。我個人不同意。過去幾年，方勵之發表許多言論及演講，寫文章批評中國政府及我們黨的政策。……因爲他有如此信念，他就不能當共產黨員。……知識分子離開黨的時候，他們仍將獲得尊敬，可以繼續在自己專業領域扮演角色。我不認爲你可以把這樣稱爲鎮壓。」

趙紫陽說得沒有錯。離開共產黨對方勵之本人來說，確實是一種解脫。但趙紫陽也說錯了。他沒有料到，眞正的鎮壓很快來臨——就連他自己也成了鎮壓和受害的對象，在某種意義上，他也加入了方勵之的行列。「六四」屠殺之後，趙紫陽被軟禁在家中，方勵之則逃入美國駐華使館。這兩個希望祖國變得更自由和更民主的愛國者，各自付出了失去自由、被攻擊和誹謗的沉重代價。在那段隱身於美國使館一間小屋子的日子裡，方勵之奮筆疾書，完成了一本自傳。這本自傳塵封二十多年，直到方勵之於二〇一二年在美國去世，才首度面世。方勵之說：「我希望，我的自傳能說清楚，科學和民主到底如何引導我走上這條『被通緝』的不歸路。希望每個人都能在歷史中，找到自己的座標，盡自己的責任。」這本自傳，可以讓他死而無憾。

那個時代的大學，那個世代的校長

方勵之的精彩人生是從被任命爲中國科技大學副校長開始的。中共建政之後，多次整肅知識界和教育界，大學校長多半被打成「牛鬼蛇神」，受盡屈辱、苟且偷生。直到八十年代初期，有了改革開放、解放思想的新氣象，也有了一批敢作敢爲的大學校長，如北大的丁石孫、武大的劉道玉，當然也包括科大的方勵之。當時，方勵之與校長管惟炎一起，致力於改變毛澤東時代大學淪爲愚民教育工具的慘狀。他堅持認爲，大學的功效是培養「人」，而不是培養「兒子」或「黨的馴服工具」。

科技大學處在較爲偏僻的合肥，當時僅有學生四千人，遠不能與北大、清華等歷史悠久、規制宏大的名校相比，但在方勵之等人的努力下，科技大學成爲八十年代中國思想最爲活躍的大學之一。方勵之在回憶錄中寫道，當時他們做了幾件「小事」——所謂「小事」，在今天看來，件件都驚天動地：嚴格地分開黨和政，各級共產黨組織都不得介入有關教學和研究等事務的決策；把經費的分配，教職的聘任、人員的升遷等交給由教授學者等組成的各種委員會決定；教職工代表會和學生代表會有權評議和監督學政，批評系事、校事，甚至黨事和國事；取消學生政治輔導員制度，取消對學術報告黨政治審查。

方勵之被免職時，當局給他羅織的罪名是「系統地執行一條資產階級辦學路線，把科技大學引向了自由化」。對此，方勵之反駁說：「對於我，這個『罪名』是莫大的榮耀。一點不錯，在主觀上，我們確實想使科大成爲一個學術自由的環境。」方勵之爲科大帶來一股新風氣，但他任職時間並不長，做的事還太少，未能賦予科大以一種強烈而堅韌的校格。一旦他被趕出科大，對科大的影響力迅速消失。尤其是八九鎮壓之後，整個國家的風氣大變，科大也不可能壁立千仞，不由自主地成了一所喪失人文理想和自由精神的純理工學校。

三十多年後，再回頭看那個時代的大學、那個時代的校長，讓人有恍如隔世之感。今天中國的大學，被中共管制得如同鐵桶一般嚴嚴實實，自由主義思想沒有立錐之地。只要稍稍表達一點與官方不同的看法，教授立即遭到舉報、圍攻和解聘；學生們更是未老先衰，個個都是「精緻的利己主義者」，爭先恐後地入黨和考公務員。

那個時代，中共還不知道如何對付異議人士

在八十年代之前，中國的「持不同政見者」統統被歸入「反革命」行列，當局將這一小群人肉體消滅、思想冷凍。八十年代之後，情形有了不同，方勵之幽默地表揚鄧小平：「鄧小平開放中國的政績之一，是『持不同政見者』一詞進入了中國的社會生活。在這個意義上，我也許是中國的第一名公開的持不同政見者。」當時，當局對於如何處理持「不同政見者」，舉棋不定，是打？是壓？以絕後患，還是軟處理，以示開明？黨內保守派與開明派相持不下。於是，方勵之時而是當局批判打壓的對象，時而又成了當局「款待的上賓」。

八九鎮壓之前，方勵之有三次與當局對峙的高潮。一九八六年十二月，方勵之應邀到上海、寧波的大學演講，直接監視他的人物居然是國務院分管教育的副總理萬里。方勵之到哪裡，萬里就跟到哪裡。萬里向寧波大學索取方演講的錄音，大學佯稱沒有錄音，萬里下令，若不交出錄音，他的專機就不起飛。隨即，萬里在合肥召開高等教育座談會，並點名讓方勵之坐在他旁邊，讓其公開答覆黨的批評。萬里希望方勵之誠惶誠恐地承認錯誤、請求寬

恕。結果，面對一百多名與會者，方勵之與之激烈辯論了一個小時十五分鐘，兩人說話越來越快，聲音越來越高。最後一個回合是：萬里問：「你的黨齡多長了？」方勵之說：「三十年。」萬里說：「我五十年。」這是萬里唯一一個回合的勝利。從此細節中可發現：第一，萬里並沒有後人描述的那麼開明，黨性是他們這一代人堅守的原則；第二，那個時代畢竟還能出現副總理與大學副校長面對面辯論的場景，所以那個時代仍然值得懷念。

第二個故事是，一九八七年一月，鄧小平開除方勵之黨籍的講話，被作爲黨的一號文件下發。一月十二日，中央電視台的黃金時段播放免去方勵之科大副校長職務的新聞。十九日，又播出開除方勵之黨籍的頭條新聞。隨即，中央摘編十萬字的方勵之言論集，印刷五十萬份散發全黨支部。讓當局始料未及的是，很多人眞是通過這本書了解、接受乃至贊同方的觀點。當局見大勢不妙，又下令收回。但已經晚了，連黑市書攤上都有複製本出售。鄧小平用盡手段，仍無法將方壓服和搞臭。當方批評高幹子弟在海外有存款時，傳出鄧要到法院告方誹謗的消息。方遂聘請律師，嚴陣以待。也許考慮再三，鄧最終沒有「出此下策」。回顧與鄧小平的幾輪鬥法，方勵之說：「我應當感謝鄧小平先生，因爲他很賣力氣地給我當過義務廣告員。」

最精彩的一個故事是，一九八九年二月，美國總統老布希（George H. W. Bush）訪華，美國使館邀請方勵之出席宴會。方向任職的天文台詢問中國官方的態度，卻不得要領。於是，漢學家林培瑞夫婦陪同方勵之夫婦出發赴宴，出門後才發現三環路的一段居然戒嚴了，僅僅是爲了攔截他們的車輛。有一名自稱最高特工的人當場指揮攔截行動，並謊稱方不在受邀名單上，不能去參加宴會。兩對夫婦跳上一輛出租車，剛駛出幾百米又被攔下。然後，他們準備坐公交車，結果警察命令公交車不准停靠月台。他們只好步行，一個奇觀出現了：數十名穿制服或便服的警察陪同他們在空無一人的馬路上「散步」。多年以後，親身經歷者林培瑞向我講述當時的場景，仍然忍俊不禁、哈哈大笑。而當時還是一名大學生的鮑樸，為了抗議擔任趙紫陽祕書的父親鮑彤默許此事發生，一度與父親激烈爭執、離家出走。美國記者孟慕捷（James H. Mann）在研究美中關係的著作《轉向》中評論說：「自從尼克森開門以來將近二十年的美、中高階層來往，從來沒有出現過如此醜陋的行徑。中國政府動用情治機關的暴力，阻止一位受邀的中國貴賓出席美國總統做東的晚宴。」

由於當時中共還沒有探索出一整套行之有效的維穩體制，每次行動都力不從心、弄巧成拙。二十年後，當我跟國保警察周旋時，反倒羨慕方勵之面對的「吞舟是漏」的處境。若是換在二十年後，當局對待方的方法就很簡單了，乾脆就雇傭幾個「協警」堵住大門，不讓其出門，然後切斷電話、手機和網路，而無需如此大動干戈。另一方面，中共不再大張旗鼓地發動對持不同政見者的公開批判，而是更狡詐地將他們的消息封鎖、隔絕。即便是劉曉波榮獲諾貝爾和平獎的消息，普通民眾亦不得而知，劉曉波的思想就更難以深入尋常百姓家了。

方勵之為何沒能成為中國的沙卡洛夫？

八九學潮，方勵之刻意疏離在外，並無積極的作為，卻仍被視為幕後「黑手」之一。

軍隊開槍之後，方勵之被列爲通緝犯，不得不遁入美國使館。在生命受到威脅的情況下，進入美國使館尋求保護，當然是方勵之個人的選擇自由，一般人不可苛求他人成爲殉道者。但是，受方勵之的鼓舞而走上反抗之路並爲之承受巨大苦難的那些普通人，他們的異議値得注意和傾聽。比如，「六四」後入獄多年的「大屠殺畫家」武文建，在接受廖亦武訪問的時候就說：「方勵之先生在需要他挺身而出時，卻躲在美國大使館不出來，被人家接走了。方先生曾是我最尊敬的人，他在中國科技大學說：『民主不是靠施捨，而是要靠爭取。』既然是爭取，那你就走出來呀！和千千萬萬的北京市民站在一起呀！知識分子怎麼都是些關鍵時刻掉鏈子的人。」我們未必同意武文建的看法，但他的看法不能被忽略。

這本傳記的主體部分，是方勵之在使館避難的那段時期內寫成的。關於在使館中的日日夜夜，也許當時還有「不足爲外人道」的苦衷，方勵之的描述反倒不如親自操辦此事、時任美國駐華大使的李潔明在回憶錄中寫得細緻入微。然後，中美兩國經過漫長的談判折衝，方勵之被放行，先乘坐美國軍機飛赴英國，再乘坐美國副總統的專機飛抵美國。一路的行程，比當年的俄國作家索忍尼辛（Aleksandr Solzhenitsyn）還要風光。

然而，盛名來得快，去得也快。去國之後的方勵之，未能順勢成爲海外反對運動的核心人物和道德象徵。中國人歷來擅長窩裡鬥，當海外民主運動逐漸分崩離析、醜聞纏身之際，方勵之精明地選擇了離開，回歸天體物理學家的本行，赴亞利桑那大學任教，遠離是非、潔身自好。早在八十年代，就有西方媒體將方勵之與蘇俄持不同政見者沙卡洛夫（Andrei Sakharov）相提並論——他們都是物理學家，又都是人權鬥士。然而，方勵之最終未能成爲

「中國的沙卡洛夫」。

方勵之與沙卡洛夫是兩個很有比較意義的標竿。兩人所處的時代背景明顯不同：沙卡洛夫晚年趕上了戈巴契夫新政，在作爲「準議會」的蘇維埃代表大會上爲民主、人權大聲疾呼，其凝聚的政治能量得以釋放。美國新聞記者大衛·雷姆尼克（David Remnick）如此讚美說：「在所有歷史神話中，你經常會看見一名聖徒，矗立在一群傻瓜和自負之徒、一群飽受污辱與滿是傷痕的人民中，他就是沙卡洛夫。他是『毀滅之火』（氫彈）的創造者，但卻堅決地批判這個『禮物』。他全心投入拯救『羅得之地』的志業，縱然只是一場夢幻。」但是，方勵之沒有沙卡洛夫那麼幸運，當他踏上流亡之路時，中共趕上了新一輪經濟全球化浪潮，由殺人凶手搖身一變成爲笑容可掬的買賣人，「大國崛起」的喧囂，迅速沖淡了所有來自海外的批評者的聲音。

而就個人條件而言，在近代以來具有悠久的異議知識分子傳統的俄羅斯，沙卡洛夫有滋養他的精神資源，又有堅韌不拔的個性，最終將自己鍛造成「完美的道德羅盤」。在沙卡洛夫的葬禮上，他的好友、俄羅斯中世紀文學專家利哈喬夫（Dmitri Likhachev）評價說：「他不僅屬於我們的國家，也屬於整個世界。他是屬於二十一世紀的人，也是屬於未來的人。他是一位先知，一位古典意義上的先知，他召喚自己的同輩爲了未來而進行道德改革。但就和所有的先知一樣，他不被人所理解。他居然還遭到祖國的驅逐。」也有普通人在沙卡洛夫家門口留言說：「請原諒我們對你造成的所有不幸。請原諒那些你在世時貶抑你、你離開後卻開始說好話的人。再說什麼都沒用了，我們沒有守護你的生命，但我們將捍衛關於你的記憶。請原諒我們。」與之相比，方勵之沒有那樣的文化傳統可以依託，也未能眞正扎根在民眾之中。他深受儒家文化的侵蝕，更像是屈原和王陽明那樣的忠臣，總是期待明君賢相聽取知識階層明智的建議。他未能形成像哈維爾（Vaclav Havel）那樣的解構極權主義意識形態的思想體系，也缺乏作爲民間反對運動領袖的胸襟和勇氣。當劉曉波榮獲諾貝爾和平獎之後，方勵之「湊巧」去奧斯陸觀禮並撰文支持，但在文章中又不經意地透露六四前夕劉曉波去他家拜訪並順帶捎走一本書的「往事」——他的心靈格局，不若我們所期待的那麼廣大。斯人已逝，中國的沙卡洛夫還在路上。

我看見子彈在你們的骨頭裡舞蹈

廖亦武《子彈鴉片：天安門大屠殺的生死故事》

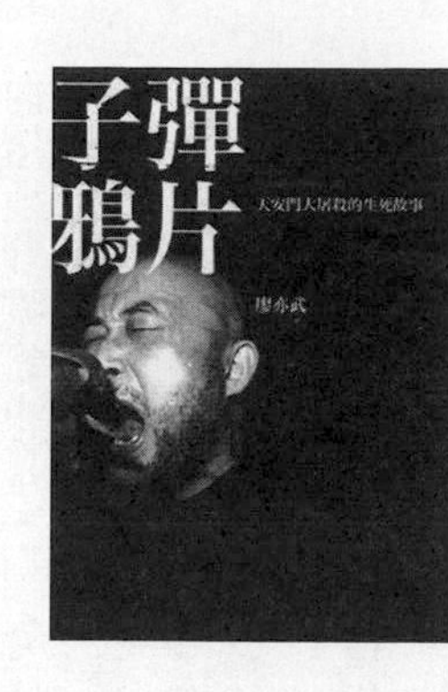

認知這不堪的環境，是一種痛苦，但認知痛苦又是一種恩典。

赫塔．米勒（Herta Müller）

廖亦武說：「大屠殺在三個世界進行。在魚翅、魚腹、微塵裡進行。」大屠殺不是六月四日那一天就結束了，大屠殺仍在進行之中，而且變得更加隱蔽和殘忍，殺人不見血，殺人如草不聞聲。廖亦武的《子彈鴉片》一書，寫的是六月四日之後，每時每刻都在「微塵」之中發生的屠殺，它不僅屠殺人的肉體，也試圖摧毀人的靈魂。對於死難者來說，「死去何足道，托體同山阿」，不再苟活於這個善惡顛倒的世界，或許是一種解脫；而對於那些僥倖活下來的所謂「六四暴徒」而言，漫長的牢獄之災、酷刑、歧視與遺忘，是一個傷口不斷潰爛、痛不欲生的過程——丹麥王子哈姆雷特（Hamlet）「活著，還是死去」的疑問，有了一個答案，那就是：生不如死。

中文著述，向來是只有天下，沒有蒼生。《史記》之偉大，不是有帝王之「本紀」和將相之「世家」，而是有《遊俠列傳》這樣的篇目。《子彈鴉片》是「六四暴徒列傳」，是可以跟《遊俠列傳》相媲美的「史家之絕唱，無韻之離騷」。廖亦武本人是「六四囚徒」之一員，傷痕累累，噩夢連連。諾貝爾文學獎得主、羅馬尼亞流亡作家赫塔・米勒如此評價其人其文：「被投入集中營和監獄裡那樣擁擠而噁心的環境裡，這種近乎固執成癖的觀察習性，能讓痛苦更爲錐心，每個細節都浸入了個人的色彩，把支撐自己存活的力量也都肢解了。然而這種觀察癖也是一種恩賜，因爲它包涵著人性，並支撐甚至拯救了人性。」是的，廖亦武通過爲這群命運比自己更悽慘的難友作傳，拯救了歷史、拯救了人性、拯救了記憶，也爲這片土地蒐尋到最後一群義人。

八九不僅是學運，更是人民革命

過去，人們通常把八九民主運動等同於學運，其實捲入八九民主運動的人群絕不僅僅是學生。

自古以來，在中國主流的儒家文化傳統中，士大夫居於「士農工商」四大群體之首，以

「先天下之憂而憂，後天下之樂而樂」自詡。士大夫階層的忠順或疏離，對天下興亡的影響僅次於皇帝的賢明或昏庸。由士大夫承載「道統」的思路，左右著近代以來中國的社會運動和政治變革，從「五四」到「六四」的七十年間尤其如此。「五四」被視爲學生運動，其實「五四」廣泛動員了社會各階層的參與，上海新興工商階級的罷工和罷市，對北京政府的壓力遠遠大於以北京大學爲主體的學生們的罷課和遊行。「六四」也被視爲學生運動，其實數百萬上街喊出心聲的民眾，很多都是有家有口、有工作且不愁溫飽的普通民眾，學生只占其中很小的一個比例——但是，學生和支持他們的知識分子掌握了話語權，他們的聲音被傾聽、被放大。

《子彈鴉片》提供了進入那個歷史事件的另外一個視角：「八九」不僅是一場學生運動，更是一場「人民革命」。「人民革命」是一個充滿左翼意識形態色彩的詞彙，雖然我個人並不喜歡，但可以暫時借用過來：因爲，從那時直到今日，中國仍未形成成熟的公民社會，廣義的中國人還不是「公民」，姑且用「人民」來概括之。

據許多親歷者回憶，在天安門廣場堅守到最後時刻的數千人當中，普通市民的數量並不少於學生。在北京之外的其他城市，在北京開槍鎮壓之後繼續反抗的也多半是普通市民。此後，大規模的鎮壓和清洗來臨，他們大都落入羅網、無法出聲。所以，即便在反對派的敘述中，他們這個群體也靜默無聲。廖亦武是第一個用一本書來寫他們的作家——廖亦武本人屬於自我放逐的「邊緣知識分子」，正是這種邊緣性，讓他將目光轉向那些比他更邊緣的被鎮壓者、被凌辱者和被蔑視者。

對於學生來說，那是一次公車上書；對於人民來說，那是一場夭折的革命。在與中共瘋狂的殺人機器對峙的那一兩天，人們忍無可忍，「忘其身以及其親」。既然中共殺人了，中共就成了人民公敵。民眾明明知道，手無寸鐵不可能打敗使用重型武器的中共軍隊，仍然決定放手一搏，不惜迎面走向死亡。廖亦武記述了若干抗暴者的回憶，硝煙、火光、血肉模糊、屍體狼藉，不忍卒睹。當過黑豹敢死隊隊長的胡中喜講述說：「『唆』的一顆子彈就擦我嘴角過去。……我撒開腳丫子就跑，邊跑，那子彈邊『唆唆』地追我，腦袋、胳膊、腰，一陣陣『唆唆』，一陣陣麻，子彈頭射著周圍的地磚，炸起一道道火星。我的褲襠熱了，估計是出小便了。幸虧我個兒不高，目標小，撿回一命。旁邊亂七八糟倒人，那血呀，噗地噴一股，接著是一灘、兩灘、無數灘。大約有十幾個橫在地下吧，那哭那慘叫，已經不是人的聲音了。」這樣的場景，讓我聯想到一部描述華沙人民反抗納粹的大起義的電影，中共對本族民眾的血腥屠殺，不亞於納粹對波蘭人的屠殺。

「六四暴徒」群體比學運領袖更值得關注與尊重

那些以血肉之軀與全副武裝的軍隊抗爭的，大都是單純、勇敢、熱情的年輕工人和市民，廖亦武採訪到的「六四暴徒」，當時大都只有二十歲上下。幾個小時乃至幾分鐘的反抗，就改變了他們的一生。這是一個怎樣的群體呢？

首先，這個長期被中共的宣傳機器妖魔化，也被海外民運有意無意地淡忘的「六四暴徒」群體，大都身家清白，遵紀守法，並非中共官方媒體所說的「一貫如此的打砸搶分子」。他們因爲將反抗付諸於行動，被中共認定爲「罪大惡極」，多半被判處重刑，有一部分人已經被槍殺，廖亦武採訪到的人物，有的被判死緩，有的被判無期，有的被判二十年，大多數坐了接近二十年的有期徒刑的最長刑期。比如，順手接過旁人遞過來的打火機、點燃一台熄火的裝甲車的王岩，被判無期徒刑，實際坐了十六年牢；點燃一輛軍用卡車、阻止軍隊前進的張茂盛，被判死緩，坐了十七年牢；從軍車上趁亂拿走兩顆子彈和一顆煙霧彈的李紅旗，被以流氓、搶劫、奪取武器罪，數罪併罰判刑二十年……與之相比，在被捕的學生領袖和普通學生當中，很少有人被判處如此之重的刑期。

其次，作爲無名小卒的「六四暴徒」在獄中所受之虐待，與有國際知名度的人物所受之優待，宛如天淵之別。劉曉波曾說過，他不寫六四後的獄中生活，因爲他的境況不具有代表性，寫出來有可能誤導讀者，以爲中共的監獄還不錯。而在《子彈鴉片》一書中，「六四暴徒」們向廖亦武講述了種種駭人聽聞的酷刑：北京市第二監獄強迫囚犯生產一種出口到美國的乳膠手套，關押在此的一位名叫石學之的「六四縱火暴徒」，寫了許多揭露眞相的英文紙條，塞進手套。監獄當局發現之後，石學之鐐銬披掛，還鎖一副土銬，被扔進兩米見方的狗洞，三個多月，腰背都不能打直。其間，獄方多次緊急集合，強迫大夥觀摩酷刑。難友王岩看到此一場景：「這條五十多歲的漢子被一幫警察踩倒，扒光，輪番電擊。五、六根電棒齊上陣，這根卡住換那根，腋窩、脖子、頭臉、肚臍、胯下、腳心，翻來覆去過電。陰毛散發出焦臭，石學之啊啊喊叫，眼珠子快爆出來了。他企圖掙扎，可被踩得死死的，小便失禁了，不由自主地淌一地。可他沒有求饒，始終沒有求饒。」當年我在北京的家，離第二監獄只有一箭之遙。也許因爲附近有監獄的「負面因素」，房價相對便宜。我卻不曾料到，就在這所「模範監獄」裡，每天都在發生這樣的慘劇。這就是中國監獄中血淋淋的眞相。

再其次，最讓人欽佩的是，這批受盡折磨、劫後餘生的「六四暴徒」，即便深受虛無主義的折磨，始終沒有後悔當年挺身反抗暴政的舉動，也沒有背叛青年時代的理想。比如，當過市民糾察隊隊長的劉儀，坐了十六年牢，出獄後一邊擺小攤謀生活，一邊寫文章爲公義吶喊。他宣布說：「我要像昨天那樣，站起來呼籲明天——任人宰割的同胞們，醒醒吧，認清我們活在一個豬狗不如的麻木今天。」結果，他被警察設了圈套，本來去菜市場討要兩千元欠款，卻被以盜竊罪判刑四年。出獄後繼續販賣蔬菜水果，勉強維持生活。與之相比，那麼多身處自由世界的學生領袖，卻以背叛來營造風光與成功。比如，名字出現在通緝令上的學生領袖李錄，當年號召他人拋頭顱、灑熱血，自己卻鞋底抹油先開溜；當中共變臉成笑容可掬的權貴資本主義之後，他立即以股神巴菲特助手的身分榮歸故里，與狼共舞，不亦悅乎。

「六四暴徒」不是暴徒，乃是這個國族的脊樑。他們理應得到關注、尊重和幫助。

把英雄當小丑的人民和最幽暗、最殘酷的人性

《子彈鴉片》中最感人的部分，是這些「六四暴徒」經過漫長的刑期之後，卻發現外面的世界變化太快，他們無法適應日異月新的社會。他們感到，出了小監獄，又進入大監獄，

他們的理想成為他人嘲諷的對象。尤其是家人的冷酷與遺棄，對他們心靈的折磨，尤甚於獄中的酷刑。

劉儀第二次出獄後，來到哥嫂家，剛開始吃飯，哥哥就說他回來的不是時候，嫂子在廚房摔鍋打碗。媽媽說，要跟小兒子走，走了乾淨。嫂子說，要走，馬上走。劉儀說：「我知道你們的意思，我兩進兩出監獄，身無分文，還一把年紀。你們是怕我人窮志短，馬瘦毛長，賴在這屋，混吃混住，當著街坊鄰里，也掃了你們的面子。蒼天可鑒，我來此只為看一眼媽，她老人家安穩，我哪怕時運不濟，路死路埋，心裡也安穩。」結果，嫂子說，既然你們母子連心，就一起走。母子倆不得已，離開哥嫂家，再到妹妹妹夫家。結果，妹夫說，像你這種不識時務的人，誰沾上誰倒楣。母子倆差一點流落在寒冬臘月的北京街頭。

劉儀講述的這一段讓人唏噓不已的「親人的無情」，是人性中最幽暗、最殘酷的部分。人性從來如此，「水往低處流，人往高處走」，趨利避害，嫌貧愛富。在這個信奉「成王敗寇」價值觀的國家裡，失敗者沒有任何榮譽可言。當年，數百萬走上街頭的人們，一夜之間如烏合之眾般灰飛煙滅。人們的是非善惡觀只存在於一時，而不能堅持到永遠。短短幾天之後，當這些「六四暴徒」被捕時，就有親朋告密，就有鄰里幸災樂禍地圍觀，就有警察瘋狂地拷打和凌虐以顯示對黨的忠心——這些人，在幾天之前，還是跟「六四暴徒」站在一邊的義憤填膺者。極權主義之可怕，就在於讓人民不假思索地加入到其「共犯結構」之中。

所以，我們不能對人性抱有過於樂觀的期待。這是一個從來不會疼惜英雄的國族。反之，英雄的存在，讓庸人手腳無措、坐立不安。於是，他們樂於接受官方賦予英雄的「暴徒」這一頂「荊冠」，唯有把英雄全都小丑化、罪犯化、賤民化，這些良民和順民才能心安理得地享受當下的生活，甚至可以在這群小丑、罪犯和賤民面前展示自己的優越感。

在採訪的最後，劉儀擲地有聲地說：「『六四』是我人生中最光彩的一段，超越了『奔吃』，超越了『發家致富』，我不後悔。雖然我已五十出頭，但身體零件都還齊全。我堅信能熬到『六四』平反。告慰冤魂的那一天。」沒有人知道究竟有多少位長期繫獄的「六四暴徒」，廖亦武採訪到的人物，只是冰山一角。但願他們不至於像孤立的水滴一樣消失在沙漠裡，但願他們都能等到轉型正義和國家賠償實現的那一天。

牆裡的石頭必呼叫

何比等《我們都是李旺陽》

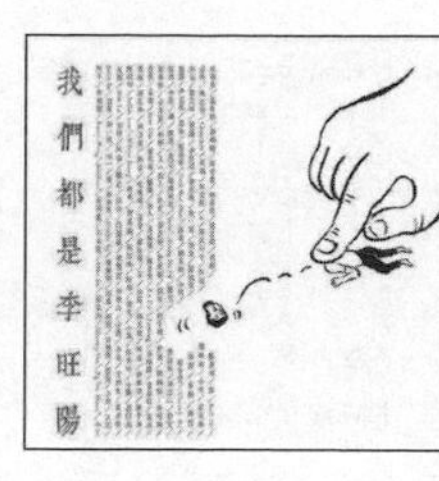

這個只能結結巴巴跟隨的世界，
我將成爲這世上
曾經的過客，一個名字，
從牆上滲下來
牆上，一道傷口正向高處舔去。

保羅・策蘭（Paul Celan）

《我們都是李旺陽》是一本奇特的書，它在香港出版，封底卻沒有出版社的名字、定價和條碼，宛如在中國嚴酷的新聞出版檢查體制下，不少作者冒險自行印刷並悄悄傳播的「非法出版物」。它採用線裝書的裝幀，接近方形的開本，以及用薄薄的宣紙製作的素雅封面，最古典卻又最現代，凸顯出「體制外出版」的強烈風格。在書中，還夾著一張小小的書籤，上面寫著：「毋忘義人，七一上街，免費派發。」

而我獲得這本書的過程，本身就是一個有趣的故事：二〇一三年春，我到台南訪問時去了一家咖啡館，看到牆上掛了一幅署名「智海」的李旺陽吊死在坦克上的漫畫，不禁感到好奇：發生在遙遠的湖南的這樁人權案件，何以引起台南民眾的關切？我在臉書上聯絡到這家咖啡館的老闆、同時也是草祭書店老闆的蔡漢忠。蔡先生說，這張漫畫取自詩集《我們都是李旺陽》，有一小部分書曾在草祭書店代售，現在還剩最後一本，可以送給我。

二〇一四年春，我再度訪問台灣，特意趕到草祭書店與蔡先生見面，並收到這本寶貴的書。這本書是二〇一二年六月十日「我們都是李旺陽」萬人遊行、尋找眞相活動的「附屬品」，所有作品的徵集都在臉書上完成。那一場活動，用組織者何比的話說，本來設想的參與者大概是數十至一百人，「我們自己很清楚爲什麼要走這條路，以及如何走。我眼裡看見的只有光的輪廓」。誰也沒有料到，一位從未到過香港的內地平民李旺陽，居然激發了兩萬五千位香港市民上街抗議，抗議者包圍中共在香港之巢穴中聯辦大樓，讓那些龜縮在陰暗的房間內的中共官員膽戰心驚。

那殺死身體不能殺死靈魂的，不要怕他們

是的，無論北京欽點的地下黨特首梁振英，還是富可敵國的商人李嘉誠，誰能像冤屈而死的「六四」鐵漢李旺陽，牽動無數港人的心？

李旺陽被殺人流血的「強國」囚禁、凌虐、殺害，而指使國保警察害死李旺陽的湖南省委書記周強卻升任最高法院院長。外媒和很多中國知識分子矚目於周強法學博士的眩目學歷，並一廂情願地相信習近平打造「法治國家」的謊言，他們忘記了周強手上沾滿李旺陽鮮血的鐵的事實。難道「博士治國」就是國之大幸嗎？周強和習近平都是博士，戈培爾（Joseph Goebbels）也是博士，博士跟文明有什麼關聯呢？聖經中說，以人血建城、以罪孽立邑的有禍了！當劊子手搖身一變爲大法官，這個國家還有什麼公義和法治可言？

此時此刻，詩歌是記載眞相、書寫歷史的載體，正如爲本書寫序言的香港詩人廖偉棠所言：「在這樣一個完全抹殺人類文明的存在資格的世界，作爲文明的捍衛者，我們只能寫好一首詩，在不可能的狀態下去令一首詩完美，這種行爲本身就是對野蠻暴政的一種挑戰。」熊一豆在《悼旺陽先生》中寫道：「他們以爲／燒掉／埋掉／抹掉／禁掉／還有，收買／就能把滿手血腥／修飾成胭脂//可是，他們不懂得靈魂與精神／也不知生命轉化之必然的奇妙／所以他們無知於一種新生——／李旺陽可以是，眾人」。而陳恩在《我什麼都不是》中寫道：「你可以吃掉我／但你吞不下我貞潔的骨頭//你可以把我化爲灰燼／但你的雙手會因此

變得烏黑//你可以將我蒸發/但我會在蒼天再凝聚/成爲一場盛夏的雨//我什麼都不是/而你卻躲不開」。聖經中說，那殺死身體不能殺死靈魂的，你不要怕它。不相信人有靈魂、不相信靈魂擁有更高力量的共產黨政權，認爲殺死人的肉體就萬事大吉了，統治就固若金湯了。但義人肉體的死亡並不意味著戰鬥的結束，恰恰相反，善與惡的戰鬥才剛剛開始。

俄國作家索忍尼辛曾引用杜斯妥也夫斯基（Fyodor Mikhaylovich Dostoyevsky）對法國大革命的觀察——「革命必然是從無神論開始的。」他斷言：「對上帝的憎恨是掩藏在馬克思主義背後的根本動力。」他又指出，共產黨掌權之後，善與惡的概念一直都被嘲弄著，它們被逐出了日常生活的使用範圍，它們被政治或階級的短暫價值所取代。訴諸永恆概念已經變得很讓人難爲情了，因爲惡在進入政治制度之前，已經在個人的心靈中扎根了。這一段描述也適用於「六四」屠殺之後的中國——人們假裝那場屠殺沒有發生過，以便心安理得地生活下去。而李旺陽的殉難，讓善與惡的不相容性再度尖銳地呈現在每個人面前。張希雯在《無題》中寫道：「就算砍頭/也不回頭/因爲自由的夢/沒有盡頭/不能回首//你的曼舞/從未停步/你的腳跟躍起/你要飛往/雲端以上//雲端以下/還有我們/像螞蟻一樣/纏死大象」。是的，螞蟻與大象之間的搏鬥，李旺陽與共產黨之間的搏鬥，一定會有另一種結果。這種樂觀的期待，正如姍在《看吧》中的宣告：「他們以爲你倒下了/眞正倒下的，是他們」。潘霍華（Dietrich Bonhoeffer）死了，甘地（Mahatma Gandhi）死了，馬丁・路德・金恩（Martin Luther King Jr.）死了，李旺陽死了，但最後的勝利必然屬於他們。

「紅旗」與「白綾」的對峙

作爲納粹集中營倖存者的保羅．策蘭，難以從殘酷的傷害中復原，即便詩歌也無法療傷，他縱身一躍跳進塞納河，他是一名眞正的自殺者；而從二十二年的黑牢中掙扎出來的李旺陽，比保羅．策蘭更加堅韌，他要活下去，卻死於具有中國特色的「被自殺」——精心設計的謀殺。

在死亡的這邊和那邊，有兩幅怎樣不同的風景？周雪凝在《未命名》中寫道：「他／站在鐵窗前／紅旗套成環索」。這句詩歌中呈現了兩個原本風馬牛不相及的意象——紅旗與絞索，或者說，紅旗與白綾。兩個意象的重疊揭示出一個被遮蔽的眞理：紅旗是用白綾製作的，這個政權建立在流人血的基礎之上。正如思兼在《東方紅》中所說：「探頭窗外，／聽到亡靈示威，／聞得硝煙履帶。//繩結不解，／只見盛世高樓，／不見廣場血淚。//東方紅，／血還未流夠。//人心黑，／你卻看到光。//沒有其他紅比這面國旗更紅，／底下沒有比它更黑的要掩飾。」有一天，我們必須將這面貌似紅艷其實漆黑的旗幟扯下來。

在悼念李旺陽的遊行中，有香港人第一次在中聯辦門口焚燒了這面中共欽定之五星紅旗。古有吳三桂怒髮衝冠爲紅顏，今有香港人焚燒紅旗爲旺陽。前者爲私欲，後者爲公義，相差何止十萬八千里。這是香港民主運動史上一個値得大書特書的轉捩點。邁出這一步，與沒有邁出這一步，有著根本性的差別。此舉象徵著香港民眾與中共之決裂。從此，香港市民將不再上訪、不再鳴冤、不再進諫、不再對中共暴政抱有一絲希望。

此前，香港人雖然將反共當作一種自我保護的本能，卻長期受制於「愛國」的緊箍咒，束手束腳、畫地爲牢，不敢捅破「中華人民共和國乃僞中國」這層薄薄的窗戶紙。大概因爲香港有過英國殖民的歷史，香港人在心態上有一種自我矮化的自卑感，生怕稍有不愼，便被同胞指責爲「不愛國」，那可是跳進黃河也洗不清的大罪。如今，香港人意識到：要作眞正的愛國者，反共乃是必須邁出的第一步。焚燒沾滿受害者鮮血的五星紅旗，就好像焚燒那面納粹的旗幟一樣，乃是光明正大的義舉。

中共統治中國六十多年，謊言與暴力齊飛，天怒並人怨一色，解放軍屠殺手無寸鐵的學生和市民，國保警察謀殺氣若游絲的李旺陽，如此暴政，不得不反！正如中國先賢孟子所言，獨夫民賊，人人得而誅之！正如歐洲宗教改革先驅加爾文所言，反抗暴君與暴政，乃是上帝賜予人類的基本權利。陳子謙在《我們都是李旺陽（或我們不是李旺陽）》中寫道：「我們不是李旺陽，眞的／是二萬五千個黑影／拋出黑紗的熱浪//我們都是李旺陽／我們都是，都不是／我們，都是我，都是自由的水滴等待著／等待著聚成巨浪／重新粉碎」。焚燒紅旗，只是開端，而非結束。焚燒紅旗，就是焚燒那根勒緊我們脖子的繩索，如小西在《沒有》中所說：「沒有眼睛／才能看見微風／沒有耳朵／才能聽到森林//沒有繩索／才能自由」。

還有一個義人，值得我們尊崇與紀念

從這本詩集的誕生過程可以看出，作者們不僅坐而論道、不僅在象牙塔中寫詩，而且大都是雷厲風行的行動分子。廖偉棠說：「與這本詩集密切相關的是行動，從臉書徵集，到書寫白幡，到在六月六日大遊行中舉示蒼天與眾生，這些詩歌獲得了超越文本的更多意義，這是行動的詩學，將由未來的戰鬥來檢驗它的美。」從傳統的維園燭光晚會、「七一」大遊行，到聲援李旺陽、反國教以及佔領中環，香港的公民運動一步步走向成熟、多元以及更爲廣泛和深刻的社會動員。

近年來，香港人的本土意識日漸覺醒。同時，港人並不因爲認同「本土」而對中國及世界的事務充耳不聞。恰恰相反，清晰而堅定的本土意識帶來「喪鐘爲我們每個人而鳴」的更加廣闊的胸襟和視野。這就是港人深切悼念李旺陽的精神背景。對於死去的李旺陽來說，我們都是遲到者、旁觀者和苟且偷生者。「六四」屠殺之後，劉曉波一直受到作爲倖存者的恥辱感的折磨——尤其是一名「有名」的倖存者。當獄中的劉曉波知道自己榮獲諾貝爾和平獎之後，不假思索地對妻子說，這個獎是給「六四」亡靈的。那時，劉曉波不會知道，一年多以後，李旺陽也成了「六四」亡靈中最新的一員。蚩尤在《重量》中寫道：「她／躲避十架／寬恕永久懸空//你／背負良知／腳跟從未離地」。這裡的「她」，雖然沒有具體的所指，但讀者猜都猜得出來，是指某些在海外趾高氣揚地指點江山的前學運領袖。與之相比，李旺陽才是以身殉道的義人，蘇麗嬋在《隨旗幟飄》中寫道：「這裡／有眼，沒有眞相／有耳，沒有呼聲／有口，沒有補充／世人用一生來換取樓房把自己關起來／你以關起來的一生喚醒世人爭取自由」。無論是香港人，還是中國人，在極權主義和權貴資本主義的雙重壓榨之下，誰又不是「房奴」，誰又不是「屁民」？李旺陽之於香港、之於中國，如同幽暗大地上的一道閃電，劃破黑暗、驚醒殘夢。

因此，了解李旺陽，也是重新認識我們自己。沒有這個榜樣、沒有這面鏡子，在骯髒、齷齪、邪惡的勢力面前，我們就會不知不覺變得無動於衷，乃至隨波逐流。劍玲在《想知道光》中寫道：「想知道你的事／想知道你的愛情／想知道你的生活//想知道你是怎樣捱過廿二年的牢獄／想知道你如何與黑暗相處／想知道你的眼淚//你總是那麼堅持／你總是滿有盼望／你說你要修好眼睛和耳朵　要聽聽收音機//想知道你的盼望從何而來／想知道從你心底散發出的光／願你的光照在黑暗裡／照著你　照著我們」。是的，我們想知道關於你的一切，以便我們勉勵自己變得更美好、更勇敢、更有同情心。

記住李旺陽，記住這位跟我們生活在同一個時代的義人，是一門必修課。或許，正因爲有他的存在，中國這個大醬缸才沒有被上帝毀滅。或許，正因爲有他的存在，這片土地的復興才有了一個明確的方向。那些齷齪、卑鄙、邪惡的故事，我們已經聽到、看到太多，而像這樣崇高、偉大、光明的故事，我們所知的太少、太少。微輕軟在《有什麼方法可以令我們好好記著你》中寫道：「有什麼方法／可以令我們好好記著你／有什麼方法／可以令／這個大工廠大精神病院大監獄／停止運作／有什麼方法／可以把這裡／改建成一個／人／可以活得有尊嚴的地方／有什麼方法／可以／令我們／永遠不會忘記／那天／為什麼／你會站在／站在那裡／望著窗外／有什麼方法／可以／令我們／好好／記著你」。李旺陽無法親口回答這些問題，這些問題是給所有的生者的，我們必須回答。

這本書的作者，大都不是有名的詩人，大都不具備巧奪天工的詩歌技藝，但它卻是當代最有分量的「史詩」。香港學者葉蔭聰評論說：「喊出『我們都是李旺陽』這一句的人，體現了這個各自表述的年代，個人及小群體能以多元的藝術形式，把香港群體的道德經驗昇華，成為他們日常政治實踐的定位。」這本「驚天地、泣鬼神」的詩集，堪稱獻給李旺陽的墓誌銘，以及向共產黨宣讀的判決書。

你曾聽見死神的呼吸

蔡淑芳《廣場活碑：一個香港女記者眼中的六四血光》

媽媽，人們沉默。
媽媽，沒有一個人
出來打斷劊子手的言論。

保羅．策蘭（Paul Celan）

有一首關於「六四」的歌曲最讓我感動，名字叫《歷史的傷口》：「蒙上眼睛就以爲看不見，捂上耳朵就以爲聽不到。而眞理在心中，創痛在胸口。還要忍多久，還要沉默多久？如果熱淚可以洗淨塵埃，如果熱血可以換來自由，讓明天能記得今天的怒吼，讓世界都看到歷史的傷口。」參與這首歌曲的創作和演唱的，有三十九名歌手和樂隊，如小虎隊、伍思凱、文章、李宗盛、金素梅、城市少女、姜育恆、星星月亮太陽、童安格、張雨生、張信哲等。

那場血腥的屠殺，不僅是歷史的傷口，也是現實的傷口。二十多年之後，這道傷口仍然裸露在光天化日之下，沒有包紮、沒有醫治、沒有癒合。這道傷口改變許多人的一生，包括一位名叫蔡淑芳的香港女記者。蔡淑芳以《廣場活碑：一個香港女記者眼中的六四血光》一書，作爲對逝者的悼念和對生者的警示，以及對自己二十多年來守護「六四」眞相的心路歷程的回顧。

「六四」屠殺改變了她的一生

一九八九年四月，蔡淑芳被她任職的媒體派到北京採訪「五四」運動七十週年紀念活動。當時，她去找新華社副社長張浚生尋求幫助，張婉拒說：「沒什麼好採訪吧！兩地制度不同，互不理解，最好還是不要去。」此前，她並不負責大陸新聞，連普通話都說不好。但報社人手不夠，便拉壯丁式地派這名二十五歲的年輕女記者北上。

誰知，剛到北京，「八九」民運便風起雲湧、如火如荼，蔡淑芳陰錯差陽差地成了這一歷史性事件的直擊者和見證者。在北京的一個多月裡，她像戰地記者一樣四處出擊，完成了數十篇栩栩如生的新聞報導，有每天廣場事態發展的實錄，也有對學生領袖和知識分子代表人物的訪談。她於六月四日凌晨最後一批離開天安門廣場，親眼目睹屠殺的過程。在和平富足的香港長大的年輕女孩，哪裡想到會親歷血泊和屍體、哭泣與哀號？那一刻，死神與她擦肩而過，她甚至聽到死神那猙獰而邪惡的呼吸。

回到香港，雖然香港還是原來那個燈紅酒綠的城市，但蔡淑芳發現，她原來的生活圈子破碎了：「劫後回來，畏光怕人，圈套在廣場大牢的禁絕枷鎖，圍繞在紀念碑上的沉重腳鐐，我成爲受驚幽閉的精神囚徒。」就像那些從伊拉克戰場歸來的美軍士兵一樣，蔡淑芳患上了嚴重的憂鬱症，每天要吃大量的安眠藥才能入睡，還經常靠酒精麻醉自己。

「六四」之後一年多，蔡淑芳撰寫了《黃泉路上獨來獨往》一文，其中充滿悲痛傷情，充滿自責自虐，可見暴政對她造成多大的心靈創傷：「『六四』那夜，我沒堅持到底。我嘗試過要留守到最後一夜，不跟隨人群逃散。可是當官兵打人時，本能的反應是奔跑，意志無法戰勝自然，命定我要接受那種命不該絕的苦困，那種想死又死不去的折磨。」屠殺比戰爭更加殘酷。

蔡淑芳不是那種因「六四」出名、並擁有種種可供炫耀的資本的人；相反，她的生命幾乎被「六四」摧毀，她是另一種意義上的受害者。讓人敬重的是，幾經掙扎，她終於從憂傷痛悔中站起來，從死蔭的幽谷中走出來，成爲一名活躍的人權活動人士和義工。她過著清貧的生活，卻一直默默無聞地、力所能及地幫助「六四」傷殘者和「六四暴徒」。

蔡淑芳不是牆倒眾人推當中那一個臨時的參與者，而是疾風來臨時那一根不低頭的勁草。她本可以忘記「六四」、挪開「六四」，恢復當初那個報導香港本地新聞的記者身分。

作一個安穩的、小康的白領，有什麼不好呢？但她作出另一種選擇，一種將「六四」內化到自己生命中的選擇。爲此，她經受了多少心靈的煎熬與現實生活的催逼啊，還不到五十歲，頭髮就半白了。

一名母親記錄的血跡斑斑的「六四史」

蔡淑芳一直在回憶，在寫作，在記錄。她在《廣場活碑》的自序中說：「爲了對得住自己的良心，對得住人民書寫的歷史，對得住六四底層仍然受苦受難的人質和囚徒，我能做該做的就是拿當年採訪時所獲得的第一手資料公之於世，把血光映照出來的點點滴滴的血與淚，附帶著個人軟弱無力的夢囈呻吟，結集成活下來作見證的碑文。」在諸多有關「六四」的作品中，這不是一本引人注目的暢銷書。但是，比起那些張揚自己在「六四」中的功勞的名流的回憶錄，我更看重像《廣場活碑》這樣的由普通人撰寫的「六四史」。

「六四史」不應當是一部被官方壟斷、扭曲的意識形態史，也不應當是一部只有名人才有資格撰寫的歷史。「六四史」更應當是千百部像《廣場活碑》這樣的、普通人用生命書寫的「個人史」的彙集。沒有普通人的悲歡離合，沒有普通人的血淚情仇，「六四史」就是殘缺不全的。

「六四」像一塊碎玻璃一樣扎入蔡淑芳的頭顱，永遠取不出來。在《活碑》中，最讓我震撼的是作者用白描手法寫到與兒子之間的一段對話。那是紀念「六四」十周年的維園燭光晚會，她帶著八歲的孩子參加。在目睹血淋淋的「六四」屠殺之後，蔡淑芳一度不想要孩子，不想作母親。她看到這個世界最暴虐最殘酷的一面，不敢讓孩子降生在醜陋的世界上，她甚至不能確信自己還能不能像普通的母親那樣愛孩子。後來，孩子還是來到這個世界上，與母親一起走這段不容易走的人生路。

那天，孩子看到畫冊上有媽媽的照片，便好奇地問：「媽媽，你是出了名的人？」蔡淑芳這才第一次跟八歲的孩子細說當年那夜在廣場上，怎樣面對軍隊開槍，怎樣躲避頭上的流彈，看到有人倒在血泊裡，最後看見坦克駛入廣場。

孩子還沒有聽完媽媽的敘述，就搶白說：「媽咪，我取拿刀劍機槍來幫你打退他們。」她對孩子說：「他們用的是眞槍實彈，還有坦克。」孩子想了想說：「好，我用原子彈去炸死他們。」當下，蔡淑芳心裡更加恐懼不安，對兒子說：「學生手無寸鐵，堅持和平非暴力，絕對不能以暴易暴。」兒子當然不能理解，沒聽進去，繼續不斷地想用更超級、更先進的武器來對付他們，一心想幫媽媽報仇雪恨。

這樣的痛苦該不該讓下一代人繼續背負呢？蔡淑芳寫道：「到兒子長大以後，我再沒有向他提起我的『六四』傷口，不想讓血腥暴力繼續在他的心靈滋長，而他也不太願意再跟我們一起去參加燭光集會。」是啊，愛與公義，眞相與和解，如何才能變成我們的現實？何時才能臨到中國的大地？我們自己已背起那道黑暗的閘門，但下一代不應當重複這樣的命運，他們要生活在光明之中。

在中國，「六四」依然是一個言論禁區。二十七歲的瀋陽青年、靦腆柔弱的天主教徒張懷陽（原名張鵬，以「懷念紫陽」之意改名爲張懷陽）撰寫了一篇題爲《眞的沒有人敢上街紀念「六四」嗎？》的短文，文章的結尾是：「那就讓我們躲在被窩裡偷偷的哭吧，爲了死去的人，也爲了我們的不勇敢！」人權活動人士劉沙沙說，這篇文字「一如既往的善良到笨拙，柔弱到令人心酸」。就是這篇文章，爲張懷陽招來被勞教三年的厄運。

這個遠方的女子陪整個民族受難

與之相反，二十年以來，生活在自由世界的海外華人，對「六四」的態度悄悄發生了轉變，正如洪予健牧師描述的那樣：「從當初毫無保留地同情支持廣場上請願的學生，以及對政府血腥鎮壓的無比震驚與悲憤，轉變爲目前對『六四』逐漸的淡忘與麻木。其中一個原因在於：近年來隨著中國經濟實力的增長，尤其因著成功舉辦奧運所帶給國人的民族自豪感，大眾對『六四』的態度越來越模糊曖昧，海外主流的華人媒體對『六四』的話題也多半敬而遠之。更不可思議的是，海外社會竟冒出不少『六四鎮壓有理』的論調，當年爲『六四』流血事件而慷慨激昂上街遊行的留學生，今天卻爲專制曲意辯護，甚至自嘲當年的道德勇氣只是少不更事的衝動而已。」我們一批海內外基督徒起草一份紀念『六四』二十周年的聲明，希望以廣告的形式自己出錢在《世界日報》刊登，居然遭到拒絕——他們害怕得罪比我們財大氣粗得多的中國的廣告主。

我也有過類似的親身經歷：二〇〇九年十月，我在參加洛杉磯一個華人教會的學人團契時，有一名來自上海的老人公開宣稱「六四」開槍是政府「正確」的選擇，一個年輕的留學生也支持說「要是這麼多人在白宮門口搗亂，美國政府照樣開槍」。我憤怒地斥責說，你們是基督徒嗎？聖經中「十誡」說得很清楚，不可殺人！你們是人嗎？你們有上帝賦予人的良心嗎？而主持人只是不問是非善惡地說：「在教會裡不要討論政治問題，這樣容易引起爭論。」我想，這些人應當讀一讀蔡淑芳的《活碑》，讀一讀這個本來與「六四」沒有直接關係的香港記者的親身經歷，讀一讀蔡淑芳像耶利米那樣徹夜不停的哀歌，這些被油蒙了心的人會不會因此開竅呢？

蔡淑芳是天安門廣場的一名倖存者，她活了下來，從此卻爲死者而活。在那個曾經血流成河的廣場上，黨國魁首們趾高氣揚地舉行閱兵典禮；憤青們不再像前一代人那樣奮力爭民主爭自由，而是像法西斯分子那樣叫囂「大國崛起」。這個怯懦而卑賤的民族，大多數人屈服於權勢與暴力，享受這「暫時坐穩了奴隸」的境遇；大多數人沉淪於謊言與遺忘之中，不能自拔也不想自拔；大多數人爲了獲得金錢不擇手段，甚至不惜讓自己變成撕咬同類的野獸。即便當年參與過「六四」的一些人，也審時度勢、改頭換面，或者通過與官僚勾結的「新圈地運動」而成爲腰纏萬貫的房地產商人，或者參與「金盾工程」去剝奪同胞的資訊自由，或者以談及「六四」爲恥而千方百計地迴避與遺忘。這個世界確實變化太快，但比這個世界的變化更快的是人心，人心比萬物都詭詐。

然而，還是有一些人沒有變，他們像唐吉訶德一樣挺身與風車作戰，像薛西弗斯（Sisyphus）一樣鍥而不捨地推著石頭上山，像摩西一樣執著地從黑暗的埃及走向美好的迦南地，比如丁子霖、方正、劉曉波、楊逢時、朱耀明……。「六四」之後，蔡淑芳的人生之旅，絲毫不比那些挈婦將雛、漂泊海外的流亡者們好過，正如蘇曉康在序言中所說：「我們流亡者『失去大地、得到天空』，她卻失去了自己往昔的一切：美好與天倫之樂。她囚禁自己，不比獄中的『六四囚犯』有更多自由。她化爲每年『六四』維園燭海裡的一點燭淚。她陪整個民族受難。」是的，香港維園一年一度的燭光晚會，堅持了二十多年而沒有散去，正是因爲有千千萬萬像蔡淑芳這樣的香港人的存在。有這樣一群人，香港不會沉淪；有這樣一群人，中國不會沉淪。

一九八九的下一年是一九八四

趙鼎新《國家·社會關係與八九北京學運》

共產體制除了限制身體與經濟之外，還要求我們的靈魂也完全地屈服，要求我們不斷地、積極地去參與普遍的、有意識的謊言。

索忍尼辛（Aleksandr Solzhenitsyn）

一九八九年的學生運動，改變了中國社會和經濟的發展軌道。數以千計和平示威的學生和民眾遭到軍隊的屠殺，以趙紫陽爲首的黨內改革派陣營被清洗出局，中國從此掉頭進入一個宛如喬治·歐威爾（George Orwell）著名的反烏托邦寓言體小說《一九八四》中那個「老大哥」時刻盯著你的「美麗新世界」。八〇年代短暫的思想解放和政治改革，給過於善良的中國人造成了「老虎從此不再咬人」、「毛澤東時代已經過去」、「今天的共產黨已經不是昨天的共產黨」的美好錯覺。然而，坦克和機槍一下子就暴露出共產黨仍然是共產黨，「只此一家、別無分店」。此後四分之一世紀，一種被命名爲「中國模式」的極權主義與權貴資本主義雜交的怪胎，在這塊土地上蓬勃生長。習近平宣揚的「中國夢」，不僅成爲大部分中國人的噩夢，而且日漸膨脹爲全世界的噩夢。

在中國，時間是逆轉的。日曆上，一九八九之後居然是一九八四。毋庸置疑，沒有「八九」，就沒有今天中國的基本面貌；所以，了解和研究一九八九年的眞相，乃是「讓歷史告訴未來」。迄今爲止，我讀到的對「八九」學運最深入的研究著作，是社會學家趙鼎新寫的《國家、社會關係與八九北京學運》。這不是一本「冷」的書，而是一本「熱」的書，正如作者所說：「我們今天仍然需要了解『六四』，就是因爲產生大規模反體制運動的社會結構在中國依然存在；我們今天仍然需要了解『六四』，是因爲只有溫故才能知新，從而能夠更好地把握中國未來的發展方向，爲中國社會的持續發展，爲避免把『六四』悲劇的重演作出努力。」作者採訪了七十位當時運動的參與者，又查考了許多鮮爲人知的文獻資料，實證與理論環環相扣，因而本書兩度獲得美國社會學協會「傑出書籍獎」。

我們仍然生活在產生「八九六四」的陰影之下

過去很多研究者討論「六四」，都把目光瞄準中共黨內改革派與保守派的鬥爭。無論是中國知識分子還是西方的中國問題專家，一談起中共黨內派系鬥爭，就好像觀看狗血電視連續劇一樣沉湎其中、欲罷不能。看一看近期的周永康案，外媒有多少繪聲繪影的長篇報導、立場不同的中國知識分子有多少興奮的評論，就能心領神會。這種心態是畸形和扭曲的，是中共統治方式的畸形和扭曲，導致觀察者和研究者的思考方式的畸形和扭曲。

要洞悉中國的眞相，就必須拋棄此類隔靴搔癢的陳詞濫調。趙鼎新指出：「高層菁英內部的權力鬥爭的確是存在的，但導致運動中政策變動的關鍵因素卻是各種國家控制手段的失效。」換言之，雖然改革派與保守派的分歧橫貫整個八〇年代，但遠未達到毛澤東時代派系鬥爭「你死我活」的地步。在大多數情況下，兩派仍然可以達成某種妥協，這一點從趙紫陽在軟禁中的談話看得一清二楚。然而，爲什麼兩派力量在「八九」學運期間一步步走向決裂？

對此，趙鼎新指出：「在八〇年代的中國，國家處於威權體制之下，在國家控制之外的社會中層組織發育得很差，而國家合法性基礎則建立在道德和經濟績效之上。這種特殊的國家、社會關係，加上國家主導的經濟改革給人們帶來的深刻的不安定感和各種社會衝突，終於導致八九學運的爆發，並塑造了它的發展。」也就是說，當時民間與官方對共產黨統治合法性的理解有了巨大裂痕：共產黨認爲原有的那套馬列主義、毛澤東思想的意識形態絕對正確，受萬民擁戴；但是，經歷過文革浩劫的民眾，早已不相信官方意識形態，更多矚目於在經濟改革中可以獲得多大利益，以及政府能否充當「愛民如子」的「父母官」角色。用趙鼎新的話來說就是：「大部分學生和北京居民並不眞正關心政府的組成方式，他們更關心的是政府行爲的道義基礎，以及政府是否能夠穩定秩序和繁榮經濟。集中在官僚腐敗和通貨膨脹問題上的標語能夠引起廣泛的關注，正是它們體現了廣大人民對政府的期望。」一九八九年經濟改革受挫，以及官僚階層貪污腐敗的氾濫，成爲「八九」學運爆發的兩大誘因，而中共當局無力在這兩個問題上重新贏得民眾信任，官方和民間這才漸行漸遠。改革派偏向順應民意，保守派企圖壓制民意，兩者最終南轅北轍。

雖然「八九」學運過去了四分之一世紀，但正如趙鼎新所言，發生「八九」學運的背景，即國家與社會的關係，並沒有發生本質的變化。首先，儘管經濟的發展部分滿足了民眾的欲望，但黨的腐敗比起八〇年代來變本加厲，幾乎是「無官不貪」。其次，國家對社會生活的全面掌控，中間社會的發育不良，公共空間的窘迫，知識菁英責任感和影響力的進一步衰減，使得日益激化的社會矛盾缺乏緩解和消化的管道。趙鼎新的憂慮是有道理的：「一旦國內經濟發展出現停滯，一旦國家財政收入不能以每隔幾年就翻一番的速度增長，胃口早已被吊大的中國老百姓的情緒就會向同一個方向集聚。到那時，如果主流知識階層也不再能拿到今天這樣的物質好處，中國就有可能再發生一次八九之前那樣的反體制性思想整合。有了統一的反體制思潮和廣泛的社會不滿，一場與『八九』學運類似的反體制革命性運動離我們還會遠嗎？」

「八九」學運中的「先天不足」與「後天失調」

本書最具創見的部分，是將「八九」學運與「五四」運動和「一二九」運動相比較，認爲「『八九』學運的組織化程度遠低於前兩次學生運動，參與者也習慣拿道德標準來評價政府」，「『八九』學運比起前兩次學運來顯得更爲傳統」。就此而言，「八九」學運是一場「先天不足」和「後天失調」的運動。運動的領導者，無論是學生領袖還是自由知識分子，對民主憲政等普世價值從未有過深刻的認識和研究，更是缺乏運作反對派組織的經驗與能力。

作者指出，傳統的修辭和活動形式充斥於「八九」學運的首要原因是，運動的組織化程度很低。經過中共四十年的極權統治，中間社會被破壞殆盡，「『八九』運動中出現的所有社會運動組織，都是在運動開始之後才成立的，這些組織成立倉促，其領導人也未通過具備一定人數和合理的程式而產生，領導人本身也沒有什麼組織運動的經驗」。所以，廣場上雖然一度有百萬人潮，卻是一群缺乏組織的烏合之眾。

其次，在運動的組織化程度較低的前提下，運動的普通參與者、同情者和旁觀者的心理狀態，對運動發展所起的作用相當大。「運動參與者更容易爲帶有強烈道德色彩的活動所打動，特別是當學生以道德說辭爲核心向政府發起攻擊，而政府的反應不恰當的時候，人們馬上變得非常情緒化。」在「八九」學運過程中，情緒的推動力大於理性，激進派佔道德高地，溫和派被斥責爲「叛徒」，學運錯失了好幾次和平退場的契機。

傳統文化的巨大慣性也在學潮中暴露無遺。以秦始皇自居的毛澤東是中國專制傳統的產物，共產黨卻長期對年輕人推行反傳統的教育和宣傳。表面上看，跟「五四」和「一二九」的大學生相比，「八九」這一代人在日常生活中甚少受傳統文化的左右。但一到關鍵時刻，傳統因素立即借屍還魂。趙鼎新指出：「八十年代的學生起用了許多被他們的五四前輩猛烈地抨擊過、並早已淡出中國政治話語體系的言辭。」比如，「八九」學運的導火線是胡耀邦的去世，最初的抗議活動圍繞被視爲賢相和青天的胡耀邦的葬禮展開。這一點，當時只有宣稱徹底反傳統的知識分子劉曉波有所體認和反省，他對民間神話胡耀邦、迷信青天大老爺的做法不以爲然，但他的看法並未被大眾所理解和接受。

緊接著，一九八九年四月二十二日胡耀邦追悼會上學生的下跪，成爲一種重要的運動手段。三名學生下跪和絕食，打動了成千上萬富有同情心的旁觀者，從而決定了運動的態勢。但是，下跪顯然不是現代公民面對政府時應有的舉動，更像是帝制時代子民向皇帝尋求救濟的最後手段——告御狀。在《絕食宣言》等重要文告中，撰稿者也更多訴諸於傳統的忠孝理念，而不是現代西方的民主自由價值。

不過，在這個層面，作者對「傳統因素」的定義稍顯狹窄。其實，不僅是被貼上「封建」標籤的、帝制時代的文化特徵屬於「傳統因素」，中共統治以來形成的一整套話語系統和思維方式也是植入中國人血液裡的、更強大的「傳統因素」，如果不付出刮骨療傷的痛苦，人們不可能與之一刀兩斷。在「八九」學運中，「黨文化」的「新傳統」淋漓盡致地凸顯出來：比如，當學生與士兵對峙時，雙方高唱的居然是同樣的歌曲——《國際歌》、《血染的風采》、《龍的傳人》、《團結就是力量》等，或者是共產黨長期推廣的革命歌曲，或者是八十年代宣揚新興的民族主義的愛國歌曲。那一代人雖然經過八十年代思想解放運動之洗禮，思想和文化資源依然貧乏之極。

在形而上層面，沒有全面而系統的對民主、人權、憲政理念的研討及普及；在形而下層面，沒有公民社會的自覺和高度組織化的反對運動，「八九」學運即便不被武力鎮壓，也很難像差不多與此同時的蘇聯東歐的反對運動那樣結出民主轉型的碩果。

屠殺能夠帶來穩定和富足嗎？

在我看來，本書的一個弱項是，對「八九」以後至今中共統治術的評價過於正面。作者指出，中國的新一代領導人不再具有理想主義特質，而是具有馬基維利式的政治觀，而且對經濟問題有更好的理解。「這一代領導人具有較爲高超的執政能力」，「新一代國家領導人的舉措促進了政權的穩定」。

事實恰恰相反，如果把江澤民、胡錦濤和習近平與趙紫陽相比，儘管他們學歷顯赫、教育背景更爲完整，但他們眞實的學養、對知識的渴求和駕馭複雜局面的能力，遠遠比不上趙紫陽。即使單單以處理經濟問題的能力和對自由經濟的理解而論，美國經濟學家、諾貝爾經濟學獎得主米爾頓・傅利曼（Milton Friedman）曾與趙紫陽和江澤民都有過深入交談，他的感受是：「我從來認爲，對經濟學的感受是人生來俱有的，而不是通過教育獲得的。許多高智慧並受過很好訓練的經濟學家知其然而不知其所以然。而另一方面，一些沒有受過什麼經濟學訓練的人，卻可能對經濟學有某種直覺。趙給我的印象是後一類人。他對經濟形勢和市場如何運作顯示出富於經驗的理解。同樣重要的是，趙認識到需要重大的變革，而且認爲改革要有公開性。……趙顯示出他眞的理解讓市場獲得自由是什麼意思；而江澤民不懂。」

九十年代以後的中國領導人既沒有道德感召力，也缺乏基本的智慧和能力。對領導人歷史地位的評價，不能以成敗論英雄。趙紫陽受元老的制約和時代環境的限制，未能實現其理想，這並不表明他治理經濟和治理國家的能力弱於江澤民、胡錦濤和習近平。反之，江澤民、胡錦濤和習近平在「六四」屠殺之後以發展經濟取代政治改革，最終「長袖善舞，多錢善賈」，也算不上多麼了不起的成功。這種畸形的發展模式，讓共產黨統治的合法性失去了八〇年代殘存的道德權威，這種「跛足」態勢只能以「暴力維穩」來平衡。今天爲了實現經濟增長的一個百分比而造成的環境破壞和人心敗壞，未來需要付出十倍的代價來彌補。所以，今天受到官媒歌功頌德的江澤民、胡錦濤和習近平們，未來眞實的歷史評價將有可能跌爲負數。

中國的穩定性遠不如印度：印度解決了民主化問題，不再有國家主流意識形態空懸的困境；而中國只能靠經濟發展痲痺民心，國家未來的方向曖昧不明，發生根本性崩潰的可能越來越大。中國財富調研公司胡潤報告的一項調查表明，中國有百分之六十四的百萬富豪已經移居外國，或打算在未來幾年內移居。雖然受訪者將更好的教育、空氣品質和食品安全作爲移居外國的主要原因，但據中國富豪家庭的顧問表示，對於政治和社會穩定的擔憂，使富豪們將更多財富轉移到海外以確保安全。中國的富豪階層宛如即將沉沒的鐵達尼號上的老鼠，提前覺察到大難將至，於是奪命狂奔。

中國這艘千瘡百孔的巨輪將駛向何方？屠殺不能賦予一個政權以統治的合法性和長久的穩定，一九八九之後只能是一九八四的幽暗結局。趙鼎新在書中承認，「沒有跡象表明中共高層領導當中有人想利用『八九』學運來謀取個人的政治利益」，「沒有一個高層國家領導人願意發動一場首先針對他們自己的政治改革，所以，時機非常重要。……世界上許多改革都引發了革命或其它動亂，原因就在於那些改革來的太少、太晚。」我也深信，「六四」獲得正名，不可能在作爲劊子手的中共手上完成，而只有等待中國實現民主的那一天。

充滿刀光劍影的「跪著造反」

吳偉《中國八〇年代政治改革的台前幕後》

沒有普選，沒有不受限制的新聞自由和集會自由，沒有自由的意見交鋒，公共機構就會失去生命，就會淪爲一幅只有官僚才在其中充當活躍分子的漫畫。

羅莎．盧森堡（Rosa Luxemburg）

上個世紀五十年代出生的吳偉，是劉曉波的同代人。兩人的人生道路，起點雖然不同，目標卻一致，象徵著當代中國知識分子不同的選擇，最終「殊途同歸」：兩人都是吉林長春人，劉曉波在八十年代是名滿天下的學者和文學評論家，因參與「八九」學運而被捕入獄，此後成爲異議知識分子和人權活動者；吳偉則在八十年代進入體制內，默默無聞地參與中國政治體制改革的研討工作，擔任過鮑彤的祕書，並親歷中共十三大後由趙紫陽主持的政治體制改革的全過程，「六四」之後一度被關押在秦城監獄並長期接受審查，此後由體制內邁入體制外。可以說，兩人都因「六四」被拋出原有的生命軌道，從一九八九年至今的二十多年裡，在不同的位置上爲中國的民主憲政而繼續奮鬥。

有人說，中國人缺乏深厚的宗教信仰的傳統，因此將歷史當作宗教信仰。德國思想家黑格爾（Georg Wilhelm Friedrich Hegel）指出：「沒有一個民族像中華民族那樣擁有數不勝數的歷史編纂人員。其他亞洲民族也有古老的傳統，但不是歷史。」但是，中國的歷史是成王敗寇的歷史，是統治者的歷史，是加害者的歷史。這是不眞實、不客觀的歷史，這是被扭曲的和被遮蔽的歷史。這樣的歷史也是不能從中汲取經驗教訓的、循環的歷史，文明的積累因權力的摧毀而屢屢歸零。以當代史而論，僅僅過去二十多年，人們便不相信「六四」屠殺，年輕人看到趙紫陽的照片不知道是何許人也，對於八十年代後期剛啟動就夭折的政治體制改革更是「知音少，弦斷有誰聽」。

吳偉的《中國八〇年代政治改革的台前幕後》一書，是一種「以歷史照亮未來」的嘗試。作者根據抄家之後倖存的筆記資料，對鮑彤、閻明復等改革派先驅以及諸多中央政治體制改革研究室同事的第一手訪談素材，完整地呈現了那場迄今無法企及的政治改革的眞相。

鄧小平不是「改革開放的總設計師」

鄧小平生前最得意的兩個名號，一個是「第二代領導核心」，另一個是「改革開放的總設計師」。其實，後者是鮑彤對趙紫陽的概括，卻被鄧小平竊取而去。

吳偉在書中澄清了鄧小平的改革與趙紫陽的改革之間的差異，正是這一差異，導致作爲鄧小平欽定接班人的趙紫陽最終與鄧小平分道揚鑣。吳偉指出：「由於趙紫陽的主導，使得這場由鄧小平提出的以提高效率爲目標的行政改革，演變成了使中國共產黨由革命黨向現代政黨轉型、中國高度集權的政治制度向現代憲政民主制度轉型的一次勇敢嘗試。」這一發展趨勢是鄧小平無法容忍的。即便沒有「八九」學運，鄧趙分歧終將變得無法調和。

在中國這個擁有數千年人治傳統的東方專制主義國家，人際關係是政治人物必須處理的首要難題。對於以趙紫陽爲首的改革派而言，鄧小平是必須尊重和擁戴的「神主牌」。吳偉在中央政治體制改革研究小組和研究室工作期間，在多次會議上聽到鮑彤等領導再三強調：「從中國的實際出發，鄧小平的話就是中國最大的實際。」如果說改革者是舞蹈家，那麼鄧小平就是一副沉重的鐐銬，趙紫陽等改革者不得不戴著鐐銬跳舞。

吳偉指出，八十年代的政治體制改革必須考慮各個方面的承受力：黨自身的承受力、幹部特別是高級幹部的承受力、老一代領導人的承受力。其中，最重要的是鄧小平的承受力。鄧小平能承受，政治體制改革才有可能在黨的代表大會上提出來，被全黨所接受；鄧小平不能承受，就談不上被全黨所接受。比如，鄧小平在《政治體制改革總體設想》的草稿中增加一句，「絕不搞西方三權分立、輪流做莊那一套」。不加這句話，鄧小平不放心；而沒有鄧小平的支持，整個政治改革方案就會夭折。

與此同時，趙紫陽的策略是：抓住鄧小平的思想脈絡，研究他說過的話，用他的說法開路；同時把民眾最迫切而現實又能做得到的東西加進去。按照鮑彤後來的說法，這叫「跪著造反」。一九八七年十一月，十三大在北京舉行，選舉趙紫陽爲總書記，鄧小平爲軍委主席。並通過一個沒有公布的祕密決議：鄧小平仍然是黨的最終決策人。趙紫陽在開幕式致辭中說，重大問題仍然要請小平同志掌舵。話音剛落，全場鼓掌。趙紫陽說，鼓掌就是大家贊成，就是全會的決議。大家又鼓掌。趙紫陽不可能像葉爾欽（Boris Nikolayevich Yeltsin）挑戰戈巴契夫那樣公開挑戰鄧小平。這是傳統和形勢比人強的道理。

鄧小平在成爲中央政治局「唯一的婆婆」之後，充當左右兩派爭端時最高仲裁者的角色。他時而用右派打擊左派，時而用左派打擊右派，以此保持他本人至高無上的地位。他將中國源遠流長的厚黑學和權謀術玩到爐火純青的地步。在鄧小平的思想觀念中，也確實存在著金庸筆下老頑童周伯通「左右互搏」的神功，水火不容的「改革開放」和「四個堅持」，居然吊詭地統一在他一個人身上。鄧小平深受毛澤東爲所欲爲的獨裁統治之苦，也一度試圖終結以人治取代法治的文革模式；但他拒絕多黨制和憲政民主，對文革的恐懼回憶反倒成了他拒絕民主自由的理由。於是，鄧小平不由自主地變成一個縮小版的毛澤東。

八十年代政治體制改革的亮點

八十年代是讓人懷念的年代，也許是中共統治中國的半個多世紀裡，唯一讓人懷念的年代。

八十年代，我還只是一名如飢似渴地吸取新知識、新思想的中學生，對政治和文化的理解十分有限。但我眞切地感到，那是一個有夢、有理想、有憧憬和有向上的氣象的年代。就閱讀的刊物和書籍而言，北京的《新觀察》和上海的《文匯》月刊，劉賓雁和蘇曉康的報導文學，是我跟父親搶著讀的寶貝。九十年代以後，再沒有那麼精彩的讀物了。我對趙紫陽最深刻的印象，是他在十三大記者會上端著酒杯繞場一圈的自信與從容，在中共的黨代會上，那一幕亦成絕響。

那樣一種精神氛圍是如何形成的呢？文化無法跟政治脫鉤，沒有政治改革的大氣候，就沒有文藝和學術思想的自由與繁榮。在這本書中，作爲當事人的吳偉，栩栩如生地還原了作爲正部級單位的政治體制改革研究室的成立過程及人們的工作方式。最讓我驚訝的一個細節是：在這個人才濟濟的部門裡，工作人員之間並沒有中央部門嚴格的等級秩序，他們以「老鮑」親切地稱呼作爲負責人的鮑彤。更重要的是，他們切實面對政治體制中存在的種種問題，拿出庖丁解牛的智慧和勇氣，作出診斷、開出藥方。「六四」屠殺之後，雖然中共當局時不時地重彈政改之老調，卻再也沒有一個人是眞心誠意的改革者。

爲什麼說那個時代的政改是「眞槍實彈」的呢?吳偉指出，研究當年政治體制改革留下的資料，可以看到其中大量的向憲政民主發展的政治指向。黨政分開、建立國家公務員制度、在人大中展開黨派活動、改革選舉制度、發展基層民主、實現社會團體自主化、保障公民基本權利法律化、開展社會協商對話、實現和保障司法獨立等等，無一不是向現代憲政民主制度發展的重要步驟。一九八九年之後，從江澤民到胡錦濤再到習近平，各自提出理論學說，一個比一個天花亂墜、色彩斑斕，偏偏沒有實質性的政治體制改革。

我們必須承認，那時的趙紫陽，不得不小心翼翼地侍候垂簾聽政的鄧小平，時不時地放慢改革步伐，以免左派反彈過大；那時的趙紫陽，本人的思想水準也未能突破共產黨一黨執政的大框架，直到幽禁歲月裡，才逐漸認同美國式的憲法爲大、多黨競爭和議會政治。在這個意義上，趙紫陽只能算是半個戈巴契夫。

那麼，趙紫陽與戈巴契夫的相似之處在哪裡呢?在八十年代中國的政治體制改革中，趙紫陽提倡黨政分開，已經在中共一黨壟斷權力的鐵幕上撕開一道口子。比如，十三大之後，撤銷中央政法委，推動公檢法獨立行使職權。然而，「六四」之後，中央政法委又死灰復燃，而且在此後「暴力維穩」的潛規則之下，政法委蛻變成窮凶極惡的蓋世太保，如此方有惡貫滿盈的「政法沙皇」周永康橫空出世。如今，周永康雖然倒掉了，但當政者無意取消政法委這一違背憲法的組織，第二個周永康、第三個周永康還會層出不窮地冒出來。

政治體制改革爲何失敗，以及對未來的啟示

八十年代的政治體制改革在「六四」屠殺的槍聲中化爲烏有。不過，「六四」只是矛盾的總爆發，而不是改革派失敗的根本原因。曾經身處那場改革核心位置的吳偉，對失敗的原因作出了草蛇灰線的梳理和痛定思痛的反思。

客觀原因方面，除了最關鍵的「鄧小平因素」之外，黨內高層保守勢力強大、黨內中高層普遍缺乏從革命黨向現代政黨轉型的思想基礎、趙紫陽主持中央工作的權力並不穩固且有脆弱性、黨內改革派並未得到社會力量的支持等，也都是不可忽視的原因。

就主觀因素而言，吳偉也作出細緻的分析：首先，趙紫陽對鄧小平過度信賴，對鄧的態度轉變估計不足；其次，改革力量對圍繞改革進行的黨內外鬥爭的複雜性和殘酷性認識不夠、準備不足；第三，改革的指導者在一些重要問題上應對失誤，比如趙紫陽在「六四」學潮興起之際，居然赴朝鮮訪問，從而失去在處理學潮問題上的主動權；第四，在輿論宣傳指導方面發生失誤，比如在央視全文播出趙紫陽與戈巴契夫的談話；第五，沒有及時向社會交底，引導社會上的改革力量與黨內改革派形成有效互動。

這些問題，有相當部分是由趙紫陽的性格弱點所決定的。多年追隨趙紫陽的鮑彤直言不諱地指出：「趙紫陽在性格上有一個弱點，就是缺乏主動進攻精神，缺乏在尖銳複雜的政治鬥爭中大刀闊斧、爲實現自己的政治目標而大膽爭取的精神。……他很多明明是可以進一步

的時候，考慮的卻是『要避嫌』。這種性格上的弱點，對一個普通人來說，可以評價爲『忠厚』，但對一個政治家來說，在關鍵時刻可能就是致命的。」對照在網路上流傳的《李鵬日記》就可以發現：貌似愚蠢的李鵬，心思陰毒、步步殺機，將趙紫陽誘入事先安排好的陷阱之中。而每一階段，趙紫陽都是被動回應，未能主動出擊，終於滿盤皆輸。另一方面，趙紫陽對鄧小平始終懷著報答其「知遇之恩」的想法，囿於「忠孝至上」的中國封建觀念和儒家倫理，對鄧小平的獨裁本性隱忍不發，最終淪爲對方刀俎上待宰之羔羊。

那一場政治體制改革失敗了，但失敗並不意味著它就沒有啟示未來的價值。對於今天中國的社會狀況的評估，既得利益階層的自我感覺相當良好，爲「大國崛起」洋洋得意，習近平也儼然以「造夢者」自詡；實際上，大部分民眾的心態是不滿乃至絕望的，他們清楚地看到，高度集權的政治體制向極端化發展，體制性的腐敗無法遏制，中共的執政基礎和政治合法性所剩無幾，中國社會正處於「準緊急狀態」之下。因此，吳偉認爲：「中國在此面臨政治和社會轉型的關鍵時刻，重新回顧和研究八十年代政治體制改革的這段歷史，總結它的經驗教訓，對於凝聚朝野的廣泛共識，明確當前中國政治和社會轉型的基本方式和約束條件，作出合乎中國現階段政治、經濟、文化等方面實際情況的路徑選擇，具有重要的理論價值和實踐意義。」今天，不必也不可能全盤照搬昔日趙紫陽和鮑彤主導的政改方案，卻可以根據變化的情況作出調整和修正，並像趙紫陽晚年所說的那樣，「最終要過渡到議會民主政治」。

從謊言到屠刀，只有一夜之隔

孟浪編《六四詩選》

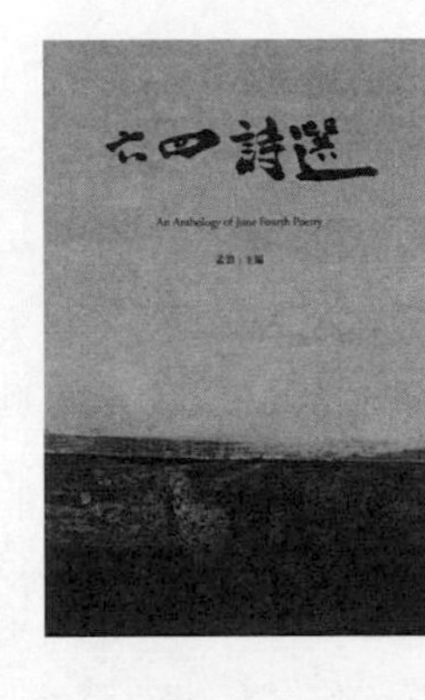

我多麼希望一一報上他們的名字，
無奈名單已被奪去，無從知悉。
我用偷聽到的那些不幸的話，
爲他們織就一塊寬厚的裹屍布。

阿赫瑪托娃（Anna Andreevna Akhmatova）

德國思想家阿多諾（Theodor Ludwig Wiesengrund Adorno）說過：「奧斯維辛之後，寫詩也是野蠻的。」在這句話裡，詩歌被定義爲一種奢華的、自戀的藝術與精神的遊戲。但是，如果詩歌有另外一種定義，即「一種反抗謊言和暴力、捍衛眞理和自由的藝術形式」，那麼，奥斯維辛之後，不寫詩才是野蠻的；同理，「六四」之後，不寫詩也是野蠻的。

二〇一四年，離「六四」屠殺那一年過去了四分之一個世紀。在二十五週年紀念日前夕，我在台北水牛書店參加《六四詩選》新書發表會和詩歌朗誦會。小小的書店裡，擠滿多半是一九八九年之後出生的、滿臉稚氣的年輕讀者；幾名與會作者則分別來自中國、香港、台灣及北美，其生命歷程多多少少受到「六四」的衝擊，用主編孟浪的話來說：「對兩岸三地及流散海外的很多文學人，身爲當年事件的親歷者、目擊者或見證者，『六四』在不同程度上影響了他（她）們當年至今四分之一世紀漫長的人生軌跡，並非不重要的是，『六四』的悲劇所昭示的精神向度可能始終還迎臨著他（她）們。」

這是一本遲到的詩集。不過，珍珠和琥珀都需要時間的積累與打磨，才能脫穎而出。既是作者也是出版者的台灣詩人鴻鴻，將《六四詩選》命名爲「反國家暴力的抗爭紀錄」，他指出：「書寫『六四』，是對詩與政治關係的考驗，是詩的隱喻與論述能力的考驗，也是內在歷史如何表呈的考驗。這本收錄多達百位詩人的《六四詩選》，就是一本較爲全面的觀照。」這本《六四詩選》，不僅是一百名作者對「六四」的眞實記錄與深切紀念，更是對被「六四」改變了軌跡的生命歷程的回顧與反省——這本書的若干作者，以各自不同的方式，肩起了「六四」這道沉重的閘門。

六月四日，那個日曆上沒有的日子

屠殺之後，在中國的日曆上，六月四日是一個「被消失」的日子。二十五年來，劊子手們繼續實施第二次謀殺：不准母親悼念孩子，不准妻子悼念丈夫，不准孩子悼念父親，不准傷殘者悼念那一部分失去的軀體。江澤民、胡錦濤和習近平分享了鄧小平主持的這場「吃人」盛宴，以及作爲吃人者的傲慢與貪婪，他們在同一個「共犯結構」中彼此競技。

萬馬齊喑之際，詩人們站出來，像隻身抵擋坦克的王維林那樣站出來，用詩歌捍衛記憶和眞相。楊小濱在〈輓歌〉中寫道：「我聽見無數頭骨在／鋼輪下輾碎的聲音／從北方傳來！還有淒厲叫喊的影子／在子彈下慘痛撲倒……我觸摸到新鮮的血燒成灰土！//從謊言到屠刀，只有一夜之隔！」這首詩像錄音帶一樣還原了屠殺的現場，更揭示了中共統治的祕訣：毛澤東說過，中共奪取和維持政權，靠的是槍桿子和筆桿子，即暴力和謊言。一九八九年六月三日深夜，當謊言掩蓋不住眞相之時，暴力就昂首登場。

殺人是共產黨遇到威脅時的本能反應，這一天之前，共產黨早已殺人如麻；這一天之後，共產黨繼續快刀斬亂麻。簡政珍在〈我們的影子〉中寫道：「我們被放在一個色彩過重的山河裡／歷史在戰車的履帶下成形／我們用血水／醬泡老人癡呆症的時代／在揮揚的旗幟下／質問身世。」癡呆的老人偏偏要扼殺青年的希望。殺人在這個老人統治的國家成了常態。哪一天，又不是「六四」？哪一個日子，又不會因爲「敏感」而被「和諧」？

那天晚上，究竟有多少人被殺害，迄今爲止依然是這個國家的最高機密；那天晚上，更多人的生命斷裂成再也無法縫合的兩半——前一半對被奴役的狀況麻木不仁，後一半拒絕繼續爲奴的命運，廖偉棠在〈寄自北京：六月四日晨歌〉中寫道：「如果我是早晨，我需要進入黑夜。/如果我是熱風，卷起碎石，我將砸破自己的頭骨。/如果我是死者，我的骨灰將在水泥深處飛揚、閃爍。」不是每一個人都成爲死者，死者一了百了，更痛苦反倒是失眠的倖存者——此後，倖存者是很多人的「第一身分」。比如，每年的這一天，劉曉波都要爲「六四」寫一首詩歌，即便在沒有紙和筆的獄中，也要把詩歌鐫刻在心靈深處。

那些不屈不撓地爲「六四」守望的人，要嘛流亡異國他鄉，要嘛出入大小監獄，要嘛在沉默中把牙關咬出血。經歷過「八九」學運的詩人師濤，後來在湖南某媒體任職，投書海外媒體揭露中宣部封殺「六四」消息的命令，被以「洩露國家機密」的罪名判刑八年。入獄前，師濤寫過一首題爲〈六月〉的詩歌：「所有的日子/都繞不過『六月』/六月，我的心臟死了/我的詩歌死了/我的戀人/也死在浪漫的血泊裡//六月，烈日燒開皮膚/露出傷口的眞相/六月，魚兒離開血紅的海水/游向另一處冬眠之地/六月，大地變形、河流無聲/成堆的信箚已無法送到死者手中。」那年的六月，是會下雪的夏天，是苦難的開端。師濤並不爲八年的苦役感到後悔，反之，他認爲這是一場遲到的牢獄之災——在發生「六四」屠殺那一年，他早該就是一名光榮的囚徒。

天安門廣場，那個暴力肆虐的地方

時間定格在六月四日那天，地點則定格在天安門廣場。那不是人民的廣場，而是獨裁者的廣場。

每一個獨裁者都需要一座顯示其權柄的廣場，毛澤東要把天安門廣場修建得比「老大哥」史達林的紅場更宏大，這個願望毫不費力就實現了。紫禁城裡深居簡出的皇帝們，從未在如此寬廣的地方接見子民；即便是在納粹黨代會上萬人擁戴的希特勒，在令數百萬學生如醉如癡的毛澤東面前亦黯然失色。

近代以來，歐美各民主國家的廣場，是開放、自由的，是各種團體舉辦多姿多彩活動的場所，也是市民休憩及公開發表言論的地方。但正如歷史學者洪長泰所指出的那樣，天安門廣場與西方廣場不同，它明顯是政治廣場，要爲中國共產黨服務，「天安門廣場是官方控制的，封閉的，要服從單一政治思想的，氣氛是嚴肅的，是一處強調紀念意義的地方。」

毛澤東是一個無所不用其極的權謀大師，天安門廣場是他對人民實施催眠的最佳場所。不過，毛沒有在廣場上演出殺人的曲目，這不符合他的暴力美學。奪取天下之後，他一般不使用軍隊殺人，因爲連紅衛兵都能成爲他的殺人工具。而「摸著石頭過河」、左顧右盼的鄧小平，缺乏足夠的領袖魅力，對羊群採取胡蘿蔔和大棒併用的統御方式。當人民不滿足於可以塡飽肚子的胡蘿蔔，還要尋求公義和自由時，鄧小平不惜翻臉，祭出了奪人生命的坦克和機槍。

在中國，廣場是一塊被鮮血滲透的土地，周倫佑在〈厭鐵的心情〉中寫道：「在火焰中，廣場突然變得很小／被巨大的熱情舉起來／又從很高的地方跌落／光芒的碎片把目擊者變成瞎子。」廣場為什麼很小呢？因為它被子彈穿越，只有瞎子才看不見屍體和鮮血。

作為劉曉波的同窗好友，徐敬亞分享了那代人對「六四」刻骨銘心的記憶、憤怒與羞愧：「為甚麼這個國家的花圈裡／總是滲出鮮血／為甚麼這些腳不能自由走動／為甚麼總是孩子們／一輩輩走上街頭，為甚麼／大人躲在後面偷偷觀察。」這首名為〈紀元〉的長詩，在當時曾排好版準備印刷，又被強令撤稿，二十五年後，才如同出土文物，在這本詩集中與讀者相會。

更年輕的余叢則希望穿越時間的河流，在廣場中央重新舉起自由的旗幟，他在〈廣場〉中寫道：「多年來，我是孤獨的／更多的人與我形同陌路／是的，黑壓壓人群／我未能指認出你們中的誰//多年來，我自尊尚在／軟弱的人群也是有力量的／是的，當你們散去／我還堅定站在廣場中央。」廣場被他們佔領，被分而治之的人民無比孤獨。但總有一天，廣場將如同一九八九的五月，從獨裁者手中轉移到人民的懷抱裡；總有一天，廣場將變成悼念與狂歡之地，為死難者招魂，也讓更多的孩子在陽光下自由地奔跑。

天安門廣場是中國最大的廣場，卻不是唯一的廣場。在中國，大大小小的廣場，扮演著與天安門廣場相似的角色：炫耀權力、魚肉百姓、泯滅個性、打造奴隸。詩人通常遠離廣場，除非廣場發出召喚。在詩人與廣場對峙的時代，鴻鴻敏銳地指出：「廣場無處不在，而這些詩人的清醒聲音，正是照亮當今與未來的希望之光，也是文學必須挺身而出，塡補掩埋了的歷史的有力證明。」詩歌理應承擔崇高的使命。爲廣場上消逝的生命而寫的詩歌，終將在廣場上被人們大聲朗誦。

孩子與未來，以及我們的自由

那麼多孩子在太陽升起之前死去，死不瞑目。這些孩子，是我們的兄弟，是我們的子女。在任何一個時代，殺害孩子的惡行都應受到譴責、受到懲罰。

「六四」屠殺二十五年以來，屠夫仍然高高在上、頤指氣使，更多的官僚、商賈和御用文人爭先恐後地爲屠殺辯護。江澤民、溫家寶、馬雲、孔慶東們，這些醜陋的面孔像走馬燈式地一一登場。他們說，如果沒有那一天的「果斷處理」，就沒有今天的「大國崛起」。

正如杜斯妥也夫斯基所說，即便犧牲一個無辜者的生命就可以獲取世界大同的偉大目標，他也不同意。每一個孩子的生命，都是神聖而獨特的。你可以殺死一個人，還有什麼罪惡是你做不出來的呢？

這本詩集中的許多詩歌都與孩子有關，或者說，是爲孩子而寫。亢霖寫道：「從戴紅領巾的孩子／到不吃飯的孩子／透過淚水／你看見廣場上開滿了鮮花。」這裡，「戴紅領巾的孩子」和「不吃飯的孩子」構成了奴隸和自由人的兩極，鮮花則成爲抵抗坦克和機槍的唯一武器。詩人夢想的那個開滿鮮花的廣場，何時才能變成現實呢？

宋琳寫道：「歸來吧孩子，異鄉不可久留，/榮譽和知識都不可寄託。/快快啟程呀，作爲我的回聲歸來！/我手中的艾草將爲你驅邪辟害，/南山的澗水已照亮你家的門楣。」這首詩是向屈原的楚辭致敬。離開的孩子永遠不能回來，母親親手包的粽子，孩子再也嘗不到，孩子們跟屈原在一起，在水中，享受永恆的安寧。

蕭冬寫道：「我在對你的懷念中/一天天成人/一直大到/能把你的年齡叫做孩子/一直大到/我的孩子和你當年一樣高大。」時間如河水般流逝，但「日光之下無新事」。孩子是殺不完的，還有更多的孩子出生和成長；孩子們追求自由的事業誰也擋不住——從當年的北京天安門到如今的台灣太陽花，從昔日十九歲的王丹到今天十八歲的香港少年英雄黃之鋒，孩子們更加聰明、更加勇銳，我們並沒有失去這場戰爭。

嚴力寫道：「悲哀也該成人了/一拖就是多少年啊/那時候的死亡也長大了/大到悼詞也能生兒育女了/一部分留在那年的我也長大了/儘管長成了一個被攔截的網址/但學會了翻牆翻柵欄/翻閱歷史的沉冤。」在這首詩中，悲哀、死亡、悼詞這些名詞和形容詞，像人一樣，像植物一樣，茁壯成長。其對立面，從坦克到防火牆，魔鬼還是魔鬼。但我們堅信，沒有人能歪曲全部的歷史，所有的血跡和淚水都將破冰而出。這些年來，在台灣、香港和北美，我遇到過不計其數的追尋眞相的年輕學子，「六四」是他們思想啟蒙的催化劑。

「六四」是一塊烙鐵，在詩人心頭留下痛楚的印記。「六四」之後，因爲一個子虛烏有的「集體反革命」案件，十多名四川籍詩人鋃鐺入獄。詩人在骨子裡最接近孩子，對孩子的死亡耿耿於懷。詩人是拚命捍衛自由的一類人，詩歌是最難被馴化的一種文體。孟浪將寫作「六四」主題的詩人歸入「創傷後壓力症候群」，對這群人而言，寫作是自我療傷、自我拯救、自我超越。這本詩集再次確認了我的一種直覺：詩人與「六四」之間的關係，比小說家、散文家、戲劇家和新聞記者更加密切；因此，關於「六四」的詩歌的數量與質量，大大優於小說、散文、戲劇和新聞報導。

當然，平心而論，由於精神向度和宗教情懷的薄弱，在書寫「六四」的當代漢語詩歌中，還沒有出現如同德國詩人保羅・策蘭（Paul Celan）書寫奧斯維辛集中營的詩歌那樣的傑作。即便如此，這本詩集展示了當代漢語詩歌直面極權主義災難時所能達到的深度與廣度，是對二十五年「地下寫作」的一次彙總，必將啟發更年輕的一代詩人向更深更廣的領域探索，也將成爲未來的六四博物館中不可或缺的史料。

屍體在這邊，靈魂在那邊

盛可以《死亡賦格》

我不僅是為我一個人祈禱，
而是為了所有和我站在一起的人們。

阿赫瑪托娃（Anna Andreevna Akhmatova）

槍聲遠去，被害人的墓前草木蔥郁，白髮蒼蒼的天安門母親日漸凋零。死難者的親朋好友欲哭無聲，咬碎牙齒吞到肚子裡；殺人者依然道貌岸然，堂而皇之地宣稱，如果沒有當年的快刀斬亂麻，豈有今天的金山銀山？劊子手們相信，讓每個人都戴上口罩，整個帝國就鴉雀無聲；讓歷史書跳過這空白的一頁，一九八九年之後出生的新一代就對屠殺的眞相茫然無知。誠然，暴政的垮台是一個遙不可期的時間節點，但抵抗遺忘的戰鬥一天也不會停止。關於奧斯維辛和古拉格，早已有捍衛記憶的巨著問世，而關於「六四」屠殺，在四分之一個世紀之後，偉大作品依舊闕如。

七十年代出生的女作家盛可以開始了嘗試，其長篇小說《死亡賦格》（*Death Fugue*）就是以「六四」爲背景。《死亡賦格》的書名，源於猶太詩人保羅·策蘭（Paul Celan）的詩作《死亡賦格》。盛可以如此解釋說：「《死亡賦格》是保羅·策蘭發表的第一首詩，是對納粹邪惡本質的控訴。策蘭是納粹集中營的倖存者，他的詩篇爲人類孱弱的精神存在，樹立永恆的紀念碑。我取其精神上的某種關聯，寫政治動亂之後，國家對知識分子進行精神上的大屠殺。」作家固然不是戰士，羸弱的身體不能持槍，也不能阻擋呼嘯而來的坦克；作家卻能用文字建築一座紀念館，讓聖徒與暴君、烈士與屠夫、哀哭者與說謊者各歸其位。

屠殺之後，你還活著，但你已經死了

年齡與我近似的盛可以，是天安門屠殺的「遲到者」。遲到不是恥辱，因爲我們無法穿越時空；遲到卻讓我們有了對歷史眞相的好奇與渴慕，盛可以說：「這部小說獻給生於一九六〇年代的中國人。很多年後，當我了解更多電視螢幕外的眞相，顚覆過去的認知，內心震撼。更可怕的是，上一代漸漸忘卻，新生一代又渾然不知。我試圖回到現場，經歷一個人在青春時應該擁有的熱血、革命與愛情。」我也是如此，如今一一數算身邊的朋友，最好的朋友都是比我年長一代或半代的「天安門一代」，而不是我的同齡人——就連我的牧師，也是天安門的倖存者張伯笠牧師。

屠殺的可怕，不是在屠殺的現場有多少人罹難，不是體制內改革派從此成為「處江湖之遠」的在野派，而是屠殺泯滅了一代人甚至幾代人的良知和正義感。看到鮮血和屍體，看到滾燙的槍口和醜陋的坦克，看到母親的眼淚和孩子的驚厥，看到屠夫的微笑和領袖的從容，他們的青春戛然而止，唯有忘卻、自嘲、玩世不恭以及加速沉淪，才能讓自己活下去。

《死亡賦格》的主人公源夢六就是如此：他是詩人，是外科醫生，是大屠殺的親歷者。源夢六從一開始就斷然拒絕參加反對組織「團結會」，不是因為恐懼，而是作為個人主義者和自由主義者，一定要維護自己的獨立性，他說：「我寫我的詩，我做我的事情，我不參加任何組織。」只是因為愛情，為了保護戀人杞子，他才投身其中。這個人物，很像巴斯特納克（Boris Pasternak）筆下的齊瓦哥醫生，本來想做一個冷靜的旁觀者，卻身不由己地被席捲在革命洪流中。憂鬱的詩人，離鋼鐵的戰士有多遠？

鎮壓之後，源夢六「棄文從醫」，走上一條與賴和、魯迅們「棄醫從文」截然相反的道路。難道是因為這個時代人們靈魂的潰敗已無藥可救，他才退回到拯救人身體疾病的、力所能及的工作之中？而源夢六也早就病入膏肓：「精神上經歷兵荒馬亂的人，事後大多沉默。滿腔熱血化為死水，信仰流浪成狗。他們讓心院荒蕪，腦海長草，在沼澤中過著野花覆蓋的日子。他們患有精神關節炎，到陰天便隱隱作痛。沒有膏藥。他們痛。他們忍。他們通過各種途徑分散注意力，比如撈錢，比如移民，比如搞女人。」這是小說開頭的一段，作者如此精準地把住「六四」屠殺以來中國的脈搏。源夢六怪病的發作時間，與屠殺的時刻之間，彷彿有一條神祕的紐帶：「每年春夏之交，源夢六都會發一種怪病，皮膚搔癢，過敏，起紅斑，肌肉痙攣，抽搐，腦袋裡咣噹直響，幻覺更爲嚴重。他抽打身體，用高溫發燙的水，把自己泡得像初生嬰兒滿身通紅。」他的幻覺是：「地上橫七豎八地躺著許多人，太陽當頭烘照，那些人昏厥、脫水、抽搐……場面混亂嘈雜，救護車、槍聲、火焰將黑夜燒得通紅。」那個血腥的夜晚，他永遠邁不過去；那道痛入骨髓的精神創傷，如何才能治癒呢？

天鵝谷與古拉格：通往極權主義的道路只有一條

如果《死亡賦格》只是一本呈現「六四」眞相的寫實主義小說，它的價值就大打折扣。在寫實主義的意義上，小說的功用無法超過影像——而「六四」不缺少影像的記載：當時，全球記者雲集北京，採訪蘇聯總統戈巴契夫訪華。結果，大小鏡頭都瞄準那場意想不到的殺戮。誰的文字的力量，能超過滿坑滿谷的、血淋淋的照片和錄影呢？

《死亡賦格》是一部俄國文藝理論家巴赫金所說的「複調小說」，譴責屠殺者的殘暴、呈現倖存者的怯懦，只是其諸多主題中浮出水面的冰山。與源夢六對「六四」的回憶交錯展開的，是當下他的一段詭異的旅途：如同《桃花源記》或《鏡花緣》中的探險者一樣，源夢六在萬念俱灰中誤打誤撞地闖入「不知有漢，無論魏晉」的天鵝谷。

表面上，和諧同居、其樂融融的天鵝谷，與源夢六生活的醉生夢死、爾虞我詐的「大泱國」宛如天堂與地獄的對照。一開始，源夢六感嘆於這裡人們的友善、聰慧，甚至差點重新燃起消失已久的愛情之火。然而，喜歡思辨的他逐漸發現這個美麗的城邦被一套隱祕的「潛規則」所左右：精神領袖按照最佳的基因組合安排人們的婚姻，不許人們發生生育之外的性行爲。人們遵循如下的憲法：「天鵝谷嚴格按科學生育，保證人口素質，擄獲完美的人類。」他們的目標是：「富裕、秩序、人們的智商、學識、精神以及對他們人生的態度，沒有慾望、貪婪、私心、雜念，一切向善，天鵝谷將成爲世界上最理想的地方。」

再後來，源夢六赫然發現，在山頂雲霧繚繞之處的那個城堡，並非天鵝谷居民夢寐以求的「療養院」，而是一座比奥斯維辛集中營更爲可怕的殺戮工廠——所有到一定年紀的老人都被運到這裡，然後殺掉；所有身體和智力未能達標的嬰孩也都被送到這裡，斷然處決。讀到這裡，人們才發現，這是一部有著更深刻寓意的反烏托邦小說，正如作者所說：「這部小說最艱難的是對我想像力的挑戰，我要建設一個王國，一種制度，想像一個華美外表的城邦內裡的潰爛。」

一場瘟疫讓秩序井然的天鵝谷陷入混亂，源夢六趁機進入天鵝谷的控制中樞，與那位從不現身的精神領袖展開一場辯論，這場辯論如同歐威爾的《一九八四》中叛逆者溫斯頓・史密斯與思想警察奥勃良的辯論。那個躲藏在面具後面的精神領袖說：「好的統治者就是讓人感覺不到他的存在，好的精神領袖只要把精神留在那兒，什麼都不用操心。」這是希特勒和毛澤東們都沒有達致的境界。

小說的最高潮是：天鵝谷的精神領袖掀開面具，露出那張讓源夢六魂牽夢縈的臉龐——

她居然就是源夢六在大屠殺之後失散的愛人杞子。在那個恐怖的夜晚，作爲民主運動女領袖的杞子被坦克壓斷腿，與重度燒傷的黑春一起逃亡到天鵝谷。黑春是與源夢六齊名的詩人，也是思想激進的哲學家，寫了一部比莫爾的《烏托邦》更驚世駭俗的天書——《基因城邦》。黑春傷重死去，杞子按照《基因城邦》的構想，打造出作爲「人間天堂」的天鵝谷。

天鵝谷就是另一個古拉格，小說中有一處源夢六發現天鵝谷中最早的覺醒者偷偷閱讀《古拉格群島》的細節。按照那張宛如洞天福地的天鵝谷設計圖紙，卻打造出如地獄般陰森恐怖的古拉格。這是一個與「六四」後的歷史軌跡驚人相似的預言。日後上演一幕幕醜劇的某些學生領袖和民運菁英，往往就是當初廣場上最激進、最革命、最高調的「準英雄」——小說中甚至出現杞子在「圓形廣場」（與現實中長方形的天安門廣場相對應）宣讀「絕食宣言」（就是「六四」中那個極爲煽情的版本，後來很多人拚命爭奪其創作權）的情節。

日光之下無新事，起初那些共產黨的創黨黨員，何嘗不是單純而熱忱的「五四」青年？盛可以說：「一個美麗城邦，以剝奪自由，遮蔽眞相爲基礎。一個反極權的人，當自己擁有權力後，表現卻更爲極端。人性的複雜與可能，總是超出預料。」這就是我一直警惕的「反對者與反對對象的精神同構性」的危險。極權主義最爲邪惡的地方，就是讓反對它的人也沾染上了其致命的病毒——傲慢、僭妄、僞善以及對生命的漠視。我們明明可見：反抗者墮落爲獨裁者的軌跡，從來只有一種。

在絕對的虛無主義之上，有絕對的正義與絕對的拯救

盛可以的文字黑暗、殘酷且冷峻，源夢六何嘗不是那一代被「毒太陽」所灼傷的青年的縮影？一聲槍響，他們就從理想主義者蛻變爲虛無主義者。

但是，人的心中有一處空缺，不能讓它永遠空著。虛假的信仰的破滅，並不能表明這個世界上就沒有眞正的信仰；邪惡暫時的勝利，也不能否認這個世界存在正義的價值。對於劫後餘生的源夢六來說，雖然成了一名醫術高明的醫生，卻不再寫詩，分行的句子如同一排排屍體，讓他觸目驚心。他不斷地更換女性伴侶，性愛卻不能讓他獲得慰藉。「他後來投靠耶穌，每逢週末揣本英文版《聖經》，去本市華麗的教堂。但他高估了上帝，成爲一個基督徒的結果，只是發現了讚美詩的催眠奇效，他在教堂的木椅上作相同的夢，夢見自己在圓形廣場上演講，被人群包圍。他總在自己激烈演講時驚醒，滿面通紅，眼睛充血，心窩冰冷，渾厚的阿門聲過後，隨紛紛站起來的人們走向街頭，漫無目的。」走到教堂外面，他「能聞到隱約的血腥味，有時從樹葉花草間散發出來，有時來自下水道，有時是從某類人的身上，即便他們洗了澡，抹了香水，披上了華麗的外衣。」顯然，作者認爲，屠殺之後，舊有的世界像鏡子一樣破碎，再也無法修復如初。這種對救贖信仰的否定，也在陳冠中的寓言體長篇小說《盛世》中出現過，陳冠中用帶著嘲諷的口吻描述日漸成長的家庭教會。實際上，並不是信仰本身不可靠，而是在盛可以和陳冠中內心深處，絕望深不見底。太深的絕望，讓他們一

時不願接受這個世界上還有白白得來的恩典與拯救的事實。

不是所有人都被子彈和坦克擊打成無知無覺的行屍走肉。我們固然不能忽視人性的卑劣和黑暗，不能像那些因淺薄而樂觀的儒家信徒那樣相信「人之初，性本善」，但我們仍然堅信，暴力抹煞不了正義與邪惡的界限。

在屠殺之後的荒原中，有一群堅韌不拔的母親奮然前行。正義沒有缺席，正義的光芒就在母親們歷經滄桑仍然清澈如許的眸子裡。王怡在《誰是我們的母親》一文中寫道：「人窮極而呼天，哀極而思母。殺父與殺子的歷史，所留下的彌漫在今日中國社會的暴戾之氣、凌亂之息，一面需要在憲政民主的制度架構當中得以澄清，一面也需要在如『天安門母親』群體所代表的眞正的母性與溫情之中獲得諒解和撫慰。讓這個多災變的民族在重建公共領域和政治空間之前，贏得一個在母親跟前痛哭一晚的機會。」這是造物主給所有人的認罪悔改的機會，當然也包括那些罪大惡極的開槍者和下令開槍者。

保羅．策蘭始終無法回答「爲什麼活下來的人是我」這個天問，於是縱身跳進塞納河，《死亡賦格》成爲他的墓誌銘。盛可以的《死亡賦格》呈現的是一個籠罩在陰霾之下的幽暗而荒寒的世界，最後，天鵝谷傾覆了，杞子葬身於火海中。但是，在全書的結尾處出現了一首關於母親的詩歌：「孩子啊，請高舉你們的靈魂，一位母親已穿好漆黑的喪衣，高貴地迎接，如死亡般燦爛的黎明。」可見，作者心中依然有信，有望，有愛。否則，她怎麼會相信死亡不是一切的終結，死亡乃是黎明到來前夕那一抹最深層、最苦痛的黑暗呢？我們更要相信，戰勝它，便能迎來「公平如大水滾滾，公義如江河滔滔」的明天。

有一個人的存在讓黨感到不安

徐曉《半生爲人》

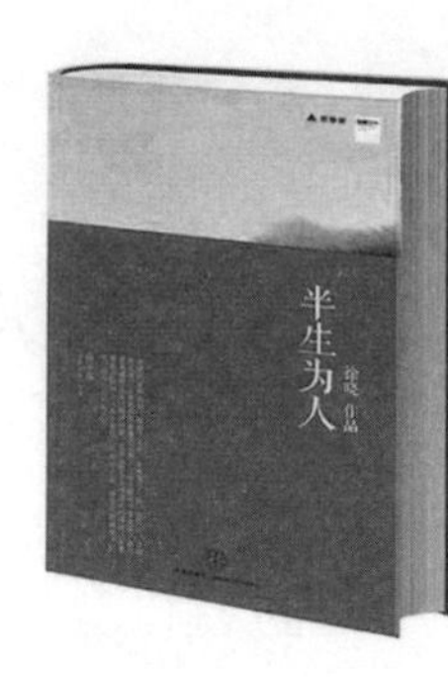

我以爲眞正生活中，無事不是奇蹟，事事爲上蒼所安排，沒有人爲的與杜撰的，不允許有專橫任性。

巴斯特納克（Boris Pasternak）

二〇一四年十一月二十六日，當我在遙遠的美國得知徐曉第二次失去自由的時候，再次打開她送給我的那本《半生爲人》，扉頁有她的簽名，時間是二〇〇五年十月一日。短短十年，卻宛若隔世。二十一世紀初那幾年，常在北京的飯局和座談會上相遇的朋友，一個接一個地進了監獄、流亡異國或天人永隔。我與徐曉的最後一次見面，是二〇〇八年包遵信先生的骨灰入土儀式，現場人太多，沒來得及交談。雖然僅有的幾次會面我們都只有簡短的交談，但我對徐曉有一種特殊的親切感。那些多少帶有異見色彩的知識女性，多半憤世嫉俗、劍拔弩張、尖酸刻薄，像是花木蘭、穆桂英和孫二娘，不易相處，一不小心就得罪了；徐曉卻溫和、開朗、柔弱，如同鄰家的大媽，那是一種經歷了大風大浪之後容納百川的寧靜。

我很喜歡徐曉帶有自傳色彩的散文集《半生爲人》，這本書寫出了八十年代改革之初中國知識界的時代氛圍，經歷了文革的創傷之後，理想主義和浪漫主義成爲主潮，「窮且益堅，不墮青雲之志」，直到「八九」槍聲響起才戛然而止。那時，青年徐曉與北島、芒克等人一同創辦先鋒文學雜誌《今天》，面對橫逆傲慢的黨國結構，「從不懷疑中產生了懷疑」，進而開始對自由和人的尊嚴的追尋。美學家高爾泰評價此書爲一首憂傷的長詩，沒有控訴，沒有譴責，只是講述了一個個智慧而橫遭不幸的人，終於構成「弱者的勝利」。徐曉寫道，「誰愛得越多，誰就註定是弱者」，但是「他們站在社會的邊緣，與現實的喧囂、浮躁、萎頓形成反差，這本身已構成了意義，並給社會提供了意義」。

當《今天》變成了昨天

徐曉在自序中說：「我想，恐怕大多數職業都是可以選擇的，唯有眞正意義上的寫作，就像聖徒是被上帝選中的一樣，寫與不寫，寫什麼和怎樣寫，都是被規定好了的。」當《今天》變成「昨天」之後，徐曉開始書寫亡夫周郿英、友人趙一凡和史鐵生、詩人北島和芒克等人，這些在樣板化、同質化年代裡鮮活而智慧的不幸個體，結集成爲《半生爲人》一書。

這本書讓我想起巴斯特納克的《人與事》。那也是關於一群在匱乏的物質生活中過著昂揚的精神生活的人們的故事。巴斯特納克寫他與文藝家們的交往，對於時局和文壇事件卻欲言又止。在《人與事》寫作之前，他就經歷了馬雅可夫斯基、亞什維里、茨維塔耶娃的自殺以及曼德爾施塔姆（Nadezhda Mandelstam）和伊溫斯卡婭的被捕，同樣的命運隨時可能降臨到他頭上。因此，他只用藝術觀念暗示內心的疑惑與悲傷：「我認爲藝術家和眾人一樣雖然有死的一天，但他所體驗的生存的幸福卻是不朽的。」

這也是徐曉的信念。一九八五年，《今天》剛停刊五年，徐曉和詩人北島、芒克、多多、顧城等人一起到北大參加藝術節，發現大學生們對《今天》已茫然無知。徐曉感到深受傷害，她寫道：「我甚至想走上講台，講述我們當年承擔的使命和風險，我們所懷的希望和衝動。」因爲，對她來說，《今天》「不是一段文學經歷，也不是生活中的一個偶然事件，而是生活本身」。

書中最感人的是那篇寫趙一凡的文章，那個曾因思想罪而入獄的輪椅上的殘疾人，那個「在所有陌生人面前總是靦腆得像個孩子」的知識分子，把他那間廚房兼客廳和臥室的小屋，打造成灰暗的北京城裡一處明光照耀的文化沙龍。趙一凡才華卓異，更愛人如己——「他沒完沒了地寫信，郵票總是一百張一百張地買，一天發十幾封信，信末簽署的時間往往是凌晨兩三點鐘。他照舊把字寫得又小又密又整齊，照舊每封信都留底稿，並且把底稿寫在廢紙的反面。他在信中樂此不疲地討論共同讀過的書，評價朋友們的創作，推薦報紙雜誌上他認爲好的文章和作品，甚至指出上一封信中的語病和錯別字。最多的還是寫信談心。他會非常委婉地指出你的弱點，但又不讓你感到自卑，無論你怎樣沮喪，總能從他那裡得到鼓舞和安慰。」那個時代沒有豐腴的物質生活——徐曉的那架破舊的自行車甚至在路上騎著騎著就散架了；但是，那個時代有一群執著、單純、熱情、聰慧的人們，他們相愛，彼此溫暖，他們寫作，彼此砥礪，人與人之間熾熱而純眞的關係，如同《廣陵散》一樣成爲絕響。

美可以抵抗暴政嗎？

徐曉不是政治層面的反抗者。多年以後，她看到紀錄片《尋找林昭》時感嘆說：「回想我的一些超出常軌的經歷，其實都有點兒身不由己。和那些在政治上勇敢地作出選擇的人相比，我常常感到慚愧；和那些在平庸現實中敢於自由表達的人相比，我常常生出羨慕。中國當代有林昭在，有王申酉在，有遇羅克在，有顧準在，誰還有資格誇張？」徐曉自認爲是一個愛美、愛自由、愛獨立思考的平凡女子，卻不幸成爲文革後期一場文字獄大案的受害者。

在《半生爲人》中，有幾篇文章講述作者當年的獄中生活。與楊曦光、廖亦武等人充滿血腥味道的監獄文學相比，徐曉用一種富於詩意的方式描述獄中經歷。即便寫監獄管理者的時候，她也有意無意地忘卻那些面目猙獰、凶神惡煞的獄卒，而用溫暖的筆觸描述一名身穿「墨綠」衣服的隊長，在她剛入獄時就遞給她一雙襪子和許多衛生紙。在暗無天日之地，亦有人性之微光。後來，這名獄警因爲幫一名囚犯送出一封家書，而遭到同僚告密，並被清理出「無產階級專政機器」。徐曉感嘆說：「唯一向犯人露出笑臉的隊長，本來就是沒資格也沒理由當獄警的。」幸好八十年代可以當個體戶，「墨綠」隊長後來做裁縫也過得紅紅火火。

徐曉也回憶了難友們如何在牢獄裡苦中作樂：在暖氣片上烤窩頭，把僅有的一片肥肉放在鹹菜中醃一天後夾在窩頭中吃……即便在孤絕的環境中，她也在三教九流的女囚身上發現她們對美的呵護。徐曉落筆的時候：「最終為把血腥和粗暴的細節刪除了，也把荒誕和滑稽的故事刪除了，唯獨沒有刪除的是從那個故事中走出來的人，因為其中雖然悽婉，卻飄散著絲絲縷縷的溫情。」徐曉不願成為像祥林嫂那樣的控訴者，苦大仇深、喋喋不休。她的文字哀而不傷，怨而不怒，有一種俄羅斯文學中才有的高貴與優雅。她如此定位這種回憶與書寫方式：「有朋友曾說，我的寫作美化了生活。為此，我曾想給這本書命名為『美化，直至死』。與其說是想回應這善意的批評，不如說是無可奈何的孤絕。作為人，作為女人，作為母親，當你在任何一種角色都面臨困境的時候，你怎樣論證『活著的正當性』？作為歷史的參與者，作為悲劇的見證者，你怎樣能夠保持內心的高傲和寧靜？」

這是一本誠實的書。徐曉沒有過高評估自己和那群熱愛詩歌的同道，她承認，這個群體「還沒有足夠成熟的人格，足夠強大的精神力量，保持作為一個反抗者的姿態，並承擔起『新人』的使命」。當「八九」槍響、九十年代商潮滾滾之際，很多人未能繼續前行，甚至有人與當年的道路背道而馳。比如，詩人北島在流亡多年後再也忍受不了寂寞，回國參加官方的詩歌節，戴上紅領巾，「在藍天白雲下，給大家敬了個熱情洋溢的少先隊隊禮」。年輕一代的詩人、良心犯師濤對此的反應是，把北島的詩集從書架上全拿下來。更年輕的評論家、曾經在地下室背誦北島詩歌的黎學文則評論說：「北島這個曾經的文化反抗的符號與紅領巾這個極權意識形態符號的疊加，當文化反抗者符號和體制的紅色符號化身為一時，時代的荒誕和反諷瞬間定格。」這件事發生在徐曉入獄前夕，不知道她看到這些評論，心中有何感想？這兩幅圖畫彰顯了《今天》群體無可挽回的分裂，而分裂的瓷器是無法修補如新的：當柔弱的徐曉再度入獄時，流亡歸來的北島卻繫上紅領巾。何為榮耀，何為羞辱？何為勝利，何為失敗？徐曉收錄書中的那篇為北島的《失敗之書》所寫的書評，已隱約地揭示出她心中的答案：北島承認失敗、選擇投降，徐曉卻守護勝利、繼續抵抗。

四十年之後的中國，有了多大的進步？

早在一九七五年，徐曉就被控「反革命」罪名而入獄，原因是「搜集、流傳反動小說、詩詞；搞反動串聯，惡毒攻擊中央首長，攻擊『批林批孔』」。而事實上，共產國家裡特有的「反革命」一罪，直到一九九七年，才在中國刑法中被更名為「危害國家安全罪」。歷史在近四十年後重演，六十歲的徐曉因同樣的罪名，被當局逮捕。

壞人將好人關進監獄，這就是「中國模式」的真相。《半生為人》中的人物，好多都曾捲入北京的「第四國際反革命集團」和山西的「張趙反革命集團」案件，而徐曉被徒有虛名地定為兩者之間的「聯絡員」。徐曉寫到了若干涉案的無名者，比如東海艦隊的退伍士兵郭海，他的那些離經叛道的「反動思想」讓徐曉大吃一驚。毛澤東死亡、文革結束，當事人這才次第獲釋。而郭海的一名姓馬的同事，因爲古道熱腸、仗義執言而挨整，跳湖自殺。郭海出獄之後，與這位同事的遺孀結婚並一起撫養兩個孩子。這個故事可以跟《趙氏孤兒》相媲美，徐曉嘆息說：「如果整個中國平庸到只剩下一個理想主義者，這個人一定是郭海！」

徐曉自己何嘗不是如此？四十年後，她再次遭難的原因，有人說是幫助剛剛病逝的「六四黑手」陳子明張羅葬禮和印刷文集，有人說是參與立人鄉村圖書館的一些活動。旅居法國的學者趙越勝憂憤地說：「徐曉，不過以她無言的勇敢，鼓舞幾顆迷惘的心靈，用她不倦的努力，澆灌幾株初生的幼苗。她的俠骨柔腸惠及多少朋友。在黑暗降臨的時刻，她燃起一支燭火，給黑暗一點光亮，給冷漠一點溫熱。如果這些作爲危害了『國家安全』，那這個國家是什麼？是弱肉強食的叢林？是凶險殘忍的鬥獸場？是高牆圈就的『動物莊園』？是踐踏人類基本善的『屠人場』？它是一九八四年的『大洋國』，還是西元前二百二十一年的秦王朝？或者是兩者中體西用的結合，以『大秦』爲體，以『大洋』爲用？」

徐曉的被捕，能不能喚醒那些「裝睡的人」呢？那些「裝睡的人」認爲，劉曉波和許志永的被捕，是因爲自不量力、橫挑強敵，說得好聽一點是「求仁得仁」，說得不好聽一點就是「咎由自取」。那麼，徐曉呢？徐曉被投入監獄，意味著每一個尋求美善的公民都有可能被投入監獄。就連地產商任志強都感嘆說：「那天一個朋友問：『你會英語嗎？』我說：『不會。』他說：『如今會英語的都很危險！可能危害國家安全。』」在習近平時代，你就連「消極的不合作」的權利都被剝奪，正如法國漢學家伊莉莎白所指出的那樣，習近平要救共產黨，就意味著要箝制批判精神，重新掌控對西方的論述，不讓中國人民受到西方意識形態的傳染。所以，當局要瘋狂地對知識分子實施政治迫害。由此可見，四十年後的中國跟四十年前的中國相比，並沒有實質性的進步。毛的死亡並不意味著毛主義的終結，徐曉的再次被捕，顯示了「書生雖然無力造反，文字仍然可能惹禍」的事實。

對於近在咫尺的危險，徐曉早有預感。她說過：「當生活把你拋進火坑，你不得不在裡面時，根本談不上什麼堅強和勇敢。你有的不過是活下去的本能，別人所能承受的你也同樣能承受。」《半生爲人》是只寫了「半生」的「半本書」，這一次的入獄，或許正如徐曉的啟蒙兄長趙一凡所說，「把坐牢看成是一種人生體驗，是增加閱歷的難得的機會」，那麼，等到徐曉從獄中歸來的那一天，讀者便有機會讀到《半生爲人》的續集了——這是我在悲憤中唯一的期待。

第三卷

尋找有時，失落有時

有喉嚨也不能出聲

陳徒手《故國人民有所思》

知識分子們，傾向於跟隨黑格爾的腳步，將國家進行神話，任何國家；存在這一事實即證明了存在的合理性。

普里莫．萊維（Primo Levi）

「憑闌靜聽瀟瀟雨，故國人民有所思。」這是毛澤東寫於二十世紀六〇年代的《七律．有所思》之末聯，時值毛發動「文革」、風雨欲來的前夕，詩意所指耐人尋味。而歷史學者陳徒手的《故國人民有所思：一九四九年後知識分子思想改造側影》一書，書名借來此句，卻反其意而用之，勾抉梳理那個逝去時代最優秀的一群知識分子「酸辛」而「苦澀」的往事。

這本書以人物小傳的方式講述名教授們各自的改造事例，鬥爭方法大同小異，效果卻極爲顯著。十一位從舊時代走過來的一流學者，包括俞平伯、王瑤、馬寅初、湯用彤、馮友蘭、周培源、賀麟、陳垣、傅鷹、馮定、蔡旭等人，來自不同學科、不同領域，卻無一例外地身陷時代的漩渦之中。這十一個人物，除了蔡旭和陳垣分別任職於北京農業大學和北京師範大學之外，其餘九人均與北大有著千絲萬縷的關係。所以，這本書也算是一本小小的北大「斷代史」。不過，它卻是人們試圖掩飾的「恥辱史」而非「榮耀史」。

這本書的主人公全都過世了，但同樣情節的故事並沒有結束，一直延續到今天。二〇一四年夏，北京大學、復旦大學和中山大學黨委在中共喉舌《求是》雜誌分別發表文章，談論「新的歷史條件下如何做好高校意識形態工作」。有評論者指出，這三所高校的集體演出顯然是「奉旨作業」，「顯示出中共對高校亮起意識形態之劍」，是新極權主義「更富侵略性地向民間社會發起一場志在必得的內殖民的文化戰爭」。此時此刻，重溫《故國人民有所思》一書，或許可以透視習近平與毛澤東在本質上的趨同性，並從前輩知識分子的「大敗局」中探尋一條反抗洗腦、通往心靈自由之路。

思想交心，靈魂出竅

中共極權主義的酷烈程度，遠遠超過古代的帝制以及二十世紀上半葉北洋軍閥的開明專制和國民黨的威權體制。其主要表現，一是權力首次深入鄉村和家庭之中，完成對每一個村落、每一個家庭和每一個個體的徹底控制。如此才會有五十年代末大饑荒活活餓死三千萬人，而沒有出現有規模的反抗運動這一奇觀。若在帝制時代，無論怎樣昏庸的皇帝，即便不作任何賑災之舉，卻也不會派遣那麼多官兵，打造一副天羅地網，禁止村民外出逃荒。

二是對人的思想與靈魂的控制與改造。帝制時代，官方以儒家和法家互補作爲主流意識形態，且兼顧佛教和道教思想，默許民間種種「異端邪說」的存在，只要它們不直接挑戰皇權。但在共產黨統治時代，不僅要控制人的身體，還要管理人的思想與靈魂，讓人「心服口服」、「靈魂深處鬧革命」。那些高級知識分子首當其衝成了「思想交心，靈魂出竅」的對象。近年來出版了諸多描述「知識分子改造」的傳記、回憶錄和小說，其中佳作有：巫寧坤《一滴淚》、韋君宜《思痛錄》、楊絳《洗澡》、周一良《畢竟是書生》等，以及陳徒手的另一本著作《人有病，天知否：一九四九年後的中國文壇紀實》。

《故國人民有所思》將目光轉向大學。近代以來在中國萌芽的城市文明，以公民社會、公共空間、自發經濟、自由媒體、獨立教育爲標誌，與「黨天下」的共產體制格格不入。中共以農民黨奪取天下，對城市文明充滿疑懼和仇視，在權力穩固之後，立即展開對城市的改造。經濟領域，改造工商業，消滅資本主義；文化領域，改造新聞出版業和大學，讓媒體和教育部門絕對臣服。陳徒手指出，一九五二年中共在大學開展「思想交心」運動，讓所有人登記表格、寫小傳，從中找出漏洞予以追查。緊接著就是院系調整，從組織方面加以切割，化大爲小，分頭「消化」。最爲繁忙的是組織教師學習哲學、革命史、政治經濟學等科目，幾百位教授集中聽講座，瞇著花眼做筆記，會後寫思想小結。

由此，大學陷入無休止的「運動狀態」，教授們沒完沒了地交代過去的一切，揭發自己或別人的問題，以求得早日解脫。共產黨的統治模式中有一個顯著的特色就是「文山會海」，會議是灌輸官方意識形態的主要方式。在會議上，參加者不能保持沉默，人人都要搶先發言，還要用最極端的語言「表忠心」，方能順利過關。在批判胡適思想運動中，胡適的好友、哲學家湯用彤雖然貴爲北大副校長，卻不敢缺席《人民日報》的座談會，他知道「不去要受批評的」。在會上，他搶先第一個發言，全盤否定胡適的考據方法「毫無用處」。也許因爲過於激動，而且內心頗受折磨，回家後即中風倒床。此後，湯用彤的兒子、當時三十出頭的湯一介不得不「代父受過，承攬病中父親的重負」。

過去傀儡，今天牌位

五十年代初，中國的高等教育體制，從「美式」轉向「蘇式」，「舊社會」遵從的「教授治校」或「校長治校」的傳統灰飛煙滅。中共迅速在各高校建立起「一竿子插到底」的黨的垂直領導體制，各級黨組織掌握全權、指揮一切。

《故國人民有所思》中提及的馬寅初、陳垣、周培源等人，都是在海內外名聲顯赫的左翼教授，新政權對他們採取延攬和留用政策，委以大學校長之『重任』。不過，雖然還是「校長」之名，卻早無「校長」之實。作爲一校之長，他們不被授予行政權力，只是虛設的

「牌位」。曾任北大副校長的科學家周培源，感到黨委抓具體工作過多，跟校黨委書記兼校長陸平提意見，直接說黨委抓多了，就抓不勝抓。想不到陸平輕鬆地解答了這個問題：「黨抓政策、政治思想工作，需要通過具體工作，不然不落實。」周啞口無言。再比如北京師範大學校長、歷史學家陳垣，在知識界是出名了的「左」，以加入共產黨爲人生最高目標。但作爲校長，他仍免不了被人戲言「過去是傀儡，今天是牌位」，連爲學生題詞也小心翼翼，擬好了先請書記過目妥當與否，才敢提筆去寫。毛澤東曾在勞模大會上鼓勵陳垣帶幾個徒弟，陳積極性頗高，回校後多次說起，但校方一直予以冷處理，不給他配備研究生，他亦無可奈何。

更典型的例子是馬寅初，陳徒手的評論是：「那幾年馬寅初在北大的境遇可以用『孤寂』來形容。細翻北大五十年代中期檔案，可以發現上下重要溝通時，往往都願意繞過他這一關。」馬寅初名義上是北大校長，卻對北大校務一無知曉。黨委書記有次開會與各系主任座談校內工作安排，唯獨沒請馬寅初。那麼，馬寅初能處理哪些公務呢？書中舉了一個小小的例子：有一次，北京政法學院工友因個人瑣事打了北大一職員，北大寫信給政法學院要求解決，馬寅初花了很多時間親自修改這封信件。這眞是「不做無聊之事，何遣有生之涯？」

不過，馬寅初也由此避免親自去整人，正如陳徒手所論：「這些俗稱大批判的『髒活』，事無巨細，都是要反覆承受人心的巨大折磨，表現教條般的死硬態度，不能有一絲溫情和猶豫，才能冷漠對待昔日的同事，從容布置鬥爭方案。馬寅初下不了手，他後半生中只有被人批判被宰割的痛苦經驗。……這就是馬寅初當年所面對的歷史特定情景，他上不了火熱的前台，只能萎縮在歷史暗處安頓自己不安的心境。後來的人們只熟悉他在學術領域的那份堅忍和骨氣，他在北大苦澀的舊事所蘊含的困頓和難堪同樣值得我們去記取。」儘管形同廢人，卻也算是不幸中的萬幸了。

到了五十年代後期，馬寅初連這種「不知有漢，無論魏晉」的「桃源中人」的身分都不能保有。他在人口問題上的看法跟毛不一致，成了新一輪批判運動的靶子。如果這本書要寫續集，這些情節肯定會加入：一九五九年十二月十五日，毛的心腹、特務頭子康生把北大黨委書記叫到中宣部，布置批判馬寅初，還說批判之後將馬調離北大。黨委書記回校後召開常委會，傳達康指示：「馬寅初最近很猖狂，給《新建設》雜誌寫了一篇《重申我的請求》的文章，他的問題已經不是學術問題，而是藉學術爲名搞右派進攻，要貼大字報把他拖住，不讓他外出視察。」北大黨委常委會兩天後給北京市委大學部寫報告，提出批判馬寅初的做法和安排，「要通過學術討論揭發馬寅初的政治問題，要對馬寅初的學術、政治問題一起進行批判，要把馬寅初的洋奴思想搞臭，還要徹底揭露馬寅初的政治面目」。這時，共產黨連傀儡和牌位都不要了，流氓和暴徒們乾脆赤膊上陣。

人民戰爭，汪洋大海

從書中運用的大量史料可以發現：五十年代初期，中共就已經在高校內部建立起日臻嚴密的「工作彙報體制」，該體制在運動中起了不可或缺的「情報」作用，爲高層及時提供第一手鮮活素材，方便黨內了解學界人士的思想動向和隱密心事。有了這套體制，中共不需要像史達林（Iosif Stalin）使用克格勃或希特勒（Adolf Hitler）使用蓋世太保那樣來確保「文化安全」。中共不必安排祕密警察直接進入校園，每一個黨員以及正在追求入黨的師生，都是積極的或潛在的告密者。

反之，那些著名教授成了「陷入人民戰爭汪洋大海」的被監控對象。對於重點人物馮友蘭，校方一刻也沒有放鬆收集「敵情」的安排，校黨委及統戰部門要求哲學系教研室支部每週口頭彙報一次，雙週書面彙報一次。一九六一年初，系裡反映，馮友蘭否定大躍進的成績，說大躍進有些像竭澤而漁，一次把魚撈光，再撈就沒有魚了。可見，這些名教授的一舉一動都被放大鏡定格，誰敢亂說亂動呢？在這樣的氛圍裡，能做出什麼樣的學問來呢？書中所涉及的這批教授，主要的學術成就都是在一九四九年前取得的，一九四九年之後，他們雖然還活著，但學術生涯已經戛然而止。

在大學裡，黨利用的主要力量是青年學生。從五十年代初開始，學校黨組織就充分發揮在校學生的「戰鬥作用」，有意在運動中鍛鍊他們衝鋒陷陣的能力，學生颳起的思想風暴讓老教授們羞愧難當。陳徒手指出，利用學生衝擊老師，是高校黨組織屢試不爽的法寶，也由此培養一批極左學生骨幹，他們畢業後大都留校主持黨團工作。書中記載了這樣一些細節：馮友蘭一次剛講完課，就被學生要求留在課堂候場等待批判，教室裡馬上擠進一百多位激情難抑的學生。王瑤要到學生宿舍搞科研，學生勒令他交自我批判文字，學生編委會可以隨意修改他的稿件，還要強迫他回答：「對改的有何體會？感到有什麼幫助？」化學家傅鷹竟管不了名下的研究生，研究題目由系裡確定，卻對導師保密，但研究生完成任務後非得由導師簽字，傅鷹感嘆說：「我成了什麼東西？」

對比留在中國的這批學者的處境與五十年初傅斯年在台灣大學的處境，就可以清晰地看出極權體制與威權體制之差異。當時，敗逃到台灣的國民黨政府風聲鶴唳，要求各機關實行聯保制度，其方法是公教人員相互監督，相互保證對方思想純正，萬一發現有人思想不純正，保證人就要受連累。國民黨當局要求台大師生也要辦理這種手續。傅斯年出面對國民黨高層說，在台大任教和服務的職員每個人都思想純正，他一個人保證，如果有問題，他願意負全部責任。結果，台大沒有實行聯保制度。後來，傅斯年說：「假如我對於這些舉動妥協了，我念這幾十年書的功夫就完了，還談教育嗎？我不能承認台大的無罪學生為有罪，有辜的學生為無辜，此之為公平。……寧可我受誣枉。我既為校長，不能坐視我的學生受誣枉。」半個多世紀以後讀來，這段話仍然擲地有聲。當然，我們不能說留在中國的學者在人格上都比不上傅斯年，因為更關鍵的問題在於，國民黨的威權體制，畢竟能容納下傅斯年這個「忠誠的反對派」；而共產黨的極權體制，則只需要乖乖聽話的哈巴狗。

陳徒手搜集史料，眞正做到「竭澤而漁」，故而有本事在書中栩栩如生地還原當年的歷史境遇。不過，在書面的史料背後，那些「人為刀俎，我為魚肉」的教授們一定還有更加傷痛的、卻「不足為外人道」的心思意念。故國人民當然「有所思」，但故國人民究竟「何所思」，卻遠非這一本書所能道盡的了。

為當代中國修築一面「哭牆」

依娃《尋找大饑荒倖存者》

人類饑荒史的一個重要事實是，沒有一次大饑荒是發生在有民主政府和出版自由的國家。

阿瑪蒂亞．森（Amartya Kumar Sen）

旅美作家依娃是大饑荒倖存者的後代，她的母親是在家裡餓死了好幾口人後，由外婆帶領著和弟弟一起被人口販子領著到陝西，嫁人得以生存。當時，有超過十萬甘肅婦女逃荒到陝西，陝甘兩省專門出台關於處理甘肅外流婦女與陝西群眾「非法同居」問題的文件。由於長輩對過去的經歷閉口不言，依娃直到近年才知道大饑荒的點點滴滴，才逐漸了解母親的慘痛家史。

二〇一一年，依娃陪伴母親、舅舅、老姑回到逃離五十年的家鄉，一路耳熏目染，震動如電擊。此後，她回到甘肅，走訪了秦安縣、通渭縣、天水地區，以及陝西的一些地方，採訪了兩百多名大饑荒倖存者，最年長者九十五歲，最年輕者五十八歲。她決心讓這些最底層的、大都沒有受過教育的農民自己說話、自己見證，留下他們的聲音，留下口述的歷史。依娃說：「我就是一個答錄機、一個記錄者，他們說什麼，我記錄什麼。有一個朋友看了，說看不下去，太煩，沒有故事。我恰恰不想寫故事，跌盪起伏不是我要的。」她又說：「眞實，眞實，眞實，這是我對自己寫作的唯一要求。做採訪後，我基本按照受訪者的談話筆錄下來，不做添加，不做修飾，不做補充。」這種記錄者的謙卑和敬畏之心，在以虛僞而矯情爲主流的當代漢語寫作中是極爲罕見的特質。

正是這種謙卑與堅韌，催生了可以稱爲「史家之絕唱，無韻之離騷」的《尋找大饑荒倖存者》一書。該書以五十多名受訪者的訪談紀錄爲主體，記載了五百多位死難者的名字，及四十九起人吃人事件。依娃用這本六百頁的書實現了她的願望：「讓親歷者自己說話，更能讓讀者看到大饑荒時期每一個人、每一個家庭、每一個村莊所經歷的饑餓、掙扎、淒苦、絕望。」

每一個大饑荒死難者都應當被牢牢記住

與楊繼繩關於大饑荒的全景式巨著《墓碑》相比，《尋找大饑荒倖存者》以甘肅省爲中心展開，講述受害者和倖存者的故事，而不涉及中共政權的政策制訂過程。當時甘肅的人口爲一千多萬，餓死一百三十萬人，占總人口的百分之十，是全國饑荒最嚴重的省分之一。全國非正常死亡人口約占總人口的百分之六，六億人死了三千六百萬，而依娃所在的小小的家庭，七口人中就死亡了四人，死亡率高達百分之六十，「超額十倍完成」。

直到今天，那段慘痛的歷史仍然是言說的禁忌。依娃的舅舅說：「我們家死的這幾個人，都是我親眼看見的。這些事情，我以前根本不敢對人說，說了就是反對毛主席反對共產黨。所以也沒敢給你們說。」在這個老實本分的農民的眼神裡，依然充滿幾分恐懼和不安。毛時代的政治恐懼滲透進每個中國老百姓的血液，中國人何時才能享有「免於恐懼的自由」呢？

從諸多受訪者的講述中可以發現，在大饑荒最嚴峻的日子裡，當局聽任糧食被搜刮一空的農民自生自滅。在依娃採訪的倖存者中，有很多人見證了人吃人的可怕景象：通渭縣雞川鎮苟寶村村民、八十四歲的李蘭說，她親眼看見隊長把人殺了，被殺者臨死前還在叫喚，人們搶著將人肉生吃了，「人肉看著紅得很呢」。靜甯縣賈河鄉宋堡社西坡上村村民、六十九歲的宋宏仁說，他的堂哥宋東川在修水壩回家的路上，被人殺死後吃掉了，另一個同行者跑得快才得以死裡逃生，那時候，「吃人就像吃個雞娃子嘛」。

聖經中說：「婦人豈可吃自己所生育手裡所搖弄的嬰孩嗎？」（耶利米哀歌二章20節）大饑荒中許多駭人聽聞的吃人事件，經過當局的調查，大都不了了之。因爲吃人者是在餓瘋了之後才鋌而走險的，並非美國電影〈沉默的羔羊〉（The Silence of the Lambs）中霍普金斯（Anthony Hopkins）扮演的以吃人爲樂的魔頭。如果說有，那麼，最大的吃人魔頭，不正是盤踞在中南海的毛澤東嗎？依娃認爲：「大饑荒就是大屠殺，一場不見兵刃的大屠殺，是不可饒恕之罪行，是不可忘記之人禍。甚至比大屠殺還要令人憤慨和悲傷，因爲餓死的過程是非人的、屈辱的，沒有戰場、沒有刀槍，甚至老百姓不知道誰是屠夫。」大饑荒死難人數超過兩次世界大戰所有國家的死亡人數的總和。若南京大屠殺中國軍民死亡二十萬人，那麼大饑荒的死亡人數差不多是其兩百倍。也就是說，姑且不論毛澤東的其他罪行，僅僅大饑荒就相當於製造了兩百次南京大屠殺。那麼，毛主席紀念堂就比日本的靖國神社邪惡兩百倍。

在大饑荒的研究中，對於中央一級的決策、省地一級的執行，已經比較多了，但寫農民的苦難太少。直到今天，那些倖存者依然掙扎在社會的最底層，誰聽見了他們的聲音？依娃去訪談的時候，他們害怕得不敢說話，吞吞吐吐地說：「說了對社會不好。」依娃把這些無名者的聲音一一記錄下來。她說，不能總是數字，總是百分比，一個人也不是一餓就死了，那個過程是需要記錄的。他們是誰？不是貓狗，他們是有名字的人。

中國需要一面長長的「哭牆」，這面「哭牆」應當環繞天安門廣場，上面密密麻麻地寫滿死難者的名字，人們在它面前流淚如河、晝夜不息。

中國有了一群鍥而不捨的威塞爾們

春秋戰國時代，齊國權臣崔杼殺害齊莊王，不願留下亂臣賊子的罪名，找來史官太史伯，讓他將齊莊王寫成是病死的。太史伯說：「按照事實寫歷史，是當太史的本分，哪能顚倒是非、歪曲事實！我只能照實記錄。」於是，他寫下「崔杼弒莊公」。崔杼大怒，將太史伯處死。那時，史官是世襲的職業，太史伯死後，弟弟太史仲來當史官，也照實記錄崔杼殺害莊王的眞相。崔杼又把他殺掉。太史伯的另一個弟弟太史叔，接替史官的工作，亦照實記錄，又遭到殺害。然後，他們最小的弟弟太史季接替史官的職務，抱著必死的信念記錄崔杼弒君的情況。崔杼這才明白，說實話的人是殺不完的，只好作罷。一個人若沒有捨生取義的信念，不配寫歷史。

直到晚近以來，中國才有了一群薪火相傳、百折不撓的寫作者。寫《墓碑》的楊繼繩、寫《麥苗青，菜花黃》的東夫、寫《夾邊溝紀事》的楊顯惠，以及作爲後來者的依娃，都是中國的埃利·威塞爾（Elie Wiesel），他們信奉「我不沉默，所以我活著」的眞理，在浩劫之後的廢墟中，記錄那段眞實的歷史。威塞爾倡導建立了猶太大屠殺博物館，有一天，大饑荒博物館也會在中國拔地而起。

記錄大饑荒的歷史，並不是一件輕省的工作。捍衛納粹集中營記憶的大屠殺倖存者、詩人保羅·策蘭（Paul Celan）縱身跳進塞納河，書寫南京大屠殺的作家張純如不堪憂鬱症的折磨自殺身亡，依娃當然知道這些血肉模糊的前車之鑑，但她還是義無反顧地出發了。她沒有得到任何機構、出版社和基金會的資助，用自己在美國辛苦工作積攢下來的錢作爲旅費，冒著巨大的風險，開始這段漫長的採訪旅程。她說：「我知道寫這種題材是痛苦的、煎熬的，也聽說過有些人做了做，半途放棄了，因爲害怕得憂鬱症。」在採訪和寫作的過程中，她常常夜不能寐，眼睛裡時時充滿淚水，那些人的面容、那些人的聲音、那些人的故事，縈繞著她、包圍著她、撕扯著她，甚至像一片無邊的沼澤地一樣，要將她吞噬。

黑暗如同一柄沒有形狀的尖刀，任何與它周旋的人，都有可能被它所傷害。而那些傷痕累累、身心疲憊的戰士，更有可能被憤怒和怨恨所滲透、所征服、所同化，在不知不覺間淪爲黑暗的奴僕。那麼，如何才能避免這一可怕的宿命呢？

幸運的是，依娃在爲死難者和倖存者開口發聲的過程中，被上帝所光照，成了一名基督徒。她有了安慰，有了盼望，有了恩慈，有了勇氣，她相信，「發光的沙要變爲水池，乾渴之地要變爲泉源；野狗躺臥之處，必有青草、蘆葦和蒲草。有一天，瞎子的眼必睜開，聾子的耳必開通；瘸子必跳躍像鹿，啞巴的舌頭必能歌唱。」如此，依娃得以像先知那樣無所畏懼地斥責君王的罪惡，打這場有必勝把握的戰爭。

把毛澤東的幽靈封存在地獄的最底層

在習近平掌權之後，在鄧小平、江澤民、胡錦濤執政時期從未出現的、種種明目張膽地否定大饑荒的言論，獲得官方的默許、支持和鼓勵，一一粉墨登場。否定大饑荒的存在，就是捍衛毛的名譽和權威；否定大饑荒的存在，就是迎合習近平要當「毛二世」的野心。

江蘇師範大學特聘教授孫經先在《中國社會科學報》上刊文，稱中國「三年大饑荒」時代餓死數千萬人不是事實，只有兩百五十萬人死於「營養性死亡」。「營養性死亡」是我所見過的當代漢語中最厚顏無恥的術語。楊松林出版了《總要有人說出眞相——關於「餓死三千萬」》這一「專著」，認定大饑荒的死亡人數只有歷史學家們公認的三千萬的十分之一，他要反駁那些「欲滅國者先滅史」的「主張在中國搞歐美模式的人」。更有當過中共元老王震祕書的社科院副院長李愼明，發表題爲《正確評價改革開放前後兩個歷史時期》的文章，呼應習近平肯定毛時代的講話。這個一九四九年出生、經歷過毛時代全過程的河南人，竟當著經歷過三年大饑荒的、至今仍健在的四億國人胡說「不能在毛澤東時代自己曾經餓過幾天肚子，過了幾年窮日子，就把新中國成立後毛澤東時期前二十七年的艱辛奮鬥與後三十多年的改革開放割裂甚至對立起來」。上有習近平率領全體政治局常委拜謁毛屍，下有孫經先、楊松林、李愼明、劉小楓、孔慶東、司馬南、胡錫進等跳樑小丑爲毛澤東揮舞招魂幡。上竄下跳，何其猖獗。

就在數千萬農民如被秋風掃過的落葉般紛紛餓死之時，中共權貴們仍然紙醉金迷、酒池肉林。一九六〇年四月八日，全國政協委員宋雲彬在日記中記載了出席政協會議時品嘗山珍海味的口福：「中午有熊掌，乃哈爾濱市委所贈也。生平第一次吃到熊掌，據黃洛峰言，烹煮熊掌須歷六七小時。」邵燕祥在《公祭勿忘那些普通死難者》一文中寫道：「我們的存活是以幾千萬人餓死為代價的，換句話說，幾千萬餓死和非正常死亡者是替代我們死去的。」而「其中許多死者已是沒有後人的絕戶」！此非天災，乃是人禍。劉曉波說，毛澤東是一個罪惡滔天的「混世魔王」。這本《尋找大饑荒倖存者》就是驗證劉曉波這一結論的鐵的論據。

直到今天，毛澤東導演的大饑荒等慘劇的真相仍被遮蔽和深埋。因此，對大饑荒的呈現和研究，是恢復中國當代歷史的真相，讓中國在意識形態領域「去毛化」的必要步驟。若不「去毛化」，中國永遠無法走向民主憲政。依娃的《尋找大饑荒倖存者》一書，不僅是補上中國當代歷史之殘缺一頁，更是一道燭照中國未來的亮光。

餓死的不如被刀殺的

馮客《毛澤東的大饑荒》

陳永發

史達林的受害人主要是所謂階級敵人的富農，他猶可以理直氣壯地爲其殺戮辯護，毛澤東的受害人絕大多數似乎都是當年熱烈擁護他的貧苦農民。面對這爲數千萬以上的貧苦農民，毛澤東能如何爲自己辯護呢？

納粹集中營倖存者、諾貝爾和平獎得主威塞爾（Elie Wiesel）有言：奧斯維辛「不僅是一個政治事實，而且是一個文化事實」，是「非理性的蔑視與仇恨的頂點」。中國的大饑荒也是如此。擔任過毛的祕書、對毛的罪惡有眞切體察的李銳指出，「憲政大開張」的前提就是

「去毛化」。

荷蘭學者馮客（Frank Dikoetter）所著之《毛澤東的大饑荒》（*Mao's Great Famine*）是這一領域的扛鼎之作。爲了寫作這本書，作者參考的檔案多達一千多份，有公安部門的機密報告，黨內高層會議的詳細紀錄，未經刪節的重要領導人講話，農村工作研究，大規模死人事件的分析，對死亡數百萬人負有責任的幹部們的檢討，大躍進晚期派去的特別小組對饑荒眞實程度的調查，農民抵制集體化運動的綜合報告，祕密意見調查，以及普通群眾的上訪信等。在此基礎上，馮客得出的結論是：從一九五八到一九六二年間至少有四千五百萬人非正常死亡。有了這本書，毛澤東再也無法逃避歷史的譴責，正如英國學者馬若德（Roderick MacFarquhar）所說：「這是開創性的一流的研究成果，馮客的書將毛澤東發動並主導的一場史上最嚴重的人禍載入史冊。」

大饑荒時代的腐敗與暴力

大躍進的失敗是過去一百多年間計畫經濟造成的最慘痛的教訓。然而，毛澤東並未從中汲取教訓，他要變本加厲地奪回因爲大躍進失敗而受損的威望和失去的權力。大躍進爲文革的爆發埋下了伏筆。對於大躍進在中國當代歷史上承前啟後的作用，馮客指出：「大躍進是中華人民共和國歷史上最關鍵的事件。若想眞正了解共產中國，必須將大躍進放在整個毛澤東統治時代的核心位置來考量。從更宏觀的角度說，現代社會致力於如何在自由和制度之間尋找平衡；而發生在那個時期的災難，則特別提醒人們：把國家干預當作解決社會矛盾的良藥，實在是錯上加錯。」

大躍進是認識毛時代眞相的一個橫斷面。面對當下中國駭人聽聞的腐敗狀況——從科級幹部家中居然搜出重量以噸計算的、超過一億元人民幣的現金——很多左派人士呼籲回到「清廉如水」的毛時代去，居然獲得一部分民眾的認同。然而，毛時代的廉潔是一個神話和謊言。在大躍進期間，從毛本人到人民公社的基層幹部、大食堂的廚師，都是程度不一的腐敗分子。馮客發現，當時「腐敗滲透到日常生活到每一根纖維，從醬油到水壩一起變質」。毛對民間疾苦毫無同理心，在大饑荒的高潮時期，他仍然命令各地爲之修建豪華行宮，並與軍隊文工團的少女們晝夜淫樂。毛重用的地方官員上行下效：主政四川的李井泉忠實貫徹毛的激進政策，導致四川一省便餓死一千萬人。面對遍野之餓殍，李井泉無動於衷，心如鐵石，照樣打麻將、玩橋牌到深夜；他還跳舞、看舊戲，看內部電影，特別喜歡看香港電影；他出門必帶私人護士同行。「文革」期間，李井泉被毛拋棄，受到衝擊和關押，兒子被打死，妻子在獄中自殺，川人對其恨之入骨，咒之爲報應。「文革」結束之後，李井泉卻因爲與鄧小平關係良好，復出任全國人大副委員長，不僅未受法律制裁，而且成爲國家領導人。

那一時期，比腐敗和饑餓更可怕的是，災民們還來不及表達心中的不滿，就遭遇到來自官僚和軍警有組織的暴力鎮壓。馮客寫道：「大躍進期間，高壓、恐怖和制度性暴力無處不在，粗略估計有百分之六到八的死者是遭酷刑致死或直接處決的——僅此一項至少有兩百五十萬人。」經過統計發現，全國可能有超過一半的幹部經常拳打或棒打他們本該爲之服務的百姓。活埋、用滾燙的針頭來烙肚臍、全身潑上汽油燒死、把糞便灌進人的喉嚨、鼻子裡塞滿辣椒、把耳朵釘在牆上……在大躍進期間，這些慘絕人寰的酷刑是司空見慣的處罰方式。這就是毛讓數千萬百姓麻木地坐以待斃而中國社會仍然可以大致保持穩定的祕訣。毛比秦始皇和所有歷史上的暴君更厲害的地方在於，他對全民實施了徹底的洗腦式的宣傳教育，並控制了深入到每個村莊的專政機器。

如今，薄熙來在短短數年之內就在重慶掀起「小型文革」，習近平以「反日」為幌子唆使民眾上演義和團和紅衛兵式的打砸搶鬧劇，這一切都顯示，毛時代並沒有過去，大躍進期間的統治術仍然在重複使用。

毛澤東是「好心的殺人者」嗎？

毛澤東是二十世紀的「戰爭之王」，他一輩子都處於戰爭狀態，與天鬥、與地鬥、與人鬥，其樂無窮。在擊敗國民黨以及黨內競爭對手之後，他又將矛頭對準那些對他俯首貼耳的農民。將他拱上皇位的農民，反倒成為他的殺戮對象，讓只是屠戮功臣的朱元璋自嘆不如，用學者高王凌的話來說就是：「大躍進是一場『戰爭』，是建政後農民和政府間的最為慘烈的一場惡戰——一方有著全副武裝，從武裝力量到意識形態，一方則幾乎一無所有。」這是一場勝負早已確定的戰爭：毛一個人大獲全勝，數億農民則家破人亡。

今天，左派為毛辯護的伎倆主要有兩個：一是乾脆否認大饑荒的事實，或者大大縮小死亡人數和破壞規模；二是在無法駁倒鐵的事實的情形下，認爲毛是「好心辦壞事」，「經是好的，只是被歪嘴和尚給念歪了」，因此毛的錯誤僅僅是一時「失察」。前一種論點容易用統計數據來駁斥，相比之下，後一種論點最具迷惑性。但馮客在本書中指出，毛有獲得資訊的順暢管道，毛從來不曾被下級欺騙，也沒有人敢於向他「謊報軍情」。

大饑荒的根源並不是「自然災害」，氣象資料顯示那幾年「風調雨順」。大饑荒也不是因爲糧食匱乏，就在數千萬農民被活活餓死之時，政府的糧倉中堆滿糧食，而且，當局還在源源不斷地向各「社會主義兄弟國家」出口糧食，甚至無償援助那些亞非拉的「小兄弟」們。這場亙古未有之大饑荒，百分之百源於「人禍」而非「天災」。毛將中國當作他的私人實驗室，億萬國民主動或被動地成爲其試驗品。古代的皇帝聽聞民間災荒的消息，尚且心痛自責、夜不能寐；毛卻無恥而冷血地宣稱，倘若糧食不夠吃，餓死一半人，其他人不就夠吃了嗎？他的數學成績很糟，不過這點加減法還是會做的。

毛一手策畫了大躍進，他對此後的災難負有主要責任。劉曉波在二〇〇八年十二月入獄之前寫的最後一篇文章，就是爲楊繼繩研究大饑荒問題的著作《墓碑》所寫的題爲《毛澤東怎樣殺人》的書評。劉曉波寫道：「大躍進餓死幾千萬，首要禍魁毛澤東之所以不受追究，『三面紅旗』之所以不倒，不僅在於毛澤東仍然大權在握和封鎖災難資訊，更在於當時中國的主流民意認同『趕英超美』、早日實現共產主義的理想。在這樣的主流民意之下，餓死再多的人，與大躍進所要實現的偉大理想相比，也不算什麼。」

就殺人之多而言，毛的邪惡超過了希特勒（Adolf Hitler）和史達林（Iosif Stalin）。但是，不同於在全球範圍內如「過街老鼠，人人喊打」的希特勒和史達林，毛在中國依然是左派及愚民頂禮膜拜的偶像，在西方仍然是一個中性的、甚至帶有幾許浪漫色彩的文化符號：在波普藝術中，毛的頭像被使用的頻率僅次於切．格瓦拉（Ernesto Guevara）；在許多西方城市的唐人街，「毛家菜館」堂而皇之地開張；在美國尼克森總統圖書館，毛的銅像與其他民主國家的領袖併肩而立。這種怪現狀的出現，正表明包括大饑荒在內的毛的罪惡，仍未大白於天下。

當墮落成爲一種習慣，沒有人能手潔心清

馮客在這本著作中最重要的工作，是將中共權力中心發生的事件與老百姓日常生活的遭遇結合起來，使之「皮肉相連」。

在中共的權力結構中，毛是翻雲覆雨的帝王，但如果沒有高效運作的黨政體系貫徹其意圖，他亦無法作惡多端。劉少奇和周恩來二人在大躍進中負有次要責任，他們輪番驅使黨內其他高幹支持毛，由此形成的利益鏈條和派系聯盟一直深入到基層農村。中央有一個毛澤東，地方上則有千千萬萬個小毛澤東。在本書中，有多處呈現了四川、河南、貴州、安徽等大饑荒「重災區」中「白骨露於野，千里無雞鳴」的慘狀。在每個重災區，必定有一個縮小版的「毛式土皇帝」。在封疆大吏這個層面上，當時的四川省委書記李井泉、上海市委書記柯慶施、河南省委書記吳芝圃和安徽省委書記曾希聖有「四大左狂」之名，他們對毛俯首貼耳，對下級和農民則心狠手辣。大饑荒過後，不僅毛澤東紋絲不動，這些執行毛政策的大小

官員也都安然過關，可見他們是一條線上的螞蚱。

在農村的日常生活中，隨著饑荒大面積蔓延，普通人想要求生存，必須依賴各種反常的手段，諸如撒謊蠱惑、私藏欺瞞、行騙偷竊、巧取豪奪、玩弄權術，諸如此類，和國家周旋，並由此從死亡的邊緣掙扎著活過來。經過共產黨此前長達十年的血腥統治，絕大多數民眾已經乖乖馴服、再沒有反抗的意志了。既然一個人的吃飽意味著另一個人的挨餓，那麼他們只能向更弱者下手。於是，被害者和加害者的界限變得模糊了，整個中國的生存準則宛如從弱肉強食的奧斯維辛集中營拷貝而來。馮客指出：「集體化從不同角度逼迫每一個人作出艱難的道義選擇。墮落一旦成爲習慣，勢必導致大規模的破壞。」毫無疑問，大饑荒給中國人留下道德的廢墟和荒原，一直到今天都未能復原。

讓人欣慰的是，隨著《毛澤東的大饑荒》、《餓鬼》、《墓碑》等力作陸續問世，大饑荒的眞相一天天破土而出，覺醒者越來越多，毛的偶像崇拜搖搖欲墜。從「八九」民運期間用塗料污染天安門城樓上毛像的湖南三勇士，到如今撕毀毛像的河南四青年，人們追求眞相、眞理和正義的努力「野火燒不盡，春風吹又生」——據自由亞洲電台報導，二〇一二年十月，河南鄭州四位青年公開撕毀毛澤東畫像並將照片傳到網路上，他們是藺其磊、姬來松、文刀以及曹小東。他們遭到人肉搜索並收到恐嚇電話，有人威脅要殺死他們全家。但更多網民表示，毛澤東是獨裁者，撕毛像是一種言論自由的表達，稱讚四名青年「有勇氣、夠膽識」。這一事件堪稱中國八〇後、九〇後年輕人精神覺醒的信號。像《毛澤東的大饑荒》這樣呈現眞實歷史的書籍若能在中國出版，毛澤東的偶像崇拜必將不攻自破。

誰把「奶與蜜」之地變成「血與淚」之地？

楊海英《沒有墓碑的草原：蒙古人與文革大屠殺》

忘記遇難者意味著他們再次被殺害。我們不能避免第一次的殺害，但我們要對第二次殺害負責。

威塞爾（Elie Wiesel）

我的中國身分證上登記的種族是漢族，但我是有蒙古血統的漢族。與我算是「本家」的四川老詩人流沙河（他本姓余），從諸多家譜中考證說，成都附近這支姓余的，是元末為躲避戰亂逃到四川的蒙古族後裔，為避開明朝的迫害，他們才改「金」為「余」，此後五百年逐漸融入漢族。不過，從相貌上還能看出幾分端倪來：我跟流沙河老師的長相，都有些像中學歷史課本上的忽必烈：寬寬的額頭，細長的眼睛。我這個不純正的蒙古人，只在十多年前去過一次內蒙古大草原，卻爲眼前的景象深受刺激：古詩中「風吹草低見牛羊」的敕勒川，如今的草只能沒住鞋面而已。

在中國的幾個少數民族自治區中，新疆和西藏的分離主義傾向最嚴重，內蒙古似乎長期風平浪靜。直至二〇一一年五月十一日和十五日連續發生數千名學生和牧民示威抗議事件，內蒙問題才引起國際關注。當局嚴厲鎮壓民眾的示威抗議，這也成爲時任內蒙封疆大吏的胡春華晉升的「投名狀」——如同一九八九年胡錦濤鎮壓西藏人民的反抗，受到鄧小平的青睞成爲接班人一樣。中共重用的人，必須心狠手辣，不能有趙紫陽的「婦人之仁」。而內蒙的反抗力量微弱，不是蒙古人沒有藏人和新疆的維族那麼勇敢——蒙古人自古就是彎弓射鵰的民族，而是因爲此前中共在內蒙古實施的鎮壓、清洗無比殘酷，蒙古人的菁英早被摧毀殆盡。旅日蒙古族學者楊海英所著的《沒有墓碑的草原：蒙古人與文革大屠殺》一書，就發掘出這段被埋沒的歷史，拉響長鳴的警鐘。

雙重屠殺：種族屠殺和階級屠殺

本書的研究重點是文革時期發生在內蒙古的大屠殺，作者稱之爲「文化性的種族屠殺」。本書不是一本完整的歷史敘述，而是以第一手的訪談爲主體的資料彙編——這不是貶低本書的價值，反倒因此彰顯出本書作者打撈歷史眞相的努力之可貴。據不完全統計，十年文革期間，內蒙有三十四萬人被捕，兩萬七千九百人遭到殺害，十二萬人致殘。當時的蒙古人口約一百四十萬，也就是說，平均每個家庭至少有一人被囚禁，每五十個人中有一人被殺害。與之同時發生的還有：對於女性的強姦等性暴行各地橫行，強行移居，禁止使用母語……。對此，楊海英指出：「這完全是中國政府和漢民族主導的滅絕種族的大屠殺。」

在我看來，中共政權在內蒙古實施的大屠殺，兼有種族屠殺和階級屠殺的特質。種族屠殺以希特勒的納粹德國對猶太人的屠殺最爲典型，階級屠殺以波布（Pol Pot）的紅色高棉對本民族中「資產階級分子」的屠殺最爲典型。

《沒有墓碑的草原》的第一部即描述蒙古人中「挎洋刀的」是如何遭到中共整肅的。所謂「挎洋刀的」是滿蒙時代受日本教育的菁英分子，他們中的一部分組成蒙古騎兵師團，一度成爲蒙古獨立的主要力量。作者的父親曾在內蒙古騎兵第五師服役，他的上級就是「挎洋刀的」。「挎洋刀的」蒙古軍官舉止端莊，談吐優雅，氣質不凡。與之對比，共產黨軍隊中掌握實權的將領，大都是不學無術的粗鄙之人，匪氣與痞氣十足。文革開始之後，粗鄙的漢族軍人對優雅的「挎洋刀的」發動了大規模的整肅。這種整肅除了種族屠殺的特質之外，當然同時帶有階級屠殺的色彩，與之最爲接近的是蘇俄對波蘭軍官和知識分子發動的卡廷屠殺。

本書中還用相當的篇幅記載最具典型性的圖克人民公社大屠殺的眞相。文革期間的大屠殺，已經廣爲人知的有湖南道縣屠殺、北京大興屠殺、雲南沙甸屠殺等。圖克位於鄂爾多斯地區，一九六九年人口不足三千人，被打成「新內人黨」的就有近千人，占成人的百分之七十以上。其中，被活活打死和因後遺症而死的四十九人（也有資料說七十九人），受盡折磨重度傷殘者兩百七十人。若干倖存者向作者講述了種種駭人聽聞的酷刑，如灼燒女性的陰部，用鐵絲製作腦箍套到人的頭皮裡，讓裸體婦女騎在毛繩上、兩人前後拉鋸、受害者的外陰和肛門被拉通……難道這就是君臨於蒙古大地的偉大的中華文明和共產黨的無產階級文化？

標榜「反殖民」的新殖民主義者

中共一向標榜「反殖民」，並以忠誠的民族主義者自居。然而，中共對待國境之內的「少數民族」，卻大力實施「隱蔽的殖民主義」和「升級版的殖民主義」，也就是楊海英所說的「社會主義殖民體制」，比起昔日之滿清王朝和中華民國政府來有過之而無不及。

在這一點上，中國和土耳其的所作所為如出一轍。在十九世紀中葉以來，中華帝國的江河日下乃至土崩瓦解，與鄂圖曼土耳其帝國幾乎同步，所以一個是「東亞病夫」，一個是「西亞病夫」。印度裔學者潘卡吉・米什拉（Pankaj Mishra）在《從帝國的廢墟中崛起》（*From the Ruins of Empire*）一書中，探討了中國、印度、土耳其、伊朗等亞洲古老帝國的重生之路，總結出同一個出人意料的結局：泛亞洲主義與軍事去殖民化。

吊詭的是，這些「亞洲病夫」一旦緩過氣來，立即對更弱小者露出銳利的牙齒。一九一五年至一九二三年期間，鄂圖曼土耳其帝國深陷一戰泥潭，戰敗後帝國崩解，建立了新的、縮小的土耳其共和國。與此同時，土耳其對亞美尼亞人實施種族滅絕政策，導致一百五十萬亞美尼亞人死亡，是二十世紀第一起種族滅絕大屠殺。時任美國駐土耳其大使的亨利·摩根索（Henry. Morgenthau）在回憶錄中寫道：「我確信，在種族遏制的整個歷史上，再沒有如此可怕的情節。以往歷史上發生過的大規模屠殺和殘害，與一九一五年亞美尼亞族人的遭遇相比，都顯得微不足道。」這場大屠殺與納粹對猶太人的屠殺和盧安達種族大屠殺並稱為「二十世紀三大種族屠殺」。

但是，在土耳其國內，這一歷史問題直到今天仍然是一個敏感的政治禁區，不屬於被保護的言論自由的範疇。土耳其作家奧罕·帕慕克（Ferit Orhan Pamuk）因為在二〇〇五年聲稱百萬亞美尼亞人在土耳其被殺，而一度面臨四年的牢獄之災。好在他的諾貝爾文學獎得主的名聲引起歐盟干預，土耳其政府這才作罷。另一個記者赫蘭特·丁克（Hrant Dink）就沒有那麼幸運了，他因為堅持認為「亞美尼亞大屠殺」眞實存在而被極端分子槍殺。

在中國，因為共產極權體制的建立，極權體制衍生的殖民主義更為精密和嚴酷，對周邊少數民族的屠殺也更是高度組織化。雖然中共屠殺單一民族的人數比不上亞美尼亞屠殺，但中共屠殺的境內各民族加起來的數量則有過之而無不及。據藏族學者估計，中共政權在最近半個世紀以來，屠殺了超過七十萬藏人；而維族、回族、壯族、苗族等人口眾多的少數民眾也曾有過人口劇烈減少的時代。

在冷戰時期，被中國統治的內蒙古，處於中國與蘇聯及其附庸國蒙古國接壤並對峙的地理位置，特別遭致北京的猜忌。「堅壁清野」的計畫一旦出爐，就連那些早在延安時代就

「入夥」的蒙古族共產黨幹部都難逃被清洗的命運。以蒙古族的最高級官員烏蘭夫爲首的「內人黨」案，在文革前夕就已經形成了。在楊海英的採訪對象中，就有多位「根正苗紅」的蒙古族共產黨官員及御用文人成爲黨內鬥爭的犧牲品。

鄧小平時代以來，中共官方意識形態中，基本教義派的成分越來越弱，於是民族主義日漸高張。這種漢族中心主義的民族主義，必然要渲染近代以來中國遭到西方列強侵略的悲情史，然後以帶領中國人民「站起來」甚至實現「偉大復興」的「恩人」自居。但是，另一方面，中共當局對境內各少數民族的欺凌和壓迫卻達到了亙古未有之地步。在政治和文化殖民的基礎上，近二十年來經濟殖民愈演愈烈。由於內蒙古境內儲藏著豐富的煤炭、石油、天然氣、稀有金屬等資源，掠奪式和毀滅性的能源開發，讓草原變成荒漠，蒙古族失去了祖祖輩輩賴以生存的自然環境。

基於自由民主信念的獨立和自決

對我個人而言，《沒有墓碑的草原》是第一本認識蒙古族問題的「啟蒙讀物」。對於中共建政以來的歷次政治運動，我與大部分中國知識分子一樣，不由自主地從所謂的「宏觀層面」來思考，卻很少從「族裔史」的角度來思考。所以，讀了這本書之後，雖然不是加害者的我，也願意因爲長期以來對此議題的忽略和漠視而作出遲來的致歉。

不過，我在本書中也讀到作者激越的民族情緒，與那些受難者及其家屬促膝長談，將歷史深處最黑暗的部分呈現出來，不能不讓人感到憤怒、痛苦和醞釀出激烈的批判意識。正如長期接觸古拉格群島的資料、本人也是古拉格群島倖存者的索忍尼辛（Aleksandr Solzhenitsyn），自然而然地表示說：「我一直以來都用最激烈的方式批判蘇聯共產黨政權。」

但是，激情之後，還需要理性、客觀的思考、分析與判斷。本書的中文譯者劉燕子已經敏銳地發現這個裂痕。在與作者的對話中，劉燕子詢問說：「如何超越族裔民族主義而客觀地看待這些主觀的、零碎的、斷片的、情緒化的語言？或者說，您自己如何作一位感情上的蒙古主義者、理性上的研究者呢？」楊海英的回答是：「沒有人可以百分之百地『零度敘述』，『情緒化的零碎的敘述』如利爪，能在被風化的廢墟中挖掘出眞實。而梳理這些支離破碎的陶片，正是研究者的責任。」我期待著在作者的下一部著作中，更多地看到第二步的梳理工作，包括對那些與中共合作的「蒙奸」群體的生存處境和心理狀態的深刻剖析和反思。我個人認爲，作者對作爲中共黨內政治鬥爭犧牲品的烏蘭夫的評價，過於正面。其實，對於烏蘭夫而言，黨性始終高於民族身分，他雖然飽受迫害，仍然未能像趙紫陽、鮑彤那樣邁出與共產黨體制決裂的那一步。對於這樣一位複雜多面的人物，還需要有更爲深入的研究。

未來的內蒙古何去何從，是脫離中國，與蒙古國聯合成一體；還是留在一個鬆散的中華聯邦之中？在中國漫長而艱鉅的民主化進程中，蒙古族民眾的選擇以及某個「天時、地利、人和」聚合的情勢是否出現，仍是未定之數。如今，蒙古人在內蒙古已經成爲絕對的「少數民族」，內蒙古的四百萬蒙古人如何與已經在內蒙古定居的一千多萬漢人和平共處？將這些漢人全部趕走是不現實的，前南斯拉夫發生的種族對抗、種族清洗已是前車之鑑。這些問題的解決，需要莫大的智慧和創造性的思路。而且，必須超越激越的民族主義立場。

這也是我在與台灣知識分子交流的過程中獲得的啟發。楊海英在本書中感嘆說，與漢人交流困難重重，因爲漢族中心主義根深柢固，「漢人一開始就蔑視蒙古人『野蠻』」。反倒是到了台灣，他跟台灣人更能順暢地交流，不僅是台灣民眾經歷了二十多年民主制度和民主文化的耳熏目染，而且台灣受到北京威逼利誘的處境，與生活在內蒙古的蒙古人有些許的相似之處。台灣的獨立之路，最可依託的意識形態是古典自由主義，是人權至上和住民自決的原則，而不是近代以來排他性的、唯我獨尊的、有仇必報的民族主義乃至種族主義。願楊海英的願望早日成爲現實：「我希望出現『對少數民族新思考』的智慧者。這本書漢文版的出版目的，就是試圖探索眞相調查與對話的途徑，切斷以暴易暴的鎖鏈，清除暴力土壤。」

我歸來，我受難，我倖存，我離開

巫寧坤《一滴淚：從肅反到文革的回憶》

王國維曾引尼采的名言：「一切文學，餘愛以血書者。」《一滴淚》便是「以血書者」，巫先生以「受難」的全部人生爲中國史上最黑暗時代作見證，這是他個人的不朽盛業，然而整個中華民族所付出的集體代價則是空前巨大的。

余英時

一九五一年新春，正在美國芝加哥大學攻讀英美文學博士的巫寧坤，接到燕京大學校長邀請他回國任教的急電。此前，巫寧坤從未面對面地與共產黨打過交道，他在西南聯大外文系學習期間投筆從戎，擔任過飛虎隊美國飛行員的翻譯，然後於一九四三年赴美留學。國共內戰的硝煙，只是他在美國報紙上讀到的、語焉不詳的新聞。不過，出於純樸的愛國之心，他總是感到「有一根割不斷的紐帶」將自己與古老的祖國連接在一起，「一個新時代、一個嶄新的社會，似乎隨著一個新政權的建立已經來到了」。

接到電報之後，沒有經歷太多思慮，巫寧坤便決定放棄完成一半的博士論文，回去為「新中國」效力。在美國為數不多的中國留學生當中，比巫寧坤小六歲的李政道，是與之過從甚密的「小弟弟」。李政道趕到舊金山港口即將啟程的遠洋輪船上為之送行。巫問李：「你為什麼不回去為新中國工作？」李笑著回答說：「我不願讓人洗腦子。」一九五七年，巫寧坤打成「右派」，押送到勞改營服苦役。同年，李政道榮獲諾貝爾物理獎，名滿天下。

一九七八年，剛剛獲得「平反」的巫寧坤，去北京飯店拜訪到中國講學的李政道。久別重逢的那一幕，讓他感慨萬千：分別二十七年後，他們生活在截然不同的兩個世界，中間有一條不可逾越的鴻溝。李政道留在美國，獲得成就和榮譽，過著安定富裕的生活；巫寧坤回到祖國，歷盡劫難和凌辱，好不容易才活到「改正」的今天。李政道在「美帝國主義的堡壘」安居樂業，回到共產中國榮膺「愛國主義者」的桂冠，受到最高級黨政領導的接見和宴請，作為國賓出入有專用紅旗大轎車代步；巫寧坤響應號召回到祖國，卻被劃為人民公敵，受盡無產階級專政下勞動改造和「牛棚」的煎熬，幾乎成為餓殍，葬身一捧黃土。當時，巫寧坤腦子裡突發奇想：如果當年在舊金山是自己送李政道回國，結果會是怎樣？

至少可以肯定的一點是，那就不會有巫寧坤的這本血淚斑斑的回憶錄《一滴淚》了。

「一九八四」提前降臨中國

歸國之初，住房尚未分配，巫寧坤暫住好友陳夢家、趙蘿蕤夫婦家中。陳夢家是新月派詩人和考古學家；趙蘿蕤是燕京大學宗教學院院長趙紫宸的女兒，英美文學專家和翻譯家，第一位翻譯艾略特（Thomas Stearns Eliot）長詩《荒原》（*The Waste Land*）的中國學者。陳趙夫婦與大詩人艾略特有過一次傳奇的會面：一九四六年夏天，艾略特由英國回美探親，邀請兩人在哈佛俱樂部共進晚餐。艾略特即席朗誦《四個四重奏》（*Four Quartets*）的片段，又在趙蘿蕤帶去的《詩集1909-1925》（*Poems 1909-1925*）和《四個四重奏》兩本書上簽名，在扉頁上題寫「為趙蘿蕤簽署，感謝她翻譯了荒原」的英文題詞。

然而，「新中國」並不適宜這類優雅聰慧、學貫中西的人物居住。當滅頂之災悄然降臨時，詩歌不能充當救命的稻草。巫寧坤記載了一個發人深省的細節：有一天，從學校的大喇叭裡傳來一個通知，要求全體師生參加集體工間操。陳先生一聽就火了：「這是『一九八四』來了，這麼快！」

「集體操」是極權主義的重要象徵，從納粹德國到毛澤東的中國，再到今天的北韓，都拚命推廣這種似乎很單純的體育活動，其實它目的是泯滅每個人獨特的個性，將個體融入集體之中，以方便獨裁者統治和駕馭。陳夢家對「集體操」的敏銳認識，來自剛剛在英國出版三年的喬治·歐威爾的名作《一九八四》，可見當時仍有少數知識分子與西方文學和思想潮流同步。遺憾的是，《一九八四》在中國發生廣泛的影響力，則要等到半個多世紀之後，經歷「六四」屠殺的人們與這本老書迎面相遇。試想，如果《一九八四》取代《毛澤東選集》，三十年前在中國人手一冊，專制暴政還會肆虐如此之久嗎？

俄國思想家別爾嘉耶夫說過：「一個趨向於爲統治者服務的國家是不會關心人的；對它來說，人是僅僅作爲統計單位而存在的。」這樣的政權之下，先知的下場可想而知。一九五七年，陳夢家發表《愼重一點「改革」漢字》和《關於漢字的前途》兩篇文章，不贊成廢除繁體字實行簡化字，被定性爲「章羅聯盟反對文字改革的急先鋒」，並被打爲「右派」。趙蘿蕤因受到過度刺激，導致精神分裂。「文革」期間，陳夢家被強迫長跪在院子裡，被人吐口水，有人還將吃剩的飯菜往他頭上澆，罪證是「攻擊革命烈士聞一多」，說聞一多「不洗澡，不換衣服，身上臭得要命」。陳夢家憤然道：「我不能再讓別人當猴子耍。」一九六六年八月二十四日，服安眠藥自殺未果；九月三日，自縊身亡。也有人懷疑他是被打死後僞裝成自殺的。與此同時，被放逐到安徽合肥的巫寧坤，再度被抄家、批鬥、遊街，在「牛棚」中掙扎求生。

《一滴淚》不僅是一部個人史，更是共產暴政史的一部分。今天的中國人，以及正在被中共催眠的香港人、台灣和海外華人都需要認眞閱讀這本書，從巫寧坤個人的慘痛遭遇中洞見共產黨的邪惡本質。如果香港人早早地閱讀過這本書，就不至於被「民主回歸」、「一國兩制」的謊言欺騙長達十七年了。香港評論家陶傑強調說，香港今天的困境，很大程度上源於港人尤其是知識界不了解中國的眞實歷史。「香港的學者，有許多讀『社會科學』：社會學、政治學、行政管理、社工。『社會科學』在西方，屬於左傾理想主義分子的大本營，這個類別，在香港，最大的問題，是缺乏歷史的基礎訓練，尤其是：一，由一九二一年開始的中共史；二，三千年來的中國歷史；三，自一七八九年以來的世界史。」對此，陶傑感嘆說：「一九九七年之後，絕對沒有『民主回歸』這回事，只要讀過一九五〇年之後的現代中國史，包括『公私合營』、批判『武訓傳』，批判胡風，然後藉一本《紅樓夢》，政治批判俞平伯，直到一九五七年的『反右』爲止，就會一清二楚。但是到今日，以上的幾件事，香港人又有幾個聽說過，幾個明白，又有幾個看得透？」在這個意義上，《一滴淚》可以作爲台灣「反服貿運動」和香港「佔中運動」的「必讀參考書」。

共產政權將知識分子當作潛在的顛覆者

從一九五一年回到中國，到一九九一年離開中國，巫寧坤在共產中國生活了四十年，幾乎沒有享受過一天的好日子。

青年時代的巫寧坤，不是共產黨員，卻是同情和支持共產黨的「同路人」。早在西南聯大求學期間，他就深受「進步」教授和左派同學親共思想的影響，也是左翼學生文藝社團「冬青文藝社」的積極分子，閱讀過高爾基的小說和共產黨的祕密傳單。在美國留學期間，他如飢似渴地閱讀美國共產黨出版的《群眾與主流》雜誌，在書店裡到處搜羅「進步」書刊。回國時，他的行李大半是裝滿左派書刊的鐵皮箱和紙板箱。

然而，回國後迎接巫寧坤的，是一場又一場讓人喘不過氣來的政治運動。第一次是「思想改造運動」，共產黨御用歷史學界翦伯贊居高臨下地命令他「補充交代本人的歷史輪廓」，巫寧坤從未受過如此侮辱，頂撞說：「我回國不是來搞坦白交代的。翦教授，失陪了。」巫寧坤由此埋下成爲「老運動員」的禍根。而自以爲對共產黨忠心不貳、整人毫不手軟的翦伯贊，大概不會想到，在更加嚴酷的「文革」中，自己會成爲被整肅的對象，並走上自殺的不歸路。

接著，燕京大學與所有的教會學校一起被取締，巫寧坤隨即被分配到天津南開大學外語系。剛剛熱情澎湃地投入教學工作，讓他更爲震驚的事情發生了，外語系突然召開「幫助巫寧坤同志認識他來外語系任教一年以來在思想上和其他方面所犯的錯誤」的會議。若干平常與之無話不談的同事，將他私下裡的言論一條條地揭發出來，然後落井下石、上綱上線。會後，他的好友、詩人和翻譯家查良錚提醒說：「我們不是生活在一個自由社會裡。」

不自由的社會，不能容納熱愛自由的知識分子。「反右運動」羅網高張，巫寧坤這樣深受西方自由主義傳統洗禮的知識分子必然落入網中。這一次，他被劃爲全系唯一一名「極右分子」，被送到北京半步橋勞教所關押。那一刻，他終於認識到：「跨過這『半步』，我就不再是教授、知識分子，甚至不是一個人。我現在只是一個入了另冊的『分子』，一個賤民，一點也不比睡在我左右兩邊的小偷或流氓高明。不，我比他們還壞，因爲思想罪被認爲比各種小罪更危險。」

數月之後，巫寧坤被送往北大荒小興凱湖上沼澤遍布的勞改農場，他不是被法庭正式判定的罪犯，卻被剝奪了基本自由與人權。一九六〇年，他與一群難友一起被轉移到北京與天津之間的清河農場。在那裡，大饑荒蔓延開來，巫寧坤靠著親人從黑市買來捎帶給他的食品倖存下來，許多難友被活活餓死——有一次，巫寧坤被派去挖坑埋屍體，由於身體羸弱，只挖了一個坑，遭到隊長的嚴厲斥責。

作爲「小知識分子」的毛澤東，對曾經蔑視過他的「大知識分子」充滿刻骨仇恨。知識分子成了「臭老九」和「牛鬼蛇神」，與帝國主義和資本主義存在千絲萬縷聯繫的「海歸」更是「渣滓中的渣滓」。那是一個反智主義的時代。毛澤東及中共政權將知識分子看作潛在的顚覆者和必須加以改造的對象。殊不知，改造他人的思想，是所有思想中最邪惡的思想。

在獸性氾濫的國度，「義人」不會被「猛人」摧毀

蘇俄歷史學家沃爾科戈諾夫在《勝利與悲劇：史達林的政治肖像》一書中寫道：「史達林在不斷滿足但又無法徹底滿足他那血腥的欲望時，犯下了史無前例的反對自由的罪行：他不讓人們自由地生活和自由地思想。」這句話可以用在毛澤東身上。毛澤東以及產生毛澤東的共產暴政，是災難的根源，是自由的敵人。

毛澤東是魯迅筆下殺人如麻、不知良心爲何物的「猛人」的代表。「猛人」就是「共產黨人」的同義詞，這是一群天不怕、地不怕的「二杆子」，以殘暴爲美德，以欺騙爲技能。巫寧坤在《一滴淚》中，描寫了種種如虎豹、豺狼和毒蛇般的「猛人」：有把整人當作

晉升之階的學術官僚，有勞改營中軍人出身的暴虐的管教人員，有被毛澤東施加催眠術而變得嗜血的紅衛兵學生……納粹在德國已成爲歷史，「文革」在中國卻並未遁入歷史隧道。作爲「文革」受害者的習近平，不就搖身一變成爲新一代的「猛人」嗎？驅使祕密警察害死李旺陽的周強，不就竊據了最高法院院長的職位嗎？殺人如草不聞聲的前北京市公安局局長傅政華，不就升任公安部副部長、並成爲「候補周永康」嗎？今天的中國，仍然被大大小小的「猛人」所統治。

英國思想家伯林（Isaiah Berlin）對人類的本性有悲觀的評估：「同種動物之間一般不會互相殘殺，只有人類才互相殘殺，沒有什麼東西能阻止人殺人，人是所有動物中最殘酷的一種動物。」沒有宗教信仰的伯林，經歷了蘇俄十月革命、兩次世界大戰以及史達林的暴政和漫長的冷戰，對人性只剩下淡淡的絕望。然而，在這個世界上，雖然有「猛人」橫行，卻也有如螢火蟲般閃閃發光的「義人」，無論黑暗何其大，亦不能消滅他們的光芒。

《一滴淚》這本書還有另外一位作者，就是巫寧坤的妻子李怡楷。書中有五個章節是根據李怡楷的口述整理出來的，這部分內容讓讀者認識到，受難者家人承受的苦難，絲毫不比受難者本人小。李怡楷十五歲上中學時，就皈依天主教，一九四九年之後，大學生上教堂受到當局的白眼，但她仍然不聲不響地上教堂。當她與巫寧坤結婚之後，厄運接踵而至，正是來自信仰的勇氣與愛，讓她對丈夫不棄不離，對政治迫害不屈不撓，堅定地拒絕了當局讓她與丈夫劃清界限並離婚的誘騙。

書中記載了一個感人至深的細節：當巫寧坤即將被送去勞動教養之際，李怡楷炒了兩盤丈夫愛吃的菜爲丈夫送行。此時，她腹中懷著即將出世的孩子，丈夫將去服一個沒有刑期的、不知何時是歸期的刑，她將在家獨自奉養老人、撫養孩子，她卻深明大義地對丈夫說：「我會每日每夜爲你祈禱。堅守信念，不管發生什麼情況，堅守對生活的信念。」正如余英時教授在爲《一滴淚》寫的序言中所說：「巫先生之所以終能『倖存』下來，如果沒有夫人的全心全意的支援，是不可想像的。如果不是夫人給他寄寒衣，恐怕他在北大荒非凍死不可；如果不是夫人千里迢迢的『探監』，送食品之外更爲他的病情而向原單位要求早日釋放，他也可能餓死在清河農場。」這位柔弱而堅韌的女性，乃是全書中的「第一英雄」。

美國作家何偉（Peter Hessler）從巫寧坤那裡聽到陳夢家、趙蘿蕤的故事，由此對中國的古文字產生興趣，撰寫了「中國三部曲」之一的《甲骨文》。在書中，他描述了巫寧坤、陳夢家、趙蘿蕤那一代人的故事：「那一代人一直在流浪——他們要逃離戰爭、饑荒和政治，他們嘗試著調和西方思想和中國傳統。他們中的大部分人失敗了，但他們並沒有喪失自己的尊嚴，而他們的一點理想主義火花則以某種方式倖存了下來。」倖存者不僅爲自己作傳，更是爲不能開口的死難者作傳。在與巫寧坤有過一番長談之後，何偉寫道：「我特別敬重巫寧坤的平靜。他的回憶錄並不是暢銷書，但他理順了他的過去。對於任何作者而言，那就是寫作的根本動機，特別是對那些遭遇了不幸的人們。寫作可以模糊眞相、困住在生的人，它可以具有破壞性，也可以具有創造性。但對意義的搜尋，則有了一種超越一切瑕疵的尊嚴。」是的，再凶暴的獸性也不能壓倒人性的尊嚴。

巫寧坤曾用一句話概括三十年的「牛鬼」生涯：「我歸來，我受難，我倖存。」他說：

「持久的苦難絕不僅是消極的忍受，而是一宗支援生命的饋贈。……或許恰恰因爲受難在一個人的生命中佔有一個無比重要的地位，所以一部丹麥王子的悲劇，或是杜甫盪氣迴腸的詩篇，才以人生悲劇的壯麗使我們的靈魂昇華。」在巫寧坤的三個一字千金的動詞之後，我要補充一個動詞：「我離開。」一九九一年，又經歷了八九屠殺的巫寧坤，決絕地離開中國，到青年時代曾求學八年的美國安度晚年，並於一九九六年加入美國籍。

二〇一四年夏天，我在大華府地區的中文報紙上讀到年逾九旬的巫寧坤撰寫的一篇文章，描述他們夫婦倆在老人院中幸福安寧的晚年生活。我爲他們感到高興，也祝福他們健康長壽。

在暴風驟雨中，有青草生長的聲音

楊曦光《牛鬼蛇神錄》

只有極少數人對整個人類擁有這樣一種愛，這種愛使他無法容忍普通大衆的不幸和苦難，而不管這種不幸和苦難與自己有什麼關係。

梭羅（Henry David Thoreau）

楊小凱，原名楊曦光，出生於湖南中共高幹家庭。文革爆發後，父母親因同情劉少奇和彭德懷的政治觀點，雙雙被打成「反革命修正主義分子」，楊曦光一夜之間變成「黑五類」和「狗崽子」。一九六八年，二十歲的楊曦光寫出一篇大字報，名為《中國向何處去？》，主張在中國實行巴黎公社式的民主政體。此文震動全國，康生幾次提到《中國向何處去？》，說那是「反革命的戰馬悲鳴」；江青更是大發雷霆，直接告訴湖南官員：「讓他見鬼去吧！」於是，楊小凱被毛澤東「欽點」抓進監獄，一年多之後，以反革命罪判處有期徒刑十年。此案更是連累其父親被監禁，其母親不堪羞辱上吊自殺，兩個妹妹四處流浪，可以說因言獲罪、家破人亡。

十年暗無天日的冤獄，會毀掉一個庸人，也可能成就一名先知。楊小凱此後在經濟學領域取得世界級的成就，並成爲離諾貝爾經濟學獎最近的華裔經濟學家，跟這段頓挫苦痛的人生履歷不無關係。最讓我感到「拍案驚奇」的是，楊小凱爲後人留下了一本獄中回憶錄《牛鬼蛇神錄》。在出獄時，他對自己說：「不管將來發生什麼事情，我一定不能讓在這片土地上發生的種種動人心魄的故事消失在黑暗中，我要把我親眼見到的一段黑暗歷史告訴世人，因爲我的靈魂永遠與這些被囚禁的精靈在一起。」政論家胡平高度評價此書說：「《牛鬼蛇神錄》是我們這一代人所寫的有關文革的最優秀的著作之一，也是中國人寫的有關中國古拉格的最優秀的著作之一。」楊小凱在澳大利亞莫納什大學（Monash University）最後指導的一位博士生曲祉寧，得知老師青年時期的坎坷經歷，再三感嘆：「老師那種精神力量，讓人聯想起小說裡的基度山伯爵。」

他們是顛覆中共暴政的身體力行者

陳獨秀說過，監獄是研究室，沒進過監獄的人成不了一流的思想家。聰明絕頂的楊曦光遇到文革風暴，不能上大學、沒有受過正規教育，卻將監獄當作一所另類的大學。在看守所、監獄和勞改營，他發現了一個生機勃勃的地下世界，結識了一批比他更徹底地反抗中共暴政及其意識形態的先知先覺。反諷的是，在當時中國這個全民「道路以目」的「大監獄」裡，楊曦光所在的那個「小監獄」，由於政治犯的高度密集和獄友共同的賤民身分，反而思想最自由，成了「書中的巴黎」。儘管必須承擔高強度的體力勞動、獄卒的羞辱和折磨，以及防不勝防的告密者，但楊曦光與一小群志同道合的獄友們逐漸形成一個小團體，他找到了政治學、經濟學、數學、英語、建築學等各門學科的老師，長沙郊外的建新農場的師資力量竟然不亞於北大、清華。專門關押政治犯的勞改大隊，藏龍臥虎、群賢畢至，讓楊曦光受到了中國第一流的啟蒙教育。

這本回憶錄通過一個個鮮活的故事，爲後世的歷史學家、政治學家和社會學家提供了中國當代思想史的第一手材料。楊曦光發現，大約有三分之一的政治犯眞正有「反革命」的思想和行爲，是因主張以地下政黨活動的方式，發動新的革命推翻共產黨而被判刑的。他們以共產黨暴政的掘墓人自居，求仁得仁、死得其所。這些「反革命分子」，有的屬於勞動黨，有的屬於民主黨，有的屬於反共救國軍。勞動黨傾向學習蘇聯體制；民主黨主張西方式的自由民主制度；有幾十個人是反共救國軍成員，他們共同點是通過接收台灣的廣播，接受了台灣「反共救國」的意識形態。

這些「反革命組織」和「反革命集團」多少都與一九五九年的大饑荒有關，大饑荒使很多人認清了共產黨的本質。楊曦光在書中呈現的這些資訊，改寫了此前人們對大饑荒時代社會狀況的誤讀：過去，許多人認爲，大饑荒時代的中國人如同待宰的羔羊，即便被活活餓死也不願或不敢挺身反抗。其實，不是沒有反抗者，而是反抗者都遭到關押或屠殺。

一般而言，監獄是一個遵循叢林法則、你死我活的世界。但在政治犯群體中，楊曦光感受到思想同道相濡以沫的溫暖與幸福。最令人動容的是楊曦光和張九龍、劉鳳祥、程德明等反抗者的友誼。他們彼此坦率地交換思想，在無邊的黑暗中撞擊出閃亮的火花。連貫全書的一個重要問題是：「祕密結社組黨的反對派運動在中國能不能成功，它在文革中起了什麼作用？」而相關問題是：「多如牛毛的地下政黨在文革中曾經非常活躍，但爲什麼他們不可能利用那些大好機會取得一些進展？」楊曦光的答案是：共產黨奪取政權是徹底的改朝換代，把以前有社會地位的人徹底搞臭搞垮，大部分關進牢裡以及殺掉。這種徹底改朝換代的朝代，總有兩三百年的壽命。它是極難垮的，不是因爲它政策開明，而是因爲它對反對派鎮壓殘酷。

這些付諸於行動的先知先覺，大都被處以死刑，他們的反抗如同飛蛾撲火、螻蟻撼樹。更爲遺憾的是，因爲被虐殺，他們的思想未能成熟和成型，未能廣泛傳播並成爲解凍的「催化劑」，他們是歷史學家朱學勤所說的「思想史上的失蹤者」。不過，幸運的是，有了楊曦光的記載，這些人物終於在書頁中復活並且熠熠生輝，正如楊曦光所說：「他們那一代右派知識分子的精華和最傑出人物，他們代表了這一代人中積極反抗共產黨政治迫害的努力，他們的死給這種積極的努力打了個句號，他們失敗了，但他們是現代中國歷史的一頁，他們不能消失在黑暗中。」

那個時代，所有的中國人都崇拜毛澤東嗎？

習近平上台之後，中國的意識形態急劇左轉，毛澤東的幽靈附著在習近平身上，小型文革，亮劍舞刀，風雨欲來。毛派分子瘋狂鼓吹毛當年如何深受民眾愛戴，企圖重新製造對毛的偶像崇拜。

然而，正如楊曦光在《牛鬼蛇神錄》中指出，即便在毛時代，也不是所有中國人都崇拜毛澤東，在各階層人士中，都有很大比例的人對毛深惡痛絕。以楊曦光本人而論，他直截了當地說：「整個中國被毛澤東和共產黨搞得生靈塗炭。每次我看到毛澤東的像，就像看到一個殺人魔王的像。他那大而高的額頭在我眼中成了妖怪的特徵，他的臉色充滿著一股殺氣，顯得十分陰暗而凶狠。」這與八十年代劉曉波形容毛是「混世魔王」不謀而合。

楊曦光在獄中結識了不少因爲反對毛澤東而被判處死刑的囚徒。其中，作爲民主黨首領的粟異邦，雖然是一名籍籍無名的年輕人，對毛澤東和共產黨體制的批判卻超越了那些大右派。一名親眼目睹粟異邦被殺害的場面的囚犯，對楊曦光描述當時的場景：粟異邦的舉動令所有人感到意外，不等宣判完畢，就在東風廣場十幾萬人面前突然大呼「打倒共產黨！」「打倒毛澤東！」警察將其撲倒在地，用槍托打他的頭，他的聲音還沒有停止。有個警察用槍刺朝他口裡扎，頓時鮮血直噴，但他還奮力掙扎，這時另一支槍刺插入他嘴中，金屬在牙齒和肉中直絞的聲音讓在場的人全身發麻，等不到大會宣布結束，他就已經死在血泊之中。

早在文革初期，楊曦光就已認識到，毛澤東是一個殘民以逞的暴君，周恩來是一個口蜜腹劍的奸相。在許多人都對毛澤東和周恩來頂禮膜拜時，他就看透了暴君與奸相合作演出的這場醜惡的「二人轉」。楊曦光並未經歷一個對毛崇拜然後崇拜破滅的過程，從一開始起，他就看透了毛並不堅守任何主義而只是追求權力的眞面目，毛是秦始皇、朱元璋那樣的暴君的「升級版」，毛和毛的政策並不得人心。在勞改營的觀察，印證了楊曦光的想法：「那時的中國，對毛澤東的仇恨心情大概是非常普遍的。看看勞改隊那麼多因爲惡毒攻擊毛主席而判七八上十年刑的人就知道這種仇恨心情的普遍性了。」

即便是在對毛的偶像崇拜最狂熱的時代，痛恨毛的暴政的人士，仍然遍布中國的各個階層。楊曦光的難友中，有個名叫蕭民生的解放軍營長，收聽台灣的自由中國廣播，將其中揭露毛的邪惡的內容向部下傳播，結果被捕。在勞改農場出工時，又見縫插針地散發手寫的反毛傳單，結果被判死刑。

毛澤東死後，華國鋒上台，又有一批新的囚犯被塞進勞改營。楊曦光發現，有幾個老實農民，是因爲在毛澤東死的那天公開表示高興而被以反革命罪判刑。其中，有個農民一聽到毛澤東死的消息就高興得跳起來，大呼：「毛爹爹死了，這下我們會有飽飯吃。」可見，即便在迷狂的文革時代，仍然有很多中國人從理性、從直覺等各個方面出發，突破了官方炮製的毛澤東崇拜。

在地獄最底層，人性之光依然在閃爍

《牛鬼蛇神錄》既是楊曦光心靈成長的軌跡，也是催人淚下並讓人肅然起敬的「反抗者列傳」。既然洞悉了地獄最底層的幽暗與隱祕，一步步地走向光明的信仰的楊曦光，用一種冷靜、簡潔、樸素的文筆，描寫了那些他愛過的靈魂，那些被監禁、被凌辱、被虐殺的同胞。

必須有人講出他們的故事。班雅明（Walter Benjamin）有一篇文章，專門提到「講故事的人」。在班雅明看來，在一個經驗趨於貧乏的時代——即漢娜·鄂蘭所說的「黑暗時代」，「講故事」是保存、交流和傳播經驗的最有效的形式。鄂蘭在《黑暗時代的人們》（*Men in Dark Times*）中，講述了十個知識分子的故事，她認爲，故事使得人們共同行動和言論，並且相互向對方顯現。在《黑暗時代的人們》中，鄂蘭曾以《走出非洲》（*Out of Africa*）作者以薩克·迪南森爲例，闡釋了故事是如何拯救生活的：「故事揭示了這樣一些東西的意義，如若不然，它們仍將是純粹事件的一個令人無法忍受的序列。」鄂蘭發掘出每一個人所發出的、幫助我們理解人類的生存的光亮。

《牛鬼蛇神錄》是一本比《黑暗時代的人們》更加優秀的書。《黑暗時代的人們》中的某些人物，並非黑暗中的螢火蟲，如布萊希特（Bertolt Brecht），後來成了爲黑暗唱頌歌的夜鶯，鄂蘭似乎對詩人懷有特別的偏愛與諒解；而《牛鬼蛇神錄》中的那些發光的生命，大都不是傳統意義上的知識分子，他們扎根於大地，更有來自山川雨露的鐘靈毓秀。比如，有一個名叫盧瞎子的囚犯，是被共產黨剝奪財產的小企業主，爲了捍衛自己的財產而奮起抗爭，結果被關進監獄。多年以後，楊曦光回憶說：「是他的命運告訴我共產黨人對私人企業家的迫害和歧視以及對財產的侵犯是何等殘暴無理。在盧瞎子看來，他對自己財產的權利是如此自然、合法而合理，而共產黨的理想和整個意識形態卻與如此自然合理的事不相容。好多年後，我還會想起盧瞎子那握有公理和正義的自信心，我變得越來越喜愛他這份自信。」也許正是這位難友的自信，讓楊曦光在成爲經濟學家之後，始終堅守古典自由主義的經濟學理念，也就是海耶克（Friedrich August von Hayek）和米爾頓・傅利曼的傳統，並使之成爲對抗現實中的極權主義的源頭活水。

還有一位名叫李安祥的難友，三十多歲，信天主教已經二十多年。教堂被關閉後，他在自己家供奉上帝，還去親朋好友家傳播上帝的聲音，因爲信仰的緣故被判刑十年。楊曦光寫道：「我認識的人沒有一個信教的，而李安祥成了我認識的第一位上帝的使者。」楊曦光第一次看到李安祥禱告的時候，還以爲他是精神病患者。後來，他發現，李安祥每天爭著倒便桶、打水的髒活、重活；每個星期天都會洗地，一點點地用抹布擦洗地面。楊曦光不禁感嘆說：「李安祥是我遇到的第一個保持著盡善盡美的追求的人，我雖然對宗教沒有敬意，但從他身上，我看到了上帝的影響。」二十多年以後，在生命的最後階段，楊曦光受洗成爲基督徒，也許是當年上帝使用李安祥在他心中種下的那顆種籽終於破土而出。

在塵土乃至糞土中，你仍然可以活得像珍珠和鑽石那麼高貴、那麼純潔。讓我們祝願那些在黑暗時代經歷過、愛過、死去的人們獲得良心上的安寧，就像斯溫伯恩的詩所寫的那樣：「死去的人從來不能站起身；甚至疲倦的河流也是如此，曲折而安然地流入大海。」

那雙手，舞文弄墨，殺人無形

約翰・拜倫、羅伯特・帕克《龍爪：毛澤東背後的邪惡天才康生》

此處的這些人犯下的是屠戮他們的親戚、鄰居和同胞的勾當。

蒙田（Michel de Montaigne）

周永康垮台以後，隨著越來越多黑幕被揭露出來，很多人感嘆一度權勢熏天的「周老虎」是中共歷史上空前絕後的大壞蛋。這個看法實在是對中共的歷史太無知了。周永康既不「空前」，也很難說「絕後」——作爲江澤民和胡錦濤時代的「政法王」的周永康，與作爲毛澤東時代的「活閻王」的康生相比，其作惡的才華、學識與能力都要遜色一等。

在腐敗與殘忍這個面向上，周永康與康生如出一轍：周永康被譏諷爲「百雞王」，甚至不惜殺妻再娶；康生則長期佔有小姨子，維持「姐妹同侍一夫」的家庭模式，最後導致其自殺身亡。周永康及其家族貪腐千億，富可敵國；康生則耽溺於鴉片與色情，侵占上萬件價值連城的書畫古玩。周永康控制公安、政法系統達十餘年之久，可謂「一人之下，萬人之上」，踐踏法治、暴力維穩、無惡不做；康生則一手創建中共的祕密警察制度，主控血腥的文革鬥爭，彭德懷案、羅瑞卿案、習仲勛案、六十一叛徒集團案、劉少奇案、賀龍案、內蒙內人黨案……幾乎每一個重要冤案背後都有他那雙看不見的手。

若要深刻地理解周永康是怎樣煉成的，就必須將其放置在中共血染的黨史中觀察和分析。此時此刻，需要讓康生這個教父從幽暗的幕後出場亮相。美國學者約翰・拜倫（John Byron）、羅伯特・帕克（Robert Pack）所著的《龍爪：毛澤東背後的邪惡天才康生》一書，描述了中共宮廷政治中最黑暗恐怖的那一面。康生大概從未親手殺死過一個人，但從王實味到劉少奇，都是間接死在他手上，他造成上百萬中國人被殺害和一千多萬中國人入獄受難。

克格勃與錦衣衛雜交的怪胎

在中共政治局常委一級的領袖中，康生是少數接受過比較完整的中國傳統文化教育和西式教育的、具有知識分子氣質的人物。他出生於山東大地主家庭，少年時代就讀於青島德國人辦的禮賢中學，校長是《易經》翻譯者、德國漢學家衛立姆（Richard Wilhem），除了西學和德文之外，他還從在那裡任教的清朝大儒那裡學習儒家經典。然後，他來到上海，就讀於以激進作風聞名的上海大學，他的老師之一是共產黨領袖、學者瞿秋白。在那期間，康生開始研讀馬克思主義著作，奠定了他日後號稱「馬克思主義理論家」的根基。

一九三三年，已在上海積累了豐富的情報工作經驗的康生，被中共派遣到莫斯科受訓。傳記作者寫到，在莫斯科的四年時間，康生完成了「他的政治教育並成爲政治恐怖方面的全才」。康生頻繁而密切地同蘇聯的祕密警察來往，度過了史達林大清洗時期最黑暗的日子，逐步深入了解在一個共產黨國家中祕密警察的價值。當然，這段經歷並沒有妨礙日後在中蘇交惡時他對蘇聯「老大哥」反戈一擊。蘇聯不得不吞下這顆苦果：這個他們一手培養出來的「鋼鐵戰士」，成爲中共領導層中最激烈地反對蘇聯的人。康生承擔了幫助毛澤東起草與蘇聯論戰的系列文章《九評》的工作，以此再度贏得毛澤東的歡心。

中共不僅是一套沿襲自蘇聯的組織架構和價值系統，也深深地扎根在中國漫長的專制主義政治傳統之中；康生也是如此——他的成功不僅歸因於在蘇聯學到的一套具有現代極權主義特質的「祕密警察治國」的方略，同時他也跟毛澤東一樣洞悉如何「引導中國社會的黑暗勢力」。儘管康生接受過一些西方教育，但是他從未把握住驅動社會和經濟現代化的價值，他拒絕任何建設性的、啟蒙的和進步的東西。康生的性格、性情和生活方式，甚至比幾乎只讀中國古書的毛澤東更加傳統，正如傳記描述的那樣，康生喜歡「在歷史的魔力中消磨時間，時常遁入古代中國的審美娛樂中，利用戲曲、繪畫、書法、詩詞和文物收藏的興趣從公共生活中隱退」。

古代中國對康生而言，不僅是一個由琴棋書畫構成的審美世界，更重要的是，他從歷史中汲取其建構安全機構的觀念。明朝初年──這個時期受到毛澤東與康生的高度讚美──皇帝建立起兩個祕密警察機構：錦衣衛和東廠。它們在地方行政官員和達官貴人的系統之外運作，而且直接隸屬於宮廷。兩個警察機構由皇帝的親信太監領導，它們清除討厭的官員，並且監視官僚機構。「錦衣衛和東廠常常僱用流氓作暗探和特務，正如康生在上海利用幫派，在延安利用祕密會社，從文革期間到去世前利用紅衛兵一樣。」而在江澤民統治末期，周永康控制並縱容的國保警察作惡，也屬於這一譜系中的變種。雖然周永康垮台了，但政法委和國保警察並未遭到取締，在中共十八屆四中全會上，習近平以總書記之尊親自統帥這個凌駕於憲法和法律之上的鎮壓系統，由此走向依法治國的反面。

毛澤東與康生：獨裁者和他的影子

康生之於毛澤東，猶如希姆萊（Heinrich Himmler）之於希特勒、貝利亞（Lavrentiy P. Beria）之於史達林、戴笠之於蔣介石。有康生控制龐大的祕密警察機構，毛澤東才能隨心所欲地清洗掉那些權高位重的「老近衛軍」。

康生在三十年代末期從蘇聯回到延安，本來他是王明派系的核心人物，當他發現毛澤東牢牢掌握中共的最高權力，遂決定投靠毛澤東，「這反映了他極端的機會主義以及對中國共產主義運動的政治動力的敏銳洞察力」。王明是一個誇誇其談、水土不服的書生，毛澤東是一個土生土長的、接地氣的梟雄，對於兩人的此消彼長之勢，康生洞若觀火。一個絕佳的時機來臨了：當毛迷上從上海來的女演員江青而受到同僚非議時，康生主動爲「來歷不明」的江青作政治擔保，促成毛澤東與江青的婚姻——康生與江青是老相識，甚至有可能是江青的第一個情人。正是憑藉著毛江婚姻中「月老」的身分，康生贏得了對他人充滿猜忌的毛的信任，掌控了延安的安全保衛、軍事情報以及馬列主義教育的大權。

若沒有康生的積極配合，毛澤東很難順利推進延安整風，並成爲具有最高決策權的「無冕之皇」。康生指導社會部的工作人員吸收了中國傳統的酷刑手段，以及從蘇聯移植而來的工作方式，讓延安成了一個人人自危、草木皆兵的「動物莊園」。連國民黨特務頭子戴笠都驚嘆，他並沒有派遣那麼多特務到延安去啊。緊接著，康生被派遣到甘肅和山西領導土地改革，他大肆屠殺地主和富農，雖然他本人出身大地主家庭。一些令人恐懼的行話說明了中共所發明的奇特處死方法：比如，在冬天讓人穿上薄棉衣，將水澆到他身上，直到溫度降到零度以下將他凍死，這叫穿「玻璃衣」。當中共奪取中國的統治權之後，康生讓在延安整風和土地改革中積累的經驗在歷次政治運動中大放異彩。專案組、檔案系統和勞改營，背後的操縱者都是康生。

中共建政之初，由於康生觸犯眾怒而遭到貶斥，他被迫隱退七年之久。一九五六年復出時，他由老資格的政治局委員降格爲候補委員，這讓他備感羞辱。他不動聲色地察言觀色，尋找重新受到毛重用的機會。一九五九年，在廬山會議上，康生大力批評彭德懷，指責彭德懷原名「彭得華」，這是「野心好大，要得中華！還起個號叫『石穿』，水滴石穿，搞陰謀嘛！」

於是，毛澤東將一個又一個的重要職位加在康生頭上。康生眞正進入政權核心，是因爲大力幫助毛發動文革。康生奉命攻擊彭眞、劉少奇、鄧小平、賀龍等人，他就像一隻在高空中俯瞰大地的禿鷹，一旦看到誰在毛那裡失勢了，就立即俯衝下去，對其發出致命一擊。一九六九年，康生當選爲政治局常委。一九七〇年，他看到毛澤東與林彪的關係破裂，又對林彪集團發起攻擊，順勢取代陳伯達掌握宣傳大權。一九七三年，在中共十大上，康生當選爲中共中央副主席，名列毛澤東、周恩來、王洪文之後，成爲名副其實的黨內第四號人物。不過，他已身患癌症，來日無多。

從康生與毛澤東如影隨形的關係可以看出，只要能夠取悅毛澤東，康生不惜出賣任何人；只要能夠讓毛澤東滿意，康生不惜做任何邪惡的事情，包括將密友和部下送上死亡之路。毛澤東與康生這兩個中共領袖，一邊舞文弄墨、吟詩作賦，一邊殺人如麻、禍國殃民，他們的所作所爲驗證了「殺人放火乃吾黨本色」。

不過，這本傳記未能釐清康生與周恩來之關係。在三十年代的上海，周恩來一度是從事情報工作的康生的上級，但後來兩人成爲關係冷漠且存在競爭關係的毛的左右手。康生和江青幾度試圖扳倒周恩來，卻未能成功。即便在康生的勢力如日中天之際，周恩來仍然牢牢控制著另外一個讓康生無法染指的特務系統。兩人之間複雜而微妙的關係，或許可以構成一個單獨的章節。

康生雖死，其精神遺產依然活著

康生在死亡之前最後一次面見毛澤東時，勸說毛澤東再次罷黜鄧小平。他對鄧小平會成爲「中國的赫魯雪夫」的擔憂是有道理的。鄧小平果然推翻了毛指定的接班人華國鋒，否定文革，並給予作爲其死對頭的康生以遲到的懲罰，將康生逐出共產黨的先賢祠。但是，彼此敵視的鄧小平與康生之間，眞有本質的不同嗎？

兩位傳記作者一針見血地指出，「天安門事件顯示，康生的精神繼續縈繞著北京」。換言之，在一九八九年鄧小平指揮的大屠殺中，康生的遺產再度從幕後走到前台。屠殺並非偶然事件：「對民主運動的血腥鎭壓是康生手法在邏輯上的延伸。以中國二十世紀的歷史爲背景，突然而無緣無故地利用武裝力量反對一般民眾並不是反常的。確實，以毛澤東的軍事力量建立起來的專制君主制下，這似乎是不可避免的。」鄧小平上台之後，人們以爲既然康生在肉體已經死掉了，而且他被宣布開除黨籍、取消悼詞、骨灰移除八寶山，已然聲名狼藉；但實際上，康生的幽靈仍然在操縱著當代中國的政治運作：「死去而蒙受恥辱的康生和那些在天安門屠殺背後的人之間具有政治精神的連續性。他們的手法，謀殺民眾、逮捕成千上萬的人、孕育一種特有的擔心和恐懼的氣氛，也遵照了康生在他差不多爬上了共產黨頂峰的過程中所創造的先例。」

《龍爪》一書列出八九鎭壓的倡議者們的履歷，他們一生中大半的時間都是康生的同事，這群人包括鄧小平、楊尚昆、陳雲、彭眞、王震、袁木。他們一度是康生的密友或工作夥伴，儘管後來關係破裂，但他們都把殺戮當作保衛國家、反對公民的合法手段。「他們也許缺乏康生欺詐和殘酷那勢不可擋的威力，但是他們集中全力把中國帶向九十年代和未來改革者的外觀下，潛藏著狂熱、偏執、自私，而最終無法區分個人利益和國家需要之間的差別。」作者認爲，康生和中國當代領導人之間的許多差異只是程度問題。「鄧小平和他的追隨者在特權的欲望方面要比康生更爲適度，在政策方面更帶建設性。他們花了很大工夫來克制以康生爲榜樣的殘酷暴行和背叛行爲的衝動。但是最終，他們和康生一樣，是受到中國古代傳統制約的馬克思主義統治者。」如果八九那一代學生有機會閱讀這本傳記，他們就不會對共產黨政權抱有任何善意的幻想。那麼，八九時候的傷亡大概就不會如此慘烈了。

更有諷刺意義的是，今天中國的執政者習近平，以及因挑戰習近平而身陷牢獄的薄熙來，分別來自於兩個被康生整得生不如死的元老家族：習近平的父親習仲勛是「小說《劉志丹》反黨案」的頭號受害者，薄熙來的父親薄一波則是「六十一叛徒集團案」的頭號受害者。從內心而言，習近平和薄熙來一定恨透了康生，以及康生所奉行的殘酷的黨內鬥爭的方式；但是，他們在維持權力和奪取權力的過程中，卻又不由自主地採納康生那無比邪惡的精神遺產。

康生的精神遺產就如同一塊威力強大的磁鐵，將中共系統內的每一個人都牢牢鎖定。康生那陰鬱的、皮笑肉不笑的神態，留在每一個中共領導人臉上。從某種意義上來說，今天的中國，依然是毛澤東和康生的中國。

一個光棍，如何坐龍庭？

李志綏《毛澤東私人醫生回憶錄》

我看到毛對毛致敬。毛站在高高的天安門上，指揮巨大的毛主席塑像引領的龐大遊行隊伍行進。石膏做的毛高舉著手，血肉之軀的毛向他回禮。群衆沉浸在鮮花和彩球的海洋裡，爲兩個毛歡呼。

愛德華多・加萊亞諾（Eduardo Galeano）

讀李志綏的這本回憶錄，我不禁爲作者敢於打破偶像崇拜、與獨裁政權決裂的勇氣所折服——中共當局惱羞成怒之下，甚至將李志綏在北京的住宅沒收，那本是他工作一輩子應得的基本福利。但是，李志綏付出這樣的代價是值得的。這是一輩子擔驚受怕、不離不棄的妻子在臨終時的最大心願：說出眞相來！這本回憶錄總算達成了李志綏和妻子共同的願望：「我要此書成爲在毛澤東的極權統治下，平民百姓生靈塗炭，以及善良知識分子，爲了求生存，不得不扭曲良知、犧牲理想的歷史紀錄，申訴給公眾。」當本書問世以後，不僅毛澤東個人傳記，連中華人民共和國史的相關寫作，都將受到重大影響。

當我在閱讀巫寧坤的回憶錄《一滴淚》時，卻在其中發現了對李志綏的批評：當作爲卑賤的「右派」的巫寧坤，想去找表親李志綏幫忙時，卻遭到對方無情的拒絕。巫寧坤對此頗不諒解。然而，若巫寧坤讀了李志綏的這本回憶錄，也許會對李志綏的處境有所體認。李志綏雖然常伴毛澤東左右，看似位置顯赫，卻是伴君如伴虎，在懸崖邊上躡手躡腳。生存是他的第一訴求，哪裡敢幫助已淪爲「黑五類」的親戚？在回憶錄的最後一頁，李志綏坦率地承認：「我的過去與毛息息相關。如果毛有任何過錯，我也必須分擔。」作爲一名醫生，他對政局的走向毫無影響。如果說過錯，或許在於因爲他的醫術太高明，延長了毛的肉體生命。

離沙皇越近，死得越快

李志綏擔任毛澤東的私人醫生達二十二年之久，直到毛死去的那一刻。對於毛晚年生理與心理變化，中共領導人在毛面前的面貌和性格、毛死亡前後中南海微妙而劇烈的權力鬥爭，李志綏所擁有的紀錄與觀察，是前所未有的第一手珍貴史料。

俄羅斯諺語說，離沙皇越近，死得越快。這句話也適用於毛澤東的宮廷。李志綏發現，毛沒有朋友，自外於一般的來往接觸，他從不到劉少奇、周恩來、林彪家串門。他和江青很少在一起，親生子女則更少相聚。那個在中國民間淪爲笑柄的、比台灣的「神豬」連勝文還要胖幾倍的「皇太孫」毛新宇，毛澤東死亡時已六歲，卻從未被爺爺召喚進宮見上一面。

毛鐵石心腸、無情無義。李志綏舉了一個例子說明：有一晚在上海，雜技團表演「人梯」，頂上一名幼童失手，頭朝下摔在地板上，凶多吉少。孩子的母親也是雜技團的演員，頓時嚎啕大哭。全場一團亂哄哄時，毛與身邊的文工團員仍然說說笑笑，若無其事。事後毛也未曾過問幼童的情況。李志綏感嘆說：「我始終無法了解毛的冷漠，也許他目睹過多死亡，因此對人類苦痛變得無動於衷。」也許正因爲這種冷酷，才使他戰勝無數對手，坐上龍庭。

歷史學家余英時在〈從中國史的觀點看毛澤東的歷史位置〉一文中指出：「單從權力的性格來說，毛澤東生前所擁有的威勢主要是建立在兩個歷史憑藉上面，一是明、清以來惡化了的皇權傳統，一是近代西方傳來的極權的政黨組織。前者構成其權力的實質，後者提供了權力的結構。毛澤東既是中共領導階層中傳統觀念最濃厚的一個人，又恰好佔據了這一權力結構的樞紐位置，他之所以能把中國弄得天翻地覆是絲毫不足爲奇的。」李志綏觀察到的毛與其他共產黨高官之間的君臣關係，正好可以成爲余英時這一論斷的論據。

周恩來不是毛的助手，而如同一個亦步亦趨的太監頭子。一九六六年十一月十日，毛第七次接見紅衛兵，乘坐敞篷車巡行檢閱。爲了說明行車路線，周恩來帶一張北京市大地圖來見毛，將地圖在地毯上攤開，跪在地圖前，爲毛指點方向。毛站在地圖旁，一面吸煙，一面聽周的解說。李志綏感嘆說：「以堂堂一國的總理，怎麼能舉止像奴僕一樣呢？毛的態度帶著一絲嘲諷，似乎在享受這一切。毛的專制極權與周的君臣關係上表露無遺。」

中南海高官的生老病死，全在毛的掌控之下。李志綏知道中央有一條不成文的規定：政治局常委或負責毛日常生活的「一組」人員，都得經過毛的同意才能開刀手術。特務頭子康生被確診為膀胱癌，雖然周恩來負責布置康生的醫療工作，但必須由毛批准才能動手術。毛說：「得了癌症是治不好的，越治，死得越快。不要告訴他本人。本人知道了，精神緊張，死得也快。不告訴，不要開刀，還會活得長久一些，還可以多做些工作。」從延安整風之後，康生即成為毛的心腹，利用其掌控的特務系統幫助毛整肅政敵，好不容易進入權力最核心的政治局常委會，其生死卻被毛拿捏在手上。周恩來的命運也是如此，毛故意延誤周的癌症的治療時間，讓周在自己之前死去，避免樹大根深的周威脅他指定的接班人華國鋒。

權力之外，就只剩下淫欲了

延安整風之後，毛在黨內確立了一言九鼎、說一不二的獨裁地位；中共政權建立之後，毛更是與其他革命領袖拉開相當的距離，其他人有派系和圈子，唯有他獨坐龍椅。中共黨內只有「集中」而沒有「民主」，直到毛肉體死亡之前都是毛的「一言堂」。當年與毛澤東併稱「朱毛」的朱德，見勢不妙，主動淡出權力核心。在整肅彭德懷的廬山會議上，朱德在一片刀光劍影中感嘆說，這群曾經在一口鍋中吃飯的人，為何變得非你死我活不可？毛可以輕而易舉地除去每一個潛在的挑戰者，他號稱用一個小指頭就將劉少奇打倒，此說法並不誇張。

當權力固若金湯之後，對於毛而言，剩下的就只有淫欲了。李志綏發現，毛的私生活的敗壞駭人聽聞。就連負責毛警衛工作的汪東興也感嘆說：「他是不是覺著要死了，所以要大撈一把。要不然怎麼會有這麼大的興趣，這麼大的勁？」江青更是親口對李志綏訴苦說：「在政治上，不論蘇聯和中國黨的領導人，沒有哪一個能鬥過主席的縱橫擘闔的手段。在生活問題上，也沒有誰能鬥得過他，管得住他。」

史達林的女兒斯韋特蘭娜（Svetlana Stalina）如此評價她的父親：「許多人以爲把他說成是一個肉體上粗暴的怪物更爲逼眞，而他卻是一個精神上、道德上的怪物，這更要可怕得多。」可惜，毛澤東沒有這樣一個勇敢地站出來揭露父親的女兒。我們只能從李志綏的書中觀察毛澤東這個精神上、道德上的「怪物」究竟有多怪異：毛在性關係上是道家，認爲可以從年輕女孩那裡「採陰補陽」。李志綏評論說：「大部分的女孩在初識毛時，仍是天眞無邪的年輕姑娘。毛的性生活、特殊性格和至尊權勢，在在都使這批年輕無知的女孩耳熏目染之後，逐漸墮落。」

有一次，在爲毛檢查身體的時候，李志綏發現，毛從一名文工團團員那裡染上了陰道滴蟲病。但毛不願接受治療：「既然對我沒有什麼害處，那又有什麼關係，何必大驚小怪哪！」

李志綏說，一旦傳染給了江青，就會成了一個不好說明的問題。毛笑了笑說：「這不會，我早就同她講，我老了，不行了，辦不了事情了。」

李志綏建議毛至少局部清洗乾淨，毛的回答很乾脆又醜惡：「沒有這個必要，可以在她們身上清洗。」

所以，毛到死前都是滴蟲攜帶者，傳染給他無數的「女友」。

毛澤東最後一個女友、所謂「機要祕書」張玉鳳，因深受毛寵愛，得以取代江青，成爲可以假傳聖旨並對政治局發號施令者。就連周恩來、華國鋒、江青等人要跟毛見面，都得懇請張玉鳳恩准。張玉鳳不同意，他們只能在外面的走廊裡默默等候數小時之久。張玉鳳甚至干擾李志綏對毛的治療計畫，讓李志綏焦頭爛額、有苦難言。古羅馬帝國尼祿時代的宮廷都沒有如此荒淫無恥。

毛澤東爲什麼如此重視歷史？

在毛身邊的服務人員當中，李志綏是少數同時受過中國傳統文化薰陶和西式教育的具有知識分子氣質的人。儘管毛對知識分子充滿刻骨仇恨，但在日常生活中，他又離不開李志綏高明的醫術；同時，李志綏也是其談話的好對象——當他旁徵博引中國古代典籍時，無論是汪東興還是張玉鳳，因爲教育程度有限，一句也聽不懂。

毛最喜歡跟李志綏談論的，還是中國歷史典故。李志綏寫道：「毛對歷史有特癖，看得最多，常反覆翻閱的是歷史書籍。他看過很多遍二十四史，因此他慣於用過去來詮釋現在。」毛對一些歷史人物的評論，與傳統的臧否完全相反。毛的政治觀點中，沒有道德的顧慮。毛不但認同中國的帝王，而且崇拜那些令人髮指的暴君，商紂王、秦始皇、隋煬帝、武則天、明太祖等史家公認的暴君，都是毛推崇備至的君王，因爲毛本人不惜用最殘忍暴虐的方法達到目標。終其一生，毛始終受到某種赤裸裸的破壞欲望的驅使。

毛常常講「必須學好中國史」之類的話，但他所重視的是大規模破壞秩序的歷史，主要是所謂「農民革命」。毛在一九六四年寫了一道題爲〈賀新郎讀史〉的詞，最後幾句是：「五帝三皇神聖事，騙了無涯過客。有多少風流人物？盜跖莊蹻流譽後，更陳王奮起揮黃鉞。歌未竟，東方白。」余英時分析說，毛完全不相信中國史上有任何「神聖」的事蹟。只有盜賊和造反是值得歌誦的。毛澤東擁有「皇帝型權力」，但他眞正認同的不是皇帝而是造反者。「中國史上打天下的皇帝，誠如呂留良所說，都是『光棍』或『世路上英雄』，但歷史上的『光棍』作了皇帝之後便成『正果』了。毛澤東則拒絕成『正果』，他要永遠保持其『光棍』的身分。」作爲「今上」的習近平，身上也有幾分毛的光棍特質和「潑猴氣」，他能折騰出毛那樣驚天動地的動靜出來嗎？

毛對歷史的興趣在於，從中國歷史的黑暗面中尋求權術運作的祕訣，而他對歷史並無敬畏感。即便他知道自己會被歸入被後世唾罵的暴君之行列，他亦坦然受之。蘇俄歷史學家德・安・沃爾科戈諾夫（D. A. Volkogonov）在《勝利與悲劇：史達林的政治肖像》一書中指出：「無論多麼美好的意圖和計畫都不能爲慘無人道的行爲辯護。史達林以自己的一生再次表明，如果政治不與人道主義結合，甚至美好的、高尚的人類理想也能走向反面。」若將這段話的主人公由史達林換成毛澤東，天衣無縫。

昔時朋友今時帝，你佔朝廷我佔山

唐德剛《毛澤東專政始末》

《資治通鑑》比《共產黨宣言》更值得研讀。

沙茲伯里（Harrison E. Salisbury）

治二十世紀的中國史，哪一類人是最佳人選？那些西方漢學家，無論學識如何博大精深，因爲種族和文化背景的差異，在某些關鍵處，總會留下霧裡看花、隔靴搔癢之遺憾；而那些身居中國或台灣的學者，則因爲受到政治權力、意識形態以及接觸史料不完整之束縛，無法完全做到暢所欲言、我筆寫我心。與之相比，旅居海外的老一輩的華裔學者，親歷了中國近現代轉型過程的王綱解鈕、天地玄黃，有「感時花濺淚、恨別鳥驚心」之痛；同時，又在西方享受資訊自由和學術自由之便利，做到「人盡其才」，而不必有「不遇伯樂」之嘆。正是擁有以上兩大優勢，歷史學家唐德剛的近代史研究，得天時、地利、人和之最優組合，而能別開生面、自成一家。

我還記得閱讀《晚清七十年》和《袁氏黨國》時的驚喜，那不是板起面孔的學術論著，而宛如聽一場激盪人心、高潮迭起的評書。若非心中有丘壑，一般學者絕不敢用這種閒談的方式「講史」。唐德剛本人流寓海外，卻機緣巧合，與顧維鈞、李宗仁、胡適等現代史上的名人結爲至交，並爲他們整理口述史。由此，他對二十世紀中國歷史的演變有了眞切的在場感。而《毛澤東專政始末》一書，則是一本通俗版的中華人民共和國史，讀此書猶如聽明末清初的說書藝人柳敬亭說書，名士冒襄曾作《贈柳敬亭》一詩稱：「遊俠髯痲柳敬亭，詼諧笑罵不曾停；重逢快說隋家事，又費河亭一日聽。」如今，拿起《毛澤東專政始末》來讀，便欲罷不能，好像唐德剛老先生就在一旁「拍案驚奇」。

不讀馬恩列史書，只愛中國帝王術

在本書的第一章，唐德剛即指出，毛澤東政權是帝制傳統的迴光返照，毛名爲主席，實爲皇上。毛之皇權是由二十世紀中國的客觀環境和毛本人的性情、思維方式及知識結構所共同締造的。

就中國的社會環境而言，爲何作皇帝容易，做總統或主席反倒困難？唐德剛指出：「作皇帝，中國有三千年老樣板、老經驗、老社會、老底子，你有本領打了天下，南面稱孤，依照老樣板、老經驗來，雖阿斗、溥儀，也可照本宣科。」反之：「若作總統、作主席，就得向洋人取經。但是，你學得再像模像樣，你也沒有那個洋社會、洋底子，也是畫虎不成反類犬。人家有人家的傳統，我們有我們的包袱。」也就是說，制度是機運與智慧的產兒，那時中國尚且不具備邁進民主社會的制度背景。人們不接受袁世凱稱帝和張勳復辟，卻可以接受掛著總統或主席招牌的皇帝。用中國民運前輩王若望的話來說，人人心中都有皇帝夢，人人心中都有一個小毛澤東。

就毛的主觀條件而言，唐德剛指出，毛經歷過「五四」運動，也從蘇俄學到馬列主義的皮毛，但他更喜歡讀中國線裝書，精通中國傳統的帝王學，尤精於玩弄古代法家的權術，以及打原始農民戰爭的那套「土兵法」。「毛對這套傳統帝王學的藝術之掌握，那才是英明天縱，雄才大略，文武雙全，全國無兩。他就是靠這一套先天的稟賦和後天的經驗，總能在黨內壓倒群雄，異軍突起，最後竟能趕走蔣氏，而統一大陸。」讀什麼書，成爲什麼人。比如，毛把《資治通鑑》看過六遍並作批註。唐德剛評論說：「《通鑑》者，鏡子也。他不知道他自己在這面鏡子反照之下，也狐尾畢露。——我們都是讀過《通鑑》的嘛。」

文化老人周有光在分析毛的知識結構時，用一句話說出了真相：毛的藏書大都是「橫放」的而少有「豎放」的。「橫放」的是中國古典的線裝書，「豎放」的則是中國現代的出版物及西方著作。美國資深記者沙茲伯里在《新皇朝》一書中，也特別分析毛之藏書。他採訪過楊尚昆等毛身邊的高官，還原了毛書房的原貌：毛剛搬進中南海時，中央委員會一名書記員負責布置毛的書架，此人進去查看，發現書架上滿滿是中國文史古典冊籍，馬克思（Karl Marx）、恩格斯（Friedrich Engels）、列寧（Lenin）的著作極少，史達林的著作更是付之闕如。「經過提醒，主其事的書記才多擺了一些馬克思主義著作，當作裝飾。」

毛澤東的帝王夢，從上井岡山時就開始孕育，到了延安儼然就是一個小朝廷。當毛還是北大圖書館一名籍籍無名的臨時工時，傅斯年已是名滿天下的學運領袖。一九四五年七月，傅斯年作爲國民參政員訪問延安。毛對傅很熱情，單獨在一起聊了一夜天。天上地下都談開了。談到中國的小說，傅發現毛對於坊間各種小說連低級小說在內，非常之熟悉。傅得出結論：毛從這些材料裡去研究農民心理，去利用國民心理的弱點，至多不過宋江之流。毛陪同傅來到禮堂，傅看見裡面密密麻麻掛滿錦旗，是各地獻給偉大領袖的，便諷刺說：「堂哉！皇哉！」毛感覺到諷刺的意味，沒有出聲。傅斯年看到偏安一隅的毛記小朝廷已然坐大，深知其勢力越強，占地越廣，則危害中國越烈，預感抗戰雖然勝利，國事仍不樂觀。果然，佔山爲王的流氓無賴揮師進了中南海，毛主席趕走了蔣總統。

自古帝王多無賴，主席一生愛鬥爭

在《毛澤東專政始末》一書中，唐德剛歷數毛掀起的一樁樁殘酷的政治鬥爭：與國民黨鬥，與美國鬥，與蘇聯鬥，與黨內同僚鬥……只要對手是有血有肉的「人」，毛就能保持不敗之地，因爲沒有一個人比之更殘暴、更毒辣、更自私、更奸詐；唯有在與自然環境鬥、與生老病死的自然規律鬥時，毛才慘遭失敗——前者造成亙古未有之大饑荒，餓死三千多萬無辜民眾；後者的結局是毛無僅未能「萬壽無疆」，而且在晚年還患上一種罕見的運動神經元病——肌萎縮性脊髓側索硬化症（俗稱「漸凍人症」），過了幾年「活死人」的生活後痛苦地走向死亡。

終其一生，毛無時不刻處在鬥爭之中。毛自詡爲焚書坑儒的秦始皇、屠戮功臣的明太祖、《西遊記》中大鬧天宮的孫悟空、《水滸傳》中落草爲寇的粱山好漢。由此可見，其鬥爭哲學，與其說來自馬列主義這種西方十九世紀以來蔚爲大觀的激進主義意識形態，不如說根植於中國源遠流長的流氓傳統和帝王傳統，用唐德剛的話來說就是：「毛是打天下的叛逆性格，共產黨是打天下的政黨。」

就中共黨內的歷次路線鬥爭而言，毛一概以「左」或「右」命名之，那些被毛掃進「歷史垃圾堆」的政治鬥爭的失敗者，其罪行或錯誤，或是太「左」，或是太「右」，唯有毛澤東獨自走在不偏不倚的正道上。然而，政策或立場上的「左」或「右」，從來都是靠皇上或太上皇一言九鼎確立的。皇帝說你「右」，你就「右」；皇帝說你「左」，你就「左」。比如，當毛的接班人林彪命喪蒙古大漠之後，毛澤東掀起一場名爲「批林批孔」的不倫不類的運動，別出心裁地將「紅軍戰神」林彪和「萬世師表」孔夫子放在一起批判。林彪發明毛語錄和紅寶書、聲稱毛的話「句句是眞理、一句頂萬句」，明明是極左派，卻被定罪爲「形左實右」。對此，唐德剛一語道破天機：「問題不在左右，在極權。」

早在三十年代，傅斯年就在理論層面對中共以階級鬥爭奪取權力的策略作出深入分析：

「階級鬥爭」是中共掩蓋自己無止境權欲的面具，中共利用挑動八種仇恨來奪權。一，中國人恨西方人；二，窮人恨富人；三，尋常人恨地位超過自己的人；四，低能者恨高能力同事；五，低薪雇員恨高薪雇員，無名者恨知名者；六，農村人恨城市人；七，子女恨父母；八，年青人恨長輩。傳斯年留洋時曾研習心理學，他認爲，中共的「階級鬥爭」就是把人的仇恨和報復欲合法化。果然，毛奪取天下之後，以「階級鬥爭」爲綱，帶給中國無窮無盡的災難，正如唐德剛感嘆的那樣：「毛政權最後二十五年，不但搞得死人數千萬，文物財產被他破壞得無法補償。最糟的還是他把整個中國弄到廉恥喪盡，是非全無，幾乎到了萬劫不復的絕境，三代五代都不易恢復也。……即便在兩千年帝制傳統裡，也只有東漢末的十常侍和明末的魏忠賢的亂政，才差可與毛政權相比吧！」

中國這艘大船如何駛出歷史的三峽？

在《晚清七十年》中，唐德剛提出一個生動形象的比喻，就是中國近代化宛如航船在驚濤駭浪中「出三峽」，這一段漫長的旅程大約需要兩百年，如果從十九世紀中葉鴉片戰爭開始算起，那麼一直要到二十一世紀中葉才能完成。因此，毛澤東建立的中共政權，也歸屬於此一尚未定型的「中間體制」。

毛澤東以「人民政府」和「共和國」來指稱其政權的「先進性」，但唐德剛指出，它其實是「轉型期」中，最後一個有階段性的政權，此政權有四大特徵。其一，「它具有中間性：前有帝王專制遺傳，後有民主政治的遠景。」總體而言，隨著民眾的啟蒙與覺醒，民主政治的遠景必然浮出歷史地表。

其二，「極權政府和獨裁領袖的權力遞減，從絕對權威，遞減至依法治國；一人的金口玉言，終歸不是長治久安的民國制度。」唐德剛的這個論點，用以衡量毛時代結束後，鄧、江、胡三代「一蟹不如一蟹」的情形，大致沒有問題。但習近平接班後，迅速由一個眾人都不看好的弱勢領袖變臉為新一代的毛式帝王，將政治局常委會中原本差不多平起平坐的同僚貶低為軍機處的辦事大臣，可見此前中共智囊標榜的「九總統制」形同虛設，瞬間便被顛覆，而作為「舵手」的領導人的性格、野心、手腕卻可能在一定的時間段內改變船隻的航向。經過習近平的這一番「折騰」，中國這艘大船駛向蔚藍色的大海的時間節點必然被大大延緩。

其三，「三百年來人類文明發展的主要取向，也是中國近代政治社會轉型的主要目標，便是由無限制的極權，轉向有制衡的民權。」也就是說，中國不可能孤立於全球化之外。中國既已如同一塊馬賽克一樣嵌入經濟全球化之中，也必將被納入到全球民主化第四波的浪潮之中。這是不以任何個人、黨派和種族的意志為轉移的歷史趨勢。

第四，「它具有千載難逢的機運，來結束這場轉型運動而駛出歷史三峽。」儘管「要達到這個目標，中國老百姓雖然還有三五十年的苦日子要過」，但是「守到天明覺夜長，黑貓白貓搞久了，黎明終歸是會出現的」。這是作為歷史學家和自由主義知識分子的唐德剛的信念所在，也是一個半世紀以來為自由和民主不懈奮鬥的幾代中國知識分子的信念所在。

祖龍不死，國難未已

蘇曉康《屠龍年代：中原喪亂與〈河殤〉前傳》

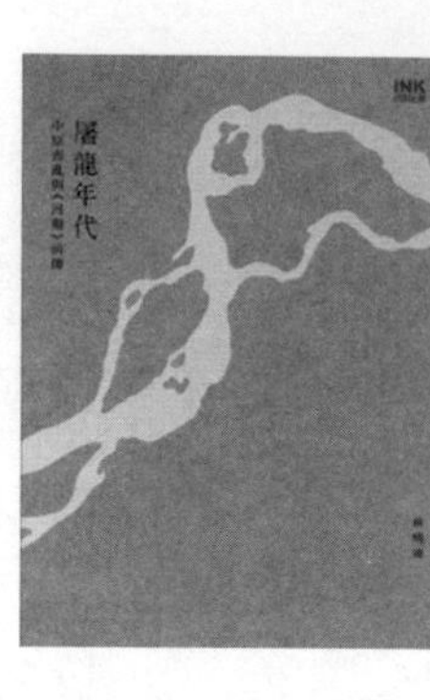

毛澤東一生搞革命造反。他寢食呼吸無不依賴革命之火，臨死猶領導文革要造自己一手帶領的革命的反。他對中國農民對生活了解之深，無人可出其右。

沙茲伯里（Harrison E.Salisbury）

詩人布羅茨基（Joseph Brodsky）以一種貴族式的驕傲看待文字的力量：「筆在世紀中能留下更長的犁溝，勝過你們提著香爐的永恆生命。」流亡美國之後，布羅茨基跟其他俄國流亡作家沒有什麼聯繫，他厭惡流亡者圈子裡那種抱團的氛圍，以及那句像國歌一樣的宣言——「朋友們，讓我們挽起手來，以免孤身一人地倒下」。也許再也找不到比布羅茨基更愛美國的俄國人了，他說：「美國就是我們的理想，其原因就在於個人主義精神。當我們中間的一些人來到這裡，我們有一種回家的感覺：我們比本地人更像是美國人。」我想，這就是布羅茨基到美國後創作又攀登上新高峰的關鍵原因；同時，這也是大多數中國流亡作家喪失創作能力的根本原因。

由於妻子遭遇一場嚴重車禍，「六四」之後流亡美國的蘇曉康從九十年代初浮華的海外民運中抽身而出。二十年後，他重新拿起昔日那支橫掃千軍之筆，寫的卻是個體的創傷與救贖。從《離魂歷劫自序》到《寂寞德拉瓦灣》，多年沒日沒夜地照料失去行動能力的妻子，以及反抗突如其來的抑鬱症，就是一場卡夫卡（Franz Kafka）說的「日常生活的悲劇」。一個人需要怎樣的勇氣與信心，才能橫渡這片深不可測的海洋？不幸也是一種幸運，即便這個說法過於殘酷，卻是不容置疑的事實：嚴酷的命運饋贈給他以同代人中罕有的反思能力，使他在面對自己的精神世界時，有外科醫生式的冷峻。

正是因爲「六四」屠殺的槍聲與血泊，以及個體命運的頓挫和破碎，蘇曉康從虛驕、自戀、怯懦的中國士大夫傳統中破繭而出，成爲布羅茨基那樣「比本地人更像是美國人」的「自由人」。從國家、民族、歷史、文化等宏大敘事的束縛中掙脫出來之後，蘇曉康的《屠龍時代》，會帶給少年時代深受《河殤》啟蒙的我，以怎樣的啟示呢？

中原何以淪喪？河南人何以被歧視？

《屠龍年代》的副題是「中原喪亂與《河殤》前傳」，其實它不僅是「《河殤》前傳」，也是蘇曉康對自己在整個八十年代創作生涯的回顧，更是八十年代中國思想史和知識分子精神史的一個有血有肉的橫斷面。

所謂「中原喪亂」，指的是以河南爲中心的中原地帶的沉淪。蘇曉康在河南生活多年，從七十年代中期起就是河南省委機關報一個跑農村的小記者，算是半個河南人，於是故事就從他搜集到的、被正史遮蔽的「豫南垮壩」事件開始。

一九七五年，河南石漫灘水庫、板橋水庫等五十八座中小型水庫垮壩，成爲世界上最大的水庫垮壩慘案。當時前去視察的國務院副總理紀登奎說，垮壩造成的損失「相對於一顆小型原子彈」。河南垮壩死亡人數高達二十三萬，與南京大屠殺、國共內戰長春圍城以及唐山大地震並列爲二十世紀中國四大慘案。

這一潰壩慘劇，可追溯到五、六十年代之交的大躍進和大饑荒。大躍進時代所興建的水利工程，多半偷工減料、浮皮潦草，是豆腐渣工程，不垮才怪。河南也是五、六十年代之交的大饑荒中受害最嚴重的省分之一。這場「人相食」的慘劇的始作俑者，中央有毛澤東、河南有吳芝圃、信陽有路憲文，河南餓死數百萬人，僅信陽一地就餓死上百萬人，正如蘇曉康所論：「四九之後，大陸凡貧苦之地，又必成烏托邦迷狂之鄉，墜入地獄之深重，非民國時期可比擬，河南又是其中的淵藪。」賈平凹說西安是中國的廢都，那麼河南何嘗不是中國的「廢省」？

從五十年代末的大饑荒到七十年代的潰壩，再到九十年代延續至今的愛滋病氾濫，當代的河南可謂苦難深重。官府的凶殘、環境的惡劣、資源的匱乏，使得民眾如魚游於鼎沸之中，爲了維持基本的生存，人性中最惡劣的那一面遂如潰堤般噴湧而出。進入二十一世紀，河南人在中國成了如同歐洲的吉普賽人一樣受到普遍歧視的「特殊族裔」，受害者往往又去加害更弱的人群。對此，蘇曉康追問說：「在豫南這塊土地上，輪番、交替出現的，是社會須臾間局部解體、文明消亡、禽獸奔突，這現象當作何解？」誰有答案？

我給出的一個解釋是：誕生於十九世紀末期歐洲心臟地帶的共產主義意識形態，並未在其誕生之地釀成巨禍，反倒傳播至尚未實現資本主義化的、經過彼得一世改革一百多年仍被視爲「東方」的俄國。俄國文化傳統中理性的缺失、個人主義的淡薄以及神祕主義的盛行，使得共產主義大行其道。進而，這套現代極權制度，越往東方發展，就顯得越邪惡、越殘忍、越卑劣，如毛澤東的中國和金家王朝的北韓，舉國上下的瘋狂、愚昧、血腥，讓列寧和史達林也瞠目結舌。

具體到當代中國，暴政之暴，最爲突出的地方，則是現代共產極權主義與儒法互補的東方專制主義結合最爲緊密的地方，如河南、河北、山東等地。中華文明的發源地，偏偏是斯文喪盡、人心幽微之地，這是何等殘酷的反諷。蘇曉康指出，當年習仲勳在勤政殿裡指著河南省委說：「你們就是大轟大嗡。」可謂將五十年代河南之迷狂倒錯，一語道破。魯迅說，

「瞞和騙」是中國人「活著」的「必要之惡」，而《屠龍年代》則揭示出浮誇和說謊積澱成爲中國人揮之不去的遺傳基因。

黃河的咆哮與黃色文明的反省

八十年代的中國思想史，若以一個人、一部作品和一個觀念而論，既影響學界又滲透到大眾層面，有以下幾個重要的序列：李澤厚、《中國近代、現代思想史論》及「救亡壓倒啟蒙」論；劉曉波、《審美與人的自由》及「自由就是美」論；金觀濤、《興盛與危機》及「中國封建社會的超穩定結構」論等。而影響力更大、滲透面更廣的則是：以蘇曉康爲總撰稿人的電視系列片《河殤》以及在《河殤》中提出來的打破封閉保守的黃色文明的思路。

少年時代的我，幾乎讀完了蘇曉康所有的作品，最喜歡那部透視廬山會議與跌宕起伏的二十世紀下半葉中國歷史的《烏托邦祭》。後來，當我在九十年代的北大校園裡讀到毛澤東的祕書李銳寫的《廬山會議實錄》，這才再次印證了《烏托邦祭》中一個個充滿鏡頭感的畫面，那些場景絕非出自作家的想像，而是如同法醫般嚴謹地對「犯罪現場」的還原。蘇曉康在廬山上訪問了諸多當年爲領袖們服務的工作人員，頗有「白頭宮女在，閒話說玄宗」的感覺。從稗官野史、花邊新聞中，他一點一點地復原歷史的拼圖。

寫完《烏托邦祭》，接著就寫《河殤》。看似偶然，實則有必然性。以報導文學成名的蘇曉康自己也沒有料到，他初次「觸電」寫成的《河殤》解說詞，偏偏成爲與他終身如影隨形的「第一代表作」。大型紀錄片《黃河》的失敗，讓蘇曉康有了一次「死馬當作活馬醫」的好機會。他以思想統馭畫面，讓鏡頭隨解說流動，創造了當代中國電視系列片製作史上的一個奇蹟。而他的後半生也因爲這部片子而如瀑布般飛流直下三千尺：因爲《河殤》，他受到改革派總書記趙紫陽的讚揚；因爲《河殤》，他成爲王震等中共保守派元老的眼中釘；因爲《河殤》，他被動地捲入「八九」學運；因爲《河殤》，他由家喻戶曉的良心作家成爲改名換姓的通緝犯，「六四」槍響之後流亡海外，人生的蹉跎與蜿蜒一頁頁地展開。

《河殤》是蘇曉康八十年代創作的所有報導文學的主題的匯總。時至今日，我仍然認爲《河殤》中以黃河比喻中國傳統文化、以海洋比喻西方現代文化，黃色文明與蔚藍色文明的對比，堪稱前無古人、後無來者。《河殤》的緣起，是蘇曉康受河南潰壩事件的震撼，而河南潰壩事件絕非單一、偶然的「自然災害」，蘇曉康指出：「豫南垮壩，江河治理狂熱，一路挺進到『高峽出平湖』的長江三峽大壩，也洞開了南水北調、開發大西北乃至青藏高原的野心，卷起是世紀工業革命以來未曾有過的一股好大喜功——原來，資源高消耗型發展的『中國模式』，都可以追溯到七五八垮壩。」此一人禍折射出中國政治結構的致命癥結：從魏特夫解釋東方專制主義與治水社會之關係，到毛澤東發起大躍進的烏托邦思想的形成，其間的草蛇灰線，被蘇曉康一一梳理出來。

大時代的驚濤拍岸，心憂天下的書生豈能不被波及？蘇曉康的父母青年時代受共產黨指派赴台灣從事地下工作，在「二二八」前夕返回中國，僥倖虎口餘生。半個多世紀之後，流亡海外的蘇曉康赴台灣訪問，對台灣的民主與文明心有戚戚焉。父子兩代逆向的人生之旅，也算是黃色文明與蔚藍色文明的分野與交錯。台灣史學者李筱峰比較台灣的海洋文化與中國的內陸文化時，舉了一個洋務運動中的例子：劉銘傳在台灣開辦鐵路工程，第一段從大稻埕到松山的鐵路完工通車，德國製造的第一個火車頭「騰雲一號」開出時，圍觀民眾不像大陸人起來反對，而是驚喜萬分，紛紛稱呼火車頭爲「黑色妖馬」。民情反應的不同，彷彿註定了中國與台灣在一百多年現代化進程中不同的成敗結局。

今天，中國仍未洗滌黃色文明的黃沙滾滾，仍未融入蔚藍色文明的清澈與寬廣。最有代表性的便是習近平，他雖然在福建、浙江、上海等沿海地區任職多年，其精神底色仍然是知青時代在陝西窯洞中烙上的「黃色」。與毛澤東一樣，習近平也被黃土與黃河「鎖死」了。

圖騰崇拜：龍與毛澤東

經過習近平的一番裁剪、打扮之後，毛主義「王者歸來」。毛肉身雖死，精神卻不死。八十年代的那場屠龍之戰，失敗於「六四」的槍聲之中。《河殤》是一把鋒利的「屠龍刀」，可惜龍未屠，刀收鞘。

當年，受制於時代氛圍和傳播平台，《河殤》只能打著文化反思的旗號，在背地裡從事政治解構，可稱之爲「暗渡陳倉」。《河殤》從解構黃河、長城、龍等中國千百年來巋然不動的文化圖騰下手，蘇曉康說：「從八〇年代的龍認同，可以一路梳理到今日氾濫於中國的民族主義、愛國主義、大一統、偶像崇拜。這四樣，因背離普世價值，恰成專制統治的隱形支點。」一部《河殤》，其實是「五四」之後第二次「屠龍」的嘗試，只是那時誰也不敢說破：「五四」屠的那條「龍」是皇帝，《河殤》屠的那條「龍」是毛澤東。難怪殺人如麻的王震在中共中央的大會上突然跑題，氣勢洶洶地對《河殤》破口大罵。「六四」之後，《河殤》被當作學運的催化劑而遭到火力凶猛的批判，「庇護」《河殤》亦成爲趙紫陽的一大罪名。

慶父不死，魯難未已；祖龍不死，國難爲已。所謂「祖龍」，古爲秦始皇，今爲毛澤東。《史記・秦始皇本紀》載：「三十六年……因言曰：『今年祖龍死。』」裴駰集解引蘇林曰：「祖，始也；龍，人君像；謂始皇也。」毛澤東在多次公開講話中以秦始皇自居，毛在《讀〈封建論〉呈郭老》一詩中說：「勸君少罵秦始皇，焚坑事件要商量。祖龍魂死業猶在，孔學名高實秕糠。百代都行秦政法，十批不是好文章。熟讀唐人封建論，莫從子厚返文王。」毛主義的本質是「秦希斯（史）主義」，是集秦始皇、希特勒和史達林（或譯：斯大林）之大成的極權主義之頂峰。

毛澤東是從黃沙和黃河中一飛衝天的蛟龍。毛曾自我定位說：「我是極高之人，又是極卑之人。」蘇曉康的解釋是：「中國最高權力者，卻是一個最卑劣者。此意即爲光棍式的人物竊得神器，則天下塗炭。」毛爲爭奪「世界革命領袖」的地位，不惜讓中國死三分之一的人，古今中外的統治者都沒有他的氣魄與野心。這是極卑之人的瘋狂的自戀，哪有什麼理想主義成分可言？哪一個信誓旦旦、忠心耿耿的毛主義者，不是尚未成爲暴君的暴民？

「六四」屠殺，下令開槍的是躲藏在幕後的鄧小平。鄧小平不是毛澤東的對立面，而是縮小一號的毛澤東，蘇曉康指出：「回首當年，從『六四』血光之災中，依稀仍可辨認那『人龍』的身影。」是毛的幽靈，在敦促鄧發布殺人的命令。如今，習近平剛剛接班，立即攜所有政治局常委拜謁毛躺在紀念堂中的僵屍，使之成爲宛如古代皇帝拜謁祖廟一般的獲取政治合法性的儀式。搖滾歌手崔健說得好，「只要天安門上還掛著毛主席像，我們都還是同一代人」，「浪還是在往同一個方向湧動」。水晶棺中的毛澤東，依然掌握著決定中國人生死存亡的那個紅色按鈕。

《河殤》的那一頁歷史並未翻過去，因爲屠龍的事業還未完成。元代詩人陳孚有《博浪沙》一詩：「一擊車中膽氣豪，祖龍社稷已驚搖；如何十二金人外，猶有人間鐵未銷？」我願意與蘇曉康一起心向未來、以筆爲槍。祖龍必亡、自由必勝。

第四卷

日光之下，並無新事

「亞財政」是「官本位」的基石

洪振快《亞財政：制度性腐敗與中國歷史弈局》

人類社會制度變遷一個很重要的部分，是人的觀念和信念的改變。

格拉斯·諾思（Douglass C. North）

我一直喜歡讀稗官野史，不喜歡讀作爲「帝王將相家史」的二十四史。稗官野史中隱藏著未經刪改潤飾的歷史眞相和人心幽微。在北大唸書時，我有一陣子一口氣讀了上百種晚清筆記和野史，還把讀書筆記整理成一本雜文集《尷尬時代》。歷史學者洪振快比我讀得精、讀得深，他從筆記野史、宮廷檔案和個人日記中勾勒出明清兩代和民國初年的官吏從公務活動到私人生活的方方面面，更透過紛繁的歷史表象，揭示出不爲局外人所知的「財富暗流」──「亞財政」。「財政」一詞從明治維新時代的日文中移用而來，望文生義，就是「關於財富的政治」。而「亞財政」就是關於「非正當財富的政治」，就是官吏集團利用權力汲取和瓜分社會財富的集體腐敗現象，權力參與社會財富分配，形成官吏們私下發展出來的制度性腐敗；對民眾而言，就是歷史學家黃仁宇所說的「非正式的稅收」。

《亞財政：制度性腐敗與中國歷史弈局》是一部中國版的《舊制度與大革命》，將「史事和敘事、歷史本身和歷史解讀」結合起來，提出了對中國權力運作邏輯的深刻分析。億萬「草民」都生活在「明稅」和「暗稅」的重壓之下，只要有一線生機，都會忍辱負重、草間求活。但是，當「暗稅」的潛滋暗長突破民眾的稅負能力、讓民眾活路斷絕，博弈均衡由此被打破，於是民變頻發、社會崩潰、政權更替，再實現新一輪的博弈均衡──這正是中國歷史獨特的治亂興衰的「歷史週期律」。義大利哲學家克羅齊說過：「一切歷史都是當代史。」歷史幽暗而現實詭譎，洪振快寫作此書，不是滿足個人「整理國故」的興趣──今天的中國，名爲共和國，權力運作仍然遵循明清時代的慣例，若無民主憲政的制度創新，就不可能克服歷史慣性、跳出王朝興衰的「歷史週期律」。

爲什麼中國人愛當官？

本書中〈窮京官的闊日子〉這一章節，乃是梳理李慈銘的《越縵堂日記》而來。李慈銘是晚清名士，長期擔任京官，《越縵堂日記》達數百萬言，爲其積四十年心力，銖積寸累而寫成，出版後風行海內，被譽為「日記之大觀，掌故之淵藪」，被金梁列入「晚清四大日記」（《越縵堂日記》、《緣督廬日記》、《湘綺樓日記》和《翁同龢日記》）。

李慈銘在戶部任郎中的閒職，是司局級官員，卻基本不去衙門，每年報到一次，平常自個兒看書、聽戲、會朋友。他一年的薪水是一百三十五兩銀子，日常開支卻超過兩千兩銀子。從其日記中統計，工資外收入是工資收入的十五倍，以此推算，當時六千五百名京官，灰色收入多達六百五十萬兩，占國家財政收入的百分之八。這部分財富，不可能從天而降，只可能來自於徵稅時巧立名目亂收費或者亂攤派。書中披露的官場積習，除了京官之外，還有地方官、漕運系統以及近代以來油水最多的海關，可以說是「無官不貪」。

中國是一個官本位的社會，中國人愛當官，並非中國人比別的國家的人更貪婪，而是說明在中國當官能獲得更多的利益。洪振快指出，在中國，送禮是官場的第一號潛規則，是不得不講的「政治」。中國是一個人情社會，民間瀰漫著送禮的習俗，所謂「禮多人不怪」，乃人性使然。但在官場，「送禮」則是制度性腐敗的一部分。許多官員寧可挪用國家正式稅收，造成國庫虧空的局面，也不敢耽誤給上級送禮。因為虧空可以慢慢彌補，耽誤給上級送禮卻可能馬上丟烏紗帽。這就造成了「國家正式財政就給亞財政讓道，亞財政甚至凌駕於國家正式財政之上」的局面。

為什麼當官如此吸引人？為什麼某些人只需「蓋章」就能換取巨額財富？為什麼某些人打招呼就能將公共資產轉化為「私有」？……這一切都源於「亞財政」——官吏集團以權力為核心，通過血緣、姻親、熟人等關係組織起來的權力網絡，按照權力大小，低調、直接或間接地分享權力帶來的等級性特權和財富。民間人士送禮，乃是禮尚往來；而官場送禮，則是「肉包子打狗，有去無回」——洪振快指出，從來都是下級給上級送禮，這是一種秩序。上級還有上級，這樣禮物就一層一層地向上傳遞，最終在整個官場內部形成按權力大小享有禮物的格局。就整個官場而言，這是一個按權力大小分享利益的格局，是對一部分非正當社會財富按照權力大小進行的再分配機制。鄧小平所說的「讓一部分人先富起來」，這「一部分人」其實是權貴階層，所以，這句話的眞相是「讓權貴階層先富起來」。

人在江湖，身不由己，人在官場，更是如此。我有不少同學，當年在大學宿舍中臥談之時，何等書生意氣、慷慨激昂，發誓要拯救民眾於水火之中。結果，當他們當上「父母官」，便迅速深陷於腐敗的爛泥潭中，不可能做到「質本潔來還潔去」。

爲什麼中國沒有誕生資本主義？

中國根深柢固的、由「亞財政」支撐的「官本位」傳統，嚴重阻礙了自由貿易、科技發明和資本主義的發展。

從人才的流向來看，在任何地方都是「水往低處流，人往高處走」。在中國，官場永遠是獨一無二的「高處」。在《官場現形記》中，那些十年寒窗的讀書人，最大的夢想就是「學而優則仕」。因爲「統天下的買賣，只有作官利錢頂好」，所以王三痲子「拿定主意，一定也要作官」。書中還引用北大校長蔣夢麟在回憶錄《西潮》中描述的一個小故事：少年時代，蔣夢麟看到有學台要去寧波主持科舉考試，後面好幾條大船上裝滿加封條的箱子，箱子裡面是陋規禮金。「那種氣派使我頓生『大丈夫當如是也』的感觸。我心裡說從今以後一定要用功讀書，以便將來有一天當起學台享受封藏在箱子裡面的禮物。」這就是歷代中國讀書人普遍的心態。在今天的中國，雖然科舉考試不復存在，卻有被稱爲「國考」的國家公務員考試，那可眞是千軍萬馬過獨木橋。

中國的一流人才都奔跑在官途上，歐美國家最優秀的人才卻都效力於私營企業，那裡有優厚待遇和具有挑戰性的工作機會。所以，私營企業集中了最聰明的頭腦，成爲國家經濟中最具活力的部門。反之，政府公務員的薪水低、工作無趣，而且不可能有從「亞財政」而來的巨額的灰色收入，只能吸引二流、三流的人才。所以，歐美國家的民眾常常抱怨，政府部門辦事效率低下。

中國的人才都流向官場，且權力滲透到社會生活的每一個領域，商業成爲政治的附庸，商人也只能名列等級秩序的末端。中國出現過若干富可敵國的富商，但無法形成西方的資產階級那樣的獨立階層，從高陽的小說《胡雪巖》中就可以看到，胡雪巖的發跡、飛黃騰達以至於崩潰，每個環節都是由他在官場結交的朋友所決定的。在今天的中國，無論是鋃鐺入獄的黃光裕，還是意氣風發的馬雲，他們命運的不同，也是由他們與權力的關係來決定的。對此，洪振快終結說：「在帝國時代要想發大財，除了當官就是與官吏勾結而得到經濟特權，除此之外別無他途。這也導致了中國的大商人往往不是眞正意義上的商人，他們一般不是靠開拓市場、發展技術、提高管理水準這些對社會進步有益的方法積累財富，而是通過與官吏勾結、在既有社會財富的分配中佔據有利地位而實現的。當社會財富集聚到官吏及官商手中，而這些人又沒有動力去發展工商業，那麼代表新興生產方式的力量就成長不起來，資本主義也就不可能發展起來了。」換言之，「亞財政」就是資本主義精神的天敵。

乾隆的雞蛋與習近平的薪水

本書引用清人李嶽端《春冰室野乘》中記載的一個小故事：乾隆問大臣汪由敦：「你早上吃了什麼？」汪回答說：「我家窮，早餐吃了四個雞蛋。」乾隆大吃一驚說：「雞蛋一個需要十兩銀子，我都不敢這樣隨便吃，你還敢說自己窮？」汪當然知道這是怎麼回事，只好應付說：「我在外面買的是破了殼的雞蛋，一個只要幾文錢。」洪振快研究那個時代的物價，考證出十兩銀子差不多可以買七千五百個雞蛋。皇帝也眞可憐，只吃到一個雞蛋，另外那七千四百九十九個，都被「亞財政」的黑洞給席捲而去。

乾隆的雞蛋，不禁讓人聯想到習近平的薪水。根據《人民日報》報導，習近平月薪僅爲人民幣一萬元（港幣一萬三千元），遠比香港特首梁振英的三十五萬港幣低，不到新加坡總理李顯龍的月薪一百四十二萬的百分之一。梁振英認爲，一人一票的普選有「負面因素」，若月收入僅有「一點四萬」的底層勞工掌握太多選票，就會把富商和菁英人士嚇跑。聽了這句話，不知收入還不到「一點四萬」的習總有何感受——如果習總移民香港，會被梁特首歸入低收入、無知識的愚民的行列。

然而，根據彭博新聞社一年前披露的數據，習近平目前身家逾百億計。那篇文章發表之後，彭博新聞社的網站在中國立即被封鎖，記者也申請不到去中國工作的簽證。如此迅速的報復手段，可見習近平有多麼心虛。以月入一萬人民幣的習近平而言，爲何能囤積百億資產？這大概屬於「亞財政」應當好好研究的課題吧？

習近平大刀闊斧地拿下周永康和徐才厚，或許還會拿下更加樹大根深的「大老虎」。但是，習近平無意對抗太子黨集團「家天下」的權力結構，以及由此形成的「亞財政」漩渦。所以，那些要求中共官員公布財產的「新公民運動」的參與者，一個接一個地被習近平送進了監獄。香港末代港督彭定康在美國國會出席關於香港民主問題的聽證會時，直言不諱地表示：與前中國國家主席胡錦濤相比，習近平更有「皇帝」的特質。習近平反腐、反貪不手軟；但當輿論要求習近平也要公開財產、公開有沒有勞力士手錶時，北京就收緊控制。

從居高臨下地質問蘇聯崩潰時爲何「竟無一人是男兒」，到放下身段去孔廟求神算卦，習近平最後找到的殺手鐧，又是望梅止渴、畫餅充飢般的「以德治國」。洪振快指出：「中國歷史上的思想家爲了尋求擺脫『王朝更替週期律』的答案曾經搜索枯腸，他們能夠想到的最佳答案就是『仁政』（善政、德政），也就是所謂的『以德治國』。這一套方案的致命缺陷，梁啟超看得很透徹。梁啟超說：『儒家論仁政只能當如是，而無術使之必如是。』說到底，他們論證的只是理應施行仁政，而對不施行仁政應該怎麼辦卻束手無策。」一個依靠吳思所謂的「血酬定律」運作的土匪集團，居然用以德治國來自我標榜，並斷然拒絕「把掌權者關進籠子裡」的民主憲政的藍圖。那麼，明朝和清朝的命運，必將在此重演。

「民國」非「黨國」也

葉曙明《國會現場》

余信政治之要諦在於道德，而孫先生似認爲政治爲一種技術。

吳佩孚

最早讀葉曙明的作品，是十六年前在大學時代讀到的《草莽中國》，我後來寫長文《太監中國》和《優孟中國》也是受到此書名的啟發。在《草莽中國》中，我第一次看到有當代學人對在兩岸彼此對立的近現代史敘述中都被尊爲聖人的孫文的尖銳批評，由此我開始觸摸到只能稱爲「半個獨裁者」的孫文剛愎自用、暴虐荒淫的眞面目；在《草莽中國》中，我也第一次發現原來有兩個互相牴觸的民國：一九二七年之前的民國，是有國會的眞民國；一九一九二七年以後的民國，是沒有國會的、一黨獨裁的假民國和眞黨國。換言之，中華民國不是一九四九年被毛澤東顚覆的，而是一九二七年被孫文的傳人蔣介石顚覆的。

十六年後，我再讀到葉曙明的《國會現場》的時候，「民國熱」在中國如火如荼。可惜，大部分中國人將民國與黨國一鍋煮，因爲厭惡共產黨而不假思索地擁戴國民黨、孫文與蔣介石。這是知識結構欠缺、思維方式單一以及理性薄弱所導致的「精神癱瘓」。

在《國會現場》一書中，葉曙明再現了從一九一一年至一九二八年間中國國會的歷史：作爲亞洲第一個共和國的中華民國，政體的樞紐在於國會。以梁啟超、宋教仁、湯化龍爲首的政治家們，在國會選舉總統、制定憲法、監督政府、彈劾官員，距離一個憲政民主的中國，彷彿一步之遙。

然而，這一步沒有邁出去。宋教仁遇刺、袁世凱稱帝、二次革命、府院之爭、張勳復辟、軍閥混戰、曹錕賄選、南方造反……醜聞一波緊隨一波，中國政治陷入爛泥潭。國會三度解散，議員四處流散，十年制不出一部憲法。國會從萬眾期待的榮耀中，重重地跌入歷史的垃圾堆。然後，黨國壓倒民國，國共兩黨比賽誰更集權。如今，此岸的中國，是共產黨如水銀瀉地般的極權統治，人大、政協是官員養老之所和橡皮圖章；彼岸的台灣，受制於孫文規劃的非驢非馬的五院制，立法院上演「三十秒通過服貿協議」的鬧劇，刺激太陽花學生佔據立法院，憲政危機演變到解嚴之後的頂峰。此時此刻，重溫那十七年的國會歷史，或許可以找到中國民主轉型和台灣民主深化的鑰匙。

那些為憲法和憲政鞠躬盡瘁的人們

美國學者黎安友指出：「尋求以憲政秩序取代封建王朝是二十世紀中國歷史的最爲重要的主題。」滿清王朝顚覆、中華民國成立之後，國會從一九一三年開始起草憲法，這在中國是一件破天荒的大事。本來，《天壇憲法草案》已初具雛形，卻因宋教仁遇刺而使得北洋軍人與南方黨人勢同水火、兵戎相向。

宋案發生，看似偶然，實則必然。武昌起義之後，激進革命黨、溫和立憲派與北洋開明派三種勢力之間若即若離、明爭暗鬥，不願在國會以妥協的方式達成「打造共和國」的目標。葉曙明寫道：「第一屆國會成立時，人們曾天眞地以爲，有了國會與憲法，就有了代議政制，有了民主，有了憲政。但現實卻告訴他們，並非這麼回事。國會不等於代議政制，憲法不等於憲政，民主也不等於共和。國會有可能不是代民去議政，而是代官去議政；有憲法而沒有憲政環境，憲法也是一紙具文；沒有自由的民主，很可能會變成多數人的暴政。」以個人的素質和品德而言，梁啟超、宋教仁、湯化龍等國會議員，前無古人、後無來者。但是，即便他們是力大如牛的縴夫，也無法讓中國這架深陷在專制泥沼中的大馬車奔向光明的方向。

從公車上書時代開始，梁啟超就是鼓吹憲政的第一人。在流亡日本的歲月裡，那些出洋考察憲政的滿清官僚，爭相以重金請他代爲撰寫憲政考察報告。流亡歸來後，梁啟超以輿論界鉅子的聲望、無窮盡的精力和廣泛的人脈，組建社團與政黨，在國會和政府中實現政治抱負。幾進幾出、屢戰屢敗之後，他終於發現，「缺乏法治精神」是憲法成爲一紙空文、憲政一直運作不良的根本原因。於是，他的最後十年獻身於水滴石穿的文化教育事業，以講台取代議場。

而宋教仁被歷史學界尊爲「中國憲政的設計師」，早在武昌起義之前，他就形成了完整的政治主張。歸結起來，無非兩條：一是代議政治，二是政黨責任內閣。民國初年，宋教仁在同盟會的基礎上，將國民黨打造成國會第一大黨，此國民黨與後來孫文締造的國民黨雖名字相同、淵源相通，其運作方式卻完全不同。宋記國民黨，遵循議會政治的原則，致力於通過選舉上台執政；而孫記國民黨，則是列寧式的獨裁政黨，崇尚暴力革命奪取政權的方式。若宋教仁沒有遇刺身亡，民初三權分立的政治格局當中，袁世凱任總統、宋教仁任總理、梁啟超任國會議長，三人既鬥爭又合作，中國的憲政之路未嘗不可能步入柳暗花明又一村之佳境。

湯化龍是立憲派領袖和仕紳階層的代表。武昌起義之後，他自任湖北民政總長，勸說黎元洪出任都督，並以湖北諮議局的名義通電全國各省「立舉義旗」，他才是辛亥革命的第一功臣。曾任國會議長的湯化龍，親身經歷了「國愈亂而術已窮」的過程，黯然赴美國、加拿大考察憲政，卻意外地遇刺身亡。在現場自盡身亡的刺客王昌，是孫文派出的國民黨人，並在遺書中號稱「愛國的鐵血主義者」。葉曙明評論說：「以愛國的名義去暗殺，無非是爲暴力築一個道義的高台而已。事實上，鐵血主義無助於國家民主進步，只會令國家更加倒退，政治更加黑暗，社會更加撕裂，道德更加淪喪，仇恨更加深固。」

孫文是憲政路上最大的絆腳石

暗殺，是孫文對待政敵或黨內異見者的慣用手段。一九二一年，刺客王昌的遺體運回國內，被國民黨以黨禮葬於黃花崗七十二烈士墓側，號稱為國民黨黨葬第一人。這是對七十二烈士的羞辱。從這一細節可見，孫文何等看重刺客的功用。

孫文對憲法和憲政並不感興趣。學者嚴泉在《失敗的遺產：中華首屆國會制憲》一書中指出：「二十世紀中國政治『全贏或全輸的模式』開始於民國初年國會政治菁英的制憲活動。……存在民國早期政治人物之間嚴重的不信任現象，從路徑依賴的角度來看，其實是與人治而非法治的中國專制主義傳統密切相關。」這一點，在孫文身上體現得最為突出。孫文在香港和美國生活多年，但英美的民主憲政體制和文化並未對他產生重大影響。在組建國會和制訂憲法的過程中，孫文首先考量的是保障個人私利，力主排除立憲派和北洋派，讓袁世凱成為被他擺佈的虛位總統；而在黨內競爭中，他又認為主張內閣制的宋教仁企圖剝奪他這個前總統和未來的總統的實權，故而堅持實行總統制，對宋教仁竭盡誹謗和打擊之能事。

宋教仁遇刺身亡，孫文一黨散布謠言，說袁世凱為第一嫌疑人。事實上，宋教仁遇刺讓袁世凱大為震驚，其結果與袁世凱的政治利益並不符合；而宋教仁最後遺言是留給袁世凱的，偏偏對黨內同仁孫文沒有留一句話。宋教仁之死成為孫文追求總統大位的一塊墊腳石，沒有宋的制約，孫文就可以號令黨人、大動干戈了。可見，孫文才是宋案的最大獲益者。當時，宋教仁的貼身祕書北一輝堅決地認定，宋教仁死於國民黨內部的政爭，並指控刺殺主謀為孫文。孫文醉心於成為洪秀全那樣的人物，孫文殺宋教仁，如同洪秀全殺楊秀清。

孫文對國會運作更是興趣闕如，他唯一熱愛的是還沒有坐熱就不得不讓出去的總統大位。一切阻攔他登基的人，都是敵人：從清末革命中的光復會首領陶成章到從他手中接過總統大位的袁世凱，從南方軍政府七總裁中除他之外的六位、到不願追隨他北伐的廣東實力派人物陳炯明……孫文的敵人實在是太多了。孫文公開恐嚇不合他心意的國會議員說，「人們說我是孫大砲，我就是要用大砲消滅敵人，還要用大砲發射毒氣彈」。表面上文質彬彬的孫文，骨子裡滿是殺伐之氣，在他背後有一個對其唯命是從的暗殺團。

一生念念不忘當總統、甚至不惜引入蘇俄這一外部勢力的孫文，對民國戕害之大，超過公開稱帝的袁世凱。對孫文而言，總統這個職位，不是歐美憲政體制下受國會監督的「第一公務員」，而是中國「古已有之」的皇帝。

早年，孫文和同盟會元老劉成禹在日本相聚聊天，孫文指著劉說：「在座都是帝王後裔，你是劉漢，我是東吳大帝也。」一句玩笑，暴露出孫文的眞實心思。對於孫文而言，再走朱元璋、洪秀全的老路，很難成為一統江湖的獨裁者。他就獨闢蹊徑，把蘇俄模式當作救命稻草。所以，孫文不是民國之國父，而是民國之掘墓人。

先有公民，再有自治省，然後有中國

二十世紀二十年代初的聯省自治，是在中央層級的憲政嘗試遇到挫折之後，有識之士在地方層面啟動的一條新路。本書以專門的章節探討這場曇花一現的政治運動，敘述了湖南、廣東、浙江、四川、江蘇等省推動省憲和自治的過程。確實，與其國家妄求統一、征戰不息，不如各省先行自治，再推動聯省自治。放眼大洋彼岸的美國，十八世紀後半期，北美十三個自治領經過十一年高度地方自治的「邦聯」，進而建立「聯邦」。這個歷史範例，為久經戰禍、生靈塗炭的中國提供了可能的選項。因此，聯省自治的主張一經提出，立即風靡全國。

然而，如古語所言：「橘生淮南則為橘，生於淮北則為枳，葉徒相似，其實味不同。所以然者何？水土異也。」也如法國思想家托克維爾（Alexis-Charles-Henri Clérel de Tocqueville）在《論美國的民主》（*De la démocratie en Amérique*）中強調的，政治制度必然依託於民情、民俗、文化傳統乃至精神信仰，「正是獨夫體制，天長日久，使人們彼此相似，卻對彼此的命運互不關心，這是獨夫政體的必然後果。」所以，有清教徒傳統和契約精神的北美殖民地民眾，從「邦聯」邁向「聯邦」，建立了憲政共和國家；但是，連什麼是公民都不曉得的中國人，沒有自治的素質，怎麼可能以自治省為基礎建立穩固的共和國？

孫文炮製出軍政、訓政、憲政的三步走的路線圖，虛無縹緲，畫餅充飢。他帶領南方的國民黨人從一九二二年夏開始，著手國民革命，不僅反對聯省自治、和平統一的方法，而且提出放棄民國憲政制度，主張暴力革命。當時的北方政權，在徐世昌這位文人總統的治下，對民間社會採取極寬鬆和開放的政策，開創了雖然顯得無為而治，卻十分熱烈奔放的時代。是故，「五四」運動的學生能毫髮無傷，新文化運動能高歌猛進。而在南方，孫文的專制本色早已暴露無遺。當時，香港持中立立場的報紙對南北的政治現狀，有一段生動的評論：「北京政府非法而尚有法；南方政府護法而實無法。凡到過北京的人，大概總要承認，只看北京報紙的言論新聞，何等自由。……可憐廣州的言論界，戰戰兢兢，不敢出一大氣，報館則時常被封停版，記者則常怕槍斃和監禁。茶樓酒館，高標『莫談時事』，稍一不慎，就加以逆黨的名號，不死於明誅，必死於私劍，用種種的暴力來箝制民口，使人民敢怒而不敢言，道路側目，約法上言論自由的條文哪裡去了？」在此後的歷史敘事中，北京是舊官僚的淵藪，廣州是新革命的搖籃。但是，作為一個不願失去言論自由的基本人權的公民，你願意生活在徐世昌治下的北京，還是孫文盤踞的廣州？答案是不言而喻的。

在歷史的轉折點上，中國又一次選擇了最壞的那種選擇。轉型失敗的結局出現了：經歷短暫的民主化試驗之後，政治菁英失去了建設憲政民主制度的信心。一九二七年後，民主化進程被迫中斷，民主轉型的快速啟動變成幻影。對此，嚴泉指出：「在國民革命興起後，聯邦制的國體制度選擇不再具有任何實質作用與意義，中央集權再次成為國民黨人新的制度選擇。」此後，「黨天下」取代「家天下」，直到今天，國民黨和共產黨仍然為禍兩岸，不知何時是盡頭。而兩黨各自依託的「民國」與「共和國」，何時才能成為觸手可及的現實？

孫文與毛澤東都是催眠大師

費約翰《喚醒中國：國民革命中的政治、文化與階級》

國民黨和共產黨的根基都是帝國王朝的獨裁主義或專制主義。

譚寶信（Timothy Beardson）

在我的少年時代，似乎沒有哪個家庭擁有電視機，我所見到的第一台電視機是父母工作的工廠購買的。每逢週末，就出現壯觀的場景：數百個大人小孩圍坐在大飯堂看那台只有一個頻道的電視機。我還記得，看的第一部電視連續劇是香港武打片《霍元甲》。一夜之間，《霍元甲》的主題曲「昏睡百年，國人漸已醒，睜開眼吧，小心看吧」響徹大街小巷。多年以後，當我讀到澳大利亞學者費約翰（John Fitzgerald）所著的《喚醒中國：國民革命中的政治、文化與階級》（*Awakening China: Politics, Culture, and Class in the Nationalist Revolution*）一書時，「喚醒」這個詞語讓我又想起那首滄桑而昂揚的粵語老歌。

二〇〇五年，我在墨爾本與費約翰有過一面之緣，那時他剛剛從一場嚴重的車禍中康復。我們一起喝咖啡和聊天，我驚訝於他對中國近現代史的瞭如指掌和洞若觀火。《喚醒中國》是一本研究二十世紀二十年代國民革命歷史的著作，在西方漢學界影響巨大。作者以「喚醒」這個近代中國極具象徵意義的意象為切入點，生動地描述了中國現代民族主義意識形態的演變過程，剝去了國共兩黨的官方史學加諸於國民革命身上的厚重油彩。作者從當時瞬息萬變的政治局面中，以火眼金睛般的敏銳，梳理出「一個中國、一個民族、一個政黨、一種聲音」的形成過程。人民不是被喚醒，而是被加以更可怕的催眠，人民成為被國共這兩個列寧式政黨肆意驅使的「喪屍」。

是聯邦共和，還是中央集權？

我到台灣訪問時，發現所謂的「國父紀念館」中有中國革命史的展覽，在許多歷史問題上，國民黨與共產黨的敘述截然相反、針鋒相對，但在一個問題上卻驚人一致：陳炯明被稱為「陳逆炯明」和「革命叛徒」。

孫文一生最恨的人，不是慈禧太后、梁啟超、袁世凱、段祺瑞、張作霖等政敵，而是陳炯明。孫文將陳炯明視為門徒，當陳炯明不願支持他武力統一中國的夢想時，他就認為陳炯明是無恥的背叛。而陳炯明僅僅將孫文視爲一個暫時合作的地方領袖，對其並無人身依附關係，當他發現孫文並不信仰民主、自由和法治時，立即與之分道揚鑣，這樣做有錯嗎？

關於孫文對陳炯明的「背叛」耿耿於懷，費約翰用幽默又逼眞的筆調寫道：「只要聽到陳炯明這個名字，孫文的表情就會由和善變成憤怒，如果有誰爲陳炯明辯護的話，孫文就恨不得掐住他的喉嚨。」有一次，孫文的顧問賴世璜請求孫文對陳的「背叛」示以寬大，孫文憤怒地質問說：「你是不是他那一派的人？」甚至發瘋似的對衛士揮手，下令說：「殺了他！殺了他！殺了他！」爲何孫文對陳炯明的憤恨到了情緒失控的地步？費約翰的解釋是：「孫文心裡積蓄了對陳炯明的強烈憤恨，不是因爲他與自己明顯不同，而是因爲陳炯明以同樣無私的精力，去追求一個關於民族統一的不同的夢。」

具體到在廣東省施行的政治模式上，一言以蔽之，孫陳之爭是「黨人治粵」與「粵人治粵」之矛盾，兩者的區別在於：是由一個擁有獨特的黨派追隨者的政治派系來治理，還是由一些擁有獨特的地方追隨者的仕紳來治理。而在整個國家的結構上，陳炯明贊同聯邦共和，孫文則堅持中央集權。陳炯明主張各省自治基礎上的聯合，欣賞高度的區域自治，以及相應的中央政權地位的降低——簡言之，一個聯邦政府。一九二一年，陳炯明在廣東推動縣長和縣議員通過公共選舉來選擇和任命，卻遭到孫文反對。陳炯明還實施了廣州市議員的直接選舉，放棄自己作爲省長在傳統上所擁有的對三分之一市議員的任命權。當時，就連上海由國民黨控制的報紙《民國日報》也作出正面評價：「這不僅是廣東的突破，而且在中國的民主歷史上，也是史無前例的。」其實，不僅史無前例，亦後無來者：九十年之後，中國尚且不能邁出鄉級選舉的步伐，甚至連香港的「雙普選」也遙遙無期，香港立法會中所謂「功能組別」的非民選議員恬不知恥地「代表」著市民。歷史的停滯與倒退，怎能不讓人感慨萬千？

二十年代中期，當對聯邦主義的支持開始呈現為一場全國性運動的態勢之時，共產黨的領導人緊隨孫文其後登上公共論壇，對聯邦制口誅筆伐。聯邦主義和中央集權主義的優缺點，完全被放在死而不僵的「封建勢力」和新發於硎的「革命力量」尖銳對立的框架之內評估。代表西方先進政治文明的聯邦主義與共和主義，居然被孫文和共產黨妖魔化為「封建主義」──「封建主義」一詞被用來解釋軍閥與聯邦主義運動的奸詐關係。對此，費約翰評論說：「對於這個世紀中國的更偉大革命而言，國民革命最重要的貢獻，恐怕在於它對待語詞的方式。……革命者們創造了一種新的語言，到了一九二三年，無論是自由主義還是儒學，都不足以像列寧主義那樣，能夠精緻地解釋新中國的困境。」

孫文是黨國體制的始作俑者

在今天的台灣，孫文像仍然定格在新台幣上；而在今天的中國，對孫文的崇拜僅次於毛澤東和「今上」。孫文跟台灣無甚關係，民主化後的台灣，大部分民眾對孫文「無感」──甚至連反對他的意願都不大，他畢竟沒有像蔣介石屠殺過那麼多的台灣人；而很多海外中國政治流亡人士以及中國年輕一代憤青，卻將孫文作為一個對抗共產黨統治的符號，作為「光復大陸」之後的中華民國至尊無上的「國父」。對於此種具有諷刺意義的「時光倒流」，本書中文譯者在後記中指出：「今天，當人們把孫文視爲『走向共和』的符號時，有沒有想到他同時也是『軍政』、『訓政』的始作俑者呢？許多歷史與現實的問題，是絕不能用『一種聲音』來發表意見的。」

孫文是中華民國的終結者。一九二四年一月，國民黨召開一大，孫文明確提出用「以黨建國」取代「以黨治國」，顛覆中華民國的企圖毫不掩飾。他宣布要建立一個國民政府來取代共和政府，黨將複製政府黨組織並監督其各級運作。孫文在演講中指出，黨過去的錯誤，就在於允許黨員自由活動，並使自己的力量和才能發展到超出黨本身的程度。所以，所有黨員都要將個人自由交給黨。這就是隱藏在列寧主義路線指導下黨政改組背後的基本原理。

屢敗屢戰的孫文找到了鹹魚翻身的祕訣：創建列寧式的高度紀律化的黨國模式。他致力於將宋教仁時代作爲選舉型政黨的國民黨改造成「準布爾什維克黨」，儘管終其一生都未能完成。孫文的理想是，在黨國體制下，黨牢牢掌控每一個領域。費約翰提到一個重要的細節：黨代會結束後的兩個月內，中央執行委員會解除大理院院長趙仕北——一位畢業於哥倫比亞大學的法學家——的職務，因爲他堅持認爲黨規不能凌駕於法治準則之上。他被指控散布「司法無黨」的觀點。在關於黨與司法的關係上，孫文和他的追隨者宣中華、毛澤東都宣告說，「在黨規則和黨治體系之外，將不會有任何法律」。這樣的思路與中共在十八屆四中全會上宣布的「黨主法治」何其相似。對習近平而言，黨章高於憲法，憲法只是黨章的細化。如果孫文前來列席中共的全會，大概會心有戚戚焉吧。

一九二四年一月二十四日，出席國民黨一大的代表遵從孫文的命令，在一項決議中通過國民黨的新黨歌為「三民主義，吾黨所宗」，並且「將來定為國歌」。一九二四年八月，孫文下令將中華民國的五色旗從自己控制的華南地區所有機構的旗杆上降下，並升起「青天白日」的黨旗。從一九二五年元旦開始，當地公安局長對繼續懸掛民國國旗的市民處以罰款。費約翰指出：「旗幟的改變既不標誌政府換屆，也不表明著國民運動領導層的變化，但它顯示了民國歷史中的深刻變遷。它預示著自由主義共和國的五色旗在中國的公眾儀式中的消失，以及另外兩種全國性旗幟的取而代之，其中每一種都只認同於一個獨特的政治黨派。」在中國方興未艾的「民國熱」中，有多少年輕人知道這幕改旗易幟的場景呢？

在書中，費約翰還分析了孫文「聖像」的確立過程，以及國共兩黨為什麼都供奉這尊「聖像」。無論是中山陵的修建，還是將總理遺訓、三民主義等編入中小學課本，國民黨不遺餘力地將孫文塑造成一個新的偶像。而蔣介石以孫文的學生自居，繼承孫文的遺產就如同古代的皇帝子承父業一樣。

毛澤東是孫文的好學生

其實，比起蔣介石來，毛澤東才是孫文更稱職的好學生。在逃亡台灣之前二十多年的政治生涯中，蔣介石始終未能完成孫文的遺願——將國民黨打造成一個列寧式政黨，將國民政府打造成一個蘇聯式政權。毛澤東成功地實現了這一目標，儘管毛澤東沒有沿用孫文的國號、國歌、國旗以及「三民主義」，卻將孫文思想中獨裁專制的一面升級換代、發揚光大。

孫文與毛澤東都是催眠大師

本書中的另一個重要面向，作者用長達幾章的篇幅敘述毛澤東在國民黨中央宣傳部任代理部長期間的工作情況。「毛對國民黨中央宣傳部的領導，似乎是他走向革命導師過程中的一個關鍵時刻」——雖然只有短短八個月時間，這段經歷卻對毛影響甚大。

一九二五年十月，毛澤東受命代表汪精衛管理國民黨中央宣傳部。毛精力充沛、野心勃勃，雷厲風行地實現了幾名舊文人氣十足的前任未能做到的事情：首先，有系統地清查黨內出版物，不定期地向中央執行委員會提出檢舉。比如，對北京孫文主義學會、上海的黨刊《革命導報》，以及美國總支部在舊金山的資深日報《少年中國晨報》提出控告。其次，讓宣傳部這個此前被人們視爲可有可無的部門蛻變成一個黨的核心機關，毛向國民黨各部門發出指令，個人和組織在公眾場合發布的一切宣傳資料，都要送交中央宣傳部檢查。第三，利用這個機構來清洗來自黨內的政治敵人，或者通過群眾鬥爭的方式，發現外部的敵人並用暴力手段將其消滅。

毛澤東是國民黨歷史上最能幹的宣傳部長。而這八個月國民黨代理宣傳部長的生涯，也賦予毛對一個正在走向現代化的社會中宣傳的巨大功用的嶄新認識。用費約翰的話來說就是：「毛澤東廣泛地利用自己在國民黨中央宣傳部的經驗，來設計自己的主義和戰略，並在自己領導之下，即時地發動了一場紀律性的革命運動。毛澤東的民族革命所追求的目標，本質上與孫文所設想的目標相同，但卻沒有了孫文主義的障礙。毛澤東所設計的一套民族革命的戰略，它將在策略允許的範圍內加劇社會階級的對立，以便利用他自己的專政模式，取代國民黨的黨治國家。」在一步步地走向中共最高領導人的「長征」中，毛把宣傳工具視爲與軍隊和祕密警察系統同樣重要的、「三足鼎立」的利器。只有牢牢掌控此三者，權力才能穩如泰山。與之相比較，黨務和政府序列反倒沒有那麼重要，他可以放手交給劉少奇和周恩來，也可以隨時收回來。後來，毛悍然發動文革，其實就是一場「宣傳革命」，毛不厭其煩地親自起草和修改《人民日報》的社論，絕非小題大做，因爲社論中的一個字就可能剝奪百萬條人命。與之相比，孫文與蔣介石確實是「略輸文采」。

二十世紀二十年代中國國民革命的靈魂人物是孫文、蔣介石和毛澤東。從某種意義上說，中國二十世紀的歷史就是孫、蔣、毛的「三人傳」。國民革命是一場戰爭，更是一場「話語革命」，《喚醒中國》一書中涉及到了與歐威爾式的「新語」系統相對應的諸多領域，如建築、繪畫、時尚、文學、倫理、地理學和人種學等，無不別開生面而發人深省。從這本書中，讀者可以發現，孫、蔣、毛都是中國民間傳說和好萊塢影視中的「趕屍人」，驅趕著被他們深度催眠的千千萬萬的喪屍，走進萬劫不復的地獄。

國民黨是怎樣失去中國的？

易勞逸《毀滅的種子：戰爭與革命中的國民黨中國》

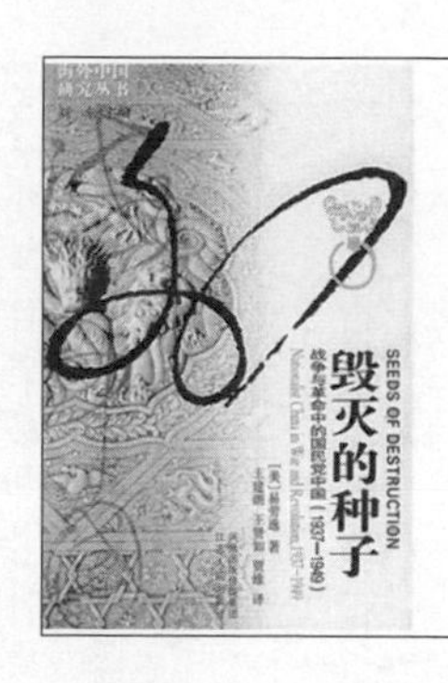

歸根到底，國民黨在大陸的垮台主要是因自身的不成器。

李伉如（Kenneth Lieberthal）

抗戰勝利之後不久即展開的國共內戰，不到三年時間，就以國民黨的徹底崩潰和共產黨的風捲殘雲而告終。一度躋身世界四強之一的國民黨政權，像紙糊的房子一樣如此迅速地轟然倒塌，這一結果不僅國民黨的領袖蔣介石沒有料到、蔣介石的敵人毛澤東沒有料到，就連支持蔣介石的美國和支持毛澤東的蘇聯也始料未及。此後，晚年的蔣介石龜縮在孤島台灣，編織一個只有他自己相信的「反攻大陸」的美夢；在美國政界，「誰丟掉了中國」一度是沒有終極答案的疑問，在追究責任的過程中，有一批對共產黨抱有同情心的外交官成了替罪羊；而在國際史學界，「國民黨何以成爲共產黨的手下敗將」也是讓學者們各執一詞、爭論不休的謎團之一。

美國歷史學者易勞逸（Lloyd E. Eastman）在《毀滅的種子：戰爭與革命中的國民黨中國》（*Seeds of Destruction: Nationalist China in War and Revolution*）一書中給出的答案是：國民黨本身的組織結構和蔣介石本人的統治方式，在北伐的勝利中就已經爲日後的失敗埋下「毀滅的種子」。他通過國民黨自身的各種材料，運用地質學家研究地球形成的方法，得出此一結論。在易勞逸看來，國民黨的失敗，不是因爲缺乏美國的援助，不是因爲共產黨太強大，也不是因爲中共從蘇聯那裡得到源源不斷的幫助，而是國民黨自身的弊病、腐敗和分裂，他切中肯綮地指出：「國民黨人除了個人及派系的利益之外，根本沒有共同的奮鬥目的。」換言之，丟失中國的，不是別人，正是國民黨自己，而在國民黨政權當中負有最大責任的，無疑是蔣委員長本人。

國民黨政府爲何得不到農民的支持？

蔣介石以爲，佔據城市就掌握了中國的經濟命脈，農村可以像雞肋一樣棄之不顧，這是其最大的戰略失誤。與之相反，本身就是農民子弟的毛澤東深知，千百年來，中國是一個以農民爲主體的農業社會，所謂「得民心者得天下」，說白了，就是「得農民心者得天下」。

毛澤東對農民的所思所想瞭如指掌，他像歷代農民起義者那樣，打著「均貧富、分田地」的旗號，得到了農民的支持，進而獲得取之不盡，用之不竭的人力與資源，終於在拳擊場上將蔣介石掀翻在地。

國民黨政府的農村政策是如何失敗的？易勞逸指出：「國民黨在農村的失敗——當局無能力保證農民的土地、安全和食物——極大地削弱了農民對政府所持有的尊敬。這就意味著政府正失去合法性。沉重的經常性的苛捐雜稅、腐敗、絕大部分官員所顯示出來的傾向地主階級反對佃農的偏見，所有這些都削弱了政府的權威及其合法行動的社會價值。」國民黨是一個崛起於江浙新興城市、倚靠城市工商階層的權力集團，從一建黨起就缺乏處理農村問題的經驗和熱情。在抗戰和內戰中，農民始終是受害最為嚴重，且被國民政府最忽視的階層。

關於抗戰期間中國農民的悲慘生活，易勞逸在書中用一九四二至一九四三年的河南饑荒來加以說明。那一時期，由於自然災害使得農業減產四分之一，減產的數字相當巨大，但如果僅僅是自然災害，還不會造成數百萬人活活餓死的慘劇。更大的人禍是，政府無情的徵稅和軍糧徵收。超過百萬的軍隊駐紮在這個省分，究竟讓軍人挨餓，還是讓農民挨餓，當局選擇讓後者成為犧牲的對象。既然國民政府不在乎農民的死活，農民也就不再承認國民政府的統治：當國民黨軍隊在豫湘桂戰役中潰敗時，河南農民拿起大刀和長槍等冷兵器，解除了大約五萬軍隊的武裝，殺害甚至活埋大量的士兵。你能指責這些農民不愛國嗎？

更大的饑荒發生在戰爭結束之後，易勞逸寫道：「一九四五年底一九四六年初，發生在中國的這次饑荒，使得三千三百萬人民受到影響，可能是戰後初期世界上任何地方同類危機中最嚴酷和最廣泛的一次危機。」聯合國善後救濟總署在報告中寫道，在湖南和廣西，饑餓和疾病造成了大量的死亡，「許多孩子一絲不掛，他們渾身帶著瘡傷和傳染病」。當然，在十多年之後共產黨統治的時代，大躍進造成更大、更嚴酷的饑荒。但此種「比壞」的視角，並不能減弱國民黨政權犯下的滔天罪惡。

一九四八年，國民黨敗局日益明顯之時，「國民黨陣營中的許多人突然意識到，那些無知卑賤的農民的生計與他們政府的衰竭和共產黨的活力有著某種根本的關係」。於是，立法院開始討論農村問題，立法委員們提出土地改革的議案，認爲土地問題是「災難的根源，國家存亡的關鍵」。但是，直到國民黨失去中國大陸，土地改革的方案也沒有出台，因爲當權者不願放棄既得利益。直到國民黨敗退台灣，土地改革才啟動——因爲國民黨當權派並非台灣土地的主人，處理台灣地主擁有的土地以及日本人留下的土地，在黨內不會遇到什麼阻力。在這樣一種吊詭的處境下，蔣介石總算收穫了其在農業政策方面唯一一次的成功。

國民黨軍隊爲何迅速失去了戰鬥力？

研究中國問題的美國權威學者李侃如，這樣描述內戰中國民黨軍隊的潰敗：「國民黨軍隊敗逃的速度往往使共產黨軍隊難以趕上。」這支與強大的日本陸軍主力對壘八年仍然屹立不倒的龐大軍隊，爲何面對共產黨軍隊就一觸即潰呢？難道共產黨軍隊比日軍更加英勇神武嗎？或者說，毛澤東比艾森豪（Dwight David Eisenhower）、蒙哥馬利（Richard

Montgomery）、朱可夫（Georgy Konstantinovich Zhukov）更有「運籌帷幄之中，決勝千里之外」的軍事天才？

非也。回顧過去的歷史，共產黨軍隊幾乎不敢挑戰日軍，也曾在國民黨軍隊的圍剿之下倉皇逃竄萬里之遠。如今，國共之勝敗，居然瞬間易位，原因何在？易勞逸認爲，根本原因在於，「一個缺乏社會基礎的軍事獨裁政權的內在結構的虛弱，以及對日戰爭的削弱作用」。他更進一步解釋說，「實現其政治目標的有限性、行政機構的腐敗和缺乏效率、派系之間的自我毀滅的傾軋、軍隊的普遍無能和士氣低落」，造成國民黨軍隊「不戰而敗」，中華民國則成了一個「夭折的國家」。

易勞逸指出，從一九四二年開始，國民黨軍隊的主體部分就失去了戰鬥力。有三個方面的原因：首先，國民黨軍隊系統跟行政系統一樣腐敗、低能且極端殘酷。比如，在徵兵過程中，官僚草菅人命，不僅造成「壯丁」居高不下的死亡率，而且讓被驅趕上陣的士兵離心離德，譁變和投誠此起彼伏。蔣介石在一次演講中就「痛心疾首」地承認：在一隊從福建步行去貴州的一千人中，倖存者不足一百人。在從廣東到雲南的五百英里的艱苦跋涉中，七百名新兵只有十七人活著走過來。根據當時官方的統計數據，一九四三年徵集的一百六十七萬人中，有將近一半在他們趕往所去的部隊的途中死去或逃走。在八年對日戰爭中，那些在到達所分配的部隊之前就死去的新兵總數大約有一百四十萬人。

其次，在整個戰爭進程中，醫療機構沒有任何改進。許多傷兵除了等死之外，得不到任何有效的救治。例如，在擁有三個師的整個四十六軍中，甚至沒有一個合格的外科醫生。即使有了稱職的醫生，他們又受制於設備和醫藥的嚴重缺乏。在蘭州地區，部隊中百分之九十的人患有淋病，百分之三十的人患有梅毒。易勞逸得出的結論是：「當部隊的絕大部分士兵幾乎不能行軍、當即使是短距離行軍也要在路邊留下屍體時，國民黨軍隊是不能被視為一支有效的戰鬥力量的。」

第三，是軍隊高級將領包括最高指揮官蔣介石本人的無能和彼此猜忌。除了孫立人、薛岳等少數優秀的將領之外，大部分國軍將領都缺乏適應現代戰爭的知識結構、思考能力以及經驗和意志。蔣介石倚重的黃埔系將領，大部分都是只接受過黃埔軍校為期幾個月的初級訓練的「半文盲」。易勞逸在書中列舉了湯恩伯、何應欽、陳誠等高級將領的斑斑劣跡，用美國魏德邁將軍的話來說，這些將領是「無能的、不稱職的、沒有訓練的、氣量小的……總之是沒有效率的」。他們的長處只有一個：對蔣介石個人絕對忠誠。

也許，沒有任何人比蔣介石更知道國民黨軍官們的這些缺點。但是，這個剛愎自用、氣量狹小的獨裁者，唯獨信任那些出身黃埔系的草包，卻剝奪孫立人、白崇禧、陳明仁等將領的指揮權。蔣介石還常常親自插手指揮軍隊，甚至命令到團一級部隊的調動或具體行動，比史達林和希特勒更加「事必躬親」，其結果往往是造成全盤混亂。

國民黨不是被共產黨打敗的，而是被自己打敗的

關於對蔣介石及其政權的評價，在中國及西方仍然是「冰火兩重天」。二戰期間著名的

美軍將領史迪威（Joseph Warren Stilwell）致力於幫助中國建立一支現代化的軍隊，卻受到蔣介石的阻撓，不得不半途而廢。史迪威私下給蔣介石起過很多綽號，最有名的兩個是「花生米」和「響尾蛇」——前者比喻其「腦容量」很小，後者比喻其「胸容量」很小。在史迪威的眼中，蔣介石「頑固、愚蠢、無知、不容他人、專橫、不講道理、無法說通、忘恩負義而又貪婪無比」。而史迪威最欣賞的中國將領孫立人，本來已經在東北戰場贏得輝煌的勝利，卻被蔣介石下令解職。後來，在台灣訓練新軍並取得金門戰役大勝的孫立人，卻被蔣介石無辜軟禁三十多年。此一案例即可說明，史迪威對蔣介石極端負面的評價不無道理。

然而，近些年來，隨著蔣介石的日記在史丹佛大學胡佛圖書館被公諸於世，很多人對蔣介石日記中自我塑造的苦情英雄、孤膽鬥士的形象照單全收，華人世界掀起一股親蔣、崇蔣的狂潮。有網友諷喻說，人們凡聊天提及此人必稱「蔣公」，從「堅果」膨脹成「夫子」，變化可謂翻天覆地。

其實，反對毛澤東和共產黨的暴政，並不意味著必然要去擁抱蔣介石和國民黨，甚至扭曲歷史、爲後者塗脂抹粉。這種非此即彼的思維方式，只能表明某些人士心智上的「類人孩」狀態。易勞逸認爲，國民黨的失敗是必然的，不是偶然的，「抗戰時期的艱苦歲月使黨內腐敗和瀆職行爲日趨惡化。在面對共產黨軍事威脅和第二次世界大戰後國家遭遇的種種社會經濟問題的時候，國民黨根本無力奮起去迎接挑戰」。易勞逸不僅論及國民黨在農業政策方面的失敗、軍隊喪失戰鬥力，更分析了國民黨的黨務系統是如何因內鬥而癱瘓的——蔣介石苦心經營的三青團、雄心勃勃地開展的革新運動，以及蔣經國推動的金圓券改革，都未能給國民黨帶來活力和生機。

在本書最後一章中，易勞逸討論了蔣介石在失去中國這一歷史事件上不可推卸的責任。魏德邁將軍如此評價蔣介石說：「委員長遠不能算是一個獨裁者，事實上僅僅是一幫烏合之眾的首領而已。」這一評論與《觀察》群體的自由主義知識分子對蔣的描述相吻合——「獨裁無膽、民主無量」。

易勞逸指出，蔣介石習慣把政治問題、行爲問題甚至經濟方面的問題都視爲實質上的道德問題，「他不懂得，他所設立的政治機構及他所制定的政策正是其政權垮台的眞正原因。他也不懂得，他的官僚的腐敗無能，是因爲在他所建立的政治體系中，這些官僚們基本上可以免受外界的批評和壓力的影響。」蔣介石一生效仿王陽明、曾國藩等儒家「聖人」，竭力表現出虛懷若谷的氣度，但他從來不是民主的支持者，「他從來沒有考慮過建立使民眾有與政府認同感的政治組織，或進行爲民眾帶來福利的社會和經濟的改革。」

日本戰敗後，蘇聯迅速出兵中國東北，隨後將東北轉交給共產黨人。失去東北，使得蔣介石打敗毛澤東變得難於上青天。經過日本人長期的經營，東北的經濟水準領先關內十五年以上，其生產的鐵、水泥、電力等均是關內的數倍之多，誰能佔有東北，誰就擁有經營中原的龐大資源。但是，這還不是決定性的因素，易勞逸的結論是：「蘇聯人的干預只不過是有助於摧垮已經腐朽的建築物的一股狂風。沒有這陣風，建築物可能會矗立得稍長一些，但是它遲早要倒塌。」

眞相往往讓某些人不願接受，但揭示眞相是歷史學家的使命所在。關於這本書的價值，可以用雷利・桑德蘭（Sunderland）的一句話來概括：「對國民黨失敗這一問題的新近研究，會由《毀滅的種子》而得以開拓。」對於中國的歷史學者來說，這本傑作是標竿，也是激勵。

滾動的石頭不長青苔

王鼎鈞《關山奪路：國共內戰》

斧頭砍不下書上的文字。

俄羅斯諺語

要理解二十世紀中國人經歷的苦難，王鼎鈞四卷本的回憶錄是必讀之書。王鼎鈞說：「我不是在寫歷史，歷史如雲，我只是抬頭看過；歷史如雷，我只是掩耳聽過；歷史如霞，我一直思量『落霞孤鶩齊飛』何以成千古名句。」聖經中說，「看風的，必不撒種；望雲的，必不收割」（傳道書十一章4節），這是作爲邊緣人和小人物的好處。邊緣人和小人物拿起筆寫歷史，會寫得比身處歷史中心的人更精準和敏銳，這是「不識廬山眞面目，只緣身在此山中」的道理。王鼎鈞說：「對日抗戰時期，我曾經在日本軍隊的佔領區生活，也在抗戰的大後方生活。內戰時期，我參加國軍，看見國民黨的巔峰狀態，也看見共產黨的全面勝利，我作過俘虜，經過解放區。抗戰時期，我受國民黨的戰時教育，受專制思想的洗禮，後來到台灣，在時代潮流沖刷之下，我又在民主自由的思想裡解構，經過大寒大熱、大破大立……我的經歷很完整，我想上天把我留到現在，就是叫我作個見證。」誰有像他那麼九曲迴腸的履歷，誰有像他那麼一字千金的文筆？

王鼎鈞不是科班出身的歷史學者，但他是歷史的親歷者。對於四卷本回憶錄中的《關山奪路：國共內戰》這一本，他自信滿滿：「四冊之中，我相信這一冊最精彩，我也相信來日研究國共內戰的人都不會忽略我寫的這一本，我在書中提出的觀點，遲早為他們採用。」他不是國民黨，也不是共產黨，只是「苟活於亂世」的流亡者。在近半個世紀之後，他以自由知識分子之立場記錄與審視那段可稱之為災難和悲劇的歷史（共產黨叫「勝利」，國民黨叫「轉進」），從中咀嚼出來的經驗，仍可燭照未來——因為海峽兩岸的中華人民共和國和中華民國，一方全無共和，一方民主尚且脆弱，兩邊的人們都需要這本書中的智慧。

以百姓為仇讎的軍隊必敗無疑

王鼎鈞的四部曲堪比蘇俄作家阿．托爾斯泰（Aleksei N. Tolstoy）的《苦難的歷程》系列，是時下崇尚輕快淺薄的作者和讀者望而生畏的「大河文學」。阿．托爾斯泰說過：「在清水裡泡三次，在血水裡浴三次，在鹼水裡煮三次。我們就會純淨得不能再純淨了。」王鼎鈞也說過，當他寫作《關山奪路》時：「我好像置身內戰之中，重新經歷大勢和細節。但是此時無利害，無恩怨，無是非，無禍福，也就沒有苦樂。只有這樣，我才能夠寫下去，而且跳出俗套。我已撤除一切障蔽，也不樹立新的障蔽，不受前人欺，也不欺後人。」

在抗戰和內戰中，王鼎鈞是一個平凡若塵埃的士兵。幸運的是，他沒有開過一槍、沒有殺過一人。與沈從文一樣，軍旅生涯開啟了他的文學生涯。當初，他以流亡學生身分入伍當兵，而一旦成爲士兵，立即就與老百姓身分迥異。他寫到一個一般人不會注意的細節：當他們坐上卡車離開學校時，公路上有個老樵夫被奔馳的卡車嚇得跌倒在地，車上大家都哈哈大笑。「這一笑，笑出了軍心和民心之間的鴻溝。我們還是一個『準兵』，這老樵夫的痛癢已無關我們的痛癢，成爲我們的開心果。……以後國府調兵遣將，軍人和民眾始終各有各的喜怒哀樂，彼此很難產生同感。」在這一笑當中，已預示國民黨政權在大陸潰敗的結局。

「得民心者得天下，失民心者失天下」，數百萬言的《資治通鑑》說的就是這一句話。然而，國民黨軍隊的訓練和教育偏偏與之背道而馳。訓練時，老班長必定大罵新兵爲「老百姓」，這一條是每個新兵的原罪。王鼎鈞感嘆說：「兵士來自民間，帶著民間的習性和身段，也許和軍事訓練的目標相背，但是你不該因此侮辱老百姓，不該藉此醜化老百姓，以致教育出幾百萬卑視百姓、欺凌百姓的官兵來。」這樣的官兵，又豈能得到百姓的愛戴與支持？

在新兵訓練的營區，王鼎鈞發現，「一種看不見、摸不著、深入骨髓的恐怖氣氛」四處瀰漫。當局的目標是「把新兵打造成沒有個性、沒有正義感的動物，對暴力屈服，承認一切現狀合理」。打罵、體罰是每天都必須經歷的功課。國軍的此種劣習，即便在民主化之後的台灣也未能根除，難怪會有洪仲丘事件發生。

當年，王鼎鈞對統治者的治軍理念即有透徹的認識：「建立軍隊的特殊性，要從人人挨打的時候甘之如飴開始。他要摧毀我們每個人的個性，掃蕩我們每個人的自尊，要我們再也沒有判斷力，再也沒有自主性，放棄人生一切理想，得過且過，自暴自棄。」與窮凶極惡的國軍相比，當時的共軍還在上演「軍民魚水情」的劇目。而一旦奪取政權，共軍的暴虐立即變本加厲地展示出來。「六四」天安門屠殺之後，北大有連續四屆新生被強制送到陸軍學校接受「軍政訓練」，我也有過與王鼎鈞當年的新兵訓練相似的痛苦經歷。熱愛自由的人最不能適應的，就是生活在軍隊的等級秩序和集體主義之下。

國民黨的雙重失敗：軍事失敗和政治失敗

王鼎鈞所在的憲兵團，從陝西到南京、上海，再奉命到瀋陽執行任務。王鼎鈞因而對東北的敗局有親身體會。軍事家和政治家大都承認，國共內戰的三大戰役，雖然淮海（徐蚌）會戰規模最大，但遼瀋會戰已然決定全局之勝負。換言之，得東北，即得天下。從滿清到日本，都是先經營遼闊富饒的東北，再揮師南下，取中原如探囊中之物。共產黨亦是如此。

那麼，國民黨是如何失去東北的？王鼎鈞說，歷史只有「曾經」，沒有「如果」，他對諸多「事後諸葛亮」的「後見之明」不以爲然。比如，美國的魏德邁（Albert Coady Wedemeyer）將軍評論說，如果蔣介石不急於孤軍深入東北，而是集中兵力和資源，好好整頓華北和華中，或許有勝算。但王鼎鈞認爲，國民政府官吏怠惰，軍事系統又全爲共諜滲透，即便集中兵力在華北和華中，也不會成功。又比如，梁肅戎和齊邦媛等東北人都在回憶錄中說，如果中央派張學良去接收東北就好了。但王鼎鈞認爲，「先人遺澤和同袍道義很難遏阻中共發展」，經過十年幽居、早已「不知有漢，無論魏晉」的張少帥，即便得到蔣介石完全的信任，出馬主持東北大局，不過就是另一個傅作義罷了。再比如，白先勇在爲父親白崇禧所寫的傳記中說，白崇禧一路勢如破竹卻被蔣下令停戰，若是一直揮師北上，共軍早無容身之地。但王鼎鈞引用時任東北保安司令部政治部主任的余紀忠的說法，杜聿明在停戰令下達之後仍然抗命拿下長春，戰役上獲勝卻無助於挽救戰略上的失敗——後來，長春被圍，慘狀甚於南京大屠殺。所以，如果國軍深入北滿，佔領哈爾濱和齊齊哈爾，後來未必能守得住，「會不會再增加兩個長春？」

國民黨在東北失敗，是軍事的失敗，更是政治的失敗。王鼎鈞引用哈金寫韓戰的小說《戰廢品》之書名，用一句話概括國共內戰的實質：「中國對日抗戰製造大量廢品，但中共養精蓄銳，國共內戰可以說是廢品對新品的戰爭。」抗戰八年，國民政府沒有崩盤已是奇蹟，但毫不體恤民情，種下毀滅的種子。王鼎鈞在流亡途中，親眼目睹國民黨幹部在押送壯丁時，把他們用繩子捆起來，連成一串，路上缺食少穿，「生了病也沒有醫藥，一旦輕病拖成重病，只有就地活埋。」王鼎鈞在秦皇島擔任轉運物資到東北戰場的聯勤軍官，看到從長官到經辦人員層層剝皮的貪汙手段。國民黨認爲，自己做的一切，完全是爲了國家和民族。佔據這個道德制高點後，便一味要求人民絕對服從，要求大家無條件爲國家犧牲，自己則難以約束官吏的腐敗和瀆職，遂將人民的生命任意揮霍。久而久之，每一個相信國家許諾的人都受了傷。但國民政府仍然陶醉於戰後躋身「世界四強」的光環之中，全然不知滅頂之災就在眼前。

王鼎鈞在書中臧否了從蔣介石以下的國民黨高官顯貴，大抵算是公論。但他在論及孫立人時並不公允。當時，有憲兵派駐東北行轅站崗，向孫行禮，孫從不回禮。孫出入行轅之時，常常面帶怒容。王鼎鈞認爲，孫立人過於驕傲，「得民而不能得君，將兵而不知將將」，「他是英雄，看歷史另有見地，終於捲入『兵變』冤案，幽居終身。」他更評論說：「《荀子》一書暢論君道與臣道，現在檔案資料逐漸公開，孫將軍臣道有失，蔣先生君道有虧，都付出慘痛代價。」對於此種各打三十大板的看法，我不認同。

首先，既是冤案，孫將軍何錯之有？孫的錯誤大概在於他太優秀了，讓蔣及黃埔系草包們黯然失色。且不說孫本身並無取代蔣的想法，退一萬步說，孫眞的取代蔣，台灣的民主或許會提前二、三十年來臨。其次，既號稱民國，就得按照民主憲政的價值衡量是非，不能祭出《荀子》所說的君道和臣道來。這種思維方式表明，王鼎鈞名義上是基督徒，骨子裡還是受儒家倫理支配。但是，即便蔣介石把自己視爲沒有加冕的現代皇帝，接受美國民主教育的孫立人也不肯將其當作皇帝來愚忠。

操縱學潮者，會料到自己變成學潮之敵嗎？

國共內戰有兩個戰線：一是槍桿子之戰，即荷槍實彈的軍事對決；二是筆桿子之戰，是沒有硝煙的宣傳和輿論之戰——後者成敗的關鍵在於，如何奪取知識分子和學生的心。在這方面，共產黨完勝，國民黨慘敗。

四十年代中後期的王鼎鈞兼有兩種身分，一種是憲兵，一種是流亡學生。前一種身分讓他有機會深入觀察國民黨在軍事上的失敗，後一種身分讓他有機會分析國民黨何以無法獲得知識分子和學生的支持。一九四七年，全國學潮澎湃，王鼎鈞的高中學長、浙大學生自治會長于子三被捕慘死，王鼎鈞的評論入木三分：「國民黨埋沒他的才華，左派滿足他的自尊心，他因此投入學潮。于子三是龍，左派是水，學潮是驚濤駭浪，龍的舞台。……中共學運行雲施雨，捧他出來呼風喚雨，人生如戲，演員入戲，張翼德眞以為自己喝斷了當陽橋。」如同被中共驅使到前線當炮灰的農民，以及在長春圍城中被毛澤東無情犧牲的市民，那些「愛國學生」也都是共產黨用完就丟掉的棋子。那時的學潮並不單純，事實眞相是：「中共對學潮發出那麼多文告指示，後來輯成那麼厚一本書，當年『各界』有誰讀過一行一字。中共對學潮用心之專，用力之勤，當年『各界』有誰知道。」

歷史的輪迴宛如飛盤一樣，無情而充滿嘲諷：昔日操縱學潮遊刃有餘的中共，可曾料到一九八九年自發的、追求民主自由的學運，卻將共產黨作為反對的目標？雖然鄧小平等老人幫用血腥屠殺的方式鎮壓了學運，但他們並沒有贏，他們同時也將自己釘在歷史的恥辱柱上。如今，香港的學生和市民爲爭取眞普選而發起佔領中環運動，中共污衊說那是「西方帝國主義破壞中國崛起的陰謀」──他們以爲，所有學潮的背後都有一雙看不見的黑手在操縱，就像他們當年操縱學潮反對國民黨一樣。

一九四九年，國共兩黨被海峽分離，他們同時將自身視爲人民的代表，持續「殺人如草不聞聲」的統治手法。被學潮弄得杯弓蛇影的國民黨，拒絕山東流亡師生入台的請求，將八千人安置在澎湖，進而強迫學生從軍，引發學生抗議。王鼎鈞記載了一九五〇年「煙台聯合中學冤案」，特務和軍隊聯手構陷，手段毒辣，張敏之等教育界菁英及無辜學生數百人被冤殺，此案直到一九九七年才平反。平反的阻力居然是國民黨大老想「爲國家存些顏面」，王鼎鈞憤怒地反問說：「爲國家存顏面，那國家的心肝就可以棄之不顧嗎？」在漫長的白色恐怖時期，王鼎鈞與大部分台灣人一道如驚弓之鳥般活著，常常被警察破門而入的噩夢驚醒。而在彼岸，另一政黨的作爲更是「罄南山之竹，書罪未窮；決東海之波，流惡難盡。」

經過九死一生的考驗，王鼎鈞逃離共產中國，這並不意味著他熱愛國民黨。當上海的一位教授感嘆「兩黨都很壞，何必再跑」時，他回答說：「國民黨共產黨都壞，但是國民黨有多壞、我知道，我估量還可以對付，共產黨到底有多壞、我不知道，恐怕對付不了。」三十多年之後，王鼎鈞在紐約遇到劫後餘生的大陸同胞，對方問他何以能在當初左派思潮席捲中國時作出逃亡的決策，他便以這句話作答。滄海桑田，風雲際會，再也無需多說了。

一粒種子發芽了

達賴喇嘛《我的土地，我的人民》

他們會來傳播恐懼。
他們會來閹割太陽。

馬雅預言

《我的土地，我的人民》是達賴喇嘛的第一本自傳，寫作這本書時他只有二十多歲，剛剛逃離硝煙瀰漫、血肉橫飛的家園。一方面，他必須爲遭到中國殘暴侵略和殖民統治的六百萬同胞，在國際社會發出強有力的呼喊；另一方面，他必須照顧追隨他的近十萬名流亡藏人，讓他們在異國他鄉找到一處安身立命之地。在這本書中，達賴喇嘛將藏人遇到的災難，中國人的欺詐和殺戮，用超乎尋常的冷靜、客觀，忠實紀錄，呈現在世人面前。即便在描述那些最黑暗的場景時，他的心中仍然沒有仇恨和憤怒，他相信西藏人民的勇氣，以及人類心中存在的對眞理和正義的愛，必將把自由帶給雪域高原。

這本書的中文版遲到了近半個世紀才在台灣問世——其中文簡體字版在中國的出版，仍然遙遙無期。可以猜測，閱讀過這本書的中國人不會太多，而沒有閱讀過這本書，也就無法全面了解西藏問題的來龍去脈。

在序言中，達賴喇嘛如此概括本書的主要內容：「我從個人角度來描述我們在西藏的生活，以及終結了我們生活方式的一系列悲慘事件。」半個多世紀以後，達賴喇嘛仍然走在流亡之路，西藏人的苦難仍然看不見盡頭。經濟飛速發展的中國，不僅在西藏實行政治殖民，而且加快經濟殖民的步伐，西藏的傳統文化和宗教信仰遭到滅頂之災，資源和環境也遭到毀滅性的破壞。任何良知尚存的人，都不能無視達賴喇嘛在書中發出的呼籲：「我們唯一的願望是安安靜靜地過自己的日子，與包括中國人在內的周邊鄰居，保持和平及友誼。」

溫文爾雅的鄰居變臉成了殺人放火的強盜

一九五四年，年僅十九歲的達賴喇嘛應邀赴北京參加全國人民代表大會，在此期間與中共領導人毛澤東、周恩來有過多次交談。西藏史學者茨仁夏加寫道：「毛澤東似乎與達賴喇嘛處得不錯，兩位領袖相見了多次。毛年紀比較大，以父權的姿態告誡年輕的達賴喇嘛『民主的眞正形式』，還指點他如何成爲眞正的領袖。他也告訴達賴喇嘛，如果對駐西藏的中國代表不滿意，可以直接跟他講。」達賴喇嘛發現，毛衣著簡樸，說話慢條斯理，「每句話含義豐富而且清楚準確」。大部分時候，毛的談話友好而溫和，只是偶爾會情不自禁地表露出對宗教信仰的輕蔑，有一次毛靠近達賴喇嘛的耳邊輕聲說：「我了解你，但是，宗教是毒藥。」整體而言，達賴喇嘛對毛的印象良好。那時，他的年齡只相當於大學二年級的懵懂學子，而且長期在封閉的宮廷中研修佛學經典，缺乏基本的政治經驗，哪能分辨毛澤東隱藏在微笑背後的殺機？所以，他在書中描述了當時的眞實感受：「我相信他不會使用武力將西藏改變成一個共產主義國家。」即便後來共產黨在西藏採取的迫害政策使其想法破滅，他仍然對「這些壓迫有得到毛澤東的批准」感到「難以置信」。

會議結束後，達賴喇嘛被安排到各地參觀訪問，他得出的整體印象是：「效率高，物質進步，加上一層毫無幽默感，千篇一律的灰霧，中國傳統的魅力和優雅只有偶爾會透過灰霧，發出令人驚喜的光芒。」不過，若他抵達今天的北京，一定會感嘆當年的灰霧與今天的霧霾相比，簡直是小巫見大巫。那時，達賴喇嘛已然發現，中國與西藏是兩個完全不同的社會，「宗教、幽默和個人意識是藏人生命中至關緊要的，沒有西藏人願以此來交換物質的進步」。

中共翻臉比意料中的還要快。五年之後的一九五九年，駐紮在西藏的解放軍磨刀霍霍，達賴喇嘛以全國人大副委員長的身分苦苦勸誡卻毫無效果，向毛澤東、周恩來反映情況更是如石沉大海。幾名解放軍高階將領常常率領全副武裝的衛隊，闖入布達拉宮找達賴喇嘛興師問罪，命令他約束藏人的「不友好舉動」，而且不允許他身邊有其他官員參與討論。普通藏人視之爲奇恥大辱，反抗之心愈加強烈。

當中共圖窮匕現之際，達賴喇嘛無奈地選擇了出走。他深知，如果自己被中國捕獲和囚禁，藏人就再沒有指望了。他剛剛離開住地，解放軍的砲彈就呼嘯而至，對於中共當局的意圖，他洞若觀火：「在摧毀羅布林卡時，他們相信我還在裡面，顯然他們不在乎是否會殺了我。當他們發現我人不在，不管我是死是活，繼續炮轟拉薩城和寺廟。他們是有意屠殺數以千計只有棍棒、刀子和一些短程武器的民眾。」中共不惜用大規模殺傷性武器殺害大量無辜平民，用殺戮來徹底震懾藏人：「在入侵西藏八年後，中國最終明白：西藏人民——不只是富有的統治階級，而是普通老百姓——永遠不會甘於接受外來統治。中國人現在以無情的屠殺來震懾西藏人民，逼迫他們違背意願接受中國人的統治。」中共的統治就是建立在刀尖之上。三十年之後，中共軍隊在北京城重演了昔日在拉薩的屠殺。

「封建制」的西藏需要改革開放

達賴喇嘛出生於青海安多地區的一個普通牧民家庭，他在書中罕有地回憶了貧苦而溫馨的童年生活。即便被確立爲轉世靈童、進入宮廷接受嚴格的宗教教育之後，這個少年仍然對外面的世界充滿好奇心。他學會了修理小型發電機和古董汽車，自學英文，研究地圖冊和印度出版的報紙，就如同紫禁城裡那個「我心飛翔」的末代皇帝溥儀一樣。這種好奇心也逐漸讓他對西藏傳統的社會政治結構有了批判性的思考和改革的意圖。

二十世紀初，中國和世界都發生了劇烈變化，西藏也無法繼續保持「神祕王國」與世隔絕的狀態。不管是否願意，西藏必須面對外部世界的挑戰。從前一任第十三世達賴喇嘛開始，西藏就展開一系列改革政策，比如提高人民生活水準、重建軍隊、派學生去國外學習、建立小型水電站和工廠、引入郵電和電訊服務、發行郵票以及印製新的金、銀幣和紙鈔等。

跟某些認為「祖宗之法不可變」的頑固派和將西藏浪漫化的外來者不同，達賴喇嘛並不認為西藏的制度完美無缺。他發現，寺院之外的社會是「封建制」，儘管不是中共竭力醜化的「農奴制」，但「財富分配兩極分化，擁有土地的貴族處在一極，最貧窮的農民處在另一極」。他是窮苦人家的孩子，對窮人充滿同情心，也試圖從制度上改變貧富懸殊的現象。他寫道：「一般而言，西藏人視自己的制度為天經地義，從未想過政府要什麼理論。等我長大，我開始看出其謬誤。很顯然地，財富分配不公即不符佛教的教義。在實際掌權的那幾年中，我設法進行了一些根本性的改革。」其中，最重要的是課稅方式和土地所有權方面的改革。

然而，這些內政方面的改革來得太遲，當達賴喇嘛在十六歲親自接管政權時，中國軍隊已蜂擁而至。這場改革尚未全面展開，中國人就控制了西藏，沒有他們的同意，達賴喇嘛無法推動進一步的改革。而中國人強行推行的那套制度，並不適宜於西藏社會。對此，達賴喇嘛充滿遺憾地寫道：「他們帶來那套共產主義的土地改革思想，西藏農民很不喜歡。假如我們的改革即時推動，中國人改革一定更不受歡迎。所以，不管我們怎樣據理力爭，他們對我們提出的方案一概不置可否。後來我們大禍臨頭，這些改革計畫只能放棄。」

另外，達賴喇嘛也痛切反省了當時西藏政府在外交上的失敗。當中國軍隊入侵西藏時，西藏政府尋求國際援助的努力毫無結果，聯合國全體代表大會決議不予考慮西藏問題。這一結果固然是因爲國際社會奉行弱肉強食的叢林法則，但達賴喇嘛也承認，「我們的政策導致自己身陷絕境」。

一九一二年，清王朝傾覆、中華民國建立，清朝的駐藏大臣撤離西藏，西藏獲得實際上的獨立身分。但在此後長達二十二年的獨立時期，西藏政府卻錯失尋求國際社會承認的良機：「當我們獲得完全獨立的時候，我們心滿意足回到與世隔絕的狀態。我們從未想到，對我們自己來說，顯而易見的獨立事實，對外卻需要合法證明。如果在危機發生之前，我們曾申請加入聯合國，或者，至少在幾個主要國家派駐大使，我相信這些主權標誌毫無問題會被接受，我們所訴求的、單純的正義就不會被法律探討弄得模糊不清。」

世事難料，青年時代的達賴喇嘛在西藏未能完成的「改革開放」，偏偏在印度達蘭薩拉的流亡社群變成現實。此書的英文版於一九六二年出版，次年達賴喇嘛即頒布一份基於《世界人權宣言》的民主化憲法草案，名爲「流亡藏人憲章」，憲章規定其人民擁有言論、信仰、以及集會自由。此後，在達賴喇嘛的推動下，流亡藏人經過選舉產生議會和政府，並確立政教分離原則。晚年的達賴喇嘛甚至開始考慮針對藏傳佛教本身作出變革，如同馬丁・路德（Martin Luther）和加爾文（John Calvin）在基督教內部發起的「宗教改革」一樣，讓藏傳佛教實現「現代轉化」，並從中淬鍊出支持民主、科學等現代文明的生長點來。

爲什麼必須堅持非暴力抗爭？

在這本自傳中，達賴喇嘛反覆強調對非暴力抗爭原則的堅持，他寫道：「我本人堅定不移地遵循非暴力理論。這個理論是無上智慧的佛陀首先提出的，當今之世，又有印度聖者兼領袖聖雄甘地（Mahatma Gandhi）的付諸實踐。從一開始，我就強烈反對採用武力來爭取重獲自由。這些年來，我全力謀求與中國公正和平的解決之道，並且盡力阻止暴力行動，甚至不惜觸怒一些我的人民。」正因爲佛教的理念和甘地的實踐，讓達賴喇嘛把非暴力視爲一種原則而不是一種策略——如果非暴力僅僅是一種策略，那麼隨著外部環境的變化，它可能被更改或放棄；但是，如果非暴力是一種原則和價值，那麼無論在怎樣的處境下，它都應當被持守到底。

在本書的英文版問世之後二十七年的一九八九年，達賴喇嘛獲頒諾貝爾和平獎。諾貝爾委員會的主席表示「這同時也是對甘地的貢獻的緬懷。」這也暗合達賴喇嘛在這本青年時代的自傳中對甘地的仰慕之情。諾貝爾和平獎委員會希望以此承認達賴喇嘛對非暴力和平解決西藏問題的努力。達賴喇嘛在獲獎演說中，批評中國對天安門廣場的抗議學生使用武力鎮壓，他又鼓勵說學生們的努力並不是徒然的。

是的，非暴力抗爭往往無法取得立竿見影的效果，甚至會被某些批評者認爲是一種軟弱無力的選擇。就達賴喇嘛與藏族人民爭取自由的事業而言，曙光仍然沒有出現，中共依舊罔顧藏人的心聲和國際社會普遍的觀感，我行我素、強詞奪理。但是，達賴喇嘛並不放棄昔日在書中表達的理念：「回顧過去，我一點不後悔堅持非暴力原則到底。從我們最重視的宗教觀點來看，這是唯一可行的政策，我也仍然相信，如果我的人民當初能夠跟著我一同遵從此原則，西藏的狀況至少會比現在好一點。」

解決西藏問題的那把鑰匙，在達賴喇嘛手中，而不在倨傲殘暴的中共政府手中。達賴喇嘛說：「雖然中國人在我們國家犯下殘暴的罪行，我心裡對中國人民絕無仇恨。我相信，因爲個別所犯下的罪過而責怪一個民族，是當今這個世代的禍源，是危險的。我認識很多值得欽佩的中國人。世界上沒有比最好的中國人更可愛、更文明，也沒有比最壞的中國人更殘酷、更邪惡。」當年，毛澤東對達賴喇嘛的出走欣喜若狂，認爲達賴喇嘛離開西藏，就如同無本之木必然枯乾。中共卻沒有想到，被放逐的達賴喇嘛由此將藏傳佛教和西藏文化傳遍世界。只要是種子，哪裡都可以發芽。

與甘地、馬丁·路德·金恩（Martin Luther King Jr.）、教宗若望·保祿二世（Saint John Paul II）等世紀偉人併肩而立的達賴喇嘛，在艱苦卓絕的環境中豐富和發展了人類非暴力反抗的精神資源——這一精神資源，也被劉曉波等中國的反抗者拿來所用。在此意義上，達賴喇嘛也是中國民主化必不可少的開拓者之一。

你願意投奔動物莊園嗎？

茨仁夏加《龍在雪域：一九四七年後的西藏》

從你決定雙手奉上自由的一刻開始，就只有每況愈下的可能。你認爲自己能置身事外，然後某天你發現，原來你連說一句話的權利都沒有了。

何韻詩

美國作家大衛・雷姆尼克（David Remnick）在描述蘇聯崩潰的巨著《列寧的墳墓》（*Lenin's Tomb*）中指出，戈巴契夫（Mikhail Sergeyevich Gorbachev）對民族問題的忽視是其改革失敗的重要原因。蘇聯這個帝國，本是沙皇與共產黨所征服的戰利品，而不是一個由經濟連結、歷史共業所構成的「多民族聯邦政體」。戈巴契夫卻樂觀地將自己描述成「蘇聯大世界」的領頭羊，而那些提倡民族獨立的人，都是倒行逆施的民族主義者，註定會陷入長達數個世紀的部落戰爭之中。但是，讓他沒有想到的是，在蘇聯廣袤的版圖上像髮絲一樣微不足道的波羅的海三個小國，偏偏重演了大衛戰勝歌利亞的傳奇。在戈巴契夫上台之前好幾年，立陶宛「自由運動」的領導人、音樂史教授、後來成爲立陶宛總統的蘭茨貝吉斯（Vytautas Landsbergis），就如同先知般指出，立陶宛文化的保存才是唯一可信的政治行動，「如果我們可以保存自己的語言、宗教、文化，也就是莫斯科當局處心積慮想要毀掉的那些東西，應該就有成功的機會。」

如今，同樣的故事又在中國與西藏之間上演。中國網民用「天朝」這個嘲諷性的詞語來指稱現政權，其實天朝不是一個國家，而是動物莊園。你必須乖乖地加入其中，否則就是槍炮伺候。這是藏人和其他少數民族在一九四九年之後唯一的選擇。今天，如果要了解西藏問題的來龍去脈，不能只聽來自中共御用學者和西方藏學家的兩種聲音，更要聽藏人自己的聲音。在藏人當中，也不能單單聽達賴喇嘛和流亡政府的聲音，更要聽那些具有獨立身分的藏族學者的聲音。

一九六七年，在文革初期的風暴波及西藏時，年僅七歲的茨仁夏加被母親帶著逃離故土。此後，茨仁夏加在英國完成學業、展開學術生涯，並以研究西藏史和西藏當代問題而蜚聲國際。在其傑作《龍在雪域：一九四七年後的西藏》中，茨仁夏加以持平的立場、根據口述訪問和許多未曾面世的史料，描述了中共入侵西藏的過程，以及此後半個多世紀中共對西藏的殘暴統治。

永遠不能相信共產黨的承諾

如法國思想家米歇爾・傅柯（Michel Foucault）所說，學者最可貴的特質，不是從事意識形態宣傳，而是保持不被國家、民族和某種既定觀念左右的「求眞意志」。在《龍在雪域》一書中，作者並沒有將共產黨佔領之前的西藏美化成一塵不染的雪域聖地、香格里拉，他披露了一九四七年國共內戰勝負之局底定之後，長達數年間，西藏噶廈政府高層因循守舊、舉棋不定所犯下的嚴重錯誤，也描述了藏人起初對共產黨的幻想與輕信，以及共產黨統治期間「藏奸何其多」的事實。

在中共公布的《十七條協議》中，白紙黑字地寫著：「西藏現存的政治和軍事制度保持不變。……各階層宗教人士、政府官員與頭人仍像以前一樣供職。所有有關西藏改革之事宜，將以完全遵從西藏人民願望的方式，與西藏人民、領導人員協商的方法來解決之。」當時，大部分藏人相信了這些承諾，如同後來香港人相信中國會遵守《中英聯合聲明》、遵守「一國兩制、港人治港」承諾。面對中共這個比中國歷代王朝更加暴虐的極權主義怪獸，他們太過單純和無知了。

解放軍進入西藏之後，迅速建立起一套新的統治機構。傳統西藏政府的行政組織顯得累贅無用，其威信也受到破壞。當時的印度駐拉薩代表辛哈在一份報告中指出：「目前西藏政府好似一支在戰場上經歷過一連串戰略失誤之後、失去了所有將領的軍隊；他們群龍無首、士氣不振，正在快速地瓦解。」辛哈還評論說，噶廈成員絕大多數的傾向是「迴避責任以逃避輿論的批評」。

與此同時，絕大多數藏人開始從心底相信中共眞的是來把西藏「現代化」的。他們對拉薩街頭的卡車，對現代化的印刷廠感到好奇，許多西藏知識分子和貴族都把孩子和學生送到中國去學習——這既是向中共表達投誠之意，也是希望年輕一代藏人在中國學到現代化知識。那時，就連年輕的達賴喇嘛也一廂情願地認為，藏傳佛教可以跟共產主義和平共處。達賴喇嘛被邀請到北京參加全國人民代表大會，那一趟行程基本上是愉快的。多年以後，達賴喇嘛在西方的公開演講中仍然半開玩笑地說，他青年時代見到的毛澤東還沒有變壞，而那時他甚至還熱心於研讀馬列著作。

那時的西藏，沒有人具備關於共產黨的基本知識。他們甚至不明白這個常識：永遠不能相信共產黨說的話，這個黨歷來就是「好話說盡，壞事做絕」。輕信和自我麻痺，往往是災難的前奏。當年的西藏如此，如今的香港和台灣也是如此。

吃糌粑的人與吃米飯麵條的人不一樣

一九五九年西藏的反抗與中國的鎮壓，不是《龍在雪域》一書的重點所在。這個主題，學者李江琳用了整整一本書《一九五九，拉薩》來呈現。不過，茨仁夏加在書中揭示了藏人以卵擊石、以死抗爭的原因所在。當時，有一位西藏民眾投書到西藏報紙《鏡報》，表明他是寫信給「吃糌粑的人」。糌粑是所有藏人的基本食物，越過了階級、性別、教派與地方主義，讓他們與吃米飯和麵條的中國人有所區別。這個比喻背後的涵義是：「驅使人們採取行動的並不是狹窄的階級或地區利益，也不是冷戰時期大國在背後操縱。拉薩起義主要是平凡百姓爲了保衛他們的價值體系，達賴喇嘛就是這個體系的中樞。」

那不是一場戰爭，而是一場屠殺。共產黨的宣傳機構嘲笑西藏軍隊「腐化到核心，打仗時一點用處都沒有」，卻閉口不談對方沒有飛機、大砲和坦克等先進武器，很多時候是以冷兵器時代的大刀、長矛乃至血肉之軀來抵擋武裝到牙齒的解放軍。茨仁夏加採訪到一位參加過起義的工匠，這位名叫朗頓嘉措的工匠回憶說，他所屬的木匠和石匠協會有五百位成員，但只有兩把步槍與二十五把手槍。「我們唯一能做的事就是訓練自己與解放軍進行近身搏鬥，所以我們準備了刀箭、還有一些看起來很厲害但後來證明完全沒有用的武器。」藏人就這樣視死如歸、慷慨赴義。

按照中共的階級劃分法，朗頓嘉措是赤貧的「無產階級」，是共產黨在西藏的「民主改革」的受益者，在這一新的政治、經濟和文化體制下，朗頓嘉措可以「翻身作主人」了；但是，與中共在漢人居住區域進行的此類改革獲得底層民眾熱烈響應截然不同，西藏的「無產階級」卻拿起武器與共產黨軍隊殊死搏鬥。這是無神論的共產黨人無法理解的一個事實：藏人居然願意用生命來捍衛他們的宗教信仰和文化傳統，他們爲什麼不忍辱偷生呢？對於漢人來說，活著就意味著一切。

當年，蘇聯獨裁者史達林對彈丸之地的梵蒂岡不屑一顧：「教宗，他有多少個師的軍隊？」史達林沒有料到，在他死後對他的帝國造成最大威脅的，既不是被描述成共產黨內部「叛徒」的戈巴契夫，也不是在一邊虎視眈眈、「美帝國主義頭子」的雷根（Ronald Reagan），而是波蘭裔的天主教教宗若望・保祿二世（Saint John Paul II）。若望・保祿二世到處宣講宗教信仰自由和人權，鼓勵包括他的祖國波蘭在內的鐵幕背後的人民「不要畏懼，也不要失去精神的自由」。對於沒有一兵一卒的教宗所迸發出來的巨大力量，歷史學家如此描述說：「沒有教宗，就不會有團結工聯（或譯：團結公會）；沒有團結工聯，就不會有戈巴契夫；沒有戈巴契夫，就不會有一九八九年。」

達賴喇嘛之於中國，就如同當年若望・保祿二世之於蘇聯東歐集團，堪稱「以一人敵一國」。而一直要等到一九八九年達賴喇嘛榮獲諾貝爾和平獎，中共當局才從這個世俗的最高榮譽中發現達賴喇嘛的巨大影響力。他們竭盡全力阻止達賴喇嘛回到故土，並動用政治、經濟、文化等所有手段削弱達賴喇嘛的國際影響力。

二〇一四年十一月，中紀委派出巡視組赴西藏，中紀委高官葉冬松要求西藏官員要「始終突出反分裂鬥爭和維穩工作。」他警告說，要對「追隨十四世達賴集團、參與支持分裂滲透破壞活動的黨員幹部，依法依紀從嚴查處。」與此同時，西藏黨委書記陳全國在《西藏日報》發表文章說，中國會清除任何分裂主義的傾向，要用黨紀國法嚴懲西藏黨組織內對達賴喇嘛心存幻想的人。從這些氣勢洶洶的警告中可以窺見，中共內部的離心離德已到了難以遏制的地步。

西藏的未來不取決於北京，而取決於達蘭薩拉

在本書的結論部分，茨仁夏加認爲，北京在西藏的失敗，大體上根源於兩個理念。首先是二十世紀以來日漸升溫的民族主義。中國的西藏政策必須在中國民族主義崛起的脈絡之下加以檢視：從中國的角度來看，西藏政策的首要目標，是將此區域納入新中國的政治與經濟系統之中。中國共產黨並不認爲西藏與其他行政區域有所不同。而當西藏問題逐步走向國際化的時候，中共則以西藏問題純屬中國的內政來拒絕外界的批評。受到歷史上中國遭受西方帝國主義羞辱的怨恨所滋養，中共當局鼓勵中國人以外國瓜分中國的陰謀來詮釋西藏人要求獨立的心聲。這種思考認爲西藏自古以來就是中國「神聖不可分割」的一部分，因此不允許將藏人的看法或心聲納入考量。

其次，中共對於民族認同採取狹隘的馬克思主義經濟決定論的觀點。他們相信，民族只是經濟差距的產物。這樣，衍生出來的一個結論是，一旦經濟不平等的現象被移除，民族的差異就會自然而然地消失。中共在處理西藏、新疆、內蒙等所有民族問題時，都企圖以「發展經濟」來掩蓋其它的矛盾。然而，在中共極權而腐敗的機制下，即便是針對少數民族地區的「政策性投資」，大部分都被漢族官商集團所侵呑，眞正具有少數民族身分的普通民眾並未從中獲益。不斷加劇的城鄉差異和經濟不平等，反而讓民族矛盾愈發激化。對於中共當局這種掩耳盜鈴式的做法，茨仁夏加感嘆說：「關於認同與自我意象這種錯綜複雜的現實問

題，在中共理解的西藏民族的方式裡是找不到任何位置的。」

西藏的未來不在於北京，而在於達蘭薩拉。台灣學者蘇嘉宏在《民主在流亡中轉型》一書中，梳理了以達蘭薩拉爲中心的西藏流亡政府在民主化方向的努力。作者指出，雖然在流亡藏人社會中，政黨政治仍然不太發達，但經過競爭性的選舉，流亡政府已經走出了傳統西藏社會「政教合一」的陰影。流亡社區的經濟狀況相對落後，民主政治卻比經濟發展先行一步，隨著以公民爲主體的政治文化的發展，民主自由及政治多元主義的價值也將確立。與之形成鮮明對照，中共不僅壓制民間的異議分子和公民社會的成長，還要拚命打壓經濟高度發達的香港的普選訴求，中共的「民主恐懼症」可見一斑。

所以，達蘭薩拉這個「民主特區」，將爲西藏的未來樹立一個可以效仿的榜樣，同時也將爲中國民主化進程提供一個富於刺激性的思考點。那麼，西藏與中國之間悲慘而血腥的故事，將來或許會有一個美好而和平的結尾；那麼，在不久的將來，茨仁夏加也許能夠懷著愉悅的心情，完成《龍在雪域》的續集。

你是祖國的一張衛生紙

哈金《背叛指南》

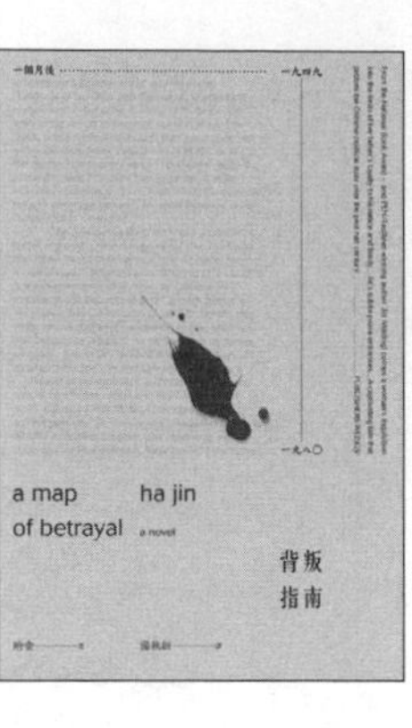

國家，多少罪惡假汝之名而行！

許紀霖

哈金是我最喜歡的當代小說家之一，他的作品既具有通俗文學的特點——精巧的情節、流暢的敘事、俏皮的語言，也具有嚴肅文學的品質——人性的深度、思想的厚度以及尖銳的批判力。《背叛指南》（*A Map of Betrayal*）在哈金的小說中可謂別具一格，正如哈金在爲中文版所寫的序言中所說，小說主人公的人物原型是中國在北美的最大間諜金無怠。一九八五年，哈金剛剛作爲留學生來到美國時，看到媒體上鋪天蓋地都是關於這個案件的報導。一般認爲，金無怠是美國有史以來發現的最重要的中國間諜，有人認爲其對美國的破壞程度是空前的，甚至超過之前所有被偵破的間諜影響的總和。

義大利思想家克羅齊（Benedetto Croce）說過，一切歷史都是當代史。哈金選擇這個具有挑戰性的題材創作小說，希望「歷史的題材不僅要重構過去，還必須對當下也有意義；理想的狀態是這個故事也包括現在」。所以，小說的時間軸從上個世紀四十年國共內戰末期一直延伸到當下的中國。另一方面，每一部優秀的小說都必然呈現人性的幽微與矛盾，在光影交錯和黑白紛陳中，讓讀者與小說人物一起哀哭與歡笑。經過二十多年的醞釀與發酵，哈金終於把這個詹姆士·龐德式的間諜故事，打造成中國當代史和中美外交史的縮影，他融合史實與寫實小說技巧，呈現出歷史時空下的道德難題，審視絕對忠誠背後盲目的愛國主義，及其所造就的寂寞與瘋狂。

祖國的名字就是殘忍

「背叛」這個概念在這本小說中有著多重涵義：主人公蓋瑞利用中央情報局僱員的身分，三十多年來持續不斷地向中國傳遞重要情報，作爲已入籍的美國公民，這是他對自己宣誓入籍時的誓詞的背叛。蓋瑞爲打入敵營，拋棄了在山東鄉下的原配妻子玉鳳，一去不返，甚至一生不曾再見，這是他對玉鳳及其雙胞胎孩子的背叛。蓋瑞在美國重新成家，但很快又有外遇，他的間諜身分對親人守口如瓶，這是他對妻子和女兒的背叛。而最殘忍的背叛則是蓋瑞爲之服務一輩子的祖國，在他被捕下獄之後，在外交場合斬釘截鐵地否認與他之間的關係。祖國對爲之效忠和效力的子民無情的背叛，導致蓋瑞衣錦還鄉、凱旋故里的夢想破滅，進而絕望地在聯邦監獄中用塑膠袋蒙頭，窒息而亡。

背叛就是背叛，文學當然要呈現人性的複雜以及選擇的艱難，但作家不能抽身而出、宣稱保持客觀中立、拒絕作出價值判斷。很顯然，蓋瑞不是死於美國法庭作出的有罪判決，而是死於祖國對他殘忍的背叛。蓋瑞像一顆汁水飽滿的檸檬，被祖國榨乾之後便與之一刀兩斷；蓋瑞也像一張純潔無瑕的衛生紙，被祖國用來擦了一把鼻涕之後便無情地扔進垃圾桶。蓋瑞的情人、來自台灣的美國之音播音員蘇西一針見血地指出，中國最大的特徵就是「殘忍」。多年來與蓋瑞單線聯繫的中國情報部門高官朱炳文，一直聲情並茂地欺騙蓋瑞，「組織上」無微不至地照顧他留在中國的妻子和孩子，並把一份工資按時發放給他們，卻對蓋瑞的幼子慘死在大饑荒中、妻子帶著女兒遠赴東北逃難的事實隻字不提。

蓋瑞自始至終認爲自己對祖國絕對忠誠，而在美國生活多年、有了落地生根的感覺之後，他又宣稱自己也熱愛美國。兩個國家對他來說，如同父親與母親一般缺一不可。然而，他的結局卻是「愛兩個地方，同是也被兩個地方撕裂」。他背叛了美國，又被中國所背叛，他迷失在一張沒有座標的地圖之中。那麼，蓋瑞的悲劇性命運，是不是可以成爲對中國當下高漲的國家主義意識形態的有效解毒劑呢？

哈金在中文版序言中說：「《背叛指南》有自己獨特的主題。這個故事比較集中地表現了個人與國家的矛盾。這個話題是當代中國文學最重要的主題。實際上，國家比普通人更容易犯錯誤，更可能橫行霸道，更會無視它的公民的利益和福祉。任何一個國家隨時都可能成爲惡棍，都必須由它的公民精心地來管理和約束。二十幾年來，這個故事一直沉沉壓在我心底。由於本書具備這樣一個重要的主題，它也許就有了硬朗的脊樑。」可惜，這是一本短期之內不可能在中國出版並被廣大中國讀者讀到的小說，它的喚醒功效的發揮尙待時日。

他是怎樣從愛國者墮落爲「愛國賊」的？

小說有兩條故事線路：過去的故事是主人公蓋瑞陰鬱的一生；現在的故事是蓋瑞的混血女兒、研究中國歷史的學者莉蓮在中美之間奔波著尋找父親生命痕跡的過程。這兩條線路宛如兩條時而交匯纏綿、時而各自奔湧的河流。

作爲北京一所大學的外籍教師，莉蓮在赴中國任教的同時，展開一段探究家族史的旅程。於是，一幅當代中國的社會圖景映入眼簾：大學裡嚴密的言論控制和洗腦教育，卻不能泯滅大學生的反叛和對自由的求索，她目睹了學生向前來演講的「防火牆之父」扔鞋子和雞蛋的場景。從首善之區到邊陲小鎭，環境污染、食品安全、分配不公等，是中國人每天都必須忍受和經歷的苦痛。哈金多年不曾也不能踏上中國的土地，但他對中國的了解，比那些生活在中國卻睜眼說瞎話的御用文人更加眞切。

而更爲驚心動魄的是，蓋瑞是怎樣從民國時代清華大學畢業的左傾愛國青年，一步步地淪爲喪失是非、善惡、正邪觀念的「鼹鼠」？吸引這隻「鼹鼠」步入萬劫不復的地獄的胡蘿蔔，究竟是忠誠，是驕傲，還是恐懼？蓋瑞一輩子都被濃得化不開的鄉愁所折磨，他以爲每傳遞一份情報，就能離故鄉更近一步。這是一種何其愚蠢的忠誠！中共接二連三地給蓋瑞加官進爵，儘管都是空頭支票，但他每次都感到受寵若驚，更何況連毛主席都親口讚美說，「這個人頂得上四個裝甲師」。如是，受到讚揚和鼓勵的蓋瑞又從沮喪和焦慮中掙脫出來，熱情四溢地投入到竊取情報的工作之中。

對他而言，「今生的驕傲」就是一劑致命的毒藥。還有，他的原配妻子和孩子其實是被祖國當作人質，如果他不能完成任務，在老家的親人們都將面臨滅頂之災。蓋瑞抄錄富蘭克林（Benjamin Franklin）的名言「最大的恐懼就是恐懼本身」並常常誦讀，但他自己一天也沒有能擺脫恐懼的轄制，直到聯邦調查局特工上門來逮捕他的那一刻，直到他在監獄中選擇那種最痛苦的自盡方式的那一刻。

作爲蓋瑞的女兒，莉蓮經過漫長的尋訪，一點一點地復原了父親的一生。她不無同情地爲父親辯護說，「他至少一直以自己的方式維持著忠誠和尊嚴」，並將父親的悲劇歸咎於「他對利用和控制他的那種權力的殘暴天性缺乏了解」；但這並不足以完全解釋蓋瑞的所作所爲：作爲中情局的翻譯和分析員，蓋瑞在冷戰時代可以讀到關於中國的絕密報告，他對中國眞實情況的了解不亞於中南海裡的暴君和佞臣們。他對中共暴政造成餓殍遍野的大饑荒、殘酷野蠻的文革，以及比蘇聯的古拉格群島還要人滿爲患的勞改營，全都瞭如指掌。但他仍然支持並服務於這個政權，他提供的情報鞏固了這個政權的統治，當然也就加深了中國民眾的苦難。

可以想像，即便他的間諜生涯延伸到一九八九年，中共的「六四」屠殺也不能讓他大夢驚醒、反戈一擊。那麼，他能用「愛國主義」這個理由來爲自己辯護嗎？恰恰相反，那些奮起反抗中共暴政的人，從遇羅克、林昭到丁子霖、劉曉波，才是眞正的愛國者。

與毛澤東時代血雨腥風的中國相比，蓋瑞在美國的生活安寧而穩定，他也意識到美國是一個自由、法治的社會，一個能夠讓大部分社會成員的天賦得以最大程度地發揮的國家。蓋瑞居住在華盛頓郊區，書中提及他生活和工作的城市與區域，跟我當下的生活環境有諸多重合之處——他自殺身亡的馬納薩斯聯邦監獄，離我家只有十五分鐘車程。每每讀到那些熟悉的地名，我就想，這個也曾在此地呼吸過自由空氣的人，爲什麼不願或不能勇敢地解除與魔鬼簽署的契約呢？

面向自由，春暖花開

《背叛指南》是一篇挑戰國家主義的宣言，蓋瑞的一生被祖國毀滅了，他爲祖國所作的「卓越貢獻」，只是讓獨夫民賊自信滿滿地在外交舞台上從容布局、長袖善舞，而並未讓普通的中國人過上更自由、更幸福的生活。在此意義上，蓋瑞的所作所爲與納粹的蓋世太保、史達林（Iosif Stalin）的克格勃並無二致，他們都屬於漢娜．鄂蘭所說的「平庸之惡」。

國家主義就像一副血跡斑斑、重量千鈞的鐐銬，將受害者永遠固定在那裡，不能移動分毫。由於大部分中國人都缺乏某種超越性的宗教信仰，古代的時候他們將皇帝當作神聖不可觸犯的偶像，近代以來他們又將國家當作新的祭祀對象。個人的自由、權利和尊嚴被棄之如敝屣。哈金則力圖通過小說打破國家主義和集體主義的魔咒，恢復個體的價值與特性。哈金在一篇訪問中說：「我在大陸的時候，常說『中國人是最優秀的』，完全是理想化的人格類型，很有宗教色彩。我們把國家當成唯一的信仰，就是因爲我們沒有別的信仰，國家經常成爲我們唯一的、完全的信仰。最後就把國家神話了。」哈金又說：「談及國家，有一個道德底線，就是國家跟個人的關係怎樣界定。國家是一個人一個人投票、參與和建設的。國家完全是創造出來的東西，不應該對它有那種神聖感和神祕感。」這兩句話可以當作本書的主旨。

莉蓮尋訪到父親當年遺棄在中國的家人，與同父異母的姐姐一家親密無間。她的姐姐有一個名叫本寧的兒子，一開始神龍見首不見尾，後來莉蓮才發現本寧居然承續外公的「本行」，奉中國情報部門之命，在美國創立電腦公司竊取美國最新科技成果，是中國派赴美國的多如牛毛的科技間諜中的一員。本寧沒有外祖父蓋瑞那種叱吒風雲、偷天換日的本領，卻也訓練有素、處變不驚。

本寧偷偷將美國禁止輸入中國的軍用電腦運到中國，並將莉蓮的丈夫捲入其間。這個細節來自於前幾年中美之間的一個間諜大案——高瞻案。高瞻從女權學者、央視寵兒，突然在中國淪爲階下囚。經過美方施壓，中方居然放她赴美，她以英雄的姿態成爲高調的異議人士。人們剛要爲之鼓掌，高瞻和丈夫又被美國以中國間諜的罪名逮捕並判刑。高瞻案讓中美雙方都有苦難言，眞相至今撲朔迷離。這是一個關於人性的貪婪、野心和狡詐的悲劇。即便輿論大都認爲他們一家罪有應得，但對於我曾經見過的他們那兩個可愛的孩子來說，當父母突然被「失聯」時，孩子的心靈會遭受何等巨大的創傷！

而在小說《背叛指南》中，作爲蓋瑞的外孫和莉蓮的侄兒的本寧，最終出黑暗、入光明，面向自由、春暖花開。本寧與懷孕的未婚妻作出脫離「老大哥」的決定，雖然失去了祖國所許諾的榮華富貴，但他們「至少擁有對方，而且將一起面對今後所有的困難、艱辛和幸運」。在給姨媽莉蓮的最後一封電郵中，本寧這樣寫道：「我現在覺得非常自由，我這輩子第一次感到自己像個獨立的人，當然也是一個沒有國家的人。」

與外公截然不同，本寧不以成爲「沒有國家的人」爲一種痛苦、爲一種恥辱。作爲高高矗立的現代圖騰的國家，在他們奔向自由的那一刻，已經轟然倒塌。從此，國家再也不能像轄制蓋瑞那樣轄制本寧了。

如同魯迅在小說《藥》的結尾處，爲烈士夏瑜的墳上增添「一圈紅白的花」，蓋瑞的外孫成爲自由人，無疑是一個光明燦爛的結局。究竟是像蓋瑞那樣成爲國家的殉葬品，還是像本寧那樣「天高任鳥飛，海闊憑魚躍」，哈金將「自由生活」的可能性，展示在每一個需要作出抉擇的人面前。

唯有打破醬缸，方能仰望星空

柏楊《醜陋的中國人》

對於中國和中國人研究的時間越長，越相信中國人缺乏兩個促進民族進步的重要特性：想像力和與之密切相關的獨創精神。一個民族，如果不具備這兩個特性，必然會陷入停滯狀態。

納瓦拉（Navarra）

我到台灣訪問時，柏楊已經去世，我無緣與他見面並向他表示感謝——他的作品是我少年時代精神啟蒙的引信。沒有他那嬉笑怒罵、汪洋恣肆的雜文，我或許不會那麼早地從中共愛國主義的洗腦教育中掙脫出來。作家王鼎鈞評論說，柏楊本是小說家，首創以長篇小說的手筆寫雜文，塑造中心人物，組織邊緣情結，使「亂臣賊子懼」而有娛樂效果。柏楊的文章像當年梁啟超的文章那樣，對年輕讀者最具吸引力。我就是從刻意模仿柏楊的寫法而邁出了文字生涯的第一步。

若要列舉對我少年時代價值觀的形成影響最大的幾本書，柏楊的《醜陋的中國人》必定是不能漏掉的一本。在八十年代末、喧囂與騷動的中國，那本印刷和裝幀都極爲粗糙的盜版的《醜陋的中國人》，跟蘇曉康的《河殤》、何博傳的《山坳上的中國》、劉曉波的《審美與人的自由》一起，被我並排放在枕邊，點燃了我對自由和正義的渴望。在迎接高考、應付「題海戰術」的間歇裡，我把這些書讀得倒背如流。

那麼，如何彌補不能與柏楊「同遊」的遺憾呢？我有機會來到綠島的綠洲山莊，走入當年關押柏楊的那間牢房。六月的火燒島果然名不虛傳，牢房內更是如同爐上火燒，眞是感嘆柏楊是如何熬過來的。我還來到綠島人權紀念碑面前，對著那一面牆的名字深深鞠躬。那裡，也鐫刻著柏楊手書的痛徹肺腑的那句話：「在那個時代，有多少母親，爲她們被囚禁在這個島上的孩子，長夜哭泣！」監獄生涯讓柏楊更深切地認識人性的黑暗面，沒有進過監獄，不會知道人性會沉淪到怎樣的地步。

不到唐人街，不知道華人有多醜陋

柏楊說：「中國人，是一個迷失在濃厚醬缸裡的族群，需要警醒。」而「醜陋的中國人」正是二十世紀末知識分子在沉痛的反省之後，向自己民族所擊出的一記警鐘。

一九八四年九月二十四日，柏楊受邀訪問美國，在愛荷華大學發表題為〈醜陋的中國人〉的演講，強烈批判中國人的「髒、亂、吵」、「窩裡鬥」以及「不能團結」等「劣根性」，歸結到「中國傳統文化中有一種濾過性病毒，使我們子子孫孫受了感染，到今天都不能痊癒」。

柏楊訪美的最後一站是紐約，他被安排在孔子大會堂演講。這個地點與他要講的內容形成尖銳的對立。當柏楊再一次把中國傳統文化形容為「醬缸」時，聽眾中一位先生提出：「世界各國到處都有唐人街，中國人應該感到驕傲！」柏楊針鋒相對地回答說：「唐人街不但不是中國人的驕傲，而是中國人的羞恥，看它的髒、亂、吵，和中國人對自己中國人的迫害與壓榨，實在是應該自顧形慚。」

不到唐人街，不知道華人有多醜陋。半個多世紀之前，梁啟超訪問美國，到過紐約、舊金山的唐人街，他深入其中，得到痛苦的啟示。他評論說，白種美國人依自由、平等及個人主義的信條生活，而赴美的中國人往往複製上下尊卑的傳統習慣，在美華人社區竟無法學習周遭的自由民主社會。這表明，中國人的性格陷入盲從、愚昧、虛偽、懦弱之中。半個多世紀之後，柏楊看到的唐人街依然如此。又過了三十多年，如今高樓林立、車水馬龍的法拉盛，骨子裡仍然如此，讓人不禁感嘆，只要是中國人所到之處，優良的風俗、嚴明的法治全都蕩然無存。

柏楊對「醜陋的中國人」的批判，在留學生和海外華人社群中引發激烈討論，進而在海峽兩岸同步引發自五四時期魯迅的「國民性批判」之後又一輪民族性反省的高潮。很多以愛國者自居的人惱羞成怒地攻擊柏楊「長他人志氣，滅自己威風」，柏楊回答說：「我不是文化官員，我也不是文化打手，所以不能撒謊。」說眞話，是眞道德，才會受到尊重。柏楊勇敢地指出中國文化的醜陋面，呼籲廣大同胞說：「自救的第一件事就是要知道自己的缺點，假如不知道自己的缺點，整天去想得意的事，恐怕有點像賈寶玉意淫。」三十多年之後，這句話尤其適用於以「強國」自居的、暴發戶一般的中國人。

訪美歸來之後次年的八月，柏楊的名爲〈醜陋的中國人〉的講稿和另兩場演講的紀錄〈中國人與醬缸〉、〈人生文學與歷史〉、一篇訪問稿〈正視自己的醜陋面〉及三十二篇雜文組成的「老昏病大展」結集，並收錄二十篇或贊同或反駁的回應文章，合成《醜陋的中國人》一書，由台北林白出版社出版。緊接著，大陸版、韓文版、日文版、英文版紛紛出版，此後十多年之間風波不斷，海峽兩岸都出有評論專書。由此，柏楊成爲華人世界第一代「公共知識分子」。

誰是醬缸中的蛆蟲？

柏楊行文如同江河萬里、逸興遄飛，《醜陋的中國人》不是一本論證嚴謹的學術論著。也許連柏楊本人也沒有料到，當年這本雜文集在中國引起的轟動甚至比在台灣還要大。八十年代後期，正是中國難得的一段思想解放的黃金時代，柏楊這位外來者不經意間成了一名點火者，成了中國讀書人心目中的「文化英雄」。那個年代，堪稱「有井水處必有柏楊」，連中學語文老師都拿柏楊的文章當作範文。

柏楊在《醜陋的中國人》一書中提出「醬缸」之說，極爲形象地揭示出中國人的眞實處境。「醬缸」的比喻，比垃圾場、鱷魚潭、吃人的筵席等比喻都更加精準。垃圾場、鱷魚潭、吃人的筵席這些地方，人人都會掩鼻繞道而過；但「醬缸」卻有一種腐爛中的異香，讓人欲罷不能，乃至魂牽夢繞。

如果說「醬缸」是一種文化狀態，那麼中國人就是悠哉悠哉地生活在其中的蛆蟲。柏楊的好友、物理學家孫觀漢說：「每個人差不多都知道自己可自豪的一面，但是柏楊使我了解我醜陋的一面，而最使我驚奇而傷心的是這種可怕的醜陋，竟不是我一人所獨佔，而是十億同胞所共有的。」醬缸中的蛆蟲，在醬缸中翻滾折騰久了，就以爲醬缸中的生活是一種最美好的模式，哪裡會有抬頭仰望星空、甚至從醬缸中逃離的念頭？

醬缸中的蛆蟲，最不能容忍的就是對醬缸的批評和非議。破壞和諧、攪亂美夢，該當何罪？醬缸文化及其衍生出來的權力體系，非得剔除那些害群之馬、非得槍打出頭鳥不可。在中國，「你要跟我們不一樣，這本身就是一個滔天大罪。」因此，誓言打破醬缸的柏楊，就好似一個在故鄉不受歡迎的先知，他不僅要經歷漫長的牢獄之災，還要面對那些氣急敗壞的同胞的百般辱罵。

柏楊沒有給「醬缸文化」下一個明確的定義。資深新聞工作者姚立民通過細讀柏楊的文字，在《中國傳統文化的病症——醬缸》一文中概括說，所謂「醬缸文化」，必然包括以下這些方面：對權勢的崇拜狂；自私與不合作；淡漠、冷酷、猜忌、殘忍；文字欺詐；對僵屍的迷戀和膚淺虛驕等。一言以蔽之，就是奴性人格。而奴性人格恰恰是專制肆虐的土壤，不破除奴性人格，民主自由就不會從天而降。對此，學者孫隆基在《中國文化的深層結構》一書中指出：「在中國歷史上，老百姓的鏟平主義與統治者的專制主義是互相配合的，如果中國文化說得上是人類史上最牢固的保守主義，那麼，中國老百姓與統治者的這種完美無間的配合可以說是人類史上最成功的階級合作主義——其共同效果則爲維繫結構之不變。」孫隆基的觀點與柏楊不謀而合，《中國文化的深沉結構》和《醜陋的中國人》可以互爲「姊妹篇」。

如何脫離卑賤的事情？

《醜陋的中國人》是一本三十多年前的老書，但柏楊批判的中國人的醜陋面並未改善，「醜陋」反倒升級換代成「卑賤」。比如，中共黨魁習近平率領全體政治局常委到毛主席紀念堂拜謁毛澤東的僵屍，台灣民選總統馬英九率領國民黨高官顯貴去慈湖拜謁蔣介石的屍體。在自由民主成爲浩浩蕩蕩的世界潮流之際，兩岸當政者卻不約而同地拜偶像、戀僵屍，還有無數民眾亦步亦趨。由此可見，《醜陋的中國人》並沒有過時，一部偉大的作品，可以超越時空、歷久彌新。

聖經中說，人若自潔，脫離卑賤的事，就必作貴重的器皿。那麼，如何自潔？如何脫離卑賤的事？柏楊沒有在《醜陋的中國人》一書中開出藥方來，而作爲醫生和文化啟蒙者的蔣渭水，則有一副對症下藥的好方子。蔣渭水在「臨床講義：關於名爲台灣的病人」這篇堪稱近代台灣啟蒙思潮中最具代表性的文獻中，將台灣比喻爲一名患者。台灣人得了知識營養不良症，目前的症狀是：「道德頹廢，人心澆漓，物慾旺盛，精神生活貧瘠，風俗醜陋，迷信深固，頑迷不悟，罔顧衛生，智慮淺薄，不知永久大計，只圖眼前小利，墮落怠惰，腐敗、怠慢、虛榮、寡廉鮮恥、四肢倦怠、惰氣滿滿、意氣消沉，毫無生氣」。因此，要以文化啟蒙運動提供大量知識營養劑。蔣渭水給台灣開出的五味藥方是：正規學校教育、補習教育、幼稚園、圖書館、讀報社。

梁啟超、魯迅、胡適、賴和、蔣渭水、柏楊等文化啟蒙者，完成了對「醬缸文化」的會診。一言以蔽之，中國人要擺脫醜陋、卑賤的特質，就要像胡適所說的那樣：「爲個人爭自由，就是爲國家爭自由；爲自己爭人格，就是爲國家爭人格。民主自由的國家，不是一群奴才建立得起來的！」晚年的柏楊以生命來實踐胡適的這句話，他「一遇到不公不義的事，就像聽到號角的戰馬，忍不住奮蹄長嘶」。他寫雜文多過寫小說，他的血是熱的，他希望文字成爲一種介入社會運動的力量，「雜文是對抗暴政的利器，因爲它每一次出擊，都直接擊中要害。」柏楊不僅是文化良醫，亦是人權先鋒。一九九四年，他擔任國際特赦組織台灣分會創會會長，又推動將綠島監獄改建成具有教育意義的人權園區。他雖然未能完全歸向台灣主體意識，但積極支援康寧祥等本土政治人物，以此體現對台灣的愛與呵護。

《醜陋的中國人》意料之外地成了著作等身的柏楊的代表作。柏楊對華人的文化、歷史及生存方式的深切批判，對人權和自由的不懈堅持，是中國和台灣共有、共用的寶貴的精神資源。在華人世界，有更年輕一代的知識分子願意充當柏楊的精神傳人，無論是諾貝爾和平獎得主劉曉波、法蘭克福圖書獎得主廖亦武、還是卡夫卡文學獎得主閻連科，他們都是像柏楊那樣與醜陋、邪惡、黑暗奮戰不止的自由戰士。

小說家閻連科在領取卡夫卡文學獎時發表感言說：「真正幽深、無邊的黑暗，是所有的人，都看到了黑暗，卻都說明亮而溫暖。最大的黑暗，是人們對黑暗的適應；最可怕的黑暗，是人們在黑暗中對光明的冷漠和淡忘。因此，文學在這兒就有了它的偉大。因爲只有文學，在黑暗中才能發現最微弱的光、美、溫暖和誠實的愛。」我想，這也正是柏楊和《醜陋的中國人》的價值所在。

以人文精神鍛造公民社會

余英時《人文與民主》

他們本可以接近過去的所有思想及其引以爲榮的典範，但他們卻沒有被教會認眞地去對待它們，就像對待他們自己充滿活力的可能性一樣。這正是我們的教育體制的問題。

布魯姆（Harold Bloom）

我喜歡讀比較口語化、比較生活化的演講稿。唯有洞悉宇宙人心所有祕密的智者，才有深入淺出的本事，用最簡樸最精鍊的話語，表達最深邃最博大的眞理。《論語》是弟子們記載的孔子日常的言談，四福音書的主體部分也是門徒們記錄的耶穌的言論，而「五四」時代很多學術大師的講義本身就是可以出版的專著。我也很喜歡閱讀諾貝爾和平獎與文學獎得主的演說集——雖然同是獲獎者，但演說洗盡鉛華、展露本相，不待一兩個段落過去，講者的精神境界便高下立現。而在當下浮躁淺薄的文化界，在電視和廣播中滔滔不絕的名嘴多如過江之鯽，但敢於將自己的講稿整理出版的，卻寥寥無幾。因爲，他們說的基本都是廢話。

魯迅、宗白華、唐德剛、余英時等學人都有演講稿結集問世，講稿是從他們一生治學的成果中萃取之精華，卻又讓受過中學教育的普通人都聽得懂、看得懂。在余英時的數十本著作中，《人文與民主》是薄薄的一本小冊子，包括關於「人文與民主」議題的三篇講演文稿和七篇舊作。余英時很早就關注人文研究在華人社會的發展，對人文研究被嚴重忽視深感憂慮。而人文教育匱乏、人文精神不振，必然導致公民社會成長緩慢，無論是彼岸的中國大陸仍然受制於共產黨的一黨獨裁，還是此岸的台灣民主憲政在質的方面進步緩慢，都與之有著直接的關係。

人文精神是民主憲政的「背景文化」

本書取名爲「人文與民主」，是作者呼籲社會用人文給生命灌注精神價值，並期許台灣作爲中國文化社群的代表，在先有了民主的選票後，更能以「人文」修養提升民主體制的品質。

「五四」是中國現代思想和文化的起點，此後百年，華人世界的光輝與苦痛，都與「五四」不無關係。余英時梳理了「五四」以來中國的思想史，對「五四」一代先驅的缺失提出補充和糾正：「『五四』時期的知識領袖們堅信中國最需要的兩大精神價值是『科學』和『民主』；只有在這兩大價值實現之後，中國才能成爲一個名實相符的現代文明國家。就此一認識而言，他們無疑是正確的。但是他們崇拜科學有時未免過甚，竟走上了科學主義的極端，這在所謂『科學人生觀』的爭論上表現得最爲清楚。科學主義的心態使他們忽視了人文修養對於民主社會的建立所可能作出的貢獻。」長久以來，中國人缺乏執著的宗教信仰和形而上的思維方式，當西方近代以來的科學主義「大舉入侵」之時，很多中國知識分子迅速與之產生廣泛和深刻的共鳴，「科學主義」成爲一種至高無上的、不容置疑的價值系統。現在，是到了對此加以糾正的時刻了，如余英時所說：「我的〈人文與民主〉講詞，即在正式提出這一新問題。我不否認科學的價值，但認爲民主所需要的精神基礎絕不能僅限於科學。」

如果說，「民主」需要「共和」加以平衡，那麼「科學」也需要「人文」與之配合。余英時說，他在這裡說的「人文」並不是指狹義的「人文學」，即與「自然科學」相對峙的學問；他用的是一種廣義的概念，即「背景文化」。也就是說，民主憲政的體制需要人文精神作爲深厚的「背景文化」。考察清末民初中國民主憲政實踐的失敗，正是因爲缺乏此種「背景文化」。當民眾仍然自認爲臣民而非公民，如何參政議政？

比制度意義上的民主更重要的，是支持民主的文化形態和生活方式。余英時指出：「民主與人文在近代西方是共同生長起來，二者互相加強、互相支援。深一層看，這二者之間的關係其實便是『政治』與『文化』之間的一般交涉的具體反映。……民主作爲一種政治體制，保證了思想和發表的自由，這是文化創新的先決條件。另一方面，文化不斷創新則不僅提升一個社會的整體文明水準，而且特別有助於它的政治品質的改進。」這一段話對兩岸都有深刻的啟示意義：對於台灣而言，余英時希望台灣的民主更自覺地向品質提升的方向發展，目前台灣的政黨競爭囿於族群對立，而少有像英美先進民主國家那樣基於不同價值的政黨分野；對於中國而言，余英時從來不憚於批判中共的獨裁暴政，如果中國不能確立民主制度，思想和言論自由就缺乏基本的保障，文化創新和知識經濟自然也無從談起。

歐洲傳統、美國憲法與清教徒精神

那麼，西方民主的「背景文化」從何而來？余英時認為：「西方民主的『背景文化』，可以說是文藝復興時代的『人文主義』開始的，而『人文主義的教育』則在西方近代文化中一直發揮著主導的作用。正是由於人文教育的不斷發展，西方民主政治的品質才得以逐步提高。」余英時的「民主觀」深受杜威（John Dewey）、羅爾斯（John Rawls）等美國偏向左翼的政治哲學家之影響。而杜威、羅爾斯等人重視啟蒙主義的傳統，忽視宗教改革的傳統。如果梳理真實的歷史進程就會發現，僅有啟蒙主義無法形塑近代以來的「美國的民主」。

美國雖然不以基督教為國教，但美國確實是一個由清教徒創立的國家。從艾德蒙・柏克（Edmund Burke）到托克維爾（（Alexis-Charles-Henri Clérel de Tocqueville）再到馬克斯・韋伯（Max Weber），在考察「美國的民主」的時候，都將清教徒傳統放在相當重要的位置上。

在美國所繼承的來自歐洲的兩大傳統中，清教徒精神的影響力和滲透力甚至超過啟蒙主義。英國歷史學家托尼指出，清教徒精神帶來的個人主義，「作爲一種社會制度的現代性中極爲重要的成分」，對西方世界的政治、法律、經濟和社會思想都極爲重要。然而，這個面向常常遭到現代自由派知識分子刻意的貶低和忽視。

緊接著，余英時舉出美國憲法的例子，來說明「美國的民主」是一個動態的、上升的觀念。美國憲法「在兩百多年中經過很多次的修訂，每一次都體現了民主領域的擴大和品質的提高。我們只要稍稍考察一下每次修訂的內容，便可看出這是和當時文化與思想領域的新發展，密切相關的。」但余英時沒有進一步論述美國憲法的宗教信仰源泉——它的根基是聖經中上帝通過摩西向人類頒下的「十誡」。在還沒有美國憲法的時候，那群新移民就簽署了〈五月花號公約〉——那是同一個教會的教友們，在聖經的保守之下，締造生命共同體的時候，共同簽署的一份契約。

如果將清教徒的精神傳統凸顯出來，「人文精神」的概念必然會有所拓展。人文主義不是人本主義——後者在啟蒙運動之後不斷激化，其末流甚至滋養了無神論的馬克思主義和法西斯主義。而廣義的人文精神當然包括基督教人文主義，伊拉斯謨（Desiderius Erasmus）和加爾文（John Calvin）對塑造近代世界的影響，絕不下於法國大革命的領袖們。

在這樣一種大視野之下，考察台灣和中國的民主化道路，自然會有新的發現。儘管余英時引述了美國學者亨廷頓的觀點「南韓和台灣的民主化主要受到基督教的影響」，但他並不完全同意，他指出：「我不清楚南韓的歷史，台灣當然也有基督教長老會，但正面提出民主跟政府直接對抗的是《自由中國》所集結的流亡知識人群體。這個群體對台灣民主化的貢獻是很大的。」余英時很重視胡適的自由主義思想，故而強調《自由中國》的貢獻。但是，他沒有注意到，長老教會的三個宣言，早已超越了本土族群及基督教信仰團體的範疇，其重要性並不亞於《自由中國》。

再將目光轉向中國，未來中國的民主化進程中，除了那些世俗的自由主義者和民主力量之外，擁有數千萬信徒的家庭教會，如同當年英國的「不從國教者」，將扮演怎樣的角色呢？這是一個更富於刺激性的、尚未有答案的課題。

「異端性的儒家」與普世價值的接軌

除了悉心於人文研究，余英時也十分關心兩岸三地華人社群中民主的發展。他根據自己在思想史領域長年的耕耘，不僅對民主提出通論性的闡釋，亦就兩岸三地不同的民主發展提出歷史性的解釋。雖然他表示自己對政治只有「遙遠的興趣」，但二十世紀下半葉以來，在華人世界發生的若干重大事件，如天安門屠殺、天安門母親的抗爭、劉曉波榮獲諾貝爾和平獎、台灣太陽花學運和香港佔領中環運動等，他從未保持沉默，他一直大聲疾呼，他每一次都站在追求民主自由的陣營一邊。

余英時在少年時代即逃離共產中國，此後長期在美國求學、任教和研究，也曾在香港任教。他雖然沒有在台灣長期居住過，卻是一個「台灣女婿」。所以，他對兩岸三地的現狀與發展都富於洞見。余英時指出，一九四九年後，台灣之所以走上民主，中國沒有，是因爲中國人文傳統在兩地截然不同的命運，台灣保留了，中國則徹底地破壞了。他強調人文傳統中的儒學一支有許多普世價值與西方民主制度巧妙接合；儒家傳統是民主在華人世界的基石。也就是說，「中國傳統儒家文化是幫助民主觀念在中國傳布、慢慢使大家接受的一個重要的動力。」

我不完全同意余英時對儒學實現「現代轉化」的過於樂觀的期待。不過，余英時所說的儒家，跟習近平所說的儒家和於丹所說的儒家，顯然不是同一個概念，甚至是截然對立的內涵。在余英時看來，「傳統的儒家，即皇帝所尊崇的儒家，三綱五常的儒家，不許犯上作亂的儒家，這是傳統的王權皇朝所推崇的東西」。在西方學術界，人們稱之爲「制度性的儒家」。他毫不含糊地反對這個意義上的儒家，而這正是習近平飢不擇食地找來爲殘破的共產主義意識形態打補丁的「官儒」。

對此，余英時指出：「在大陸，某組織提倡儒家，在我個人看來，是一種死亡之吻。」所以，習近平不能「置之死地而後生」，而是「自尋死路」。對於中共從「批儒」到「崇儒」的「腦筋急轉彎」，余英時明明白白地指出：「儒家是忠恕的，忠恕兩個字，忠是盡自己所能，恕就是對別人採取寬恕的態度（己所不欲勿施於人），這是儒家的基本精神。如果一個黨、一個政府對一個給自己政策稍微有點批評的人，都要送到監牢裡頭去，那還可能是儒家嗎？」因此，他又怎麼可能接受中共的邀請，成爲其統戰對象，「常回家看看」呢？

在「制度性的儒家」或「官儒」之外，還有一支如潛流一般汩汩向前的、具有異議色彩和批判精神的儒家。那就是從黃宗羲到陳寅恪的儒家，那就是余英時特別發揚的民國初年的一支人文主義傳統：與胡適、陳獨秀對立的梅光迪、吳宓，與《新青年》對立的《學衡》，與北大對立的東南高等師範學院（即後來的中央大學）。與「登高一呼、應者雲集」的前者相比，「微斯人，吾誰與歸」的後者處於「歷史的邊緣」。他們的聲音雖然輕微，卻不能被湮沒。他們是古典的，是獨立的，不事權貴，不從大眾，上下求索，只愛眞理。這種異端性的儒家，獨立於中國漫長的專制體制之外，而與民主、自由和人權觀念等普世價值有一定的交集。大概余英時就把自己放置在這一精神序列之內。在未來成熟的公民社會當中，此一人文精神的面向，應當是多元文化中不可或缺的組成部分。

第五卷

眼看不飽，耳聽不足

擁抱有時，不擁抱有時

孟捷慕《轉向：從尼克森到柯林頓美中關係揭密》

在短期內妥善控管美國與中國之間的商業和軍事平衡雖然重要，但更長遠的挑戰來自理念之爭的戰場。

斯蒂芬．哈爾珀（Stefan Halper）

美國與中華人民共和國建交至今，大部分美國和中國的政治人物都承認，美中關係是全球雙邊關係中最複雜、最微妙、亦敵亦友的關係之一。如果將美中交往的歷史上溯到清末，則會發現一個有趣的現象：從最早到中國的美國傳教士，到抗戰及內戰期間與中國淵源頗深的史迪威、馬歇爾等高級將領，再到近三十年來制訂對華政策的幾任總統，全都在同一個地方跌倒：他們被自己想像出來的中國所迷惑，以爲可以將中國改造成一個像美國那樣的國家。最後，夢境破滅，失敗降臨，好爲人師，備受羞辱。

長期研究中美關係的記者孟慕捷（Jamse H. Mann）所著的《轉向》（*About Face*）一書，是一部精彩絕倫的當代美中關係的演義。美國學者黎安友（Andrew James Nathan）指出：「這是一本近觀美國如何制訂對華政策的奇書……如果美國最重要的一段外交關係，乃是一連串悲喜劇般的錯誤與缺失，或許這本書的回顧，有助於制訂正確的對華政策。」美國學者林培瑞（Perry Link）亦指出：「作者孟慕捷透過確切考據，有憑有據地描繪出美方如何指定對華政策的奇特經過。從季辛吉（Henry Alfred Kissinger）首開其端，一直延續到近日，我們看到整個發展過程竟然相當個人化、維持高度機密，而且經常背離社會價值。」美國固然是一個民主國家，但美中關係的若干決策卻是在密室中運籌帷幄，國會及民眾長期被蒙在鼓裡。民主國家中「最不民主的領域」，偏偏是美中外交，這是何等大的諷刺呢？

「所謂的共產黨」其實還是共產黨

韓戰之後，中美斷絕往來二十多年。在美蘇冷戰愈演愈烈，蘇聯在某些領域占據上風之際，尼克森（Richard Nixon）和季辛吉向中國拋出橄欖枝。對於許多極端反共的美國保守派人士而言，反蘇情緒更具吸引力，他們被吸引接納「強化與中國的關係以制衡蘇聯」的「中國牌」觀念。

當然，不是所有美國的政客和學者都將中國想像成可愛的芭比娃娃。真正的保守主義者、傑出的公共知識分子巴克萊（William Frank Buckley, Jr.）在他創辦的《國家評論》（*National Review*）雜誌上，就曾經發出先知般的指控：那些「貓熊擁抱者」犯了對中國「道德盲目」的病症，看不清中國事實上遠比蘇聯更加極權專制。處於共產主義初始階段的中國，更有一種基本教義派的狂熱。

但是，巴克萊的聲音無法蓋過季辛吉的計謀。卡特（Jimmy Carter）默許鄧小平「懲戒」越南，並向中國分享美國衛星中偵察到的越南軍隊調動的情報。毛澤東一死，福特（Gerald Ford）立刻於一九七六年九月九日致唁電，向江青致意。孟慕捷充滿嘲諷地寫到：「福特的祝福，卻解不了江青終老於監獄的災厄。」雷根時代，美國耗費巨資甚至購買中國的武器，並通過中國輸送給阿富汗的反蘇組織。共產中國似乎變成了美國的盟友。

美國在對華政策上所犯下的盲目、輕信、傲慢與怯懦等錯誤，是不分黨派的，民主黨和共和黨都不能免疫。很多美國政客，在野時猛烈抨擊中國，在朝時卻對中國卑躬屈膝。書中記載了兩個極具諷刺性的例子：一九七八年，布希（George H. W. Bush）寫文章抨擊卡特說，「中國需要我們，遠勝於我們需要他們」。這句話在十多年後，布希當選總統，對中國採取修睦政策時，被他的政敵拿來抨擊他。柯林頓（Hillary Clinton）在競選時，充滿激情地宣布，要將「從巴格達到北京的屠夫送到審判席上」。可是，他當選不久就訪問北京，與江澤民像老朋友一樣親密擁抱。

中國的領導人沒有研習過西方的公關學和廣告學，卻比西方政客更會打扮自己。一九七九年，復出後的鄧小平訪問美國，掀起一股旋風。陪同鄧小平訪問德州的美國能源部長史勒辛格（James Schlesinger）評論說：「德州人喜歡他。我們來到頑強反共的德州，看到通常聲稱信仰自由市場原則的石油業及其他企業高階主管，居然紛紛喜歡這位馬克思主義獨裁者。」難道鄧小平戴上牛仔的帽子，就變成了德州牛仔？當十年以後鄧小平對和平示威的學生和市民揮起屠刀時，那些熱情歡迎鄧小平的美國人的心中該是何種滋味？

近半個世紀以來，最反共的美國總統是雷根，他如何在道德上「合理化」與中國領導人的交往呢？言談妙趣橫生的雷根提出一個「四兩撥千金」的說法：中國是「所謂的共產主義國家」，也就是說，中國的共產主義跟蘇聯的不一樣。對此，孟慕捷評論說：「這個說法反映出美國在一九八〇年代的幻覺，以對中國一廂情願的好感。其效果很糟糕。美國相信中國的政治制度在變，實際上卻還沒變到眞正自由、民主的地步。這個幻覺要到一九八九年才破滅。」同樣的錯誤，在二戰後期就出現過，那時的史迪威（Joseph Warren Stilwell）和司徒雷登（John Leighton Stuart）一度被中共的宣傳蒙蔽，認爲中共不是「正統」的共產黨，是可以合作的、有民主自由特質和儒家風度的共產黨。

然而，事實的眞相是，共產黨就是共產黨，共產專制就是共產專制，萬變不離其宗，老虎不能扮豬。在這一點上，舒爾茨（George Pratt Shultz）、伍弗維茨（Paul Wolfowitz）等美國高級官員早就看透了中共的本質。他們堅稱，在亞洲，應當以日本，作爲美國注意力的新焦點，而非中國。舒爾茨在一次演講中指出：「我們相信民主國家最可能遵循公義、合理的政策，最能吻合區域及全球的未來前途。」他更強調，美國與中國之間的摩擦無可避免，是因爲「我們的社會制度之間有根本差異」。他們的清醒認識以及在政策層面的努力，稍稍降低了美國政府在對華政策上犯的大錯。

人權是美中外交中可以犧牲的部分嗎？

人權成爲美國政府外交政策中的一個重要環節，始於卡特時期。卡特卻是在內政和外交上都乏善可陳的「失敗總統」。孟慕捷指出，卡特政府的整體人權政策是出自兩個發展匯流的結果。第一是一九七五年的赫爾辛基協議（Helsinki Accords）。該協議包含了尊重人權的條款，蘇聯和東歐各國都簽署了這份文件。第二是國會的壓力，比如國會要求國務院每年就那些接受美國援助的國家的人權狀況提出報告。但是，中國並不在這兩份名單上，似乎可以享受某種不接受任何外來批評的超然地位。

當然，更重要的原因還是卡特本人的僞善與無能。孟慕捷直率地批評說：「即便卡特本人在全球各地力倡人權政策，但對中國對人權問題大致上不加聞問。」他將卡特對待蘇聯和中國人權問題時迥然不同的態度作了一番比較：談到蘇聯異議人士，卡特一向直言不諱，滿懷同情。卡特不惜讓蘇聯官方震怒，親筆寫信給沙卡洛夫（Andrei Sakharov）以示支持，也促成了被關押在獄中的夏蘭斯基（Natan Sharansky）獲得釋放。但卡特及其閣員，卻沒有興趣關心中國的人權問題。有記者向他談起鄧小平對西單民主牆運動的鎮壓，以及被判處重刑的中國異議人士魏京生，卡特承認，他對此一無所知。

爲什麼美國對中國踐踏人權的惡行總是網開一面呢？卡特政府提出的解釋是：現在的中國比起文革來，情況大爲好轉。然而，用文革作爲標尺，實在是自欺欺人。沒有人會說，蘇聯目前的人權狀況，比史達林大清洗的時代好多了。更沒有人會說，今天世界上任何一個專制國家，其專制程度都不及希特勒的納粹德國。在中國人權問題上的沉默，顯示卡特的人權政策只是選擇性的適用，最終淪爲世人笑柄。

「六四」屠殺之後，布希政府的一系列作爲更是讓人齒冷。屠殺之後的第二天清早，布希在度假地出門慢跑，記者攔住他追問對中國民眾被軍隊屠殺有何看法，他居然斥退他們說：「別在我慢跑的時候煩我。」若是被問及對納粹大屠殺有何看法，他絕對不敢如此輕率而冷酷地回答。難道中國人的生命抵不上猶太人的生命嗎？這才是一種可惡的、隱蔽的種族主義思維。然後，在公開聲明中，布希輕描淡寫地對屠殺表示「遺憾」。布希政府一方面發布凍結美中高層官員交流的禁令，一方面派遣國家安全助理史考羅夫特（Brent Scowcroft）祕密訪華。三年以後，雙手沾滿人民鮮血的屠夫李鵬訪問聯合國，如願以償地與布希會面。兩人合影時，李鵬笑容滿面，孟慕捷評論說：「他和中國政府已經重拾面子，在原本摒棄他們的國際間，再次抬起頭來。」

本書寫到柯林頓時期就收筆了，二十一世紀以來美中關係的新變化未能著墨。作者若能寫續集，這些內容或許在續集中可以讀到。歐巴馬政府將人權問題從兩國關係的清單上不斷後移，最終變成一個可有可無的點綴。歐巴馬訪問中國時，絲毫不關心獄中的諾貝爾和平獎得主劉曉波的命運。中國在經濟層面的崛起，美國出了最大的力。美國一手培養起一個比當年的蘇聯更危險的敵人，一個肆無忌憚地侵犯國內民眾的人權和破壞國際秩序的國家，美國如何為自己解套呢？

美中夾縫中台灣的命運

探討美中關係，當然離不開台灣問題。孟慕捷在書中提出兩個值得深究的觀點。第一，他將台灣的民主化進程放置在美中關係的大框架下考量。雷根上台之後，美國政府內親台灣的力量一時高漲，台灣的國民黨當局一度幻想，雷根會不惜與中國斷交，而重新恢復與台灣的邦交。但是，事實很清楚，儘管雷根親近台灣，他不可能違背美國的國家利益並翻轉過去十多年美中關係的發展趨勢。雷根訪問中國，讓台灣的幻想破滅了。也許是窮則思變，蔣經國終於下令啟動政治改革。孟慕捷評論說：「台灣還是挺了下來，在終於承認美國支持的限度之後，台灣進行改革，以因應新環境。一九八〇年代後半期，台灣政府逐漸拋棄過去統治全中國大陸的主張。國民黨高層亦逐步放鬆對台灣的威權統治，開始推動民主政府，俾能爭取美國更加支持。雷根訪華之行，可能因教了台灣政府不要緊抱過去，而幫了台灣的忙。」由此可見，台灣的民主化，是島內黨外運動興起、民眾民主訴求升級和美國對中國及台灣外交政策的雙重壓力的結果。

第二，作者早在十多年前就清晰地指出，香港模式不適用於台灣。二〇一四年年末，香港民眾為爭取真普選，發起佔領中環運動，挺身與北京政府抗爭；而台灣在有史以來最大規模的「九合一」選舉中，國民黨遭遇敗退台灣之後最大的挫敗，選民拋棄國民黨，不是民進黨有多麼進步，而是大家都相信「選擇國民黨，台灣變香港」。港台兩地的態勢，證明了作者的先見之明。

書中記載了一個小小的花絮：一九八四年十二月，英國首相柴契爾夫人（Margaret Thatcher）前往北京，簽署《中英聯合聲明》。鄧小平給她一個訊息，請她傳遞給雷根。鄧小平說，現在香港問題已經解決，我們爲何不把「一國兩制」這套模式，用在台灣身上？

不久，柴契爾夫人訪問華盛頓，卻沒有向雷根轉告鄧小平的建議。以柴契爾夫人之精明，她不會是忘記了鄧小平鄭重的請託，她隱而不說，顯然是認爲鄧小平的這個資訊根本就是無稽之談。此後，中國駐美外交官詢問華府是否從英方獲知此一資訊，華府一頭霧水。

當該資訊從其他管道抵達之後，一群美國政界的親中派力主鄧小平對台灣提出「一國兩制」方案很重要，值得美方好好考量，季辛吉就是主要的說客之一。但美國政府傳話給中國，不參加台灣前途的談判。雷根政府雖然與北京改善關係，卻沒有興趣以英國人的模式來決定台灣前途——台灣不是香港，香港是英國的殖民地，而台灣不是美國的殖民地。

在美中和美台關係上，美國政界始終存在兩股力量。一種力量以信奉勢力均衡、現實主義原則（即「梅特涅主義」）的季辛吉爲代表。季辛吉雖然不是總統，在美中關係領域的影響力卻超過任何一位總統，他的思想觀念和合縱連橫的謀略被兩黨所吸納，他的門生故舊充斥美國外交和國防領域。他認爲犧牲台灣討好中國是可行的，他爲中共的「六四」屠殺辯護，他與當時還是中共黨內冉冉升起的政治新星薄熙來「相見歡」。從某種意義上說，美國國務院一直是季辛吉的國務院。

另一股是反共、關心人權、同情台灣的力量，主要聚集於更能代表美國民意的國會，且以保守主義政治家雷根爲代表。兩岸分治以來最親近台灣的美國總統雷根說過：「我很難相信，任何一位相信個人自由及自決權的美國人會袖手旁觀，聽任政府背棄一個盟友，而這個盟友唯一的『罪愆』就是它是愛好自由的小國家。」當美中簽署《八一七公報》時，雷根口述了一份簡潔的、只有一頁的備忘錄，爲該公報添加了但書：只要中國與台灣之間的兵力均勢維持不動，美國就會限制對台軍售。如果中國提升軍事力量，美國會協助台灣對應提升，以保持均勢。雷根的美中政策和美台政策不是十全十美，但總體而言，優於此前此後的繼任總統，但願他的遺產被繼承和發揚。

了解美中和美台關係的來龍去脈之後，關心中國的民主轉型和人權狀況的人士，關心台灣的民主制度和國家安全的人士，可以竭盡所能地影響美國的決策層，運用民間團體、輿論、國會的力量，打破行政分支機構「密室政治」的傳統。

在黑暗的亞洲尋找民主的微光

李潔明《李潔明回憶錄》

許多西方社會科學的概念模式並不適用於中國的經驗，所以了解中國就更具挑戰性。

李侃如（Kenneth Lieberthal）

李潔明（James R. Lilley），一個出生於青島的美國人，父親是美孚石油公司駐華行銷代表。少年時代，他親眼目睹日本侵華戰爭爆發，對中國人民承受的家破人亡、顛沛流離的苦難感同身受。這段經歷註定讓他與中國不可分離，他畢生以中國、台灣和亞洲事務爲舞台。

二十世紀下半葉，在長達三十多年時間裡，李潔明風塵僕僕地穿梭於華府與亞洲之間，由中央情報局高官升遷爲美國駐台北、漢城和北京的大使。與一般國務院出身的職業外交官不同，李潔明對民主和人權價值有更多的支持，並因爲與雷根和老布希兩位總統有較爲密切的私人關係，得以參與美國政府亞洲政策的制訂，而非完全被動的政策執行者。另一方面，在美國的高級外交官中，唯有李潔明一人曾先後出掌美國駐台北和北京的最高機構，他與中國關係深厚，更是台灣堅實的盟友。

李潔明在亞洲的生涯多姿多彩：他在柬埔寨和寮國協助指導美國對北越的祕密戰爭，卻不得不接受共產黨勢力席捲這幾個國家的結局；他在擔任駐南韓大使期間，面見獨裁者全斗煥，警告其不得動用武力鎮壓民主運動；他在台灣任職期間，目睹了台灣民主化和本土化勢力的興起，以及蔣經國最終順應時代潮流、啟動政治改革；而當他飛抵北京出任駐華大使之時，天安門民主運動正如火如荼地展開，然後是讓他傷心欲絕的大屠殺，以及大屠殺導致的中國民主轉型的頓挫和美國對中國一廂情願的美好想像的破滅。多年以後，無論失敗還是成功，一切都已塵埃落定。李潔明回憶錄的英文名字是「一個美國人的奧德賽」，他在亞洲的經歷堪稱一部如同《奧德賽》（*The Odyssey*）一樣悲欣交集的劇本。

不是大使勝似大使的駐台協會處長

由於李潔明在亞洲卓越的工作成績，雷根當選總統之後，立即選拔他擔任駐台協會處長。長期在華府報導政治議題的台灣媒體人傅建中評論說：「他眞心喜歡和幫助台灣。他大概是最具影響力的美國人，最先提出台灣不是『問題』說法的第一人。」

雖然沒有「大使」的正式名號，但雷根總統對這一職位無比看重。在接見一批駐外大使時，李潔明名列其中。而且，雷根總統行禮如儀地見完其他大使之後，特意召李潔明一家到橢圓辦公室，會談十五分鐘之久。召見結束時，雷根總統對著李潔明，以清晰的嗓音說：「你要到台灣去，我要你知道，我喜歡這些人。我希望你了解這一點。」

李潔明在台灣任職期間，面對中共之威逼，他協助台灣保住亞洲銀行的正式席位，支持美國對台軍售，更促成經國號戰機的誕生，以維繫台灣的安全。他在回憶錄中指出：「成立美國在台協會，實在是天才的傑作。因爲當你能夠在非官方的形式下運作，就可以推動事務了。我們的目標是盡可能保持美國對台關係的實質內容不變。我一到任，就把它懸爲工作目標。實際上，不去強調國慶日慶典、升降國旗等等，反而使得我們不必拘泥外交禮儀的形式，可以專注在關係的實質內容。」因爲他本人也不是科班出身的外交官，反倒更能利用這種曖昧的身分遊刃有餘。

李潔明對台灣的民主力量頗爲關切和支持。當時，他親自與周清玉等兩位坐牢的知名異議人士之家屬，在長老教會見面，表達了美國政府對他們際遇的同情。他也對台灣本土派的願景「將來我們能夠成爲東方瑞士——繁榮、高科技，有自己的國防」表示同情和理解。他也多次與深受糖尿病折磨的蔣經國長談，了解到蔣經國啟動政治改革的意向。蔣經國還特別安排李潔明與李登輝在一九八四年三月間一道作環島旅行。而且只有兩對夫婦，儘量輕車簡從。數日的朝夕相處，李潔明對李登輝的觀感非常正面：「我發現他是一位聰明的政治人物，對百姓民心頗有了解。我目睹他對園藝和農業經濟的嫻熟，也發現他和傳統的國民黨領導人殊為不同。」果然，後來李潔明看到老朋友李登輝帶領台灣進入一個嶄新時代。

在李潔明赴台履任前六個月，發生了陳文成慘案；在其離任後五個月，發生了江南案件。這兩個事件，對美台關係影響甚大，更成為台灣民主化的兩大轉捩點。陳文成案發生後，美國國會在調查中發現，台灣特務曾在匹茲堡對陳文成進行監視。國會因而通過一項決議案，任何國家若在美國針對個人實施恐嚇、騷擾行為，美國即不得出售武器給它。李潔明在上任前，在拜會國會外交關係委員會東亞小組主席時，對方即嚴厲地表示：「如果還有人喪生，我可會切斷對台軍售。」而江南案發生後，美方發現國民黨當局居然驅使黑幫分子到美國本土實施暗殺行動，大為震怒，國府多年來苦心經營的「自由中國」形象變成臭名昭著。這一事件促使蔣經國不得不「痛下決心，與過去做個乾淨俐落的了斷」。而對於李潔明來說，他一生引以為傲的是，曾在南韓和台灣的民主化中扮演過不可或缺的角色。

中國是一座不可預測的火山

一九七三年，當美國宣布將在北京設立聯絡辦事處的時候，李潔明毛遂自薦加入這個充滿挑戰性的外交使團。經過季辛吉的首肯，他總算如願以償，回到離開三十多年的、當時「紅得發紫」的、毛澤東統治下的中國。李潔明很快成為時任聯絡辦事處主任的老布希的得力助手和親密朋友。

與老布希一樣，李潔明常常騎著腳踏車在北京的大街小巷穿梭，與老百姓近距離地親密接觸。那時的北京，還擁有沈從文所迷戀的「高而藍的天空」，李潔明的妻子莎莉經常說：「新鮮空氣是我們在北京最懷念的東西。」誰能料到，四十年之後，天安門城樓上仍然懸掛著毛澤東像的北京城，會成爲世界上空氣污染最嚴重的城市？而美國駐北京使館每日發布的北京空氣質量報告，會引起中國外交部「此舉嚴重干涉中國內政」的色厲內荏的譴責？

李潔明對毛澤東統治末期的中國政局有精妙的觀察和分析。比如，當時很多美國人都認爲，周恩來是好人。但李潔明指出，事實的眞相是：「周恩來是個強悍、堅貞的革命黨員，過去曾有動用暴力的紀錄。他之所以開啟和美國溝通的管道，並非因爲他喜歡或欣賞美國人，或是美國的制度，而是因爲中國迫切需要可以反制蘇聯的力量。」對於從周恩來到溫家寶的這類所謂的「溫和派」，李潔明比大部分迷信「青天」的中國人看得更加透徹。

一九七五年離開中國之後，李潔明於一九八九年出任駐華大使。五月二日抵達北京之時，《紐約時報》的評論是「踏上了火山」。那確實是一座沉睡已久、突然爆發的火山：一九四九年以來，北京從來不曾出現如此龐大的反政府集會。「目擊一向溫馴、無言、除非被政府策動才會陷入狂熱的中國人，竟然如此吐露心聲，令人振奮又害怕。」他換上便服，像十多年前那樣騎腳踏車，來到天安門廣場，在不表露身分之下和學生談話，問起他們對中國懷抱的希望和夢想。他的第一印象是：「我很驚訝他們對此一運動熱情澎湃。他們決心消除中國貪瀆腐敗的統治者、鏟除政府裡靠裙帶關係圖利、作官的現象。」

不過，李潔明的「害怕」是有理由的。作爲美國數一數二的中國通，他比那些天眞熱情的中國大學生都更洞徹中國共產黨的本質。早在五月二十六日，李潔明就給老布希總統發一份電文，預測中共會動用武力鎮壓民主運動，他形容鄧小平是睚眥必報的《舊約》人物，「中國領導人依然奉毛主席所說的『槍桿子出政權』爲金科玉律」。然而，被親中人士控制的國務院卻認爲，這份報告大驚小怪，北京不太可能發生鎮壓行動，故而扣押下這份電報。李潔明形容這是他最深沉的失望和外交生涯中最大的挫敗。

在天安門事件的巨大危機中，李潔明持續幾個星期運籌帷幄、廢寢忘食，無論是安排千絲萬縷的撤僑行動，還是對屠殺眞相的記錄和蒐集，沒有任何人比他更能勝任。他在回憶錄中寫道：「我們的第一要務就是必須忠實記錄實情眞相。然後，起碼美國政府才能根據具體事實決定政策。」如果說這一悲劇性的事件還有某些正面價值的話，李潔明的答案是：「中國人民和美國僑民之間的連接，見證了天安門事件。北京的中國人和身歷血腥彈壓的外僑，都不會忘掉天安門事件。六月四日絕對不會無聲無息落入歷史的一隅。鄧小平的新中國已因人民解放軍雙手沾滿工人、學生的鮮血而蒙羞。」換言之，未來中美關係的重建，根基不是依靠共同的利益，而是這段在血與火中誕生的同情和愛，以及對民主、人權和人道主義等普世價值的共同嚮往。

李潔明與方勵之的「恩怨情仇」

「六四」屠殺之後，中美外交關係一度降到冰點，方勵之事件更是雪上加霜，升級了雙方的口誅筆伐。如李潔明所形容的那樣，「方勵之進入美國大使館，活生生就是間諜小說的情節」，比起二十三年之後王立軍、陳光誠這兩個截然相反的人物先後進入美國使領館來，其曲折驚險不遑多讓。

槍響之後，中國的第一號異議人士方勵之與家人一起來到美國使館尋求庇護，卻被美方勸離。美國政府在震驚中還沒有來得及決定下一步的對華政策。稍後，國務院才下令，出動外交官把他們找回來。於是，李潔明派幹員到建國飯店，接走了躲在一位美國記者的房間中的方勵之夫婦。

此後數月，方勵之夫婦居住在美國使館的一間小小的醫務室內，李潔明形容這是「五星級的古拉格勞改營」。在李潔明眼中，「方勵之生性隨和，也有幽默感，自稱如果到了美國，找不到教書、研究的差事，至少他可以開家中國餐館餬口。方教授的幽默感利人利己，在太太協助下，熬過這段幽禁避難的日子。他和蘇聯投奔自由的人士不同，滴酒不沾，也沒有情緒低落沮喪，心理十分平衡。」他敏銳地發現了方勵之身上那些可貴、可敬的特質。

在這間小屋子裡足不出戶，方勵之甚至還過了一次生日。李潔明送給方的生日禮物，是金泳三遭到軟禁期間用漢字寫下的書法捲軸「自由」——那是李潔明任南韓大使時，金泳三送給他的禮物。李潔明告訴方勵之，金泳三如何突破政治困境，終於競選總統大位，並且表示，希望這對方勵之有所啟發。在那段艱難的日子裡，李潔明將方勵之看作私人朋友，而不僅僅是以外交官的身分，例行公事般地去幫助一個尋求美國的政治庇護的中國學者。

然而，方勵之離開中國後，接受媒體訪問，對美國的外交政策有所批評，這讓李潔明十分不爽。李潔明在回憶錄中寫道：「我們辛苦保護的這位貴賓，竟然抨擊布希政府在人權議題上有雙重標準，對蘇聯嚴格要求，對中國卻輕輕放下——我可不能原諒他竟然這樣抨擊布希政府。」此事之後，兩人幾乎再無互動。

但是，在我看來，李潔明的反應稍稍顯得過頭。李、方二人之分歧，不能用「忘恩負義」這一東方式的價值觀來評判，而是源於兩人截然不同的身分定位。李是代表美國政府立場的高級外交官，當然不願聽到方對美國政府的外交政策作出批評，當然要本能地爲美國政府辯護。而方是一位具有道義立場的獨立知識分子，他不僅反對中國共產黨的獨裁暴政，也不會認同美國外交政策中功利主義和現實主義的一面。即便美國政府保護了他，他仍然對美國政府的作爲有所針貶，這恰恰說明他的批評是超越於個人利益之上的。就如同流亡美國的蘇俄作家索忍尼辛（Aleksandr Solzhenitsyn），對美國社會的物質主義和道德墮落的種種亂象嚴厲指責一樣。不過，若是方勵之在接受訪問的時候，對美國政府以及李潔明等具體經辦人員的救助和保護，多幾句肯定與感激，也許誤會和裂痕就不至於那麼深了。

退出政界之後，李潔明轉入大學和智庫，研究政治和外交事務。他對中國問題的看法客觀而眞切：從天安門事件至今，政治反動力量在中國仍然當道；中美之間可以找到一些共同的立足點、交易互惠的議題；美國不能忽視台灣，台灣活躍的經濟和民主將是未來中國的典範。這是從他一生的經驗中提煉出來的金玉良言，後人應當謙卑地聽取和領受。

被「敵人意識」毒化的自我認知

黎安友、施道安《尋求安全感的中國：從中國人的角度看中國的對外關係》

中國之所以能崛起於世界舞台的主要動力，來自於內部的兩個因素，一則是中國共產黨對維持國內穩定的迫切性，二則是中共對社會動亂之歷史悠久且根深柢固的恐懼。

斯蒂芬．哈爾珀（Stefan Halper）

在香港佔中運動花開八方之際，中共黨報《人民日報》海外版發表文章，指美國一些非政府組織和智庫對香港佔中行動「傾注了很大精力，積極地出謀劃策」。文章還指責美國政府爲佔中提供「道義」支援，包括美國三名前駐港總領事連署發表公開信，批評香港特首提名委員會制度是「民主倒退」。文章說，這些動作讓人聯想到近年來在獨利國家國協

（CIS）、中東、北非等地區發生的「顏色革命」背後的美國身影，美國「藉此搞垮不喜歡、不聽話的政權」。此外，《環球時報》亦發表社評說，美國支持「佔中」，被中國主流輿論普遍看成是「黑中國」。社評抨擊說，「以顛覆、分裂、搞亂中國爲目標，並在中國受到懲處或邊緣化的力量差不多在美國聚齊了」，「美國放肆地在中國內政問題上採取破壞性行動，嚴重阻礙了兩國建立新型大國關係的進程」。

這是典型的「賊喊捉賊」。香港佔中運動明明是北京當局破壞《香港特別行政區基本法》、撕毀《中英聯合聲明》而激起的公民抗命運動，中共卻用慣有的思路和手段，將其統治中遇到的一切困難、挑戰和危機，統統歸咎於「亡我之心不死」的「西方帝國主義」，然後自己什麼責任都不必承擔。同時，中共對任何來自民間的反對意見，都視爲「顛覆」企圖，除之而後快。中國既已號稱「大國崛起」，躋身於亞太地區強權之一，周邊沒有一個國家威脅中國的國家安全，爲何中國還是缺乏安全感？美國學者、哥倫比亞大學教授黎安友（Andrew James Nathan）的《尋求安全感的中國》（*China's Search for Security*）一書，正是破解這一謎題的傑作。

在空間和時間座標中的安全焦慮

中國的焦慮充滿了空間和時間的座標。首先，在空間的意義上，黎安友指出，中國是一個被「四個同心圓」環伺的脆弱強權，中國的空間位置使中國的國家安全比其他大國面臨更大的挑戰。

第一環，爲中國管轄或聲稱擁有的整個國土，十三億人口，五十五個少數民族，以及台灣、香港、西藏和新疆這四個對中國缺乏認同的地方，尤其是至少算是「準獨立國家」的台灣。

第二環，爲在二十個排成一個圓圈環繞著中國的國家。其中，有印度、巴基斯坦、俄國、日本、菲律賓、印尼和越南等七個國家屬於世界上最大的十五個國家的行列；有俄國、南韓、日本、越南、印度等五個國家曾在過去七十年間與中國發生過戰爭，還有九個是政權不穩定的國家。

第三環，由東北亞、大洋洲、東南亞大陸、東南亞沿海、中亞等六大區域組成。在這些區域內，北韓核武問題、伊朗基本教義派問題、美國軍事的存在、各國對中國崛起的擔憂，這些因素讓中國統治者窮於應付。

第四環，包括東歐、西歐、中東、非洲、北美洲、南美洲這些地理上相對遙遠的區域，中國的影響力侷限在商業和外交方面。對於中國來說，這些國家既無關軍事，迄今爲止也不具任何文化或政治的意義。

其次，是黎安友在本書中未能更多著墨的，中國在時間軸線中的安全焦慮。中國的歷史傳統是「一治一亂」的循環論，中國人有深重的「寧作太平犬，不作亂世人」的「災民意識」。近代被西方列強凌辱和瓜分的痛苦經歷，形成中國民間的民族主義激情以及統治當局對國家安全問題的過度反應。

美國外交領域的資深學者斯蒂芬・哈爾珀指出：「從歷史角度看，中國對自身安全與社會動亂的擔心，就像年復一年春潮盪滌的長江堤岸般源遠流長。中國的領導人爲前朝舊事的陰影所憂，他們漫長的帝國史充斥經濟崩潰、農民起義和改朝換代的輪迴。」每當中國王朝更迭之時，更大的威脅往往不是內部的農民起義，而是外部的異族入侵。長城從來沒有成功地阻擋從北方蜂擁而來的蠻族鐵騎：從所謂的「五胡亂華」到元朝和清朝，異族統治中土的時間超過中國歷史的三分之一。不過，對中國士大夫而言，王朝的滅亡並不意味著儒家文化意義上「天下」的滅亡。

中原的政權亡於蒙古和滿人，漢人似乎只能忍辱負重。但是，近代以來，中國與西方在政治、文化、經濟和軍事等方面發生全方位的碰撞，使得以中央大國自居的中國淪爲「半殖民地」，在現代民族國家觀念逐漸形成的背景下，便激發出刻骨的民族恥辱，以及報仇雪恥的決心，而這正是近代中國革命的源泉——中國革命的動力並不是經典馬克思主義中的階級鬥爭，而是所謂的「民族獨立」。

目前中共政權的合法性，一是經濟的高速發展，二是實現「中華民族偉大復興」的「強國夢」。在這種官方的主流敘事中，近代中國被西方列強凌辱的悲情成了今天擴軍備戰的動力。在「敵人意識」的主宰之下，中共政權不僅將追求民主自由的國內民眾當作危險的顚覆者，而且將西方民主國家都看成是居心叵測的殖民者。

是中國的安全，還是中共的安全？

中國先賢孟子說過，「得道多助，失道寡助」，今天中國在國際社會沒有一個朋友（比起毛時代還不如，毛時代至少還有歐洲的阿爾巴尼亞這一個如影隨形的跟班）。中國的經濟雖然崛起了，卻沒有為世界貢獻任何正面的、普世的價值。反之，中國的崛起是以無視和蔑視自由、人權、民主、環保等普世價值為代價換來的。沒有「道」，自然就沒有「志同道合」的朋友。即便中國在亞非拉窮國像天女散花般撒錢，也無法收買人心。

沒有朋友，就只有敵人。誰是排名第一的「敵人」呢？答案毫無疑問是美國。在事關中國國家安全的每一個環節中，中美之間都存在著程度不一的利益與價值衝突。雖然黎安友力圖以中國人的角度看中國的對外關係，但他無法徹底擺脫美國本位的立場，在本書最後一個段落，他如此寫道：「只要美國牢牢堅守其價值觀，並解決國內的問題，它將能夠對付中國的崛起。」很明顯，這是一句給白宮的忠告。

這裡，黎安友抵達了問題的核心，卻未能繼續前行，揭穿最後一道面紗：由於中國政府不是民選政府，非由民眾所授權，所以中國的國家安全與中共的政權安全兩者並不能劃上等號。中共振振有詞地宣稱「三個代表」，但普通民眾對此的反應是「與我何干」。

長久以來，中共屢屢因為維護政權的安全，不惜危害國家的安全。比如，中國對待美國和北韓的外交政策就不符合中國國家的利益，只符合中共政權的利益。美國從未侵占過中國的領土，美國幫助中國打贏了抗日戰爭，反美從來不符合中國的國家利益；反之，靠中國的蔭蔽存活下來的北韓，從未對中國懷有一絲感恩之心，北韓核武化的直接受害者不是美國或日本，而是近在咫尺的中國。但是，基於極權制度的慣性和中共這個政黨的私利，中共政權寧可損害中國的國家利益，也要力挺北韓、反對美國，一條歧路走到盡頭。

毛時代以後三十多年，中國不再面臨外國以武力大舉入侵的危險，在近代以來近兩百年間，中國的外部環境從未像今天這樣安全。然而，中國沒有危險，不意味著中共就沒有危險。中共政權的深刻不安，來自於對全球民主化第四波的本能排斥。全球範圍內又一批獨裁政權相繼垮台，共產體制更是日落西山、回天乏術，在此趨勢之下，中共確實難以高枕無憂。

壞事做多了，噩夢也多。斯蒂芬·哈爾珀指出：「如果在這眾多『中國』中有一個值得我們注意的被掩蓋的眞相，那就是潛伏在執政黨內心深處的恐懼。它害怕混亂，擔心失去對政治和社會的控制，這種恐懼感像根脊樑骨，是貫穿整個中國政治肌體的核心主軸。」換言之，「顏色革命」符合中國的國家利益和中國民眾的根本利益，「顏色革命」能夠實現政治體制的民主轉型和公民基本人權的保障，使國家走向穩定、可持續發展之路；同時，「顏色革命」卻與中共這個獨裁政黨的利益針鋒相對，「顏色革命」將開啟多黨制、議會制和選舉制，從此共產黨不能繼續一黨壟斷所有權力。

所以，中共害怕「顏色革命」，中國人並不害怕「顏色革命」。一個沒有共產黨的民主中國，儘管仍然會像其他民主國家那樣面臨國家安全問題，但不會在制度和價值觀層面與西方對立，而中國的執政者也不會再把國家安全當作打壓公民的民主自由訴求以及拒絕政治改革的擋箭牌。

與民主化相伴的，必須有共和化和聯邦化

對於中國未來的發展趨勢，黎安友概括說，存在著兩種可能：它將民主化，或許可能經由經濟成功反而會加強其權威主義制度。「無論是哪一種前途，無論掌管中國的是誰，都有可能使用國家新發現的經濟實力，在他們屆時要面對的戰略挑戰的基礎上，去追求國家的利益。」黎安友認爲，民主化不太可能給中國外交政策目標帶來更根本性的變化。即便中國實現民主化，爲捍衛帝國時代的遺產，仍然可能以保衛國家安全爲名，與世界各國尤其是若干鄰國發生劇烈衝突。

理性地看，這個論點是可靠的。民主從來不是一劑包治百病的靈丹妙藥，如果沒有與民主化相伴隨的、深刻的共和化和聯邦化，在民主制下仍然可能出現民族主義和民粹主義氾濫成災的景象。上個世紀三十年代的德國就是如此，得到選票支持、合法上台執政的納粹黨和希特勒，在短短數年間就顛覆了此前威瑪共和國設計精妙的民主憲政體制。普丁（Vladimir Putin）統治的俄羅斯也是如此，共產體制雖然難以死灰復燃，但沙皇時代的專制傳統又捲土重來，普丁的超高支持率正是建立在「新沙皇」的面具之上。以此類推，未來實現民主化的中國，未必就會輕易放棄對台灣、香港、西藏和新疆的強硬政策，未必就能採取更加理性的

方式處理釣魚台、東海及南海的領土爭端。

所以，深刻的共和化和聯邦化，以及成熟的公民社會的建立，是民主化過程中不可或缺的其他面向。所謂「共和化」，即權力的分割和制衡，以及對少數派的尊重和保護，這樣就能避免希特勒、毛澤東那樣深具「克里斯瑪」（charisma）特徵的野心家上台；所謂「聯邦化」，即以地方自治取代中央集權，權力下沉到基層，這樣就能避免重蹈因帝國無限擴張而導致心肌梗塞、中風倒地的覆轍。

試想，如果中國演變成一個如同歐盟那樣鬆散的聯邦或邦聯，中國的內政必將致力於人權保障、環境保護、廉潔而高效的行政服務；中國的外交也不再是咄咄逼人的帝國模式，而在國際社會作出積極的、建設性的貢獻。在此情形之下，中國又怎麼可能與那些臭名昭著的「流氓國家」如北韓、伊朗、委內瑞拉、辛巴威、古巴等勾肩搭背、狼狽爲奸呢？

中共對民主自由不感興趣，黎安友對此有著清醒的認識：「中國沒有變成一個民主國家，而且國家也沒有放棄它對經濟及社會的控制。中華人民共和國仍是一個在很多方面觸犯西方價值觀的威權主義政權。」他在另一篇論文中使用的概念是「韌性威權」。這是我相當贊同的觀點。但他又有一個相對樂觀的評估：「即使中共政權在國內仍是高壓的，但它並未試圖去破壞世界別處的民主制度。」也就是說，中共的獨裁只戕害國內民眾，中共不再像毛時代那樣不計後果地「輸出革命」。所以，國家社會尤其是西方世界出於功利主義的考量，對中國還可以勉強容忍。

但是，在我看來，黎安友的這個結論並不可靠。即便是黎安友這位被中共拒絕入境的、最大膽地批判中共的美國學者，仍對中共的危害性估計不足：中共取代當年的蘇聯成爲「邪惡國家」陣營的「老大哥」，不僅給予各個獨裁國家以經濟援助，還在聯合國憑藉常任理事國的身分否決制裁獨裁國家的決議。這難道不是「破壞世界別處的民主制度」嗎？

把中共政權跟納粹德國相提並論，被許多人視爲一種過於誇張的說法，但這是事實。德國思想家韋伯（Max Weber）曾憂心忡忡地指出：「一個長期積弱的落後民族，在經濟上暴得強盛是危險的，因爲這種狀況暴露出的乃是一個曾經落後過的民族所特有的政治不成熟。這種不成熟對於民族的復興願望是危險的。」他針對的是當時德國的情形，而這句話也適用於今天的中國。

富強與自由的變奏曲

夏偉、魯樂漢《富強之路：從慈禧開始的長征》

我們明知小小的翅膀上滴下的水滴未必能救火，我們不過盡我們的一點微弱的力量，減少一點良心上的譴責而已。

胡適

二〇〇四年，我在加州大學柏克萊分校作了一場演講，漢學家夏偉教授是主持人，他對中國的歷史與現實了解之透徹，一般中國知識分子望塵莫及。十年之後，當我讀到夏偉和魯樂漢（Orville Schell、John Delury）所著的《富強之路：從慈禧開始的長征》（*Wealth and Power: China's Long March to the Twenty-First Century*）一書，這種感受更爲強烈。作者對

「富強」這一概念的強調，靈感來自於思想史大師班傑明·史華慈（Benjamin I. Schwartz）的《尋求富強：嚴復與西方》（*In Search of Wealth and Power: Yen Fu and the West*）一書。作者指出，中國跌跌撞撞地走過帝王統治、軍閥割據、共和制和共產主義已經有一個半世紀，而其領導人的統治思想也歷經封建主義、法西斯主義、極權主義和資本主義，但這些相互衝突的體制和意識形態都未能定義中國。在中國的近現代史中，唯一永恆不變的價值，就是追求「富強」這一法家箴言。

班傑明·史華慈的《尋求富強》是關於嚴復的思想評傳，而《富強之路》的寫法則師法於史景遷《天安門》的那種「集體傳記」（group biography）。史景遷關注的是那些並不處於革命最中心，卻以其特有的敏感描述自己的希望和苦痛的人物──康有爲、梁啟超、譚嗣同、魯迅、胡適、瞿秋白、沈從文、丁玲、王實味、聞一多、老舍等知識分子──「這些個人經驗有助於我們了解他們那個時代」。而《富強之路》則選擇魏源、馮桂芬、慈禧太后、梁啟超、孫中山、陳獨秀、蔣介石、毛澤東、鄧小平、朱鎔基和劉曉波等十一位具有象徵意義的知識分子、思想家、政界領袖、維新派、革命者、異議人士，他們都是這齣中國追求富國強兵的現代化大戲裡不可替代的角色，如今都被召喚出來充當人們認識一八四二年至今，中國追求復興的漫漫長征的嚮導。

「富國強兵」背後的謊言與暴力

「富強」是近代以來中國的一個至關重要的主題詞。那麼，何為「富強」？本書作者解釋說，賦予西方塑造現代性的「自由、平等、博愛」，換到形塑現代中國，則變成了「富有、強大、榮耀」。如果用法國思想家傅柯的「知識考古學」衡量，「富強」一詞出自中國古代的諺語「富國強兵」，戰國時代法家的代表人物韓非就直率地說：「聖人執要，四方來效。」由此可見，「富強」意味著國家力量和民眾生活水準的雙重提升，而且將對周邊國家形成某種程度的威懾。

本書作者稍稍將這個概念作了柔化處理，認為「富強」更精確的翻譯是「富饒和強盛」。但是，作者沒有忽略這個概念在中國再度甦醒的背景：這個帝國經歷了衰敗並掙扎著要維持天朝範圍的完整性。所以，富強包含了「富」（wealth）和「強」（power）這兩個面向。

「富強」是一個功利主義的目標，為達到富強，從孫文到蔣介石，從毛澤東到鄧小平的政治領袖們，不惜採用謊言和暴力——當手段趨向邪惡時，目標就不可能保持崇高。書中描寫了蔣毛二人在蔑視人權、蔑視人的生命和尊嚴上的一致性。作者指出，在一九三〇年代初期，蔣介石有一段時間跟德國、義大利的法西斯主義眉來眼去。「他一開始受到列寧主義吸引，接下來則是法西斯，完全是因為他對領袖強大感到興趣，此外還因為他執迷於掌控、服從與政黨紀律。」有一度，據蔣介石自己講，中國有必要「納粹化」。而且他真的允許在國民黨內，創造原始又模糊的法西斯組織如「藍衣社」，而掛上「力行社」這樣的正式名稱，以軍隊方式組成社群，據說該組織散漫仿效的對象，便是希特勒（Adolf Hitler）的「褐衫隊」及墨索里尼（Benito Mussolini）的「黑衫隊」。「但蔣介石的法西斯傾向，比起他的歐洲同儕，發聲力道遠不如。一大關鍵差異是，蔣介石的威權主義較接近中國的祕密幫派，而非以大眾為基礎的政治組織。」與中國傳統關係過於密切，是蔣介石未能成為現代政治家的重要原因。

毛澤東比蔣介石更加殘暴凶狠。本書作者引用美國首席文革研究專家馬若德（Roderick MacFarquhar）和沈邁克（Michael Schoenhals）的看法，毛急需一定份量、有催化作用的恐怖，來展開文化大革命，而且「他從來不會對這麼幹導致奪人性命而感到不安」。毛本人曾暗示，「眞正的革命分子必須有意願，公然支持殺人」。毛對親信說：「這位希特勒更凶。越凶越好，你信不信？越殺人就越要革命。」在這一點上，鄧小平繼承了毛的衣缽，美國學者沙茲伯里（Harrison E. Salisbury）在《新皇朝》（*The New Emperors*）一書中指出，在早期的革命生涯中，鄧小平就認為，基於政治目標，人命不足惜。鄧一直到晚年依然深信，為了政治目標不惜流血——所以，一九八九年鄧小平等一批老人幫才會悍然血腥鎮壓天安門廣場上的青年。而且，事後沒有任何跡象顯示，「鄧對『六四』有什麼特別的煎熬」。事後鄧比毛更聰明的一個舉措是，把骨灰撒到大海，讓那些恨他的人想挫骨揚灰也無從下手。

自由路上的荊棘與榮耀

儘管本書以《富強之路》為書名，但這並非本書唯一的主題。如果說「富強」是一條地上的明渠，那麼「自由」就是一條地下的暗流。

在慈禧太后、孫中山、蔣介石、毛澤東、鄧小平、朱鎔基等政治人物那裡，國家的富強以及隨之而來的個人的權勢和名聲，是高於自由、民主和人權的「最高價值」。倘若自由、民主和人權阻擋富強的實現，則可以隨時丟棄之。所以，慈禧太后毫不猶豫地鎮壓戊戌變法，殺害戊戌六君子；孫文炮製出「訓政」的騙局，欺世盜名，甚至不惜引狼入室，充當蘇俄的「兒皇帝」；毛澤東將「人民民主專政」作為殺手鐧，橫掃一切政敵；而鄧小平則死守「四項基本原則」不放，悍然調動軍隊屠殺要求民主的平民百姓。最終，沒有自由、民主、人權的富強，成了一幅「大國寡民」的悲慘圖景。

與之相反，在魏源、馮桂芬、梁啟超、陳獨秀、劉曉波那裡，對富強的追求和對自由的追求，大部分時候是一致的目標。或者說，他們不同意為了追求富強而犧牲自由的說辭——尤其是對身在獄中的諾貝爾和平獎得主劉曉波而言，自由甚至是高於富強的價值，沒有自由的富強，宛如沒有民主憲政制度保障的麵包——統治者既可以施捨予你，也可能隨時從你手中奪走。劉曉波是一位「不可救藥」的理想主義者，正如本書作者分析的那樣：「對劉曉波來說，跟民主一樣，人權對他來說是永遠不變的，不僅只是工具，任憑改革家或政府視特定時機，看其功效，愛拿就拿，愛丟就丟。」

在中國歷史的每一個節點上，追求富強的人遠遠多於追求自由的人，但這並不意味著自由是次於富強的價值。用馬克思（Karl Marx）的一句名言來說就是「眞理往往掌握在少數人手中」——這是馬克思所說的少數正確的話。本書在描述鄧小平的兩個章節中，用了相當的篇幅來講述作爲鄧小平對立面的科學家和人權倡導者方勵之的故事，那是一個雖敗猶榮的故事。

然後，本書壓卷的兩個章節的主人公是劉曉波——比起那些號令天下的政治人物來，劉曉波是身陷牢獄的一介布衣，似乎不具備影響歷史進程的能力。但是，夏偉卻在劉曉波身上發現了中國最稀缺的精神素質，他評論說：「在中國的歷史潮流中，劉曉波到最後是被沖刷到一旁，如魏京生及方勵之，還是有朝一日他能由牢中以英雄之姿復出，在國家未來政治中扮演重大角色，一如曼德拉、哈維爾、華勒沙、金大中及翁山蘇姬，這猶在未定之天。然而有一件事是肯定的，至少當下如此，那便是劉曉波爲其犧牲自由的大多數訴求，對當前中國的政治領袖來說，都是對立面的東西。中國取得富強地位及榮耀恢復之後要做什麼，不同的思想家及領袖對這個問題的看法眾聲喧嘩，蔚爲激湍，而劉曉波所思索的中國現代化，其理念猶如一條與之平行的河流，沒有那麼洶湧，在靜靜地流淌。」

若讓我來挑選一張「群英譜」的名單

史景遷在《天安門》一書中說：「我希望傳達的，毋寧是某種人們作日常抉擇的艱難，他們身處的迷惘境況，他們原想置身事外、卻橫遭牽連的事件，以及他們偶爾痛下決心、採取大膽行動而引起的外界反應。」而夏偉和魯樂漢選擇這十一個人的標準主要是：他們「雖然下場淒涼悲慘，但其思想遺產卻沉澱在現代中國宏圖大略的核心」。

確實，即便是那些手握大權的政治領袖，在歷史的漩渦中，很多時候未必能隨心所欲地行事爲人，而是被動地回應外部的壓力與挑戰。比如，毛澤東一度以爲整個中國是一張白紙，可以任由他揮毫潑墨，到了眾叛親離的晚年，他才不得不承認，他對中國的改變十分有限，改變的至多就是中南海附近的幾個街區而已。

史景遷和《富強之路》的兩位作者，各有其史觀和對人物的選擇標準。對我而言，如果要寫一本類似的「群英譜」，我會保留一些人物，更換一些人物。

在清末的變革中，我會用郭嵩燾和李鴻章來取代魏源和馮桂芬。因爲魏馮二人只是紙上談兵的最後一代士大夫，他們並沒有親身體驗西方的社會情貌。而郭嵩燾擔任過駐英公使，親眼目睹英國的現代化成就，是第一個探究西方民主憲政體制如何移植到中國的思想先驅，並因此被辱罵爲「賣國賊」；李鴻章則是晚清第一重臣，可以說是「半個俾斯麥」，其歷史貢獻也被「賣國賊」的罵名遮掩，如果沒有他就沒有晚清的諸多改革，如果沒有他就沒有後來袁世凱及北洋系的崛起。

在「五四」那一代知識分子當中，我會用胡適來取代陳獨秀。陳獨秀固然有其重要性，他是中共的創始人，也是一位深具人格魅力的「終身的反對派」，其晚年思想回歸民主自由的主潮；但是，胡適比陳獨秀更重要，胡適一生都在水滴石穿地傳播自由主義的常識，且以西方現代學術方法整理國故，成爲中國現代人文社會科學的奠基人，晚年在流寓台灣的孤獨中，仍然對中國和世界的自由民主前景抱有堅定而樂觀的期待。

在中國當代的政治人物中，我會用趙紫陽取代朱鎔基。朱鎔基表面上顯得強悍精明，其實多數時候是外強中乾、虛張聲勢，他只是江澤民的助手，從來不敢越雷池半步，表達對自由民主的支持。他在經濟上亦從未擺脫計畫經濟的鳥籠思維，且用「吸金大法」將優質稅收收攏到中央，加劇了此後強勢中央與弱勢地方的政治格局。與之相比，趙紫陽才是眞正的改革派，八十年代推動的一系列改革可謂「堅冰突破」，最後拒絕跟鄧小平一樣雙手沾上人民的鮮血，寧願失去權力、被軟禁而死。無論在改革的深度和廣度上，還是在個人的人格魅力上，朱鎔基都不能望趙紫陽之項背。

「路遙知馬力，日久見人心」，中國的制度轉型仍未完成，富強之路也只是邁出了實現「溫飽」這小半步。自由與富強的變奏曲，下一步如何上演，且讓我們拭目以待。就目前的情勢而言，代表富強這一翼的習近平大權在握，一言一行即有舉世矚目之影響；而代表自由這一翼的劉曉波，卻是一個不名一文、任人踐踏的囚犯，就連他是諾貝爾和平獎得主的事實，大部分同胞都不得而知。但是，強弱的易位很可能在不久的將來發生，我們期待著本書作者預言的遠景早日成為現實：「這兩股思想潮流——一條是追求富強，另一條是追求民主——未來仍可能匯流。假使真的合流了，那麼魏京生、方勵之及劉曉波等人的聲浪，無疑會變得更為重要。」

減肥之後的中國利人利己

譚寶信《跛腳的巨人：中國即將爆發的危機》

「天朝」這個國家，它不會讓你了解過去，因爲它本來就生於不義。這個國家，它不會讓你看到眞相，因爲它到處充滿了罪惡。這個國家，它不需要你學會思考，因爲謊言已代替了眞理。這個國家，它不要求你道德如何，因爲人的良知會激發起正義。這個國家，它不允許你了解世界，因爲愚昧才有利於統治。

網友

近年來有無數書本和文章都預測，中國幾乎可以確定會崛起成爲全球霸權。然而，《跛腳的巨人：中國即將爆發的危機》（*Stumbling Giant: The Threats to China's Future*）的作者譚寶信（Timothy Beardson）卻明確反對這個廣被接受的假設。譚寶信從過去三十多年一直在亞洲生活和工作，上個世紀八十年代即創立克羅斯比金融控股公司（Crosby Financial Holdings），當時是遠東最大的獨立投資銀行；一九八九年成爲第一家中國授予執照的外商投資銀行。此後，他進入學界，成爲中國問題的權威學者。他在這本書中揭露了現今中國面對的難以數計的挑戰，以及當局錯誤的因應方式。針對這些挑戰提出大膽的政策處方，並解釋爲何中國不可能取代美國成爲下一個超級強權。

這本書出版後即名列倫敦《泰晤士報》（*The Times*）「每週暢銷書」排行榜，譚寶信將中國當下的情勢如數家珍、一一道來：無可阻擋的人口結構前景造成的勞力短缺、人口老化、極端的兩性人口差距，甚至人口減少。此外，中國面對社會不穩定、環境遭破壞、普遍的低科技經濟且缺乏創新、缺少有效的福利安全網、僵化的治理結構、激進的伊斯蘭教派潛伏在邊境等威脅。他不像章家敦（Gordon G. Chang）那樣輕率地斷定中國即將崩潰，卻篤定地指出：雖然中國能夠、且會進一步壯大，但它不會取代美國成爲超級強權——至少在這個世紀不會。

中國從來不是世界級的強權，也不熱愛和平

習近平執政以來，「中國夢」一路凱歌高奏。習近平傾向於向中國源遠流長的歷史尋求治國靈感，「漢唐盛世」是他可以效仿的樣板。習近平仿效毛澤東當年召集的延安文藝座

談會，在北京召開了一場文藝座談會，應邀出席的七十二位代表被網民戲稱爲「七十二賢人」。畫家范曾是其中之一。因深感龍恩浩蕩，范曾在北大中國畫法研究院召開「學習『習近平在文藝座談會上的講話』研討會」，並且限韻作詩爲賀。九位教授的詩作，五人用詞非皇即聖，范曾詩中有「皇圖八萬、龍吟昊宇、鳳擇高枝」之語，邵盈午詩云「鼎革親傳列聖意」，萬俊人詩云「金秋帝廟正高陽、一代天驕成大夢」，朱彥民詩云「躬逢赤縣遵皇則」，周建忠詩云「中興可待承明主」。「五四」運動的搖籃北京大學上演了一齣張勳復辟式的鬧劇。

從這些詩句中發現，似乎「習氏中興」、「習氏復興」呼之欲出。然而，面對躊躇滿志的習近平和中共政權，譚寶信澆了兩大盆冷水：其一，他指出，中國從來不是跨大陸的、世界級的強權，即便是其國力最強盛的漢代、唐代和清代前期，其影響力亦只是侷限於東亞大陸而已。其二，他強調，中國從來不是一個自我誇耀的「熱愛和平」的國家，中國跟俄羅斯一樣，把永無休止地擴張當作最大的喜好，直到擴張超過自己所能承受的極限而走向崩潰，這種擴張不會自動停止。

中國一向以世界中心自居，彷彿除了自己之外，其餘國家都是不毛之地、蠻夷之地。而譚寶信偏偏說中國從來不是世界級的強權，這未免太傷害中國人的自尊心。但譚寶信的論點有若干論據支撐。就地域而言，中國的世界影響力向來有限，它的軍隊從未越過裏海東岸，在最盛時期最多不過是一個極大的區域強權。所以，「羅馬和大英帝國是跨大陸強權，而中國不是。」就文化和價值的滲透力，也就是所謂的「軟實力」而言，中國文化影響的範疇，始終沒有超越日本、韓國、越南等周邊的少數國家。今天中國以文化大國自居，但使用中文作爲第二語言的人數，卻只有不到兩千萬人，少於英語、法語、俄語、葡萄牙語和阿拉伯語。而眞正的世界級強權，意味著它使用的語言可供其他人學習，以便分享文化、記述或社會權力。譚寶信通過多組數據的分析和比較，戳穿了中國官方公布的二〇一〇年學習中文的外國人高達一億的謊言——這是一個跟大躍進中畝產萬斤相似的肥皂泡。

中國自古就標榜「不戰而屈人之兵」，共產黨政權更是自欺欺人地宣布「和平崛起」，但是，譚寶信引用哈佛大學歷史學家江憶恩（Alastair Iain Johnston）的研究成果指出，中國在一九一一年之前的三千年間，總共打了三千七百九十場內外戰爭；而在中共建政後直到一九八五年，中國涉入十一場外交政策爭議，並在其中八場訴諸暴力解決，中國對暴力的使用堪稱「高強度」。近二十年來雖然稍有收斂，但習近平咄咄逼人的外交政策又引起周邊國家普遍的疑慮，尤其是對台灣展示出的赤裸裸的敵意，讓譚寶信不禁仗義執言：「看到一個小小的民主地區被世界最大的非民主國家以軍事壓碎（或者嚇到屈服），就足以說服許多人相信中國對世界是一個禍害，完全不尊重人的自決。」

清末大難臨頭的氣氛已然四處瀰漫

譚寶信敏銳地捕捉到，當下的中國在表面上熱油鼎沸、車水馬龍，骨子裡卻已經停滯不前。逆水行舟，不進則退，一旦停滯的態勢出現，多米諾骨牌效應就會啟動。譚寶信評論說：「即使在威脅可以去除的地方，也缺少採取行動的活力和意願。法律已經通過，但未落實執行；問題已經發現，但沒有解決；有些問題沒有人關注。改革和嚴肅的政策制訂似乎與特權機器相衝突。」就連曾經作過習近平老師的清華大學社會學教授孫立平也大聲疾呼，如果要搶救中國這個早已病入膏肓的病人，時間已經所剩無幾了。孫立平估計歷史留給習近平的時間，與譚寶信的評估不謀而合：最多十年。但是，當權者「似乎以世紀為單位思考，而實際上他們必須以年來計畫」。用一句不雅的中國俗語來說，這簡直是「皇帝不急太監急」，因為每一盤棋局總是「當局者迷、旁觀者清」。

中國的執政者信心滿滿，毛時代憧憬的超英趕美似乎倚馬可待。譚寶信卻在書中指出，不要高興得太早了，「中國今日面對的主要挑戰十分嚴重，包括環境、福利、人口、就業、邊境、資源、科學和穩定——各種經常重疊的因素」。作為一名銀行家和投資家，譚寶信的每一個論點背後，都引用大量的、來自不同管道的數據和材料來支撐。僅以環境惡化和生態浩劫而言，中國的環境在過去數十年間已遭到嚴重破壞，且迄今未見明顯改善的跡象。二〇一四年的一份中國國家報告指出，中國五分之一的農地遭到鎳、鉛、鎘、汞和砷的污染已達危險水準。其他報告也揭露，落後的農耕方法導致水污染惡化。

在國內安全領域，「當局維持龐大的情報和安全機構以壓抑異議，不僅虛耗金錢，更重要的是讓國家難以與人民進行任何道德價值的討論。」雖然執掌政法大權近十年的周永康垮台了，但他依託的那套維穩機制，如同一台沒有人敢拔掉電源的絞肉機，仍然在高速運作。維穩體系耗費超過兩成的財政收入，更製造來自四面八方的「敵人」，如同梁啟超在清末的時候對局勢的評估：「大小官僚以萬數計，夙暮孳孳，他無所事，而唯以製造革命黨爲事。」最明顯的一個例證是：當香港佔領中環運動興起之後，習近平不敢直接針對運動本身作出論斷，卻命令安全系統大肆抓捕國內支持香港佔中運動的民間人士，短短一個月之間便有數百人被捕——有的人僅僅是在個人博客中發表一張在家中舉起雨傘的照片而已。可見，習近平內心的恐懼已經到了心驚膽戰、一觸即發的地步，自詡「三個自信」（道路自信、制度自信、理論自信）的他，哪裡有絲毫的自信可言？

中國又走到清末那種大廈將傾、無力回天、改革已死、革命潮起的境況之中。譚寶信感嘆說：「中國今日一些問題的急迫性、那種火車即將出軌的感覺，類似十八世紀末、十九世紀初清朝即將大難臨頭的氣氛。」高官顯貴們紛紛將家人和財產轉移到西方國家，政治局中的「老男人們」大都成了「八國聯軍」的爸爸，然後再自欺欺人地去教育那些「不願作奴隸的人民」如何「熱愛偉大的祖國」。

一個縮小的中國，是福非禍

當愛國主義成爲中共政權最後一支強心針時，當政者往往通過對外擴張來轉移國內矛盾，這就是習近平爲何在周邊挑起釣魚島、東海、南海爭端的原因。但具有諷刺意義的是，對於近代以來掠奪中國上百萬平方公里領土的俄國，習近平卻畢恭畢敬、不敢說半個不字，甚至不惜用夫人外交去拉攏俄國總統普丁（Vladimir Putin）。可見，中共的愛國主義和民族主義是一種假冒僞劣產品。

對於以《環球時報》爲代表的法西斯式的民族主義，對於中國人對領土擴張的迷戀，譚寶信開出的藥方是：「中國如果片面放棄西藏、內蒙和新疆，甚至一部分的甘肅、青海和四川，很可能在經濟、社會、文化和政治上反而變得更強大。」從現實主義角度考量，如果當地人基本上想出走，爲了阻止他們而耗費龐大的財務、政治、外交和社會成本可能不值得。而學界的研究指出，「大規模的種族多樣性會削弱經濟成長」。對中國來說，龐大的安全支出是一項沉重負擔，阻礙其他更有利的選項。

一九九一年蘇聯的瓦解，被中共視爲一場悲劇，以及防微杜漸的前車之鑑。習近平論及蘇聯共產黨政權崩潰之時，色厲內荏地痛斥戈巴契夫的「叛變」，並反問說，不知爲何「竟無一人是男兒」——偌大的帝國之類，居然沒有一個人挺身而出捍衛黨和黨的領袖？殊不知，蘇聯的崩潰，不是因爲戈巴契夫輕率地啟動政治改革，而是戈巴契夫始終不肯放棄帝國遺產。如果他早幾年放手讓那些本來就是巧取豪奪而來的、其實已經離心離德的邊疆國家以公投決定去留，那麼蘇聯的民族問題，不至於演變成內部改革的心腹之患。

如果今天的中國要從昔日的蘇聯吸取經驗教訓，就要明白「強扭的瓜不甜」這個再淺顯不過的道理，以收縮的方式重建國家認同，正如譚寶信建議的那樣：「如果是一個漢族國家，有著更協調一致的自我、價值和目標的觀點，它可能更富裕、更強大、更穩定、更受尊敬、更現代和更安全快樂。……中國可以回到明朝的邊界，而不堅持擁有多種族清帝國的大多數領土。西藏高原的水源和新疆的礦產及能源會有許多爭議，不過，協議可以達成。只要有那些能讓社群滿意生活的地區，省的劃分沒有必要完全依照既定的疆域。」二戰之後，英國從全球殖民地撤退，從輝煌的「日不落帝國」變成一個歐洲中等強國，對於普通國民來說，儘管經歷了一段心理落差的時期，可他們很快發現這樣的國家形態更能讓自己安居樂業——再也不用派遣子弟兵四處征戰乃至拋屍異鄉。「可憐無定河邊骨，猶是深閨夢裡人」，對外擴張所成就的不過是少數獨裁者的欲望和野心而已。如今，中國需要的不是胡吃海喝，化身爲歌利亞那樣的巨人，而是竭力減肥，瘦身之後方能去除「三高」，恢復健康。

如果中共執政者拒不接受這樣的忠告，仍然採取對內鎮壓和對外擴張齊頭並進的政策，那麼，這將是一條「不到黃河心不死」的不歸之路。無論維穩經費如何節節攀升，中共政權永遠無法達成穩定的目標，正如譚寶信指出那樣：「如果花錢在日增的國際軍事擴張，並建立更大的國內安全機構以管理不穩定，以致無法完全實施社會計畫，將會產生惡性循環，因爲脆弱的社會福利將引發進一步的不穩定。」那一天，爲時不久。

共產黨是一隻會變色的恐龍

羅旺・卡立克《我是世界最大黨：誰在統治及如何統治中國》

只有在民主社會中，中國才能獲得自由、和平與繁榮。而建立民主社會的當前最大障礙，就是中國的極權統治。

余英時

《紐約時報》（*The New York Times*）專欄作家、普立茲獎（Pulitzer Prize）得主紀思道（Nicholas D. Kristof）日前撰文指出，當習近平剛上台時，他以爲習近平會開放一些事情。「天啊，我眞是大錯特錯了！不僅沒有開放，而且似乎日益清楚的是，雖然習近平可能會深化某些方面的改革，但總體而言，他是一個強硬的民族主義者，迄今已在多個方面採取強硬立場。」這位觀察中國多年、會講中文的學者感嘆說：「對我們這些熱愛中國的人來說，看著這個國家在習近平領導下朝著民族主義和專制的方向發展，很令人痛心。」那麼，美麗的誤會究竟是怎樣產生的呢？在我看來，那是因爲西方觀察家——也包括很多中國知識分子——常常誇大中共統治者在個性、文化背景和知識結構方面的差異，進而一廂情願地將民主意願投射到他們身上。實際上，中共歷屆黨魁之所以從中共特殊的人才選拔機制中脫穎而出，乃是因爲他們對黨忠心耿耿，矢志捍衛黨的地位和利益。

爲了避免犯下同樣的錯誤，就必須了解中國共產黨這個當今世上最強大、最有權勢的組織。澳大利亞記者羅旺・卡立克（Rowan Callick）所著之《我是世界最大黨：誰在統治及如何統治中國》（*Party Time: Who Runs China and How*）一書，是該領域的最佳入門讀物。作者宛如一名福爾摩斯般的大偵探，帶領讀者一步步深入中國共產黨的隱祕禁區，探究這個巨無霸的組織如何控制教育、商業、司法體系、軍隊、媒體、藝術、大眾文化、出版和思想等每一個領域。如今，中共似乎臻於奪取政權以來最強大的時刻，但也有可能是盛極而衰的轉折點，正如作者在書中發出的追問：「到目前爲止，中國共產黨展現出驚人的應變能力，但這樣的能力現在是否已到達極限？它的核心理念還能支撐多久？」

今天眞有人爲了信仰而入黨嗎？

即便對共產黨的統治評價最爲負面的觀察家，也不得不承認，共產黨的統治雖非固若金湯，但它至少獲得相當數量的中國人的支持。蘇聯共產黨覆亡之前那幾年，有數百萬人主動退出蘇聯共產黨；而如今中國共產黨的黨員人數不減反增，黨員高達八千萬，超過歐盟任何一個大國的人口；還有菁英人才爭相加入，清華、北大等頂尖大學的學生有兩成以上是黨員，高出平均比例三倍多。許多西方人假定隨著中產階級日漸成長，他們對於自由與民主的需求也將增強，但此種情況並未在中國發生。中產階級成爲共產黨最忠實的支持者，因爲他們是現狀下的主要受益人。

作爲一名長駐中國的記者，羅旺．卡立克有機會訪問各個階層的共產黨員：從總理溫家寶到中央黨校校長，從掌控百億資產的央企負責人到普通大學生。他們通常都會竭力爲共產黨的政策辯護，論述的焦點在於共產黨統治中國，具有不容置疑的合法性和合理性，羅旺．卡立克總結說：「民主化在中國之所以遲滯不前，是因爲共黨領導人堅信統治權絕不可交出去。黨不只是中國黨守護者，黨也自認爲它就是中國。」黨的日益膨脹的自信心成爲改革的藩籬。

不過，絕大部分黨員都承認，黨是一個利益集團，而非信仰組織。有趣的是，在書中涉及到的三教九流的共產黨員中，唯一一個聲稱入黨是出於信仰的人，是生於一九六一年的北京師範大學黨委副書記王炳林。王振振有詞地講述說：「我們並沒有國教，所以藉由入黨這件事，黨員可以解釋成他們的生命中有了信仰，黨也有了充足的理由扮演領導者的角色。入黨成爲黨員是光榮的，許多學生想要入黨，這是眞的。而我們教給他們的是如何全盤整合個人抱負與社會目標。」但說完這番慷慨激昂的佈道詞之後，王進入閒聊狀態，這才告知對方，他的父母都是農民，都不是黨員，自己在讀研究所時成爲黨員，「當我入黨後，我覺得非常光榮。要不是得力於黨的德政，我哪能上大學唸書呢？」可見，與黨的關係最後還是回到利益導向上。然而，我不禁感嘆，一個大學高級官員的認知水準居然如此之低——窮人的孩子享有受教育的權利，本該是理所當然的，不必因此對政府或政黨下跪磕頭。換了在美國，出身貧寒家庭的歐巴馬，有入讀哈佛大學的機會，難道他就要對民主黨表示感恩戴德嗎？

今天的中國，沒有一個人是出於信仰而成爲共產黨員的。如果成爲共產黨員意味著像國共鬥爭時代那樣，蹲監獄、受刑罰乃至上戰場，不會有一個人願意擁有此一身分。清華大學學生蔣方舟一眼就看穿了那些黨員同學的良苦用心：「北大、清華的學子一路都是教育和體制的少年既得利益者，成熟了，自然也是要沿著同一軌跡，而不能跌落到食物鏈的底端。於是，大學成了掠奪政治資本的地方。」年輕一代菁英分子與共產黨結盟，是因爲可以分享共產黨的權力，而不是受共產黨的意識形態的吸引，正如蔣方舟感嘆的那樣：「我的同學們，我的菁英同學們，以後必然會成爲社會的中流砥柱，學術圈或者官僚體系的主要組成部分，手握生殺大權。空氣中有種緊張的成分，未來裡藏著某種令人毛骨悚然的東西。」

唯有扼殺自由，才能維持統治

這本《我是世界最大黨》可以算是稍早出版的馬利德（Richard McGregor）所著的《中國共產黨不可說的祕密》（*The Party: The Secret World of China's Communist Rulers*）一書的

姊妹篇——《中國共產黨不可說的祕密》更多關注共產黨自身的運作方式、共產黨內部的權力分配和爭奪；而《我是世界最大黨》則用很大的篇幅分析共產黨與社會的關係，即共產黨如何完成對社會的全面控制，如何無孔不入地管理人民的日常生活。

在本書中，作者用三個章節剖析共產黨如何控制媒體與資訊、藝術與文化，以及箝制歷史書寫。在我離開中國前夕，羅旺．卡立克與我相約在我家附近的一個咖啡館有過一次長談。在我被中共當局嚴密監控的那段時間，他是我冒著巨大風險會見的幾位西方記者之一。他在書中記錄了我的幾個核心觀點：歷史的作用之一就是創建宗教，官方歷史學者則扮演如同西方主教一樣的角色；撐起中國這個謊言帝國的重要基石，則是被扭曲的歷史、以馬克思主義思想進行詮釋的歷史；只要共產黨繼續執政，黨的宣傳部仍握有權力，公開辯論就不可能在中國發生。

中國是全球變化最快的國家之一。有人說，在北京和上海的「中央商務區」，如果你闊別一年之後再來，可能就再也找不到原來的道路和建築了。這是中國與美國和歐洲相比最大的不同——紐約、倫敦和巴黎的鬧市區，即便以十年爲一個時間尺度，也不見得會發生多大的變化。但是，在中國又有一種東西「萬變不離其宗」，如本書所指出的那樣：「唯一不變的事物只有共黨本身。」共產黨的本質沒有變化，共產黨的控制方式也沿襲毛時代的經驗，只是變得更加精緻、更加巧妙。共產黨像一隻適應能力超強的恐龍，可以隨著外部環境的變化，而調整身體的顏色，這樣就不會在「物競天擇」中被淘汰。

我特別注意到，本書講述了三個有趣的故事：第一個故事是，作爲記者和知名博客作者的李勇（網名「十年砍柴」），原來供職於中央級的《法制日報》，剛剛進入職場時，幻想利用大報記者的身分扮演爲民請命的包青天。但他很快就發現，自己只能在報紙上發表一些歌功頌德的謊話，而無法爲那些受冤屈的訪民發聲。最後，他不願做這種違背良心的事，毅然從報社辭職。第二個故事是，更著名的電影導演賈樟柯，他的電影大部分都不能在院線公映，只能在西方電影節參展，甚至因此遭到廣電總局發布「封殺令」。但「賈樟柯似乎也能敏感察覺出何時該妥協」，當他得知維族流亡人士熱比婭也受邀參加墨爾本影展時，便批評該影展「政治意味愈來愈濃」，並宣布退出影展。第三個故事是，一個中國作家代表團前往澳洲雪梨參加研討會，作家莫言在開幕發言中形容這場會議是「貓熊和袋鼠」的對話，但他本人「連抽空脫隊去動物園親自看一眼眞袋鼠的自由都沒有」。這些作家只能在文化部和使館官員的帶領下集體活動，就連他們的英文譯者也忍不住嘆息說：「他們沒有機會見到眞正的澳洲。」這三個小故事生動地揭示了中國作家、藝術家和記者在控制與自我控制、檢查與自我檢查之間的尷尬與無奈。

共產黨以資本家爲妻，以孔夫子爲妾

當共產黨的基本教義派聲名狼藉之時，共產黨如何才能化腐朽爲神奇呢？

本書總結了共產黨「自救」的兩個祕方：以資本家爲妻，以孔夫子爲妾。

第一個祕方是「以資本家爲妻」，用共產黨的官話來說，即爲「發展就是硬道理」。

無疑，經濟上的資本主義化，有助於提高大部分民眾的生活水準。在這一過程中，「一部分人」更可以「先富起來」——這一部分人當然是權勢階層，他們早已將財富轉移到中國之外的地方。

羅旺．卡立克寫道：「共產黨不像台灣的國民黨，它沒有發展出一套退場機制。唯一稱得上有爲下台作準備的跡象，是那些權勢滔天的中共權貴家族所積聚的巨額財富——好似唯有如此他們才挺得過這樣的劇變……一部分國家資產落入私人手中，許多富有的黨內權貴家族，已在國外備妥棲身之所、接受教育，以及在合意的地點購置房產。」而《中國商業小紅書》的作者梅文詩指出，共產黨是中國最大的商業企業。不僅國有企業被共產黨牢牢掌控，即便是那些名義上的民營企業，也處於共產黨陰影的籠罩之下。

羅旺．卡立克訪問了科技巨頭華爲公司，發現在公司原本就不甚透明的結構背後有個共產黨委員會，「他們不會管理公司的日常營運，卻擁有否決公司重大決策的權力」。很多共產黨官員乾脆搖身一變成了資本家，並跟此前被共產黨視爲仇讎的國際資本稱兄道弟。最具象徵性的一幕是：江澤民訪問澳門時，居然與澳門賭王的四姨太同台高歌。

另一方面，共產黨嚴禁獨立工會的活動，每當有工人抗爭事件發生，不惜動用武警暴力和司法手段鎮壓之。比如，二〇一四年十一月十二日，港資番禺新生鞋廠的資方突然停產、撤資、搬廠，拒不給予工人補償，由此引發勞資糾紛。隨即，番禺警方強力介入，充當資方打手，抓捕維權工人，並以「破壞生產經營罪」刑拘維權工人葉仕彬。

律師隋牧青在微信中介紹說：「葉不認爲自己有違法犯罪行爲，不理解何以被抓。工廠已經停工，工人們只是要求離職補償及恢復生產，居然還能破壞生產經營？我告訴他，在這個國家，只要你不聽話，政府認定你犯罪和犯了什麼罪，都是很容易的事情。既然要維護個人權利、尊嚴，只能做好隨時被抓的準備。」一個仍然名爲共產黨的統治集團，居然以鎮壓工人的維權活動爲榮，歷史的吊詭、價值的錯亂，便是馬克思復活也會爲之瞠目結舌。

共產黨永保青春的第二個祕方是「以孔夫子爲妾」。僅有經濟發展還不夠，還需要「軟實力」和「精神文明」。既然馬列主義實在拿不出手，那就急病亂投醫，找來儒家文化妝點門面。

羅旺．卡立克指出：「一點儒家精神也許能軟化共黨的形象、提升號召力。治國方針於是從鄧小平的『致富光榮』轉向胡錦濤的『和諧社會』，而這個轉變呼應了儒家的人文精神，也催促菁英階級接受他們應當肩負的社會道德義務。」這本書完成的時候，習近平還沒有全面展現其治國思路，如果補充習近平上台以來引用的儒家言論就可以發現：習近平比胡錦濤更熱中於從傳統文化和傳統價值中淬鍊可供共產黨食用的「不老仙丹」。習近平也以人民稱呼他爲「習大大」爲榮，在儒家文化中，統治者就是百姓的父母，既然被統治者甘心樂意地將他當作父親大人，也就意味著他們完全接受他的統治。

無論習近平多麼躊躇滿志，他上台後的這些舉措並非眞心誠意的改革，如本書作者所論：「中國當代政治環境裡，改革之路通常風險高、利潤少，除非改革本身是既有體系存活的必要條件。」既然中國的經濟仍然在快速發展，既然國族主義和傳統復活可以暫時凝聚民心，這個黨及其領袖便不假思索地認爲，千年帝國都要由它來當家作主。

當歷史學家吉朋（Edward Gibbon）在書寫《羅馬帝國衰亡史》（*The History of The Decline and Fall of The Roman Empire*）的時候，他幾乎擁有一座私人圖書館作爲資料庫。我相信，當中國共產黨滅亡之後，人們研究其滅亡的原因，《我是世界最大黨：誰在統治及如何統治中國》必定會出現在參考書目當中。那麼，早點閱讀這本書，我們就能獲得「先見之明」。

阻擋民主如同「風中吐痰」

強納森・丁伯白《香港末代總督彭定康》

任何人嘗試阻擋民主發展，只會如「風中吐痰」（spiting in the wind）般白費氣力。

彭定康（Christopher Patten）

我的大學時代正是彭定康任末代港督的時代。北大每間學生宿舍都有一份《人民日報》——學生閱讀什麼報紙，學生沒有發言權，是由學校黨委指定「免費讀物」。那是我平生中僅有的一段「偶爾翻翻」《人民日報》的時期，而報紙更大的用途是，攢了幾個月，賣給收廢品的老伯，再到校門外的小攤換幾串羊肉串。跟蘇聯的《眞理報》和《消息報》被民眾嘲諷爲「《眞理報》無眞理，《消息報》無消息」一樣，《人民日報》跟「人民」毫無關係。

我對當時的《人民日報》唯一的印象是：有好幾個月，每天的重要版面都充滿了批判彭定康的文章。凡是漢語中找得到的惡毒詞語——「娼妓」、「強盜」、「毒蛇」、「凶手」——全都加諸於彭定康身上，彷彿世界上沒有比他更壞的人了。那時，我破天荒地認眞閱讀那些如同「九評」一樣的毛式雄文，卻怎麼也看不出彭定康有多壞。他所做的事情，不就是提升立法會在香港政治架構中的地位，修正立法會的選舉方式，使之更接近民主之眞義嗎？這難道不是北京承諾的「港人治港」嗎？多年以後，彭定康在回憶錄中幽默地回應說：「他們極富想像力地使用了漢語的豐富性來譴責我。很多抨擊大概都受了『殺雞儆猴』的啟發。但是，雞既沒有殺掉，也沒有被叉燒。」

二〇〇三年以來，我先後十多次訪問香港，發現最得香港民心的政治家，偏偏是中共最不喜歡的彭定康。原因何在？英國學者強納森．丁伯白（Jonathan Dimbleby）在《香港末代總督彭定康》（*The Last Governor*）一書中道破天機：「我們可以猜測歷史將會給彭定康什麼樣的評價，我情願相信歷史會證明他是站在正確的一邊。因爲他對個人自由的信念，未來香港的下一代甚至是中國的下一代，當他們回頭看這段彭定康爲自由奮鬥的歷史時，將會心懷感激。」

沒有民主守護的自由，宛如沒有衛兵的博物館

今天香港的年輕一代已經對彭定康心懷感激，一部分醒過來的中國年輕人也對彭定康有了新的認識。在一九九七年六月三十日的告別演講中，彭定康指出：「英國對香港的貢獻，是在這裡建立了一個完善的架構，這個架構包括法治精神、廉潔開明的政府、自由社會的價值觀、已具雛型的代議政制和民主社會制度。香港是一個華人社會，一個典型的華人社會，而又帶有英國特色。」換言之，香港的首要特徵，不是作爲人種意義上的「華人社會」，而是作爲制度意義上的「英國制度」。

《香港末代總督彭定康》這本傳記，集中描述彭定康在五年的港督任上，運籌帷幄地爲香港奠定民主體制的過程。本書主要根據彭定康的口述並採訪數百名香港各界人士而寫成，作者概括說，彭定康一直在進行一場於公於私都相當艱苦的戰鬥，以實現他爲香港的這個計畫：於公，和中共以及香港一群相當有權勢的少數人相對抗；於私，和倫敦一些具有影響力的政客、外交家和官員相抗衡。

與前幾任對推動民主興趣不大的港督不同，彭定康認爲，如果把一個未建立起民主機制的香港交到中共手中，香港原有的自由和法治必將喪失殆盡。但是，要引入民主體制，要克服多重障礙：中共當然不願眼睜睜地看著香港大步邁向民主化，香港的富豪們不願與平民百姓分享權力，倫敦的政客幻想著跟北京與虎謀皮，而香港普通百姓當時對民主的有無並無切

阻擋民主如同「風中吐痰」

膚之痛，即便少數傾向民主的活動家如李柱銘，也未能與彭定康達成良好的互動。在此困境下，無論是推動立法局的直選、終審法院終審權的確立以及人權法案的通過，彭定康都得四面作戰，宛如衝向風車的唐吉訶德，一個人戰鬥、一個人吶喊。

無論環境如何惡劣，彭定康始終堅信：「《中英聯合聲明》說的是關於在香港建立民主，是在台灣、南韓、日本實行的那種民主，也可以說就是我們在英國有的民主。那是當初中國所簽訂的——代議制政府的發展。」此種民主體制，應當有效保障公民的基本人權和自由。在彭定康任期內，香港的新聞自由已籠罩在北京的陰影之下。《明報》記者席揚在北京被捕，引發大面積的「寒蟬效應」，香港各大媒體的老闆紛紛向北京示好，若干批評北京的報導遭到內部封殺。彭定康決定奮起反擊，儘管勝算不大。一九九四年秋天，他推動在香港舉辦世界新聞自由討論會，並在公開演講中指出：「企業主、編輯和記者們必須要證明，他們也完全相信，一個開放社會的價值觀。」輿論對他的此一舉動給予正面評價：「這位總督將盡全力捍衛香港的新聞自由……現在在香港的我們比任何時候更急需新聞自由。」

對於彭定康在港督任內推動民主的努力，在他離開之後有越來越多香港人念茲在茲。當年，香港民主派前輩司徒華（Szeto Wah）送給彭定康一幅自己寫的書法字，把北京當局對彭定康的詛咒「千古罪人」，改動一個字成了具有深情意味的讚詞——「千古迷人」。而英國及西方世界對彭定康的政績亦多為正面評價。《金融時報》（*Financial Times*）評論說，彭定康顯示出英國建制之內，仍然有人關心香港人的意願，和敢於為港人跟北京爭辯，而他亦為香港日後的民主、自由與人權，立下量度基準。《觀察家報》（*The Observer*）則形容，彭定康是第一位現代港督，是具有遠見的民主人士。

紳士與流氓的艱苦談判

強納森・丁伯白在書中指出，彭定康需要在五年任期內完成三大使命：第一，根據中英聯合公報和香港基本法的相關規定，完成香港主權從英國到中國的平穩過渡；第二，使香港民眾對未來有所準備；第三，讓英國能從香港以尊嚴和光榮的姿態離開。面對中共政權的頑固和冷酷，彭定康未能百分之百地完成這三項環環相扣的任務。他不可能同時獲得站在這一邊的香港民眾、英國和西方社會以及站在另外一邊的中共政權和香港富豪的一致的掌聲。

本書作者評論說：「在大部分國家的眼中，彭定康都被視為一個遲來的西方重要原則和價值的捍衛者。……彭定康支持民主和人權的公開宣言，總是和一些行為結合在一起，這些行為包括他面對中共仍堅持一些基本原則，重新確證了一些英國原有的價值，和對香港過去責任和未來任務的關心。」

彭定康就任總督後不久，即赴北京與中國負責香港事務的高官魯平談判，結果這場漫長的會談不歡而散。彭定康認為，他的改革方案是為維持香港的穩定而設計；而魯平認為，像李柱銘這樣的「搗蛋分子」進入立法局，將會成為北京統治香港的威脅，因此彭定康的所作所為是對《中英聯合聲明》的破壞。魯平倨傲地步出釣魚台國賓館的會場，只簡短地知會他的客人，如果英國不遵守此前的協議，兩國之間就不必再談了。

此後，英國外相與中國外長錢其琛的會談也勞徒無功。錢其琛被西方認爲是中國領導層中較有理性的人士，但彭定康如此評價錢其琛說：「這個傢伙當他摘掉頭上的帽子之後，就開始露出其原形，就像是文革時那些難纏的傢伙一般。」那一刻，他大概想起了文革期間在毛澤東鼓動下焚燒英國駐北京代辦處的那些狂熱的紅衛兵。

經過幾個回合的交涉，彭定康悲哀地認識到，這是一場紳士與流氓的談判，不會有交集。如同當年英國特使馬戛爾尼（Lord George Macartney）與中國乾隆皇帝的會面——中國不能理解在近代化的世界格局中，自由貿易的重要性和必要性，而把焦點集中在番邦使節必須向皇帝下跪這一禮儀上。彭定康直率地指出：「我認爲中國實際上是不會改革，的確，你對中國的理解越多，你就發現他們越具有威脅性。」

敢於像彭定康這樣對中國說不的人並不多。因爲彭定康得罪了中國這個正在崛起的強權，很多依賴中國致富的香港富豪轉而反對他。很多抱有馬基雅維利（Machiavelli）式的世界觀的英國政客和名流也是如此：比如，兩任英國聖公會的坎特伯雷大主教（Archbishop of Canterbury）途經香港時，都避免與港督府接觸，以免觸怒中國政府。當然，他們在訪問中國時，不會批評中國當局迫害基督教家庭教會的惡劣行徑。而對彭定康來說，他對自己被某些權貴人士視爲不可接觸的「痲瘋病人」的身分安之若素。

多年以後，彭定康在自傳《非一般的外交官》（*Not Quite the Diplomat*）中，以他擔任港督期間與中國打交道的切身經歷，勸誡西方商人在中國投資時務必謹慎。他論及某些阿拉伯國家的話，可以原封不動地移用到中國身上：「獨裁政府不可能成爲好的經濟管理者，因爲這種政府會包庇腐敗、壓制提高經濟管理透明度的多元主義（比如輿論自由）。……當經濟困難，特別是在貧富懸殊的情況下，再加上對不同政見的壓制，就會釀成大麻煩。」

不可對邪惡的「自我殖民主義」袖手旁觀

英國作家奈保爾（V. S. Naipaul）在遊歷了非洲大陸後，針對歐洲殖民者離開之後墜入苦難深淵的非洲國家提出「自我殖民主義」的定義。也就是說，這些國家自己孕育出來的獨裁者和暴君，比此前的西方殖民者更加邪惡、更加暴虐。中國的情形不也是如此嗎？中國對回歸之後的香港的統治不也是如此嗎？

香港回歸之後，北京明目張膽地毀壞英國留下的制度遺產。董建華、曾蔭權和梁振英等三名香港特首，唯北京馬首是瞻，一蟹不如一蟹。雖然他們都是黃皮膚、黑眼睛的中國人，民調卻遠低於彭定康這個白皮膚、藍眼睛的洋人。董、曾、梁三人將討好北大人、保住官位，看得比維護香港民眾的基本權益更重要。董建華還未就任特首時，就公開表示要限制香港人遊行示威的權利，並恐嚇參加維園紀念「六四」晚會的市民，聲稱要「將天安門事件拋進歷史的灰燼之中」。可見，來自於本國本族權貴階層的「自我殖民主義」，更爲惡劣、野蠻與陰毒。

中共對香港的強硬政策逼出了香港的本土化思潮。在香港的年輕一代中，認同中國人這一身分的跌到不足兩成。很多喪失安全感的香港人憤怒地喊出「中國人滾回中國去」、並打出港英米字旗。曾任新華社香港分社社長的中共高官陳佐洱表示，他對此「深感痛心」。但陳佐洱及其主子習近平始終不願傾聽港人的心聲：對很多八〇後的香港年輕人來說，香港就是家，香港的歷史就是他們的歷史。香港藝術家榮念曾認為，香港文化意味著批判性思維、獨立、思想和行動的自由。香港政治家吳靄儀指出，香港代表著機會、包容、寬容、開放。而提倡「香港城邦論」的學者陳雲則強調說，香港一直就是一個城邦，它過去就與中國其他城市不同，未來也將永遠如此。「香港在中國歷史中沒有根，香港的根在歐洲。」

彭定康沒有忘記香港。二〇一四年十一月，彭定康在英國國會舉行的香港問題聽證會上表示，中國人大常委會替香港行政長官選舉設下框架，違反香港基本法第四十五條中「先按民主程序提名後普選」的條文。他直言不諱地批評英國，迄今沒有為港人發聲，「令我驚訝的是，英國外交部沒有召見中國大使，告訴他這是中英聯合聲明，而不是中國的聲明。」彭定康在《金融時報》發表的一篇文章中，提到一個具有諷刺意義的細節：一九九七年離港前，他曾探訪一間精神病院，一名病人問他說，為何一個號稱是世上最古老民主的國家，沒有徵詢市民意見，就將香港交給另一個專制體制的國家？當時，他的助理說，很奇怪，一條最清醒的問題，竟然來自一位精神病人。

日前，在牛津大學的一個論壇上，彭定康親自打起黃雨傘表達對港人佔中運動的支持，而港人則親切地回應說：「肥彭才是香港的眞朋友。」是的，香港問題不是中國的內政，全世界都有責任幫助香港人爭取民主和自由。在這歷史的十字路口，我們更需要檢視彭定康留給香港的遺產，並傾聽彭定康清晰而尖銳的聲音。

這座流人血的城沒有平安

賈斯柏・貝克《天安之城：北京的帝國渴望和現代惡夢》

你的衣襟上有無辜窮人的血。

聖經〈耶利米書〉二章34節

二〇一二年，在華盛頓舉辦的一次關於中國大饑荒問題的國際學術會議上，我遇到學者和記者賈斯柏・貝克（Jasper Becker），對他研究大饑荒的開拓性著作《餓鬼：中國的祕密饑荒》（*Hungry Ghosts: China's Secret Famine*）表達了敬意。他擔任駐北京記者長達十八年之久，矢志不渝地採寫有關中國的新聞報導。他在北京居住的時間與我一樣長，作爲「老外」的他對北京的觀察、研究以及熱愛，遠遠勝過作爲中國人的我。賈斯柏・貝克以無與倫比的激情和熱忱，深入北京的大街小巷，捕捉在急遽現代化的進程中，這座古老城市的陣痛與苦澀、輝煌與陰影，於是有了《天安之城》（*City of Heavenly Tranquility*）這本書。

《天安之城》的副題是「北京的帝國渴望和現代惡夢」，這個副題清晰地展示出作者的批判意識。作者對逝去的北京、歷史中的北京有著充滿溫情的想像（我並不完全認同這種西方人對古老中國過於正面的印象），也正是在新與舊、快與慢、冷與暖的對照中，半個多世紀以來共產黨政權對北京乃至整個中國的改造、戕害、摧殘，一一暴露無遺。霧霾下的北京、風沙撲面的北京、交通堵塞的北京、寸土寸金的北京，是一座被犧牲者的鮮血浸透的城市。這座以天安門爲標誌的城市，在儒家文化倫理中被賦予「天安」價值的城市，有平安嗎？有和諧嗎？有寧靜而美好的未來嗎？

老舍的北京與老毛的北京不一樣

毋庸置疑，現實中存在著兩個互相對立的北京，如果用人物冠名，即毛澤東的北京和老舍的北京。

晚近半個多世紀以來，給北京乃至中國留下最深刻烙印的人，無疑是毛澤東。不管你喜不喜歡，這是一個鐵的事實。當初，毛爲什麼要定都北京呢？毛自比明朝開國皇帝朱元璋，毛選擇住進中南海時如是說：「皇帝住在中南海，爲什麼我就不能？」

共產黨宣揚說，「和平解放」北京時，北京人歡呼雀躍。實際上，大部分北京人只是疑惑而屈辱地接受這個新的主人，正如賈斯柏．貝克描述的那樣：「共產黨宣布北京在革命中獲得了解放，但是事實上，北京城是被裝備精良的機械化軍隊所征服。從某種程度上說，這也是一次外來入侵，因爲如果沒有史達林的支持，共產黨軍隊不可能成功。」此前，蒙古人來過、滿洲人來過、日本人也來過，無論征服者是誰，普通人的日子還得掙扎著過下去。

蒙古人、滿洲人和日本人對北京的統治，無論時間長或短，大致是「無爲而治」。統治中國長達兩百多年的清王朝，爲北京留下滿族風味的飲食、旗袍和北京話中更多的兒化音節。共產黨的統治卻是硬邦邦、一竿子戳到底、不由分說和必須服從的。毛澤東在晚年哀嘆說，他改變的只是中南海外邊的幾條街道。如果說毛對中國的改變不如波布（Pol Pot）對柬埔寨的改變那麼徹底，確實是事實。但是，北京被毛改變了很大一部分，且不說可以看見的被拆毀的城牆，更大的改變是人內在的生活方式和精神世界。

毛式極權主義比傳統的專制王朝更可怕的地方在於，它如此深入地佔領民眾的日常生活、如此全面地改變人的語言方式和思維方式，它是一種「全能式」的、無所不在的專制。賈斯柏．貝克評論說：「共產黨比蒙古人和滿族人更殘暴。蒙古人和滿族人尚能寬容其屬民的風俗和信仰，共產黨卻肆無忌憚地處處干預和改變民眾的生活。他們將懶惰的市民訓練成半軍事化的勞動力，用政治集會佔據了人們絕大部分空間時間。」沒有哪座城市比作爲首都的北京更加「共產黨化」、更能體現共產黨統治的本質。

而被毛澤東壓制、摧殘和毀滅的北京，就是老舍的北京。老舍是地地道道的滿族人和北京人，沒有哪個作家對老北京的描述，比老舍有更多的深情與溫馨。老舍的《茶館》、《駱駝祥子》、《四世同堂》之於北京，宛如狄更斯（Charles Dickens）的《孤雛淚》（*Oliver Twist*）、《塊肉餘生記》（*David Copperfield*）之於倫敦，以及雨果（Victor Hugo）的《悲慘世界》（*Les Misérables*）、《鐘樓怪人》（*Notre-Dame de Paris*）之於巴黎。老舍說：「它污濁，它美麗，它衰老，它活潑，它雜亂，它安閒，它可愛，它是偉大的夏初的北平。……它不管死亡，不管禍患，不管困苦，到時候它就施展它的力量，把百萬的人心都催眠過去，作夢似地唱著它的讚美詩。」那一顆愛北京的心，溢於言表。

中共建政之後，老舍違心地修改舊作，並創作《龍鬚溝》之類的應景作品讚美新政權。老舍熬過了反右運動，卻無法平安地度過文革。在受盡精神羞辱和肉體折磨後，老舍悲慘地死於太平湖。官方宣布死因是自殺，但作爲基督徒的老舍大約不會自殺。老舍之死至今是疑案，賈斯柏·貝克尋訪了諸多檔案館，仍未找到答案。後來，他與老舍的兒子舒乙相逢於華美舒適的中國現代文學館，在那裡老舍享有尊貴的地位，有專門的展廳展示其手稿和著述。他知道舒乙曾爲北京搖搖欲墜的老房子而大聲疾呼，但他大概不知道當年正是舒乙將傷痕累累的父親拒之於門外。這是西方人難以理解的中國生存環境的殘酷與中國人人性的複雜。

重讀老舍的作品，人們將發現老舍最偉大的貢獻，是用文字保存了雖不完美卻生機勃勃的老北京。這個老北京毀於毛澤東的暴政，毀於二十世紀九十年代以來高歌猛進的城市現代化運動。老舍是毛澤東鐵拳下脆弱的犧牲品，但老舍的作品仍在對後人說話。永存於其小說和戲劇中的老舍與毛主席紀念堂中的那具僵屍，繼續爭奪規畫未來北京的話語權。

拆遷、奧運以及記憶的湮滅

《天安之城》有一個內在的敘述脈絡，即當代北京翻天覆地式的拆遷歷程。晚近二十年的北京，若只用一個關鍵字形容，就是「拆」——在這裡，處處可見黑色圓圈包裹的碩大的「拆」字。賈斯柏．貝克將北京拆遷的祕密和盤托出，英國《經濟學人》（*The Economist*）雜誌評論說：「賈斯柏．貝克披露了爲拆遷而狂歡的犬儒主義。長期以來，北京被稱爲亞洲的聖城羅馬。這裡曾有兩千五百多處宗教遺跡，現在卻只剩下十處廟宇作爲旅遊點。中共通過摧毀豐富多彩的社會文化習俗，已經在摧毀著北京的社會結構，也在壓制著對權威和強權的抵抗。」本書探索了共產黨毀壞老北京的背後動機，爲審視中國歷史提供了一個更全面的視角。

首先，拆遷的動力來自於天文數字般的地產利益。北京政府最大的財政收入，既非工業，亦非旅遊業，而是政府賣土地。北京集中了數量最龐大的富豪群體，富豪的發跡史，幾乎都與土地有關，都與掠奪「在地人」的土地和房產有關。罄竹難書的野蠻拆遷個案足以證明，從來沒有哪個政權像共產黨政權，如此蔑視民眾的私有財產權利。無論多麼具有歷史價值的紀念建築，都不能抵擋轟轟作響的推土機；即便你世世代代「生於斯、長於斯」，亦有可能一夜之間被掃地出門。房地產是一個點石成金的行業，每個房地產開發商背後都矗立著隱祕而權力無邊的太子黨集團。

其次，北京的大規模拆遷是爲了迎接奧運，爲了塑造「大國崛起」的面子。奧運是中共的頭等大事，只要是爲奧運而展開的拆遷，便可橫掃一切。在中國，體育從來不是體育，體育就是政治；奧運更不是奧運，奧運是民族主義的亢奮劑，是「專制就是好」理念的說明書，是洗刷近代以來「東亞病夫」蔑稱的最佳時刻。北京奧運是納粹的柏林奧運的翻版，而未能重演漢城奧運爲民主轉型助一臂之力的傳奇。

再次，作者有一個獨特的洞見：拆遷有著更爲隱祕的政治意圖。「拆毀了老北京和逐出居民，可以看成是對民眾敢於造反的集體懲罰。」他將拆遷與「六四」的恐怖記憶聯繫起來。一九八九年春夏之交，鄧小平下令軍隊向學生和市民開槍，解放軍成爲中國現代史上唯一向北京發動全面軍事攻擊的軍隊，「如同劃破夜空的閃電一樣，這次襲擊瞬間暴露了共產黨緊緊掌握北京的眞正本質。人們忽然明白了這座城市在多大程度上屬於祕密警察和軍隊。人們開始注意到那些帶著刺刀長槍的士兵站崗、既沒有牌子也沒有名稱的大院；專供黨和安全部隊使用的商店、醫院和公寓；通向隧道和地堡系統的僞裝入口；中央電視台的攝影機，還有監視民眾的告密者隊伍。」自以爲是「國家的主人」的人民，迎面而來的是被凌虐和被屠殺的命運。奴隸主和奴隸之間的遊戲規則早已確立，不得更改。

此後，「六四」成爲一個禁忌的話題。從九十年代中期開始，北京城裡三百萬以上的原住戶被逐出市區，分散在北京周圍的衛星城鎮。「在重建北京的時候，推土機同時摧毀了人們對過去示威者物質上的記憶，例如西單民主牆；另有民主牆活動家被監禁的監獄；還有所有與文革有關的地方；再有與民國政府有關的建築。」消除民眾的記憶，是共產黨政權維持其統治合法性的必要步驟。老舍死去的太平湖早已被填平，天安門廣場和長安街上的血跡早已被洗去。在一棟棟的摩天大樓之下，連青草都長不出來，又怎能尋覓到螞蟻與白骨的蹤跡？

尋找那些在時代潮流之外的北京人

《天安之城》是關於消逝的老北京的輓歌，也是對毀滅者和劊子手的控訴。作者既是寫城市，也是寫城市中的人。不過，作者很少描述控制北京權力中樞的高官顯貴，卻將目光瞄準在時代潮流之外的特立獨行的人們。他們和老北京一樣，是被遺忘、被丟棄、被扭曲的古董，但他們的生命故事，如同《世說新語》般雋永，如同明清筆記小說般曲折，無論是悲劇還是喜劇，無論是高貴還是滑稽，都如此地打動人心。

這些人物和故事，通常不會出現在嚴肅的官方媒體上：比如，最後一個清宮老太監孫耀庭，在其去世前夕，作者來到一座頹敗的古廟裡與之會面。孫耀庭因其特殊身分，在一九四九年之後受盡折磨，年輕時在皇宮中的那段生活反倒成了一生中最美好的回憶——一九二四年隨同主人一起被軍閥馮玉祥趕出宮之後，孫耀庭晚年只回過一次紫禁城，「屋猶如此，情何以堪」。比如，八十五歲的溥任，是末代皇帝溥儀的胞弟，愛新覺羅家族現存最年長的成員，如果清王朝沒有傾覆的話，他有可能是皇位繼承人和紫禁城的主人。溥任的後半生都在北京郊區的一所小學任教，說話像是上課一樣，有板有眼、斟詞酌句。比如，被譽爲「京城最後一個玩家」的學者王世襄，讓那些被湮沒的明清家具發揚光大、享譽世界，然而，對日後文物的流失與假貨的氾濫，他痛心疾首而無能為力。

北京還有一股不容忽視的潛流。如果說摩天大廈和高速公路代表著北京對科學技術的標榜，那麼隱藏在民間日常生活中的氣功、特異功能、古已有之的和新興的民間宗教，則顯示了北京與歷史傳統之間割不斷的聯繫。賈斯柏．貝克活靈活現地描寫了與所謂「氣功大師」張寶勝的一次會面，為之穿針引線的是作為張寶勝弟子的解放軍高級將領的女兒。會面之後，作者的感受是：「張寶勝不過是個拙劣的騙子，問題是人們情願上他的當，就連忠順的馬克思主義者都不能倖免。」

無論是張寶勝還是李洪志，都不能指引中國的未來。不過，賈斯柏．貝克提醒說：「與宏偉莊嚴的建築相抗衡的，是掩藏在樓群和購物中心背後非理性信念的一股股暗流。不論北京看上去多麼現代化，這些潛在的、具有毀滅性的勢力隨時都有可能爆發，從而顛覆中國現代化的進程。」如果說「五四」運動是一場啟蒙運動，那麼這座城市和這個國家的啟蒙仍未完成。

這是一座罪惡之城，井怎樣湧出水來，這城也照樣湧出惡來。從殺人的義和團到殺人的解放軍，殺人的工具由刀劍進化為坦克和機槍，但屠殺的本質一以貫之。北京，這座殺人流血的城，如今還剩下幾個義人呢？北京，這座殺人流血的城，何時才能悔改與轉向？

你不是我的岸，我不是你的島

李志德《無岸的旅途：陷在時代困局中的兩岸報導》

現在的世界已經進入了人權高於主權的時代，台灣也已經成爲世界主流文明中的合格成員，台灣民衆終於享有了不受任何強權強制的自由。在此情況下，對台灣民衆如何選擇兩岸關係，台灣政府不能實施強制，其他政權更不能！

劉曉波

被王丹譽爲「一個眞正的知中派記者」的李志德以《無岸的旅途》作爲「陷在時代困局中的兩岸報導」的新書的書名，其象徵意義呼之欲出。套用中國異議知識分子王力雄寫新疆的著作《你的西域，我的東土》的表述方式，李志德的心裡話是：「你不是我的岸，我不是你的島。」他長期採訪中國議題，親歷兩岸四地十多年來的滔滔變局，更重要的是，他始終堅持將民主、自由、人權作爲最高價值。故而，其分析鞭辟入裡，其透視撥雲見日，在善與惡、眞與假之間褒貶分明、毫不含糊，既有記者「以報導眞相爲天職」的職業操守，又有史家秉筆直書、臨山崩而不變色的勇氣，更有思想家高屋建瓴的理論高度和穿透力。如果把《無岸的旅途》與另一本同樣主題的著作、台灣報導兩岸議題的資深記者王銘義的《光華路甲9號》放在一起比較，便高下立現——後者爲尊者諱、爲惡者隱，在關鍵處，往往猶抱琵琶半遮面，不能點破那層窗戶紙；由於缺乏固定的價值堅守，對諸多議題和人物的判斷似是而非，比如對薄熙來及重慶模式的盛讚，在薄熙來垮台之後成了抹之不去的笑柄。

有時，一本好書的標誌就是提出一個新概念、新語彙。比如中國歷史學者吳思提出的「潛規則」，洪振快提出的「亞財政」，以及台灣學者吳介民提出的「跨海政商集團」，無不切中肯綮，並迅速膾炙人口。而李志德在《無岸的旅途》中提出的「祭司集團」的概念，堪稱「跨海政商集團」的升級版。如作者所說，所謂兩岸「祭司集團」指的是聚攏在海基、海協兩會、「國共平台」或其他藍軍大老的四周，奉「汪辜巨靈」爲宗主，言必稱「九二共識」、「兩岸一家」，實則分食兩岸經濟利益的政商集團。他們將「國事」轉化爲某個由親人、朋友和政黨集團的「私人事務」，從中把持和吞併相當一部分「和平紅利」。這個概念更精確地描述出該集團成員的心理及價值底蘊。比如，那場陳雲林和連戰、吳伯雄的「老朋友」的飯局，居然役使上千名警力爲他們戒備、開道，甚至流血，卻覺得理所當然、毫無愧色。這種「高人一等」的自我感覺，也是「祭司集團」成員很突出的心理特徵。

「祭司集團」是如何打造「九二共識」的？

這本書最精彩的部分，是抽絲剝繭地梳理了「祭司集團」打造「九二共識」這個彌天大謊的過程。

曾幾何時，「九二共識」成為兩岸關係中的一道「緊箍咒」。用李志德的說法就是：「海峽兩岸不同政治制度和不同價值觀所帶來的爭議，都隨著『九二共識』的確立而擱置。如果有人堅持要再提出這些分歧之處，就是『不識時務』，就是『看不到兩岸和平歷史潮流』的『麻煩製造者』。」

在台北市長的選戰中，柯文哲表示，他長期以來對「九二共識」最大的疑慮是「到底內容是什麼？」話音剛落，中國國台辦發言人馬曉光立即在記者會上作出回應——「九二共識」的核心是，海峽兩岸各自以口頭方式表示堅持「一個中國」的原則。

但是，台灣前總統李登輝否定了「九二共識」的存在。李登輝指出，九十年代初，中國拋出的題目是「台灣是中國的一省」，但當時他執行台灣省政府功能業務與組織調整，也就是俗稱的「凍省」，並主張「台灣與中國是國與國關係」。所以，前國家安全會議祕書長蘇起發明的「九二共識」這個名詞，當時並不被中國承認。而現在中國主張的「九二共識」，是指「一個中國、台灣是中國的一省」，這是台灣人民不能接受的。

所有的爭議都要還原到當時的歷史場景中才會有眞相。參與會談的汪辜二人都已過世，但李志德還原了辜振甫一九九八年的中國之行，辜在與中共領導人江澤民會談時，直言不諱地指出，兩岸關係的障礙是「大陸當局否定中華民國的存在」。江澤民回應說，自己也是「民國時代」的過來人，當場唱起「三民主義，吾黨所宗」，還意猶未盡地背誦《國父遺囑》。媒體多聚焦於江澤民「人來瘋」的性格，李志德關注的卻是辜振甫「捍衛國家尊嚴的勇氣和不卑不亢的風度」，這種勇氣和風度成了絕響。

辜振甫生前並不認同「九二共識」這個詞彙，他指出：「兩岸對九二年香港會談有不同的解讀，與其用『共識』，不若用『互相諒解』或『承諾』、『附和』更能貼近事實。」這段話卻少有人提及。可見，被國共兩黨推崇的辜振甫，並非眞實的辜振甫，而是被國共兩黨共同閹割、扭曲的辜振甫。

二〇〇八年之後，國民黨口中的「九二共識」，包括堅持「一個中國原則」和「對一個中國意義各自表述」兩部分。但中共只取「一中原則」而迴避「各自表述」，二〇一〇年前後，更是用「一中框架」的說法，收緊了台灣「各自表述」現狀的可能性。這就是「九二共識」最爲荒謬的地方：兩岸對這個名詞的內涵的理解完全不同，那麼又何來「共識」之有？

買下台灣，先買下台灣媒體

李志德長期在媒體任職，親身經歷了台灣媒體沉淪的過程。在台灣社會內部，媒體喪失了在白色恐怖時代都還能保有的爲自由抗爭的精神和監督當權者的立場，淪爲經濟和強權的奴隸。很多媒體不能提供有益的資訊、不能促進公民社會的成長、不能讓人民變得更加聰明，反而加速社會的空洞化、無聊化和庸俗化，以「小確信」作爲麻醉民眾的精神鴉片。所以，媒體對台灣民主的倒退和威權的回潮負有不可推卸之責任。

在對外方面，隨著中國以巨資投入外宣和國際統戰領域，台灣媒體首當其衝成爲第一批受害者。中共以宣傳起家，深知這個沒有硝煙的戰場的重要性，在當前的情勢之下，打下台灣，不如買下台灣；買下台灣，則要先買下台灣媒體。對此，李志德分析說，二〇〇九年以來的「商業模式」，「買方」是中國各省市政府，緊緊抓住中共中央發展兩岸關係的政策，由省委書記領軍，藉著探親、採購等各種名目，力求在兩岸關係取得成績。想被外界看到成績，就要靠媒體報導。怎麼保證媒體一定、且以夠大的篇幅報導？中共宣傳部當然不可能對台灣媒體直接下令要求。花錢買，就成了理所當然的選擇。「賣方」則是一部分台灣主流媒體、電視台和報社。

李志德舉出的例子之一是大名鼎鼎的旺旺中時集團，我稱之爲「《人民日報》之台灣版」。有了旺中集團的媒體，共產黨的黨營媒體不必親臨台灣，就能事半功倍、如願以償。旺中集團在北京成立文化傳媒公司，從事「兩岸文化及經濟交流」，「兩岸城市營銷」等業務。甚至針對中共省市長的訪台團行程，向各省市宣傳部接洽，提供整套宣傳方案。除了在自己所屬的傳媒刊出報導，還把宣傳計畫「發包」給台灣其它媒體，明碼實價地約定好刊登日期、見報字數、篇幅和價格。

於是，這一套由台灣媒體經營者和中國官方共同打造的「商業模式」，徹底改變了在中國工作的台灣記者和採訪對象的關係。記者失去了與採訪對象平起平坐的自信和膽量。看在一部分媒體老闆眼裡，崛起的中國商機無限。更有出手買下媒體的大老闆，決定讓記者從「扒糞」轉去「淘金」。

李志德採訪到患癌症去世前的劉正慶，這位前《中國時報》駐西安記者，在死亡的陰影下，將自己那幾年的工作眞相一一道來——他不是「無冕之王」的記者，而是卑躬屈膝的廣告員。有多少駐中國的台灣記者與之有相同或相似的命運呢？而中共對台灣媒體的掌控度，甚至讓國民黨亦望塵莫及。很多台灣媒體敢罵國民黨和馬英九，卻不敢罵共產黨和習近平。在世界歷史上，從來沒有這種奇特的現象：一個國家將兩千枚導彈對準另一個國家，這個國家同時還能深切地影響和控制另一個國家的媒體、文化和教育領域。那麼，後者的所謂「獨立」，豈不成了空中樓閣？

華人世界的「盜火者」如何結盟？

美國電影《復仇者聯盟》（*The Avengers*）是「超級英雄」的大雜燴，同時也是世界電影史上票房收入第三高的電影。異想天開的編劇和導演，將不同時期出現在美國電影史上的英雄人物壓縮在一部電影裡，讓他們聯袂並肩，共同對抗邪惡勢力。張飛打岳飛，打得漫天飛，煞是好看。

這個名字引發了我的聯想。面對吳介民所謂的「跨海政商集團」或李志德所謂的「祭司集團」，本來就很弱小而且分散的反抗者們，非常容易被分而治之、各個擊破。那麼，反抗者有沒有可能結成廣泛的聯盟呢？李志德將反抗者們命名爲「盜火者」，跟那些單單將目光瞄準檯面上指點江山的掌權者的記者不一樣，他用很大的篇幅描寫那群如同壓傷的蘆葦的盜火者的故事。從台灣的太陽花學運，到香港的佔領中環運動，再到中國的《零八憲章》運動；從知識分子、人權律師，到訴求各異的社運團體，再到青澀而堅決的大學生和中學生，可以說，整個華人世界的「盜火者」們，一一在這本書中走馬燈式地閃亮登場。作爲記者，他起到了穿針引線的作用。

在本書中，李志德專門用題爲《北京玉淵潭南路九號院》的章節，描寫劉曉波和他的同行者們的故事。這個地名，讓我憤怒和憂傷。這個地名，是劉曉波尚未入住的家，是他妻子劉霞被軟禁的地方。這個地方，我曾經去過，被阻攔在外，如今更是遠在千山萬水之外。很少有台灣記者聚焦於此處，而李志德是最關注劉曉波案的台灣記者之一。

他考察了劉曉波有關台灣議題的論述後發現，儘管劉曉波沒有到過台灣，但「劉曉波對兩岸關係的主張，不論就其視野之廣、體系之完整以及體現進步價值的超前程度，即使擺在中國維權或民運人士中都是極爲罕見的。不少中國民運人士即使反對共產黨的極權統治，但仍然毫無抵抗地服膺在國族主義的『大一統』思想之下。」由此，他概括出劉曉波的理想與台灣人的理想的交集——爲思想主張而入獄的劉曉波，至少有一部分牢也是替台灣人坐的。那麼，如果中國、香港、澳門以及海外的民主人士，與台灣的公民社會彼此呼應和聲援，必定能夠形成一股更大的抵抗力量。既然喪鐘爲每一個人而鳴，凱歌也當爲每一個人高奏，因爲大家共同的理想是一個自由的世界。

那麼，如何達成「盜火者聯盟」的建立呢？李志德的這本書本身就是一道橋樑：對台灣讀者而言，可以從這本書的「彼岸」部分，了解到在被中共收買和收編的台灣主流媒體上看不到的中國的眞相，尤其是將在未來主導中國歷史進程的反抗者們的故事；對中國讀者而言，可以從這本書的「此岸」部分，了解台灣當下眞實的民心向背，以避免出現太陽花學運興起之時，若干中國公知站在國民黨當權派一邊、辱罵學生和公民團體的荒腔走板的言論。我與李志德一樣，深信未來的自由中國和自由台灣，雖然「我是我，你是你」，卻可以成爲彼此吸引和扶持的好兄弟。

自己的香港自己救

戴耀廷等《公民抗命與佔領中環》

你看這「佔中新世代」，額角帶著血絲從容微笑華麗登場！

練乙錚

習近平上台之後，北京對付香港的策略，由過去的「溫水煮青蛙」變成「滾水煮青蛙」。在「溫水煮青蛙」時代，北京當局理不直氣不壯、名不正言不順，多少有些顧忌國際社會的觀瞻以及港人的切身感受，相繼推出作爲代理人的資本家（董建華）和公務員（曾蔭權）來治理香港，自己躲藏在幕後發號施令；而到了「滾水煮青蛙」時代，北京當局荷包鼓鼓、昂首挺胸，恰逢習近平這個「渾不吝」的「猛人」，便採取霸王硬上弓的方式，赤裸裸地推出黨人（梁振英）來治理香港，他們認爲，香港已是囊中之物，港人敢不乖乖就範？然而，既然是「滾水煮青蛙」，青蛙必定要拚命求生。一向政治冷感的港人，一旦發現自由流失、法治惡化、民主遙遙無期，便不再「事不關己，高高掛起」，遂走上街頭、發出吶喊、激烈抗爭。

於是，「佔領中環」運動應運而生。「佔領中環」堪稱「置之死地而後生」之舉，宛如一石激起千層浪，成爲香港民主運動的新亮點。方興未艾的佔領「中環運動」，與中國的「零八憲章運動」、「新公民運動」等交相輝映，一同標誌著中國的民主轉型「箭在弦上、不得不發」，非任何政黨、既得利益集團以及強勢領袖的力量所能阻擋。即便中共每年消耗高達七千億人民幣的維穩經費，以及駐港解放軍荷槍實彈的演習，卻不能讓中港民眾繼續低眉順首、忍氣吞聲地「活著」了。誰能再度催眠覺醒的公民呢？

「佔領中環」提升了香港泛民陣營近年來萎靡不振的士氣，它不僅是一個絕佳的創意，更是一場影響深遠的精神復興。「佔領中環」是非暴力抗爭、是公民抗命，且以「愛與和平」爲標識，其深厚的基督信仰背景不容忽視。《公民抗命與佔領中環》一書，正是在此維度上展開了「香港基督徒的信仰省思」——在這一場公義之戰當中，基督徒不僅沒有缺席，而且站在了最前線。

公義與慈愛彼此相親：「佔中三子」的信仰背景

在三位「佔中」倡議者中，有兩位是基督徒，其中一位是牧師。最年長的朱耀明牧師被譽爲「新教裡的陳日君樞機」，從一九八九年與司徒華等組建支聯會，發起「黃雀行動」救助被北京追捕的學生領袖和知識分子，此後長達四分之一世紀，一直矢志不渝地爲公義而吶喊。戴耀廷教授也是一位虔誠的基督徒，不僅委身教會，而且熱心傳福音。另一位陳健民教授雖然還不是基督徒，卻謙卑地從基督信仰中汲取精神力量。

二〇一四年一月十七日，陳健民受邀到中大崇基學院的周會上演講。幾年前，我也曾受邀在此周會上演講，周會在崇基禮拜堂舉行，如同一個簡化版的基督教崇拜儀式，在講台的後方有一個大大的十字架。在問答環節，有一名自稱已畢業數年的校友，提出了一個刁難的問題：「如果這刻解放軍來捉你，幾十支步槍指著你，生命只餘下一分鐘，你最後的遺言是什麼？」

當時，現場的同學們有點嚇呆了，沒想到有人問得這麼尖銳。結果，陳健民教授堅定地回答他：「我會『回頭』，望向這十字架。」然後是全場鼓掌，掌聲長久不散。

這就是基督信仰的本質：爲了愛、和平與公義而寧願捨己，如同被釘在十字架上的耶穌一樣。參與「佔中」，有可能違反現行法律、被捕下監、失去教職——對於戴、陳兩位而言，教職既是「傳道、授業、解惑」的講台，也意味著優越的薪水和社會地位——眾所周知，香港的大學教授的待遇在全球是最好的。

戴耀廷是一位法學家，與新教改革先驅加爾文（John Calvin）一樣，融匯了法學與神學，尋覓到一個接近聖經眞理的管道。他指出，聖經中多處強調公義的價值，既然上帝是一位喜愛公義的上帝，也就要求信徒去行公義。那麼，基督徒如何行公義呢？「當法律本身是不公義的，基督徒也當去推動改變這些法律。若制度是不公義的，那麼基督徒就可能參與推動制度的改革。」

朱耀明牧師長期擔任柴灣浸信會的牧師，並兼任香港民主發展網路主席、香港市民支援愛國民主運動聯合會常委等社會職務。他對聖經有著精深的研究，他認爲摩西和但以理就是聖經中公民抗命的典型。他強調說，今天香港的政治已經走到懸崖上，自己雖已退休，仍然要站出來，充當「拿起棍子敲響警鐘」的角色，希望市民停下來檢視這個社會的現狀，這也正是聖經中教導的「行公義，好憐憫，存謙卑的心，與你的神同行」。

陳健民則在一次訪談中指出，整個佔中運動與基督精神很接近：「馬丁・路德・金恩爭取平權的『不合作運動』是受到基督精神的啟發，以這種方式去抗爭，有復和的意義，整個運動要自我受苦，被捕、被打，自我犧牲而再轉化復和。如果以革命這樣以暴易暴的方式，整個社會非常分裂；但如果以這種方式，社會很容易復和。」

由此可見，考察「佔中三子」的智慧與力量的源頭，就來自於聖經眞理。這樣的眞理曾帶領潘霍華（Dietrich Bonhoeffer）、馬丁・路德・金恩、曼德拉、屠圖主教（Archbishop Desmond Tutu）、索忍尼辛（Aleksandr Solzhenitsyn）等反抗暴政、擁抱自由；這樣的眞理同樣帶領著朱耀明、戴耀廷、陳健民以及更多的香港人如精衛填海、愚公移山般對抗中共的強權與謊言。

「佔中」是一塊無從躲避的試金石

「九七」以來，尤其是最近幾年，北京的「強國」氣焰越發囂張之後，香港社會陷入巨大的分裂之中：建制派與民主派、「在地」港人與負有特殊使命的新移民，形成了難以調和的矛盾衝突。而這些矛盾衝突的始作俑者，正是北京當局。他們希望香港社會越亂越好，亂了才能火中取栗。

在分裂的香港社會之中，也有分裂的香港教會。總體而言，香港教會偏向於維持既有的社會結構，避免批評社會不公，至多涉及同性戀、性交易、毒品等道德倫理議題，有著鮮明的中產階級社群因循守舊的特質。

幾次小圈子選舉，「代表」教會界投票的人士，全都投票給北京當局和香港權貴階層認可的候選人。面對越來越強勢的北京，香港教會片面強調「順服掌權者」，即便與內地教會互動時，也多半與官方「三自會」系統合作，而不願聲援受逼迫的家庭教會。做得稍好的，最多是兩邊都來往、力求平衡而已。像天主教的陳日君樞機和新教中的朱耀明牧師這樣的神職人員，像司徒華、戴耀廷這樣的平信徒，在教會中是少數派。

習近平上台後，以強勢作風引發了港人的新型公民運動和社會運動。外面依然驚濤拍岸，一向遺世獨立的教會在慢慢覺醒。長期主導香港社會的所謂「中環價值」，即政商勾結、壟斷地產而造成的虛假繁榮，再有中共黑手介入，是撕裂香港社會的元凶，是阻撓香港走向自由、民主、法治的攔路石。如何對抗、替換「中環價值」，締造一個充滿愛、和平與公義的香港，理應成爲香港教會的文化使命。

在《公民抗命與佔領中環》一書中，收錄了多位牧師、神學院教師、基督徒公共知識分子支持「佔領中環」運動的文章。比如，香港最具鋒芒的基督教媒體《時代論壇》的總編輯羅民威指出，公民抗命爲的是爭取「以法達義」的更高層次的法治精神，教會群體應當比一般人更能理解公民抗命；曾任基督教協進會總幹事、基督徒學會創會總幹事的郭乃弘牧師指出，教會應當爲「佔中」運動說句公道話，牧者和信徒應當走出懼怕和沉默的狀況而願意出聲，甚至成爲「佔中」義無反顧核心分子的同行者；資深對沖基金經理、自稱「金融傳道人」的錢志豪指出，金融人更需要有超越「中環價值」的勇氣，爲下一代發聲！

書中也收錄多篇對「佔領中環」的倡議持懷疑乃至否定立場的文章。不同於「不是服侍上帝而是服侍權貴」的吳宗文那樣赤裸裸地攻擊「佔中」、甚至威脅教友若是參與就要趕出教會；書中的質疑和反對的意見，大都有相對完整和綿密的學術闡發，因此更值得作出正面回應和辯難。比如，多年來研究潘霍華的神學院教師鄧紹光，撰文批評佔中「手段與目標分離」、是「某種形式的暴力脅迫」、不是基督徒的「日常生活」。但是，若用此單一標準衡量，挺身反抗納粹暴政、甚至參與刺殺希特勒行動的潘霍華，才是比佔中「激進」千百倍的「恐怖分子」，根本不值得尊崇和研究。而同樣是神學院教師的禤智偉，指責佔中是「製造恐懼」，聚眾「示威」並不與基督徒的身分相稱，反倒是效法耶穌向權勢「示弱」才是基督徒應當做的事情。然而，參照上個世紀美國的黑人民權運動，若非黑人婦女羅莎・帕克斯（Rosa Louise McCauley Parks）拒絕在公共汽車上讓座給白人，若非馬丁・路德・金恩領導百萬民眾向華盛頓進軍，而是像禤智偉所說的那樣繼續「示弱」、逆來順受，公義豈能從天而降、種族歧視豈能堅冰突破？鄧紹光、禤智偉所論，在神學上存在偏差，並不符合宗教改革以來馬丁・路德和加爾文倡導的實踐「整全性的信仰生活」、並建造山上之城的傳統，也與目前香港社會群情激憤的世態人心脫節。

反之，倒是陳健民，比某些熟讀聖經的神學院教授更接近聖經眞理。已故教宗若望・保祿二世曾說：「我是福音使者而不是民主使者。但《聖經》的福音涉及人權的各個方面；如果民主能保障人權，那麼民主亦應是教會宣講的信息。」陳健民坦言，自己的理念深受若望保祿二世影響：「如果有一個政權，諾貝爾和平獎得主的太太，沒犯任何事但被禁錮，像李旺陽之類的民運人士可以『被自殺』，但一個宗教信仰卻認爲不用對這個政權採取任何批判態度，我會質疑這是怎樣的一個信仰？如果你看見今天的法律根本就不平等，而這個信仰卻說『沒所謂、沒絕對的』，這個信仰還有什麼生命力呢？」

不低估共產黨的邪惡，也不低估愛與公義的力量

「佔中」運動未來會取得怎樣的成果，誰也無法預料。作爲身在異域的旁觀者，我有一

些期許和建議：不低估共產黨的邪惡，也不低估愛與公義的力量。

戴耀廷爲我的新書《中國教父習近平》作序，他對習近平的看法與我有一定的差異。他認爲，習近平是一個技術官僚，具備一定的理性，無論處理外交和內政，當然也包括香港問題，一般都不會鋌而走險、孤注一擲。

但在我看來，習近平還有另外一面，就是對毛主義的迷戀，以及對民族主義和民粹主義的喜好。江澤民是技術官僚，胡錦濤是政工幹部，習近平則是不願受遊戲規則束縛的太子黨。習近平對知青時代引以爲傲，那是一個依靠直覺勝過依靠理性的時代，這就使得習近平的決策中有更多非理性的成分。極權體制下獨裁者的理性，只是浮在水面的薄薄一層，在水面之下，有著更大的、幽暗的非理性部分。

前蘇聯改革派領袖雅科夫列夫（Pavel Yakovlev）長期在共產黨中央委員會擔任要職，對這個體制有著極爲深刻的觀察和分析。他在《霧靄：俄羅斯百年憂思錄》一書中指出：「黨的生活體制本身彷彿一個警覺而嚴格的篩檢程式，它鞏固和發揮人身上的一些特質，壓制另一些特質，讓一些特質萎縮下去。凡是在當時的政治中周旋的人，無不沿著升遷的台階頑強地爬行，隨聲附和，要耍花招。只是狡猾的程度不同而已。誰也不能違抗體制混進權力機關。」同樣的道理，能在中共這個大染缸中熬成黨魁，習近平的邪惡是明明可知的。任何忽視他的邪惡的想法，都將招致嚴重的後果。

當年，鄧小平下令對天安門的學生和市民開槍，就是一個非理性的決定——即便對鄧小平本人的利益而言，這也是所有可能的選擇中最壞的那一種。如今，習近平未嘗不可能下令解放軍在中環開槍，只要在開槍之前讓軍警扮演成「暴徒」先動武，就有了開槍的藉口——這樣的決定當然是非理性的，卻是習近平的選項之一。所以，在充分估計到中共和習近平的邪惡的前提下，謹慎而周詳地做好各種預案，才能盡可能地避免天安門慘劇在中環重演。

這場戰役剛剛拉開序幕。我們有什麼克敵制勝的法寶？正如在獄中的諾貝爾和平獎得主劉曉波所說，與掌握了武力、財富、文宣等工具的中共政權相比，反對派一無所有，唯一擁有的便是道義的力量。就「佔領中環」運動而言，這份道義的力量便是愛與公義。在美國、在南非、在波蘭，愛和公義不僅改變了政治體制、社會結構，更改變了人心。今天，香港也能做到。

附錄

書籍索引

序列	書　名	作者	出版社	出版地點	出版時間
1	堂堂正正做公民：我的自由中國	許志永	新世紀出版社	香港	2014
2	抗爭者	許知遠	八旗文化	台灣	2013
3	出梁莊記	梁鴻	花城出版社	中國	2013
4	沒有中國模式這回事	陳志武	八旗文化	台灣	2010
5	小雅歌	蘇小和	新世界出版社	中國	2013
6	通往比傻帝國	冉雲飛	花城出版社	中國	2007
7	我們家	顏歌	浙江文藝出版社	中國	2013
8	平生歡	七堇年	浙江文藝出版社	中國	2013
9	東北往事：黑道風雲二十年	孔二狗	重慶出版社	中國	2009
10	大路：高速中國裡的低速人生	張贊波	八旗文化	台灣	2014
11	國家的囚徒：趙紫陽的祕密錄音	趙紫陽	時報文化	台灣	2009
	改革歷程		新世紀出版社	香港	2009
12	方勵之自傳	方勵之	天下文化	台灣	2013
13	子彈鴉片：天安門大屠殺的生死故事	廖亦武	允晨文化	台灣	2012
14	我們都是李旺陽	何比等	獨立出版	香港	2013

序列	書　名	作者	出版社	出版地點	出版時間
15	廣場活碑：一個香港女記者眼中的六四血光	蔡淑芳	四筆象出版社	香港	2009
16	國家・社會關係與八九北京學運	趙鼎新	香港中文大學出版社	香港	2007
17	中國八〇年代政治改革的台前幕後	吳偉	新世紀出版社	香港	2013
18	六四詩選	孟浪編	黑眼睛文化	台灣	2014
19	死亡賦格	盛可以	印刻文化	台灣	2013
20	半生爲人	徐曉	同心出版社	中國	2005
21	故國人民有所思	陳徒手	北京三聯書店	中國	2013
22	尋找大饑荒倖存者	依娃	明鏡出版社	香港	2013
23	毛澤東的大饑荒	（荷）馮客	新世紀出版社	香港	2011
24	沒有墓碑的草原：蒙古人與文革大屠殺	楊海英	八旗文化	台灣	2014
25	一滴淚：從肅反到文革的回憶	巫寧坤	允晨文化	台灣	2007
26	牛鬼蛇神錄	楊曦光	香港牛津大學出版社	香港	1988
27	龍爪：毛澤東背後的邪惡天才康生	（美）約翰・拜倫、羅伯特・帕克	時報文化	台灣	1998

序列	書　名	作者	出版社	出版地點	出版時間
28	毛澤東私人醫生回憶錄	李志綏	時報文化	台灣	1994
29	毛澤東專政始末	唐德剛	遠流出版	台灣	2005
30	屠龍年代：中原喪亂與《河殤》前傳	蘇曉康	印刻文化	台灣	2014
31	亞財政：制度性腐敗與中國歷史弈局	洪振快	中信出版社	中國	2014
32	國會現場	葉曙明	浙江人民出版社	中國	2013
33	喚醒中國：國民革命中的政治、文化與階級	（澳）費約翰	北京三聯書店	中國	2004
34	毀滅的種子：戰爭與革命中的國民黨中國	（美）易勞逸	江蘇人民出版社	中國	2009
35	關山奪路：國共內戰	王鼎鈞	爾雅出版社	台灣	1995
36	我的土地，我的人民	達賴喇嘛	台灣圖博之友會	台灣	2010
37	龍在雪域：一九四七年後的西藏	茨仁夏加	左岸文化	台灣	2011
38	背叛指南	哈金	時報文化	台灣	2014
39	醜陋的中國人	（台灣）柏楊	遠流出版社	台灣	2008
40	人文與民主	余英時	時報文化	台灣	2010

序列	書　名	作者	出版社	出版地點	出版時間
41	轉向：從尼克森到柯林頓美中關係揭密	（美國）孟捷慕	先覺出版社	台灣	1999
42	李潔明回憶錄	（美國）李潔明	時報文化	台灣	2003
43	尋求安全感的中國：從中國人的角度看中國的對外關係	（美國）黎安友、施道安	左岸文化	台灣	2013
44	富強之路：從慈禧開始的長征	（美）夏偉、魯樂漢	八旗文化	台灣	2014
45	跛腳的巨人：中國即將爆發的危機	（美國）譚寶信	聯經出版社	台灣	2014
46	我是世界最大黨：誰在統治及如何統治中國	（澳大利亞）羅旺・卡立克	聯經出版社	台灣	2014
47	香港末代總督彭定康	（英國）強納森・丁伯白	時報文化	台灣	1998
48	天安之城：北京的帝國渴望和現代惡夢	（英）賈斯柏・貝克	明鏡出版社	香港	2011
49	無岸的旅途：陷在時代困局中的兩岸報導	（台灣）李志德	八旗文化	台灣	2014
50	公民抗命與佔領中環	（香港）戴耀廷等	雅歌出版社	台灣	2013

Notes

Notes

Notes

Notes

主流出版

所謂主流，是出版的主流，更是主愛湧流。

主流出版旨在從事鬆土工作—

希冀福音的種子撒在好土上，讓主流出版的叢書成為福音與讀者之間的橋樑；

希冀每一本精心編輯的書籍能豐富更多人的身心靈，因而吸引更多人認識上帝的愛。

主流有何Book

心靈勵志系列

書名	作者	定價
信心，是一把梯子（平裝）	施以諾	210元
WIN TEN穩得勝的10種態度	黃友玲著，林東生攝影	230元
「信心，是一把梯子」有聲書：輯1	施以諾著，裴健智朗讀	199元
內在三圍（軟精裝）	施以諾	220元
屬靈雞湯：68篇豐富靈性的精彩好文	王樵一	220元
信仰，是最好的金湯匙：55個越早知道越好的黃金準則	施以諾	220元
詩歌，是一種抗憂鬱劑：40帖帶來幸福的心靈處方	施以諾	210元
一切從信心開始：55篇助您向上提升的信心操練	黎詩彥	240元

TOUCH系列

書名	作者	定價
靈感無限	黃友玲	160元
寫作驚豔	施以諾	160元
望梅小史	陳　詠	220元
映像蘭嶼：謝震隆攝影作品集	謝震隆	360元
打開奇蹟的一扇窗（中英對照繪本）	楊偉珊	350元
在團契裡	謝宇棻	300元
將夕陽載在杯中給我：陳詠異鄉生死七記	陳　詠	220元
螢火蟲的反抗：這個世紀的知識分子	余　杰	390元
你爲什麼不睡覺：「挪亞方舟」繪本	盧崇真、鄭欣挺	300元

LOGOS系列

書名	作者	定價
耶穌門徒生平的省思	施達雄	180元
大信若盲	殷　穎	230元
活出天國八福：喜樂、幸福人生的八個秘訣	施達雄	160元

邁向成熟：聖經雅各書教你活出基督生命	施達雄	220元
活出信仰：羅馬書十二至十五章之生活信息	施達雄	200元
耶穌就是福音：在盧雲著作中與基督同行	盧雲	280元

主流人物系列

愛、希望、生命	鄒國英/策劃	250元

生命記錄系列

以愛領導的實踐家：德蕾莎修女	王樵一	200元
李提摩太的雄心報紙膽	施以諾	150元

生命記錄系列

新造的人：從流淚谷到喜樂泉	藍復春口述，何曉東整理	200元
鹿溪的部落格：如鹿切慕溪水	鹿　溪	190元

經典系列

天路歷程（平裝）	約翰・班揚	180元

生活叢書

陪孩子一起成長	翁麗玉	200元
好好愛她：已婚男士的性親密指南	潘尼博士夫婦	260元
教子有方	梁牧山與蕾兒夫婦	300元
情人知己：合神心意的愛情與婚姻	梁牧山與蕾兒夫婦	260元

touch系列010

刀尖上的中國——透視中國的五十道窗

作　　者：余杰
社長兼總編輯：鄭超睿
編　　輯：馮眞理、張惠珍、鄭毓淇
封面設計：黃聖文

出版發行：主流出版有限公司 Lordway Publishing Co. Ltd.
出 版 部：臺北市南京東路五段 389 巷 5 弄 5 號 1 樓
電　　話：(02) 2766-5440
傳　　眞：(02) 2761-3113
電子信箱：lord.way@msa.hinet.net
劃撥帳號：50027271
網　　址：www.lordway.com.tw

經　　銷：
紅螞蟻圖書有限公司
台北市內湖區舊宗路二段 121 巷 19 號
電話：(02) 2795-3656　傳眞：(02) 2795-4100

華宣出版有限公司
新北市中和區連城路 236 號 3 樓
電話：(02) 8228-1318　傳眞：(02) 2221-9445

2015年5月　初版1刷
2023年4月　初版4刷
書號：L1503

ISBN：978-986-89894-6-7（平裝）
Printed in Taiwan

國家圖書館出版品預行編目資料

刀尖上的中國 : 透視中國的五十道窗 / 余杰著.
-- 初版. -- 臺北市 : 主流, 2015.05
面 ：　公分. -- (touch系列；10)

ISBN 978-986-89894-6-7（平裝）

1. 書評

011.69　　　　　　　　　　104007198